Praxisleitfaden zur Implementierung eines Datenschutzmanagementsystems

T0254337

Dirk Loomans • Manuela Matz
Michael Wiedemann

Praxisleitfaden zur Implementierung eines Datenschutzmanagement-systems

Ein risikobasierter Ansatz für alle Unternehmensgrößen

Dirk Loomans
Loomans & Matz AG
Mainz
Deutschland

Michael Wiedemann
SAP AG
Walldorf
Deutschland

Manuela Matz
Loomans & Matz AG
Mainz
Deutschland

ISBN 978-3-658-02805-3   ISBN 978-3-658-02806-0 (eBook)
DOI 10.1007/978-3-658-02806-0

Die Deutsche Nationalbibliothek verzeichnet diese Publikation in der Deutschen Nationalbibliografie; detaillierte bibliografische Daten sind im Internet über http://dnb.d-nb.de abrufbar.

Springer Vieweg
© Springer Fachmedien Wiesbaden 2014

Springer Vieweg ist eine Marke von Springer DE Springer DE ist Teil der Fachverlagsgruppe Springer Science+Business Media
www.springer-vieweg.de

Vorwort

Mit der Veröffentlichung der „Anforderungen an ein Datenschutzmanagementsystem"
durch Dirk Loomans und Manuela Matz wurde im Jahr 2009 erstmalig ein Ansatz für ein
offenes, mit bekannten Managementansätzen kompatibles Datenschutzmanagementsystem vorgestellt. Diese Bemühungen wurden vom Landesbeauftragten für den Datenschutz
Rheinland-Pfalz unterstützt. Rückblickend hat sich die von Michael Wiedemann verantwortete Anwendung dieses Anforderungskataloges im globalen Support-Prozess der SAP
AG im Laufe der letzten drei Jahre erfolgreich in der Praxis bewährt.

Auf Basis unserer guten Zusammenarbeit seit dem Jahr 2009 und den vielen verschiedenen Erfahrungen, die wir mit dem Datenschutzmanagementsystem in der Praxis
machen konnten, haben wir Autoren uns gemeinsam zur Erstellung dieses Praxisleitfadens
entschieden.

Hierin beschreiben wir den aus unserer Sicht bestmöglichen Weg zur Einführung eines Datenschutzmanagementsystems. Da bisher ein solcher strukturierter Ansatz fehlte,
wird mit dem Leitfaden zugleich eine Lücke in der Managementliteratur zum Thema Datenschutz geschlossen. Großen Wert haben wir dabei darauf gelegt, sowohl die
Unabhängigkeit als auch die Kompatibilität der beschriebenen Vorgehensweise zu einzelnen, fest definierten Managementstandards zu wahren und somit konsequent einen
offenen Ansatz zu verfolgen, der auch die jüngsten Entwicklungen der Fachwelt auf
dem Gebiet des Datenschutzmanagements zu integrieren vermag. Aus diesem Grund
sehen wir den im September 2013 veröffentlichten Datenschutzstandard „Anforderungen an Auftragnehmer nach §11 BDSG" von GDD und BVD sowie weitere Planungen
zu Datenschutz-Standards von Datenschutzverbänden als eine echte Bereicherung der
Praxisarbeit im Datenschutz an, die sich in die hier beschriebene Vorgehensweise ebenfalls problemlos einbinden lässt. Das genannte Beispiel und die Rückmeldungen, die wir
Autoren im Laufe der Zeit zum Konzept des Datenschutzmanagementsystems bekamen,
zeigen, dass darüber hinaus Bedarf für eine Handlungsanleitung besteht, die Verantwortlichen in Unternehmen praxisnah und aus einer Managementperspektive die Einführung

eines Datenschutzmanagementsystems aufzeigt. Wir freuen uns, Ihnen, liebe Leser, mit diesem Praxisleitfaden ebendies an die Hand reichen zu können und wünschen Ihnen eine erkenntnisreiche Lektüre.

Mainz/Walldorf, im Frühjahr 2014   Dirk Loomans
                                                                         Manuela Matz
                                                                   Michael Wiedemann

Danksagung

Ein solches Buchprojekt, das Menschen aus der Praxis für die Praxis einen Leitfaden bieten möchte, bedarf der Unterstützung einer Vielzahl von tatkräftigen Personen.

Zuallererst möchten wir uns bei Markus Kirsch bedanken, ohne dessen zuverlässige und unermüdliche Recherche- und Textarbeit dieses Werk kaum vorstellbar gewesen wäre. Wir verdanken ihm viele Einfälle zur sprachlichen Gestaltung der einzelnen Kapitel.

Außerdem möchten wir uns bei Thomas Kling für die Projektbegleitung und -koordination bedanken. Gleiches gilt für die wertvollen inhaltlichen Hinweise von Florian Gerhard und Tobias Kefelja zur praktischen Umsetzung von Datenschutzmaßnahmen in mittelständischen Unternehmen.

Die Firma SAP und ihre Mitarbeiter haben die Erstellung dieses Buches sicherlich entscheidend mitgeprägt. Hervorheben möchten wir hier Gordon Stier, der das SAP DSMS unermüdlich weiter vorantreibt, und den Datenschutzbeauftragten Hermann-Josef Schwab, dem wir für seine ausdauernde Unterstützung und seine wertvollen Anregungen danken.

Silke Herren gilt unser Dank für ihre abschließende Prüfung der Textqualität unseres Werkes.

Die Autoren möchten zudem die fruchtbare und konstruktive Zusammenarbeit hervorheben, die das Verhältnis zwischen der SAP AG und der Loomans & Matz AG im Verlauf dieses Projekts prägte.

Inhaltsverzeichnis

Die Autoren

Prof. Dr. Dirk Loomans ist Professor für Wirtschaftsinformatik im Fachbereich Wirtschaft der Fachhochschule Mainz (Rheinland-Pfalz) und Vorstand der Loomans & Matz AG, einem Beratungshaus für Informationssicherheit, Datenschutz und Business Continuity Management. Als Managementberater unterstützen er und seine Mitarbeiter Unternehmen und Behörden bei der Einführung und dem Betrieb unternehmensweiter Informationssicherheitsprozesse. Die von ihm mitentwickelten „Anforderungen an ein Datenschutzmanagementsystem" waren Grundlage für die Implementierung eines Datenschutzmanagementsystems bei der SAP AG.

RA Manuela Matz ist Geschäftsführerin eines Tochterunternehmens der Loomans & Matz AG für IT-Services. Sie ist ebenfalls Vorstand der Loomans & Matz AG. Als Wirtschaftsjuristin und Rechtsanwältin arbeitet sie aktiv als TÜV-zertifizierte Datenschutzbeauftragte für mittelständische Unternehmen in ganz Deutschland. Sie war gleichfalls an der Entwicklung der o.g. „Anforderungen an ein Datenschutzmanagementsystem" beteiligt.

Michael Wiedemann trat im Anschluss an das Studium der Betriebswirtschaft bei der SAP AG ein und arbeitete in der globalen Support-Abteilung in den Standorten Walldorf und Philadelphia, USA. Er verantwortete über mehrere Jahre die ISO Managementsysteme des SAP-Supports und ist seit 2008 als SQ&S Chief Security Officer für die Umsetzung von Sicherheits- und Datenschutzrichtlinien im Vorstandsbereich Support verantwortlich. In diesem Zusammenhang hat er seit 2010 die Entwicklung und die Erstimplementierung eines Datenschutzmanagementsystems vorangetrieben, welches seither ständig weiterentwickelt wurde und heute in nahezu allen relevanten großen Businessbereichen der SAP eingeführt ist.

Abkürzungsverzeichnis

Abb.	Abbildung
Abschn.	Abschnitt
AG	Aktiengesellschaft
AGB	Allgemeine Geschäftsbedingungen
B2B	Business-to-Business
B2C	Business-to-Consumer
BaFin	Bundesanstalt für Finanzdienstleistungsaufsicht
Bd.	Band
BDSG	Bundesdatenschutzgesetz
BITKOM	Bundesverband Informationswirtschaft, Telekommunikation und neue Medien e.V.
BSI	Bundesamt für Sicherheit in der Informationstechnik
bspw.	beispielsweise
CRM	Customer-Relationship-Management
DSB	Datenschutzbeauftragter
DSMS	Datenschutzmanagementsystem
EG	Europäische Gemeinschaft
etc.	et cetera
EU	Europäische Union
EU-DSGVO	Kommissionsentwurf zu einer europäischen Datenschutzgrundverordnung vom 25.01.2012; KOM (2012) 11
EVB-IT	Ergänzende Vertragsbedingungen für die Beschaffung von IT-Leistungen
ff.	fortfolgend/fortfolgende
FISMA	Federal Information and Security Management Act
GDD	Gesellschaft für Datenschutz und Datensicherung e.V.
GmbH	Gesellschaft mit beschränkter Haftung
HR	Human Resources
i.S.d.	im Sinne des/im Sinne der
ISMS	Informationssicherheitsmanagementsystem
ISO	International Organization for Standardization

Kap.	Kapitel
KVP	Kontinuierlicher Verbesserungsprozess
o.Ä.	oder Ähnliche/oder Ähnliches
PDCA	Plan-Do-Check-Act
QMS	Qualitätsmanagementsystem
s.o.	siehe oben
s.u.	siehe unten
Tab.	Tabelle
TMG	Telemediengesetz
ULD	Unabhängiges Landeszentrum für Datenschutz Schleswig-Holstein
usw.	und so weiter
vgl.	vergleiche
z.B.	zum Beispiel

Einleitung

Zusammenfassung

Die zahlreichen und über die Zeit immer wieder verschärften Datenschutzgesetze verlangen von den Unternehmen und ihren Verantwortlichen die Entwicklung neuer Strategien im Umgang mit den Herausforderungen des Datenschutzes. Seit dem Jahr 2009 betreibt die SAP AG erfolgreich ein zertifiziertes Datenschutzmanagementsystem (DSMS), welches die effiziente Umsetzung der gesetzlichen Anforderungen auch in einem global agierenden Unternehmen wie SAP ermöglicht hat.

Im „Praxisleitfaden für ein Datenschutzmanagementsystem" beschreiben die Autoren einen Ansatz für die Implementierung und den Betrieb eines solchen Datenschutzmanagementsystems. Das Ergebnis ist eine unternehmensneutrale und praxisorientierte Anleitung basierend auf dem langjährigen Erfahrungsschatz der Autoren, die einen neuen, systematischen Ansatz aus der Managementperspektive verfolgt und damit eine Lücke in der Literatur zu diesem Thema schließt.

1.1 Einleitung

Im Jahr 2009 wurde das deutsche Datenschutzrecht durch drei Novellen für die Unternehmen erheblich verschärft. Dies führte zu zahlreichen Änderungen etwa im Bereich des Adresshandels und der Werbung, zur Ausweitung der Bußgeldtatbestände des Bundesdatenschutzgesetzes und – als Reaktion auf die damaligen Datenschutzskandale – zu einer Ergänzung des Beschäftigtendatenschutzes. Die neuen Anforderungen stellten die betroffenen Unternehmen vor neue Herausforderungen in der Ausgestaltung ihrer Datenschutz-Compliance. Insbesondere die neuen umfangreichen Pflichten für die Auftragsdatenverarbeitung führten in der Praxis zu vielen Problemen. Bußgeld-

D. Loomans et al., *Praxisleitfaden zur Implementierung eines Datenschutzmanagementsystems*, DOI 10.1007/978-3-658-02806-0_1, © Springer Fachmedien Wiesbaden 2014

und Haftungsrisiken, Rechtsunsicherheit sowie die Gefahr von Imageschäden durch Datenschutzvorfälle mussten angemessen bewältigt werden.

Auch die SAP AG als global agierender Hersteller von Business-Software musste sich diesen Problemen stellen. Dabei entpuppte sich die Umsetzung der Anforderungen des Bundesdatenschutzgesetzes im On Premise-Bereich als die größte Herausforderung: Mehr als 100.000 Kunden aus allen Tätigkeitsfeldern hatten unterschiedlich hohe Anforderungen an den Datenschutz bei der SAP AG und wollten deren Erfüllung nachgewiesen sehen. Gleichzeitig musste SAP diese Anforderungen auch bei den zahlreichen Lieferanten durchsetzen. Dazu kamen die Herausforderungen der Regelungen über den internationalen Datenverkehr sowie die Umsetzung in den einzelnen Konzerngesellschaften, die, soweit sie nichtdeutschem Datenschutzrecht unterliegen, wenig mit den Begrifflichkeiten und der Systematik des deutschen BDSG anfangen konnten, dafür jedoch nationale Datenschutzregeln umzusetzen hatten. Insbesondere im globalen Support-Prozess war und ist der Zugriff auf personenbezogene Daten unvermeidlich und es wurde rasch deutlich, dass man diesen Anforderungen nur mit einem funktionierenden Managementsystem, das internationale Gültigkeit besitzt, erfolgreich Herr werden könne. Hier zeichnete sich Michael Wiedemann verantwortlich für die Einführung eines Datenschutzmanagementsystems im SAP-Support.

Anders als etwa in den Bereichen Qualitätsmanagement oder Informationssicherheit gibt es jedoch keinen internationalen Standard für ein Datenschutzmanagementsystem. Vor diesem Hintergrund entwickelten und definierten Prof. Dr. Dirk Loomans und RA Manuela Matz von der Loomans & Matz AG einen Anforderungskatalog. Basierend auf der international anerkannten Systematik des ISO 9001-Standards fassten sie die aus den Erfahrungen ihrer langjährigen Beratertätigkeit gesammelten Best Practices in einem Konzept zusammen. Dabei folgten sie einem risikobasierten Ansatz, der aufgrund der Orientierung an den ISO-Standards zudem international anwendbar war. Auch Edgar Wagner, der Landesbeauftragte für den Datenschutz und die Informationsfreiheit in Rheinland-Pfalz, begrüßte den Ansatz und sprach eine Empfehlung für die Umsetzung aus.

Auf Basis dieser Anforderungen startete die SAP AG noch im gleichen Jahr mit der Implementierung im globalen Support-Prozess, welche mit der ersten Zertifizierung des Datenschutzmanagementsystems durch die British Standards Institution im Jahr 2010 erfolgreich abgeschlossen wurde. SAP befand sich nun in der komfortablen Situation, seinen Kunden jederzeit die Datenschutzkonformität der Prozesse und Verfahren im Support nachweisen zu können. Weitere Verbesserungen waren die Abstimmung der internen Strukturen auf den Datenschutz und die Optimierung des Systems zur Überprüfung der eigenen Unterauftragnehmer. Die positiven Erfahrungen mit diesem Ansatz haben dazu geführt, dass SAP seither das Datenschutzmanagementsystem in weitere Geschäftsbereiche überträgt und in den bestehenden Prozessen weiterentwickelt. Heute deckt es neben dem Support-Prozess auch die Bereiche Marketing, Human Resources, Entwicklung und Consulting ab und wurde alljährlich erfolgreich rezertifiziert. Dabei unterstützt das Datenschutzmanagementsystem den Nachweis der Datenschutz-Compliance bei der SAP AG gegenüber ihren Kunden und weist erhebliche Effizienzvorteile auf.

Das auf diese Weise entstandene Praxiswissen möchten die Autoren mit den Leser-
innen und Lesern dieses Buches teilen und sie bei der Implementierung eines eigenen
Datenschutzmanagementsystems begleiten.

1.2 Über diesen Praxisleitfaden

In diesem Praxisleitfaden beschreiben die Autoren den aus ihren langjährigen Erfahrungen
abgeleiteten bestmöglichen Weg zur Einführung eines Datenschutzmanagementsystems.
Da bisher ein solcher strukturierter Ansatz fehlt, wird mit dem Leitfaden zugleich eine Lücke in der Managementliteratur zum Thema Datenschutz geschlossen. Er zeigt
Verantwortlichen anhand einer schrittweisen Anleitung den Weg hin zu einem systematischen, risikobasierten und damit kostenoptimierten Lösungsansatz für den Datenschutz in
ihrer Organisation. Der Leser erhält Handlungsempfehlungen und wird somit selbst in die
Lage versetzt, ein Datenschutzmanagementsystem einzuführen. Zahlreiche Praxistipps,
Beispiele, Tabellen und Grafiken unterstützen dieses Ziel ebenso wie die Hinweise auf
weiterführende Informationsmöglichkeiten und Literatur an jedem Kapitelende.

Als erfolgreiches Beispiel aus der Praxis tritt das Datenschutzmanagementsystem der
SAP AG auf. Dort konnte bereits auf bestehendem Managementwissen und gereiften
Organisationsstrukturen aufgebaut werden. Hieraus sind die zahlreichen Best Practices
entstanden, die den Kern des Praxisleitfadens ausmachen. Weiterhin bildet das im Rahmen
der Umsetzung und Anwendung erworbene Know-how zum Umgang mit auftretenden
Problemen eine wichtige Grundlage für diesen Praxisleitfaden. Basierend auf den Bera-
tungserfahrungen der Autoren werden zusätzlich analoge Lösungsansätze für kleinere
und mittlere Unternehmen anhand den beiden eigens hierfür entwickelten Szenarien
der Klein GmbH und der Medium AG präsentiert, die die jeweiligen unterschiedlichen
organisatorischen Eigenarten und vorhandenen Ressourcen berücksichtigen.

An dieser Stelle ist der Leser auch darauf hinzuweisen, dass nicht pauschal jede Einführung eines Datenschutzmanagementsystems auf Anhieb in allen Punkten erfolgreich
sein wird. Einfluss darauf hat eine Vielzahl von Gründen: Unternehmen wie die SAP
AG, die bereits andere Managementsysteme eingeführt und entsprechende Prozesse geschaffen haben, profitieren von den dort gemachten Erfahrungen auch in Bezug auf das
hier vorgestellte Datenschutzmanagementsystem, das auf viele Grundprinzipien bekannter Managementsystemansätze zurückgreift. Umgekehrt kann ohne solche Kenntnisse der
ganzheitliche Ansatz des Managementsystems die Verantwortlichen überfordern. Gerade der hier vorgestellte prozessorientierte Ansatz kann im Widerspruch zu traditionellen
Organisationsstrukturen stehen. Auch mag in einigen Fällen zwar die formale Umsetzung
des Datenschutzmanagementsystems gelingen, der Datenschutz kommt jedoch nicht in
der „lebendigen" Praxis an. Damit wäre das Ziel des Datenschutzmanagementsystems ver-
fehlt. Um dies zu vermeiden, erhält der Leser an den passenden Stellen im Buch wichtige
Hinweise, wie diese Hindernisse überwunden werden können. Denn viele Schwierigkeiten

kommen aus Sicht der Autoren in der Praxis wiederholt vor und sind dem Leser möglicherweise ebenfalls vertraut. Der vorliegende Praxisleitfaden ist damit nicht als Garant für
ein einhundertprozentig funktionierendes Datenschutzmanagementsystem zu verstehen,
vielmehr stellt er solide Grundregeln für ein solches auf. Die tatsächliche Umsetzung muss
sich immer an den Gegebenheiten des jeweiligen Unternehmens orientieren. So ist es insbesondere geeignet, einzelne als besonders kritisch erachtete Prozesse im Unternehmen
zu regulieren. Eine vollständige Umsetzung in der gesamten Organisation ist nämlich in
vielen Fällen aufgrund der vorgegebenen Ressourcen nicht möglich. Umso mehr dagegen
baut der Erfolg des DSMS auf dem Willen zur tatsächlichen Umsetzung und dem Engagement seiner Beteiligten auf. Der Leser soll aktiv an der Einführung mitwirken. Dies fördert
den Erfolg des DSMS auch in seinem Unternehmen.

1.3   Aufbau des Praxisleitfadens

- Kapitel 2 gibt einen kurzen und prägnanten Überblick über die komplexen *Anforderungen des Datenschutzes*, denen sich jedes Unternehmen stellen muss. Ausgehend
von einer Beschreibung des aktuellen Zustands und möglicher Entwicklungen des
Datenschutzes werden sowohl die rechtlichen Zielsetzungen, insbesondere die des Bundesdatenschutzgesetzes (BDSG), als auch die daraus folgenden Wechselwirkungen mit
der betrieblichen Organisation in kompakter Art und Weise dargestellt. Der Leser
erfährt hier auf einen Blick, wie der Datenschutz in die betrieblichen Abläufe eingreift.
- Kapitel 3 stellt das Konzept des *Datenschutzmanagementsystems* (DSMS) dar. Es beschreibt Vorteile und widerlegt gängige Vorurteile. Zudem werden branchenspezifische
Standards und Gütesiegel auf ihre Eignung für ein solches DSMS verglichen. Der Leser
erhält so einen Überblick über bisherige Entwicklungen im Bereich der Standardisierung von Managementsystemen im Datenschutz sowie Anknüpfungsmöglichkeiten für
die eigene Vorgehensweise bei der Implementierung.
- Kapitel 4 beschreibt die *Voraussetzungen für die Einführung* eines DSMS und gibt
wichtige Anregungen für Vorüberlegungen, die sich die Verantwortlichen vor der Implementierung machen müssen. Es wird beschrieben, wie das DSMS auf Basis eines
Scoping-Prozesses in den bestehenden betrieblichen Rahmen integriert werden kann
und wie die relevanten Personen identifiziert und einbezogen werden. Dabei werden,
wie in den Folgekapiteln auch, jeweils unterschiedliche Herangehensweisen für kleine,
mittlere und große Unternehmen dargestellt.
- In Kap. 5 wird umfassend der Prozess der *Implementierung* des DSMS dargestellt. Dieser Prozess orientiert sich am Modell des PDCA-Regelkreises und seinen vier Phasen:
Plan, Do, Check und Act. Anhand einer Prozessabfolge von zwölf Schritten werden
die einzelnen Komponenten vorgestellt, erläutert und in ihrer praktischen Anwendung gezeigt. Am Ende entsteht ein funktionierendes DSMS, das anschließend in den
Regelbetrieb überführt und kontinuierlich verbessert werden kann.

- Kapitel 6 erklärt, wie auf Basis eines funktionierenden DSMS in einem bestimmten Geschäftsbereich die *Ausweitung* auf andere Geschäftsbereiche erfolgen kann und so schließlich alle datenschutzrelevanten Prozesse und Verfahren abgedeckt werden können.
- In Kap. 7 und damit als abschließendes *Fazit* ziehen die Autoren aus ihrer Position als Verantwortliche bzw. Berater ein Resümee zu den von ihnen gemachten Erfahrungen.
- Im beigefügten *Glossar* als Nachschlagehilfe werden schließlich die wichtigsten im Buch verwendeten DSMS-Begriffe in prägnanter Art und Weise erläutert.

Anforderungen an den Datenschutz

Zusammenfassung

Dem Datenschutz kommt im Zuge der Entwicklungen hin zur Informationsgesellschaft eine tragende Rolle zu. Als Ausfluss des Grundrechtes auf informationelle Selbstbestimmung schützt er die Betroffenen vor der unsachgemäßen Verwendung ihrer personenbezogenen Daten und nimmt die Unternehmen in die Pflicht. Zahlreiche gesetzliche Änderungen und die immer höheren Erwartungen der Kunden stellen die Unternehmen dabei vor große Herausforderungen, die sich nicht nur als lediglich zusätzliche Kosten darstellen. So stellt zum einen die Nichtbeachtung des Datenschutzes heute einen immensen Risikofaktor dar, was neben Bußgeldern und Reputationsschäden bis zur Haftung der Leitungsebene führen kann. Zum anderen kann sich ein Unternehmen heute über den Nachweis der eigenen Datenschutzkonformität hervorragend im Wettbewerb positionieren.

In dieser Situation stößt die unkoordinierte Vorgehensweise im Rahmen von Ad-hoc-Maßnahmen an ihre Grenzen und offenbart das Potential für neue, ganzheitliche Lösungen wie die des Datenschutzmanagementsystems.

▶
- Welche Bedeutung kommt dem Datenschutz heute und in Zukunft zu?
- Welche Ziele verfolgt der Datenschutz?
- Auf welchen Grundsätzen basiert der Datenschutz?
- Welche rechtlichen Regelungen sind in welchen Fällen zu beachten?
- Wie wirken sich diese Regelungen auf die betriebliche Praxis aus?
- Welche zusätzlichen Datenschutzanforderungen werden an ein Unternehmen gestellt?
- Warum ist Datenschutz mehr als ein reiner Kostenfaktor?
- Wie löst man den Konflikt zwischen den rechtlichen und betrieblichen Anforderungen?

D. Loomans et al., *Praxisleitfaden zur Implementierung eines Datenschutzmanagementsystems*, 7
DOI 10.1007/978-3-658-02806-0_2, © Springer Fachmedien Wiesbaden 2014

2.1 Bedeutung des Datenschutzes

Im Zuge der gesellschaftlichen und wirtschaftlichen Veränderungen im 21. Jahrhundert kommt dem Datenschutz zunehmend eine Schlüsselrolle zu. Globalisierung, Internationalisierung und die Entwicklung hin zur Informationsgesellschaft üben großen Einfluss auf die Unternehmen aus. Wachstumstechnologien, wie aktuell Cloud Computing, Funk-Vernetzung und Mobile Devices führen zu exponentiell anwachsenden Datenvolumina. Durch den vorangetriebenen technischen Fortschritt ist der Personenbezug von Daten zudem immer leichter herstellbar: Auf Basis moderner Analysetools und Big-Data-Anwendungen ist der gläserne Konsument heute bereits Alltag geworden. Als Zielsetzung des Datenschutzes rückt der Schutz des Einzelnen vor dem unsachgemäßen Umgang mit seinen persönlichen Daten an dieser Stelle in den Mittelpunkt. Das Recht des Betroffenen auf informationelle Selbstbestimmung bildet ein Grundrecht, das die Bürgergesellschaft immer stärker einfordert.

Die Unternehmen geraten damit in ihrer Rolle als Datenverarbeiter zunehmend in den Fokus der Öffentlichkeit. Zahlreiche Datenschutzskandale in den letzten Jahren und die regelmäßig damit einhergehenden Sanktionen der Aufsichtsbehörden bringen das Thema auf die Agenda der Geschäftsleitung. So zeichnet eine im Jahr 2012 von der Beratungsgesellschaft PricewaterhouseCoopers (PwC) [14] durchgeführte Umfrage bei den Datenschutzbeauftragten aus 250 großen und mittelgroßen deutschen Unternehmen ein deutliches Bild: Die Zahl der befragten Unternehmen, die den Datenschutz als sehr wichtig einstufen, verdoppelte sich allein im Vergleich zum Vorjahr auf mehr als 27 %.

Auch die Betroffenen sehen den Datenschutz als ein starkes Kriterium für eine vertrauensvolle Geschäftsbeziehung an. Einer im Jahr 2013 durchgeführten und veröffentlichten Umfrage der BITKOM [4] nach sehen 75 % der befragten Verbraucher einen nachvollziehbaren Datenschutz als wichtig für das Kundenvertrauen an. Dabei kommt dem Schutz der personenbezogenen Daten nicht nur in Deutschland eine Schlüsselrolle zu. Bereits in Schwellenländern wie Brasilien, kulturell unterschiedlichen Gesellschaften, wie der koreanischen und selbst im kommunistisch ausgerichteten China wächst das Bedürfnis nach Datenschutz enorm. Diesen Trend konnte eine Vergleichsstudie des Münchner Kreises aus dem Jahr 2013 [11] nachdrücklich aufzeigen.

Folglich reagieren Kunden weltweit zunehmend kritischer und erkennen Gesetzeskonformität in diesem Bereich als wichtigen Qualitätsfaktor an, den sie zuverlässig nachgewiesen haben möchten. Ebenfalls treten die Aufsichtsbehörden als Prüfinstanzen auf und verhängen bei Nichtkonformität Sanktionen. Nicht zuletzt hat in Deutschland der Gesetzgeber gehandelt und dabei im Jahr 2009 umfangreiche gesetzliche Verschärfungen für die Privatwirtschaft eingeführt. Zudem steht aktuell eine große Neuordnung des Datenschutzes auf europäischer Ebene in den Startlöchern [8]. Eines kann man somit sicher sagen: Der Datenschutz wird die Unternehmen auch in den kommenden Jahren intensiv beschäftigen und vor große Herausforderungen stellen.

2.2 Datenschutzrecht

2.2.1 Informationelle Selbstbestimmung

Mit dem Volkszählungsurteil aus dem Jahr 1983 [6] wurde vom Bundesverfassungsgericht zum ersten Mal explizit das Grundrecht des Einzelnen auf informationelle Selbstbestimmung formuliert. Ursprünglich als Abwehrrecht gegen zu viel Datenhunger des Staates entwickelt, gewährt es auch als Teil des allgemeinen Persönlichkeitsrechtes dem Betroffenen das Recht, über Preisgabe und Verwendung seiner persönlichen Daten grundsätzlich selbst entscheiden zu können. Bund und Länder sind in ihren Handlungen zur Berücksichtigung der Grundrechte verpflichtet, ebenso wie sie diese gewährten Rechtsgüter vor Beeinträchtigungen Dritter zu schützen haben. Das bedeutet, dass der Staat im Rahmen seiner Schutzpflicht gegenüber den Betroffenen Behörden wie Unternehmen in diesem Bereich einer Regulierung unterziehen muss. Darauf basierend haben der nationale und der europäische Gesetzgeber seither den Datenschutz durch zahlreiche legislative Maßnahmen ausgestaltet. Zudem werden die oben in Abschn. 2.1 geschilderten Entwicklungen in Zukunft weitere Aktivitäten nach sich ziehen. Die Unternehmen stehen in der Verantwortung, diese rechtlichen Anforderungen konsequent zu befolgen.

2.2.2 Datenschutzgrundsätze

Als konsequente Fortführung des Gedankens der informationellen Selbstbestimmung orientiert sich der Gesetzgeber an übergeordneten Datenschutzgrundsätzen. Viele dieser Zielsetzungen fördern gleichzeitig die Umsetzung des Grundrechts auf Integrität und Vertraulichkeit informationstechnischer Systeme („IT-Grundrecht", „Computer-Grundrecht"). Abbildung 2.1 zeigt die verschiedenen Datenschutzgrundsätze, die sich aus dem Recht auf informationelle Selbstbestimmung ableiten.

Nur wenn alle diese Ziele in angemessener Art und Weise verwirklicht werden, kann ein effektiver Schutz des Betroffenen gewährleistet werden. Dies betrifft daher auch die Unternehmen, deren Datenschutzmaßnahmen sich ebenfalls daran orientieren müssen. Hinter den einzelnen Grundsätzen verbirgt sich dabei Folgendes:

- **Verhältnismäßig** ist eine Maßnahme dann, wenn sie zur Förderung eines legitimen Zweckes sowohl erforderlich, geeignet als auch angemessen ist. Als Adressaten des Datenschutzrechts müssen sich auch die Maßnahmen der Unternehmen zur Umsetzung des Datenschutzes an diesem Prinzip orientieren.
- Die Prinzipien der **Datensparsamkeit und -vermeidung** stellen die Anforderung auf, dass Verfahren nach Möglichkeit mit so wenig personenbezogenen Daten wie möglich operieren sollen. Dies kann u. U. dazu führen, dass ganz auf personenbezogene Daten verzichtet werden muss, wenn diese für das entsprechende Verfahren nicht unbedingt erforderlich sind. Auf technischer Ebene kann dies auch über Pseudonymisierung oder Anonymisierung personenbezogener Daten umgesetzt werden.

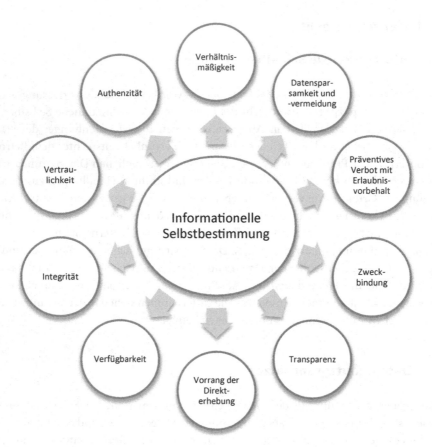

Abb. 2.1 Datenschutzgrundsätze

- Als ordnungspolitischer Hintergrund des deutschen Datenschutzrechtes ist der Umgang mit personenbezogenen Daten durch Dritte grundsätzlich verboten, es sei denn, eine Rechtsnorm erlaubt dies ausdrücklich (**Präventives Verbot mit Erlaubnisvorbehalt**). Eine solche Erlaubnis als Form der informationellen Selbstbestimmung ist auch durch eine qualifizierte Einwilligung des Betroffenen möglich.
- Personenbezogene Daten sind bei ihrer Verarbeitung an den **Zweck gebunden**, zu dem sie erhoben wurden. Eine nachträgliche Zweckänderung ist nur in engen Grenzen möglich.
- Die Verarbeitung von personenbezogenen Daten muss dem Betroffenen gegenüber **transparent** gemacht werden. Denn nur auf diese Weise kann dieser Art und Ausmaß des Eingriffs in sein Recht auf informationelle Selbstbestimmung beurteilen und entsprechend reagieren.
- Daran anschließend müssen personenbezogene Daten grundsätzlich **beim Betroffenen direkt erhoben** werden. Dritterhebungen sind nur in engen Grenzen zulässig.

- Bezogen auf das personenbezogene Datum und damit insbesondere vom technischen Datenschutz zu gewährleisten sind die Prinzipien der Verfügbarkeit, Integrität, Vertraulichkeit und Authentizität:
  - **Verfügbar** ist ein Datum, wenn es zeitnah zur Verfügung steht und ordnungsgemäß verarbeitet werden kann
  - **Integer** ist ein Datum, wenn es vollständig, unversehrt und aktuell ist
  - **Vertraulich** ist ein Datum, wenn es nur dem befugten Personenkreis zugänglich ist
  - **Authentisch** ist ein Datum, wenn dessen Herkunft zum rechtmäßigen Urheber zurückverfolgt werden kann

2.2.3 Datenschutzgesetze

Die erwähnten Grundsätze bilden den Hintergrund für die erlassenen Datenschutzgesetze. An dieser Stelle wird dem Leser ein kompakter Überblick über die wichtigsten Regelungen präsentiert:

- Die **europäische Datenschutzrichtlinie (95/46/EG)** stellt einen Mindeststandard für den Datenschutz in allen Mitgliedsstaaten der europäischen Union sicher. Unternehmen mit Sitz in der EU müssen daher in jedem Fall diesen Anforderungen entsprechen, wobei die einzelstaatlichen Umsetzungen zum Teil erheblich divergieren. Zwei Aspekte führen aktuell zu der Diskussion um eine neue europäische Regelung des Datenschutzes in Form einer Grundverordnung (EU-DSGVO) [8]: Zum einen gilt die Richtlinie in vielen Punkten als nicht mehr aktuell und praktikabel umsetzbar und berücksichtigt bestimmte technische Entwicklungen nicht ausreichend. Zum anderen hofft man, den durch die unterschiedlichen Umsetzungen entstandenen „Flickenteppich" europaweit harmonisieren zu können. Denn die EU-DSGVO wäre als Verordnung unmittelbar geltendes Recht in allen EU-Staaten, während eine Richtlinie immer der Umsetzung durch nationales Recht bedarf.
- Die Umsetzung der EG-Richtlinie in der Bundesrepublik Deutschland erfolgte im Wesentlichen durch entsprechende Anpassungen des zentralen **Bundesdatenschutzgesetzes (BDSG)**. Dieses stellt zugleich in einigen Fällen wesentlich strengere Anforderungen auf als von der europäischen Richtlinie gefordert. Weltweit fordert das deutsche Datenschutzrecht daher mit das höchste Schutzrecht für personenbezogene Daten ein. Dabei unterscheidet das BDSG zwischen öffentlichen Stellen (öffentliche Verwaltung) und nicht öffentlichen Stellen (Unternehmen). Adressat ist dabei jeweils die verantwortliche Stelle[1] i. S. d. § 3 VII BDSG. Die in diesem Leitfaden verwendeten Fachbegriffe aus

---

[1] Im Folgenden soll statt des Ausdrucks „verantwortliche Stelle" konsequent der Begriff des Unternehmens verwendet werden, da dieser Praxisleitfaden sich weniger mit der rechtlichen als mit der unternehmensinternen Verantwortlichkeit auseinandersetzt. Sollte an einer Stelle in diesem Buch die datenschutzrechtliche Verantwortlichkeit i. S. d. verantwortlichen Stelle nicht auf das beschriebene Unternehmen fallen, wird dies über die entsprechende Verwendung des Fachbegriffs „verantwortliche Stelle" klargestellt.

dem BDSG, etwa das personenbezogene Datum oder die Auftragsdatenverarbeitung, werden für den interessierten Leser im Glossar am Ende dieses Buches erläutert.

- Die einzelnen **Landesdatenschutzgesetze** stellen lediglich Spezialregelungen für die in den jeweiligen Ländern ansässigen Behörden auf und betreffen die Unternehmen daher nicht direkt.

Zahlreiche **Spezialgesetze** enthalten bereichsspezifische Regelungen zum Datenschutz und gehen den allgemeineren Regelungen wie dem BDSG regelmäßig vor. Übersichten dieser großen Masse an Gesetzen finden sich beispielsweise bei den Aufsichtsbehörden[2]. Auszugsweise sind hierbei von besonderer praktischer Relevanz:

- Das **Telemediengesetz (TMG)** stellt Anforderungen u.a. an den Datenschutz von internetbasierten Diensten wie Websites, Apps etc., die vom Unternehmen als Telemediendienstleister angeboten werden.
- Ist die verantwortliche Stelle Telekommunikationsanbieter, so müssen die einschlägigen Datenschutzregelungen des **Telekommunikationsgesetzes (TKG)** beachtet werden.
- Spezielle **Geheimhaltungspflichten** für Ärzte, Rechtsanwälte etc. erheben hohe Anforderungen an die Vertraulichkeit der personenbezogenen Daten und müssen auch im entsprechenden Angestelltenverhältnis beachtet werden.
- Im Bereich des Handels-, Steuer- und Sozialrechtes sind **Übermittlungspflichten** sowie **Aufbewahrungspflichten** zu beachten.
- Ebenso gibt es im stark zersplitterten **Arbeitsrecht** weitere gesetzliche Regelungen, die im Rahmen des Datenschutzes Beachtung finden müssen. So bedürfen beispielsweise Videoüberwachungen regelmäßig der Zustimmung des Betriebsrates.
- Auch enthalten die einzelnen Gesetze zahlreiche **Straf- und Haftungstatbestände**, die sich bei einer Verletzung des Datenschutzes verwirklichen können.

Abhängig vom Umfang der Geschäftstätigkeit, sind zudem **internationale Normen** zu berücksichtigen. So sind auch in außereuropäischen Ländern wie beispielsweise in Korea [3, 1] Datenschutzgesetze in Kraft, die in einzelnen Teilbereichen durchaus europäisches Niveau erreichen können. Auch in den USA, wo der Privatsphärenschutz eher liberal gehandhabt wird, haben sich einzelne Bundesstaaten wie etwa Massachusetts zur Verabschiedung von Gesetzen entschieden [7]. Zu beachten ist, dass die internationalen Normen im Konflikt untereinander wie auch mit nationalen Normen stehen können. Als bekanntes Beispiel dient hier der Sarbanes-Oxley-Act (SOX) aus den USA zur Einführung eines internen Kontrollsystems in Unternehmen, der basierend auf der angelsächsi-

---

[2] Wie hier vom Landesbeauftragten für den Datenschutz in Rheinland-Pfalz: http://www. datenschutz.rlp.de/de/rechtsgrundlagen.php.

schen Praxis dem Privatsphärenschutz im Gegensatz zum kontinentaleuropäischen Ansatz grundsätzlich weniger Gewicht zukommen lässt.[3] [2]

Bezogen auf dieses Beispiel müssen nach überwiegender Auffassung etwaige aus Deutschland ausgehende Datenübermittlungen auf Grundlage von SOX hinter den strengen Anforderungen des BDSG zurückstehen und damit im Zweifel unterbleiben.

Weiterhin ist zu beachten, dass die Anforderungen an die Unternehmen durch entsprechende **Kundenforderungen** nochmals steigen können. Relevant wird dies, wenn in B2B-Geschäften der Auftraggeber als Adressat von Spezialgesetzen selbige Anforderungen an seine Auftragnehmer weitergibt. Dies ist beispielsweise der Fall, wenn die an einer Auftragsdatenverarbeitung teilnehmenden Unternehmen in verschiedenen Ländern oder Branchen tätig sind. So sind Unternehmen aus der Finanzbranche regelmäßigen (Datenschutz-)Kontrollen der Bundesanstalt für Finanzdienstleistungsaufsicht (BaFin) ausgesetzt (§ 44 KWG i. V. m. § 25a KWG) und müssen entsprechend sicherstellen, dass alle ihre Auftragnehmer kapitalmarktspezifische Datenschutzregelungen umsetzen.

Weiterhin ist zu beachten, dass nicht nur formelle Gesetze Anforderungen aufstellen können. So sind gerade in Staaten, in denen die Gesetzgeber bisher nur zurückhaltend aufgetreten sind, **alternative Normenwerke** in Anwendung bzw. in Entwicklung. Beispielsweise hat das National Institute of Standards and Technology (NIST) des U.S. Department of Commerce im Jahr 2013 Mindestanforderungen an den Privatsphärenschutz für Informationssysteme von US-Behörden veröffentlicht [12]. Konkret diente dies dazu, die Umsetzung des Federal Information Security and Management Act (FISMA) zu befördern. Als Nebenzweck fordert auch die bekannte ISO 27001 für Informationssicherheitsmanagementsysteme die Sicherstellung des Datenschutzes. Hintergrund der beschriebenen Entwicklungen ist die im Zuge der Globalisierung erforderliche Mindestumsetzung von Privatsphärenstandards, auch ohne dass explizite Gesetze in diesem Bereich vorliegen. Denn alleine aus der Tatsache, dass der Gesetzgeber nicht aktiv geworden ist, lässt sich nicht schließen, dass Kunden und Betroffene keine Ansprüche an den Datenschutz stellen. Vielmehr stellt gerade in einem solchen Fall die Sicherstellung des Datenschutzes ein positives Alleinstellungsmerkmal für Unternehmen dar.

Nicht zuletzt kann das Unternehmen auch selbst zusätzlich Anforderungen an den unternehmensinternen Datenschutz schaffen, indem es entsprechende **interne Richtlinien** festlegt. Relevant wird dies beispielsweise im Konzern über die sog. „Binding Corporate Rules", welche eine Möglichkeit zur Sicherstellung eines angemessenen Datenschutzniveaus bei einer Geschäftstätigkeit in mehreren Ländern darstellen. Dabei stehen dann die Gesellschaften in Drittländern vor der Herausforderung der Umsetzung dieser Anforderungen. Ebenfalls in diese Kategorie gehören die Datenschutz-Policy (Abschn. 5.2.1.3) oder die Compliance-Richtlinien.

Auch können sich Unternehmen, die Datenschutzgütesiegel (Abschn. 3.2) für ihre Produkte anstreben, selbst die jeweiligen Anforderungen für das Gütesiegel auferlegen. Zudem

---

[3] Zu Lösungsansätzen in diesem Bereich vgl. die Stellungnahme 01/2006 der Art. 29-Datenschutzgruppe der Europäischen Kommission.

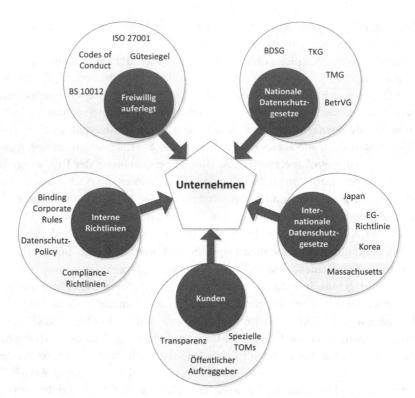

Abb. 2.2 Datenschutzanforderungen an die Unternehmen

können Unternehmen sich **freiwillig selbst verpflichten** und sog. „Codes of Conduct"
unterzeichnen. Solche sind bspw. vom Gesamtverband der deutschen Versicherungswirtschaft in Zusammenarbeit mit dem Berliner Landesbeauftragten für den Datenschutz und
einem Verbraucherschutzverband erstellt worden. [10]

Die zahlreichen hier beschriebenen Anforderungen aus dem Bereich Datenschutz, die
an ein Unternehmen gestellt werden, zeigt Abb. 2.2.

Bereits aus der Masse der vielen möglichen einschlägigen Gesetze und Anforderungskataloge ergibt sich für die Unternehmen das Problem, die genauen Anforderungen zu
ermitteln. Hinzu kommt, dass sich die Gesetze regelmäßig ändern, wobei besonders
Verschärfungen zu Problemen führen. Daraus folgt, dass die genaue Kenntnis über die
einschlägigen Anforderungen an das Unternehmen bei der betrieblichen Umsetzung eine
zentrale Voraussetzung darstellt.

▶ Das hier vorgestellte DSMS wurde – als risikobasierter Ansatz – bewusst unabhängig von sich wandelnden Gesetzen konstruiert, um die genannten Probleme
zu vermeiden. Stattdessen wurden Methoden integriert, die eine Identifikation
der relevanten Anforderungen und deren adäquate Behandlung ermöglichen.

Auf diese Weise wird das DSMS der Dynamik im Bereich der Datenschutzanforderungen besser gerecht als über starre Schutzstandards (siehe auch Kap. 3.1).

2.3 Auswirkungen auf die betriebliche Praxis

Als Adressaten der dargestellten Datenschutznormen sowie über die mittelbare Drittwirkung der Grundrechte ist auch die Privatwirtschaft verpflichtet, das Recht des Einzelnen auf informationelle Selbstbestimmung sicherzustellen.

Betrachtet man die zahlreichen gesetzlichen Anforderungen, so wird deutlich, dass sie nahezu alle Unternehmensbereiche durchdringen und die qualifizierte Umsetzung des Datenschutzes daher einen spürbaren **Kostenfaktor** darstellen kann. So können alleine die für ein angemessenes Datenschutzniveau erforderlichen technischen und organisatorischen Maßnahmen (TOMs) eine aufwendige Umgestaltung der bestehenden Infrastruktur im Unternehmen bedeuten. Dies wird sich zukünftig noch verstärken. So sieht auch der Bundesbeauftragte für den Datenschutz in seinem aktuellen Tätigkeitsbericht für die Jahre 2011 und 2012 die Notwendigkeit einer Stärkung auf technischer Ebene [5], um die notwendige Differenzierung bei der Behandlung von personenbezogenen Daten und den damit einhergehenden Konzepten Pseudonymisierung und Anonymisierung umsetzen zu können. Auch das zukunftsweisende Konzept der Industrie 4.0. verlangt mit dem zukünftig immer leichter herzustellenden Personenbezug eine entsprechende Fokussierung auf diesen Aspekt. Außerdem kann die Kontrolle der Auftragnehmer im Rahmen der Auftragsdatenverarbeitung (ADV) sich auf bestehende Geschäftsbeziehungen auswirken. Das bedeutet, dass im konkreten Fall neue Konditionen ausgehandelt oder sogar die Trennung von einzelnen Geschäftspartnern notwendig ist. Und auch die organisatorische Einbindung des betrieblichen Datenschutzbeauftragten sowie die Bereitstellung der für seine Tätigkeit erforderlichen Ressourcen, darunter Schulungsmaßnahmen für die Mitarbeiter, dürfen die Verantwortlichen nicht unterschätzen. Eine rein kostenfokussierte Betrachtung vernachlässigt wesentliche Konsequenzen für die Unternehmen und ihre Geschäftsleitungen.

Datenschutzvorfälle sind heute ein immenser **Risikofaktor**. Dabei beschränkt sich dieser nicht nur auf die direkten Folgen eines Verstoßes gegen die oben genannten Gesetze wie im Folgenden dargelegt wird.

• Zunächst führen Bußgelder, Schadenersatz- und Schmerzensgeldforderungen der Betroffenen, verwirkte Vertragsstrafen etc. zu erheblichen **finanziellen Belastungen**. Dabei muss auch beachtet werden, dass über die geplante Neuregelung des Datenschutzes in Europa zukünftig sogenannte „Privacy Havens" – Staaten mit geringem Schutzniveau – durch die nach derzeitigem Stand absehbare Einführung des Marktortprinzips nur eingeschränkt weiter als Geschäftsmodell zur Umgehung des europäischen

Datenschutzes funktionieren werden [9]. In solchen Fällen würden demnach in Zukunft Sanktionierungen durch die in den europäischen Staaten ansässigen Aufsichtsbehörden ermöglicht, obwohl das betroffene Unternehmen keinen Sitz in der Europäischen Union hat. Nicht zu unterschätzen sind ebenfalls die **internen Aufwände**, die zur Beseitigung des Datenschutzverstoßes anfallen. Zwar lässt sich eine generelle Quantifizierung schwerlich vornehmen, dennoch ermittelt eine im Mai 2013 veröffentlichte Studie des Ponemon Instituts im Auftrag von Symantec die durchschnittlichen Kosten *eines* verloren Datensatzes in Deutschland auf ca. € 151 – der höchste Wert aller untersuchten Länder! [13]

- Auch im Geschäftsverkehr zwischen Unternehmen ist die Beachtung des Datenschutzes von Bedeutung. Die zunehmende Sensibilität für dieses Thema bedingt, dass **Geschäftspartner sich distanzieren**, wenn die Umsetzung des Datenschutzes nicht zweifelsfrei nachgewiesen werden kann. Dies gilt vor allem dann, wenn besonders hohe Anforderungen an den Datenschutz gestellt werden, was regelmäßig bei Geschäftspartnern aus stark regulierten Bereichen wie dem Finanz- oder Gesundheitssektor der Fall ist.
- Insbesondere über die Medien verbreitete Datenschutzvorfälle führen regelmäßig zu schweren **Reputationsschäden**, die sich nur sehr schwer über die Zeit kompensieren lassen. Unternehmen dürfen dabei nicht die Auswirkungen auf die Unternehmenskultur und das Vertrauensverhältnis zu den Beschäftigten und deren Arbeitsmotivation aus dem Blick verlieren. In diesen Fällen kann der Vertrauensverlust einen zwar impliziten aber dafür umso gravierenderen negativen Einfluss auf die Produktivität innerhalb des Unternehmens mit sich bringen.
- Damit einhergehend wird deutlich, dass ein nicht funktionierendes Datenschutzkontrollsystem eine **persönliche Haftung** der Verantwortlichen im Unternehmen begründen kann, sowohl zivilrechtlicher als auch strafrechtlicher Natur. Vorstände und Geschäftsführer begehen durch eine nicht ausreichende Sicherstellung des Datenschutzes eine schwere Pflichtverletzung. Es besteht zudem die reale Gefahr, dass in einem solchen Fall der entsprechende Versicherungsschutz entfällt. Im Strafrecht ist zudem bei Verstößen durch Mitarbeiter unter den entsprechenden Voraussetzungen die Gefahr der Organhaftung für die Geschäftsleitung gegeben. Folglich muss den Verantwortlichen im Unternehmen bewusst sein: Datenschutz ist heute mehr denn je eine Führungsaufgabe.

Der Umgang mit den genannten Risiken verlangt ein geeignetes Risikomanagement von den Unternehmen. Dieser Praxisleitfaden stellt dafür im weiteren Verlauf einen risikobasierten Ansatz vor, mit dem Risiken identifiziert, bewertet und angemessen behandelt werden können.

Weiterhin stellt der Datenschutz einen wichtigen **Qualitätsfaktor** dar. Als konsequente Anwendung des Risikogedankens fordern Unternehmen immer häufiger eine nachgewiesene Datenschutz-Compliance ihrer Geschäftspartner ein. Nur die Unternehmen, die diese Kundenanforderungen umsetzen und nachweisen können, werden für die Auftragsvergabe berücksichtigt. Unternehmen mit direkten datenschutzrelevanten Tätigkeiten gegenüber natürlichen Personen sind zudem unmittelbar den Anforderungen der Betroffenen ausgesetzt. Als Gegenstück zur negativen Medienaufmerksamkeit sind jedoch positive Beispiele einer Beachtung des Datenschutzes eine Seltenheit geblieben: In der Diskussion etwa um die Zugriffsbefugnisse der Geheimdienste auf den globalen Internetverkehr konnten sich jedoch Anbieter mit darauf angepassten technischen Schutzmaßnahmen insbesondere in Kontinentaleuropa profilieren [1]. Nicht zu unterschätzen ist auch das Bedürfnis der Mitarbeiter, dass die im Rahmen des Beschäftigungsverhältnisses erhobenen personenbezogenen Daten datenschutzkonform verarbeitet werden. Dies wird beispielsweise in der Diskussion um die (Video-)Überwachung am Arbeitsplatz deutlich, gerade wenn das mitbestimmungsrechtliche Korrektiv eines Betriebsrates fehlt.

Es zeigt sich: Der Datenschutz ist heutzutage ein gewichtiger **Wettbewerbsfaktor**. Die Unternehmen, die in diesem Bereich positiv hervortreten, setzen dies gewinnbringend am Markt durch. Auch in der öffentlichen Auftragsvergabe wird der Nachweis der Datenschutzkonformität für den Auftragnehmer erforderlich und von den je nach Vertragstyp einschlägigen „Ergänzenden Vertragsbedingungen für die Beschaffung von IT-Leistungen (EVB-IT)" eingefordert. Die weiter zunehmende Bedeutung des Datenschutzes im Rahmen des technischen Fortschrittes verstärkt diesen Trend weiter.

2.4 Notwendigkeit eines Datenschutzmanagementsystems

- Gesetzliche Anforderungen
- Unternehmensgefährdende Risiken
- Kundenanforderungen
- Begrenzte Ressourcen

Schlagworte, die kurz und knapp die Situation beschreiben, in der sich viele Unternehmen derzeit befinden. An diesem Punkt stellt sich zurecht die Frage: Wie wird man all diesen Anforderungen gerecht?

Die klassische **Ad-hoc**-Vorgehensweise, d.h. die von den Datenschutzgesetzen geforderten Tätigkeiten nacheinander bis zu einem bestimmten Stichtag abzuarbeiten, mag für kleinere Unternehmen sinnvoll sein, die kaum datenschutzrelevante Verfahren betreiben. In einem solchen Fall kann es möglich sein, beispielsweise das externe Verfahrensverzeichnis erst auf Kundenwunsch oder Anfrage der Aufsichtsbehörde zu aktualisieren. Je mehr jedoch solche Verfahren im Unternehmen betrieben werden, je mehr Mitarbeiter daran beteiligt sind und je komplexer die Datenströme sind, umso eher stößt die Ad-hoc-Methode an ihre Grenzen. Besonders deutlich wird dies, wenn Ressourcen knapp sind und die Tätigkeiten priorisiert werden müssen. Dann werden die Nachteile dieses Ansatzes deutlich:

- Die stichtagsbezogene Umsetzung lässt regelmäßig eine **Qualitätskontrolle** und daraus resultierende Verbesserungsmaßnahmen außer Acht. So sind etwa während der

Durchführung oder nach dem Stichtag verabschiedete Gesetzesänderungen nur durch ein erneutes Ad-hoc-Projekt umsetzbar.

- Damit einhergehend lässt sich die qualifizierte Umsetzung der Datenschutzanforderungen nicht zuverlässig bestimmen. Es besteht weiter die **Unsicherheit** von Datenschutzvorfällen im laufenden Betrieb. So kommt die oben erwähnte Pricewaterhouse Coopers-Umfrage aus dem Jahr 2012 [14] zu dem Ergebnis, dass Unachtsamkeit und Unwissenheit der eigenen Mitarbeiter wie bereits in den Jahren zuvor die häufigste Ursache für Datenschutzverstöße sind. Der Datenschutz kann somit nicht einfach von oben herab mit einer Arbeitsanweisung verordnet werden, sondern muss durch Schaffung einer Datenschutz-Awareness bei den Mitarbeitern in die betrieblichen Arbeitsabläufe integriert werden.
- Der scheinbar einmalige Charakter der Tätigkeiten bei der Ad-hoc-Vorgehensweise führt zu **fehlenden Verantwortlichkeiten** im späteren laufenden Geschäftsbetrieb. Auch aktuelle legislatorische Entwicklungen verstärken dieses Problem: So ist bereits absehbar, dass die oben erwähnte EU-Datenschutzgrundverordnung [8] die Pflicht zur Bestellung des betrieblichen Datenschutzbeauftragten einschränken wird. Dieser teilweise Verzicht auf die obligatorische Selbstkontrolle durch den betrieblichen Datenschutzbeauftragten entlässt die Unternehmen jedoch nicht aus der Pflicht, den gesetzlichen Anforderungen nachzukommen. Vielmehr stellt sich gerade in diesen Fällen die Frage, wie der Datenschutz auch ohne die zentrale Instanz des betrieblichen Datenschutzbeauftragten umgesetzt werden kann. Alternative Kontrollinstrumente werden daher in Zukunft an Bedeutung gewinnen und damit einhergehend auch die Notwendigkeit klarer Verantwortlichkeiten.
- Die unzureichende zentrale Koordinierung der Aktivitäten führt zur **uneinheitlichen Umsetzung** in den einzelnen Geschäftsbereichen und ist aufgrund von Doppelarbeiten **ineffizient**. Ebenso sind unerwartete Verzögerungen keine Seltenheit. Denn oftmals wird aufgrund der Vernachlässigung der Planungsphase das Ausmaß der erforderlichen Maßnahmen erst im späteren Verlauf ersichtlich.

An dieser Stelle wird das Erfordernis einer systematischen Herangehensweise an den Datenschutz ersichtlich. Die aufgezeigten Probleme des Ad-hoc-Ansatzes können über ein funktionierendes **Datenschutzmanagementsystem** (DSMS) vermieden werden. Ein solches wurde von SAP erfolgreich eingeführt. Indem klare Verantwortlichkeiten innerhalb des Systems festgelegt und Strukturen etabliert werden sowie ein kontinuierlicher Verbesserungsprozess in Gang gesetzt wird, bereitet das DSMS den Weg hin zu einer effektiven Umsetzung der Datenschutzanforderungen im SAP-Konzern. Durch die Einbeziehung der Mitarbeiter legt es die Basis für eine notwendige Datenschutz-Awareness der Belegschaft. Über einen risikobasierten Ansatz werden die erwähnten Datenschutzrisiken und Veränderungen der gesetzlichen Rahmenbedingungen angemessen berücksichtigt und eine höhere Effizienz in der Umsetzung der Maßnahmen erreicht. Diese Vorzüge erkennt SAP und nutzt sie. Folglich setzt SAP auch in Zukunft weiter auf dieses Konzept, um den Datenschutz im Konzern sicherzustellen. Dieser Praxisleitfaden gibt dem Leser Handlungsempfehlungen zur Errichtung eines solchen DSMS. Im folgenden Kapitel werden die Funktionsweise und Vorteile – auch für kleine und mittlere Unternehmen – genauer dargestellt.

Fazit

- Die Bedeutung des Datenschutzes in der Informationsgesellschaft wird weiter zunehmen.
- Das Grundrecht des Einzelnen auf informationelle Selbstbestimmung muss auch von den Unternehmen sichergestellt werden.
- Zahlreiche, sich stetig ändernde Datenschutzgesetze sowie besondere Kundenbedürfnisse stellen hohe Anforderungen an die Unternehmen.
- Die Kosten für die Sicherstellung eines angemessenen Datenschutzniveaus sind nicht zu unterschätzen.
- Datenschutzvorfälle sind heute ein immenser Risikofaktor, dem durch ein geeignetes Risikomanagement begegnet werden muss.
- Durch die nachweisliche Konformität mit den Datenschutzanforderungen können sich Unternehmen hervorragend im Wettbewerb positionieren.
- Eine Ad-hoc-Herangehensweise liefert in vielen Fällen nur unbefriedigende Ergebnisse und eignet sich nicht für mittlere und große Unternehmen.
- Als Verbindung der rechtlichen und betrieblichen Anforderungen unter einem systematischen, managementorientierten Ansatz empfiehlt sich ein Datenschutzmanagementsystem (DSMS). Dieses hat sich in der Praxis bewährt.

Literatur

1. AFP (25. August 2013) Deutsche E-Mail-Anbieter profitieren von NSA-Affäre. http://www.handelsblatt.com/unternehmen/it-medien/medienbericht-deutsche-e-mail-anbieter-profitieren-von-nsa-affaere/8690072.html. Zugegriffen: 28. Okt. 2013
2. Art. 29-Datenschutzgruppe der Europäischen Kommission (Hrsg) (2006) Stellungnahme 1/2006 zur Anwendung der EU-Datenschutzvorschriften auf interne Verfahren zur Meldung mutmaßlicher Missstände in den Bereichen Rechnungslegung, interne Rechnungslegungskontrollen, Fragen der Wirtschaftsprüfung, Bekämpfung von Korruption, Banken- und Finanzkriminalität. 00195/06/DE
3. Bier C (2013) Das koreanische Datenschutzrecht. DuD Datenschutz Datensicherheit 37(7):457–460
4. BITKOM (Hrsg) (2013) Vertrauen und Sicherheit im Netz. http://www.bitkom.org/files/documents/Vertrauen_und_Sicherheit_im_Netz.pdf. Zugegriffen: 28. Okt. 2013
5. Bundesbeauftragter für den Datenschutz und die Informationsfreiheit (BfDI) (2013) Tätigkeitsbericht zum Datenschutz für die Jahre 2011–2012. S 24–25
6. BVerfG.: Urteil v. 15. Dezember 1983. Az. 1 BvR 209, 269, 362, 420, 440, 484/83
7. The Commonwealth of Massachusetts (Hrsg) (2007) 201 CMR 17.00: Standards for the protection of personal information of residents of the commonwealth. http://www.mass.gov/

ago/doing-business-in-massachusetts/privacy-and-data-security/standards-for-the-protection-of-personal.html. Zugegriffen: 28. Okt. 2013

8. Europäische Kommission (Hrsg) (2012) Vorschlag für Verordnung des Europäischen Parlaments und des Rates zum Schutz natürlicher Personen bei der Verarbeitung personenbezogener Daten undzum freien Datenverkehr (Datenschutz-Grundverordnung). KOM (2012) 11

9. FAZ.Net, Reuters (Hrsg) (20. Juni 2013) Europa attackiert Google & Co. http://www.faz.net/aktuell/wirtschaft/wirtschaftspolitik/nach-prism-europa-attackiert-google-co-12238587.html. Zugegriffen: 28. Okt. 2013

10. Gesamtverband der Deutschen Versicherungswirtschaft GDV (Hrsg) (27. März 2013) Versicherungswirtschaft und Datenschützer schaffen neue Maßstäbe für Datenschutz. http://www.gdv.de/2013/03/versicherungswirtschaft-und-datenschuetzer-schaffen-neue-massstaebe-fuer-datenschutz/. Zugegriffen: 28. Okt. 2013

11. Münchner Kreis (Hrsg) (2013) Bedürfniswelten. http://www.zukunft-ikt.de/wp-content/uploads/2013_Innovationsfelder_der_digitalen_Welt.pdf. Zugegriffen: 28. Okt. 2013

12. National Institute of Standards and Technology (Hrsg) (2013) Security and privacy controls for federal information systems and organizations. 800-53 Revision 4

13. Ponemon Institute, Symantec (Hrsg) (2013) Cost of data breach study 2013. http://www.symantec.com/content/en/us/about/media/pdfs/b-cost-of-a-data-breach-global-report-2013.en-us.pdf?om_ext_cid=biz_socmed_twitter_facebook_marketwire_linkedin_2013Jun_worldwide_CostofaDataBreach. Zugegriffen: 28. Okt. 2013

14. PricewaterhouseCoopers (Hrsg) (2012) Daten schützen. http://www.pwc.de/de_DE/de/compliance/assets/PwC_Studie_Datenschutz_2012.pdf. Zugegriffen: 28. Okt. 2013

Datenschutzmanagementsysteme

3

Zusammenfassung

Ein Datenschutzmanagementsystem (DSMS) ist ein auf ständige Leistungsverbesserung ausgerichtetes, zur systematischen und klaren Lenkung und Leitung erforderliches Konzept, um eine Organisation in Bezug auf den Datenschutz erfolgreich führen und betreiben zu können.

Anstatt einer rein auf Schutzstandards basierenden Methode bietet die risikoorientierte Vorgehensweise des DSMS dem umsetzenden Unternehmen eine individuell anpassbare Organisation seiner Datenschutzaktivitäten. Hinzu kommen als weitere Vorteile der Schwerpunkt auf den kontinuierlichen Verbesserungsprozess (KVP), die Einbeziehung der Mitarbeiter, eine schlanke Dokumentation sowie die Wahrnehmung essentieller Compliance-Aufgaben. Bedenken gegen den systematischen Ansatzes aufgrund etwaiger Eingriffe in bestehende Strukturen lassen sich durch die Offenheit des Ansatzes – der auch international anwendbar ist – ausräumen. So sticht das DSMS nicht zuletzt aufgrund der Möglichkeit einer Zertifizierung neben den aktuell bestehenden Datenschutzgütesiegeln hervor und eignet sich aufgrund seiner prozessorientierten Vorgehensweise zur Integration in bestehende Managementsysteme wie sie etwa in Form von ISO 9001 und ISO 27001 bereits Einzug in die Unternehmen gefunden haben.

▶ • Was sind Datenschutzmanagementsysteme?
- Welche Vorteile bieten sie?
- Wie können Bedenken zum Managementsystemansatz ausgeräumt werden?
- Welche Standards und Gütesiegel gibt es im Bereich Datenschutz?
- Welche Aspekte eines DSMS können diese abdecken?
- Welcher Standard und welches Gütesiegel eignen sich in welchen Fällen?
- Auf welcher Basis hat SAP das DSMS implementiert?

D. Loomans et al., *Praxisleitfaden zur Implementierung eines Datenschutzmanagementsystems*, 21
DOI 10.1007/978-3-658-02806-0_3, © Springer Fachmedien Wiesbaden 2014

3.1   Ein Managementsystem für den Datenschutz

Wie bereits zuvor (Abschn. 2.4) angedeutet, kann die Umsetzung des Datenschutzes in einer Organisation auch über ein systematisches Datenschutzmanagement erfolgen. Unter einem solchen Datenschutzmanagementsystem (im Folgenden kurz: DSMS) versteht man ein auf ständige Leistungsverbesserung ausgerichtetes, zur systematischen und klaren Lenkung und Leitung erforderliches Konzept, um eine Organisation in Bezug auf den Datenschutz erfolgreich führen und betreiben zu können.

3.1.1   Das Konzept des Managementsystems

Jedes Unternehmen hat eigene Praktiken, seine Aktivitäten zu lenken. Charakteristisches Merkmal des Managementsystems ist jedoch, dass es nicht mit Planung und Durchführung der jeweiligen Aktivitäten endet, sondern vielmehr daran anknüpfend eine Evaluierung und Verbesserung des bereits Geleisteten anstrebt. Das Managementsystem regelt den Einsatz der Ressourcen, bestimmt die jeweiligen Verantwortlichkeiten und wiederholt sich in seinen Abläufen. Grundsätzlich dient das Managementsystem immer der Umsetzung von Unternehmenszielen. So gibt es häufig für spezielle Unternehmensziele auch spezielle Managementsysteme. Ein DSMS unterstützt demzufolge die Umsetzung der Datenschutzziele des Unternehmens. Heute sind Managementsysteme auf formeller Basis u.a. in folgenden Bereichen weit verbreitet:

- Qualität (DIN EN ISO 9001),
- Informationssicherheit (DIN EN ISO 27001),
- Umweltschutz (DIN EN ISO 14001)
- Arbeitsschutz (OHSAS 18001),

wobei sich unzählige weitere Ansätze für Managementsysteme auch in deutlich spezielleren Bereichen entwickelt haben.

Außerdem können mehrere Managementsysteme im Unternehmen nebeneinander bestehen. Werden diese untereinander verknüpft, entsteht ein integriertes Managementsystem, über welches sich die einzelnen Subsysteme lenken lassen. Auf diese Weise können insbesondere mittlere und große Unternehmen die zahlreichen Anforderungen an den vom integrierten Managementsystem erfassten Bereich strukturiert bewältigen, Synergien heben und Redundanzen vermeiden.

3.1.2   Vorteile eines DSMS

Die Vorteile eines Managementsystems sind immer vom jeweiligen Unternehmen abhängig. Insbesondere bei formellen Ansätzen ist darauf zu achten, dass nicht das Unternehmen

Tab. 3.1 Schutzstandards vs. Risikobasiertes Datenschutzmanagement

	Schutzstandards (z.B. IT-Grundschutz-Kataloge des BSI)	Risikobasiert
Übergeordnetes Ziel des Managementsystems	Erreichung eines Sicherheitsniveaus unabhängig vom Unternehmen	Erreichung individuell festgelegter Datenschutzziele
Vorgehensweise	Erreichung der vorgegebenen Sicherheitsziele durch Umsetzung standardmäßig festgelegter Schutzmaßnahmen	Identifizierung der erforderlichen Maßnahmen über Risikoanalyse und Umsetzung nach Risikoabwägung
Vorteile	- Auditierbarkeit - Einheitlichkeit - Vergleichbarkeit des Sicherheitsniveaus	- Unternehmensspezifität - Effizienz - Auditierbarkeit

unverhältnismäßig an das System angepasst werden sollte, sondern sich das System an den Besonderheiten des Unternehmens auszurichten hat. Geeignete Standards berücksichtigen dies, indem sie bewusst offen formuliert sind.

Generell muss im Bereich Datenschutzmanagement zwischen einer an Risiken oder an Schutzstandards orientierten Vorgehensweise differenziert werden. Die Gemeinsamkeiten und Unterschiede bei der Vorgehensweise zeigt Tab. 3.1.

Ein **an Schutzstandards orientiertes** Managementsystem stellt in seinen Anforderungen bereits konkrete technische Maßnahmen auf, die zur erfolgreichen Implementierung umgesetzt werden müssen. Folglich kommt dem Verantwortlichen die Aufgabe zu, diese einzelnen Maßnahmen möglichst alle umzusetzen. Ein Beispiel für einen solchen technikbasierten Ansatz stellt ein Informationssicherheitsmanagementsystem (ISMS) auf Basis des IT-Grundschutzes des Bundesamtes für Sicherheit in der Informationstechnik (BSI) dar. Zudem besteht dafür auch ein ergänzender Baustein Datenschutz [2]. Da dieser Ansatz jedoch wenig Praxistauglichkeit für die Anforderungen der Wirtschaftlichkeit zeigt, kann er allenfalls vollständigkeitshalber Betrachtung finden.

Demgegenüber legen **risikobasierte** Ansätze den Schwerpunkt auf die Identifizierung von tatsächlich erforderlichen Maßnahmen über ein entsprechendes Risikomanagement und gewähren damit dem Unternehmen einen größeren Ermessensspielraum in der Gestaltung und Umsetzung der Sicherheitsmaßnahmen. Einen solchen Ansatz etwa verfolgt für den Bereich der Informationssicherheit die internationale ISO-Norm für ein ISMS (ISO 27001).

Faktisch enthalten bekannte Managementsystemstandards häufig Elemente aus beiden Grundformen. So fordert der beschriebene IT-Grundschutz ebenfalls ein umfangreiches Risikomanagement ein und im Zertifizierungs-Audit wird hauptsächlich die Umsetzung der risikobehafteten Maßnahmen geprüft. Und auch die Maßnahmen aus den Grundschutzkatalogen lassen sich durchaus aus einer Risikobetrachtung herleiten, jedoch erfolgt diese Risikobetrachtung aus Sicht des BSI und nicht des Unternehmens selbst.

Das hier vorgestellte DSMS folgt konsequent dem risikobasierten Ansatz und richtet sich nach der individuellen Risikosituation des Unternehmens. Durch den Schwerpunkt auf die Ermittlung der Risiken und deren adäquater Behandlung wird es dem Leser dieses Leitfadens möglich sein, die für sein Unternehmen erforderlichen Maßnahmen herzuleiten. Insbesondere ist das DSMS in seiner Methode unabhängig von der jeweiligen gesetzlichen Grundlage und kann daher auch international eingesetzt werden. Die in Abschn. 2.2.3 beschriebenen, sich stetig wandelnden gesetzlichen Anforderungen können durch ein entsprechendes Risiko-Monitoring berücksichtigt werden. Zudem hat sich diese Vorgehensweise auch in der Praxis bewährt: Unternehmen, die bereits ein Risikomanagementsystem implementiert haben, wie etwa SAP, können dessen Methoden im Rahmen des DSMS weiter einsetzen und integrieren. Umgekehrt können Unternehmen ohne ein vorhandenes Risikomanagement die im weiteren Verlauf dieses Praxisleitfadens vorgestellte Methode nutzen, um den tatsächlichen Handlungsbedarf zu ermitteln und ihre Tätigkeiten entsprechend effizient zu koordinieren. Auf diese Weise können Unternehmen trotz unterschiedlicher Voraussetzungen das DSMS nutzen. Dies wird in diesem Praxisleitfaden durch die Verwendung von Szenarien für unterschiedliche Unternehmensgrößen (Abschn. 4.1 ff.) berücksichtigt.

Neben dem Fokus auf das Risikomanagement sind noch andere Vorzüge des DSMS zu nennen. So stellt das DSMS – anders als die in Abschn. 2.4 beschriebene Ad-hoc-Vorgehensweise – einen ganzheitlichen Ansatz zur Umsetzung der Unternehmensziele dar. Je nach Anwendungsbereich werden damit alle ausgeführten Verfahren und Prozesse einbezogen. Dadurch ergeben sich weitere Vorteile:

- Alle betroffenen **Mitarbeiter** werden in das DSMS eingegliedert. Dadurch wird das Verantwortungsbewusstsein zur Erreichung der Datenschutzziele gestärkt. Gerade das so wichtige Datenschutzbewusstsein, das jeder Mitarbeiter im Umgang mit personenbezogenen Daten benötigt, wird auf diese Weise gefördert. Damit einher geht die nicht zu unterschätzende Gewissheit, in einer Umgebung zu arbeiten, in der die technischen und organisatorischen Gegebenheiten datenschutzkonform ausgestaltet sind.
- Ein dem DSMS inhärentes Prinzip ist der **kontinuierliche Verbesserungsprozess (KVP)**. Damit ist die sukzessive Methode von Fehlerermittlung, -beseitigung und -vorbeugung gemeint. Über geeignete Instrumente werden Veränderungen und Schwachstellen in der Umsetzung der Datenschutzanforderungen erkannt, behoben sowie für die Zukunft nach Möglichkeit ausgeschlossen. Für den Datenschutz bedeutet dies, dass Vorfälle konsequent aufgearbeitet sowie regelmäßig mögliche Datenlecks gesucht und anschließend geschlossen werden müssen. Zudem müssen aufgrund des technischen Fortschritts die Kompetenzen der Mitarbeiter dementsprechend erweitert werden. Nicht zuletzt wird das DSMS selbst regelmäßig einer Anpassung unterzogen.
- Das DSMS baut auf einer soliden **Dokumentation** auf. Dadurch können Mitarbeiter und Management die Strukturen des DSMS besser nachvollziehen, zudem werden

Verantwortlichkeiten fixiert und eine einheitliche Umsetzung gefördert. Damit einher geht eine geordnete Lenkung von Dokumenten über geeignete Versionierungen, Verfügbarkeiten und der Ernennung von Dokumenten-Eigentümern. Insbesondere im Datenschutz ist eine ordnungsgemäße Dokumentation erforderlich: So sind die Aufsichtsbehörden berechtigt, sich vor Ort bei den Unternehmen von der Datenschutzkonformität der Verfahren zu überzeugen. Entsprechende Dokumente können solche Prüfungen sowohl im Ergebnis als auch in ihrer Dauer positiv beeinflussen. Auf die gleiche Weise kann im Rahmen der Auftragsdatenverarbeitung gegenüber potenziellen Auftraggebern verfahren werden oder ausgewählte Dokumente notfalls auch forensisch zum Nachweis der rechtlichen Unschuld (Exkulpation) eingesetzt werden.

- Durch die Koordination der einzelnen Aktivitäten – zeitlich wie personell – können erhebliche **Effizienzgewinne** ausgenutzt werden. Zudem können bereits bestehende Managementsysteme unter dem Dach eines integrierten Managementsystems um ein DSMS erweitert werden, was Redundanzen nochmals verringert. Dies gilt besonders für solche Ansätze, die dem hier geschilderten DSMS in ihrer Methode ähneln, wie etwa die ISO 9001 oder ISO 27001. Gerade in den Fällen, in denen die Budgets für den Datenschutz von denen der IT abhängig sind, ist ein integriertes Managementsystem von ISMS und DSMS von Nutzen.

- Durch die Festlegung von Verantwortlichkeiten und Errichtung von Kommunikationskanälen übernimmt das DSMS zugleich wichtige **Compliance**-Aufgaben. So kommt der Erkennung, Prävention und Aufarbeitung von Datenschutzvorfällen aufgrund ihres in Abschn. 2.3 benannten immensen Risikopotentials eine wichtige Bedeutung zu. Das DSMS als risikobasierter und damit proaktiver Ansatz schafft hier eine größere Sicherheit als reine anlassbezogene Maßnahmen und kann dabei auch als Teil eines umfassenderen Compliance-Managementsystems dienen.

- Aufgrund ihrer Strukturierung sowie den rekursiven Tätigkeiten eignet sich ein DSMS besonders gut zur **Zertifizierung** durch eine unabhängige Zertifizierungsstelle. Mit dem Zertifikat kann Dritten auf unkomplizierte Art und Weise die Umsetzung der Datenschutzanforderungen durch das Konzept des DSMS nachgewiesen werden. Dies wird im Datenschutz insbesondere im Rahmen der Auftragsdatenverarbeitung wichtig, kann aber auch gegenüber den Betroffenen direkt als ein Instrument zur Markenführung und Imagepflege eingesetzt werden.

Das Zusammenwirken dieser Vorteile zeigt Abb. 3.1. Je nach tatsächlicher Umsetzung im Unternehmen werden sie in unterschiedlicher Ausprägung verwirklicht. Damit kann das DSMS entsprechend dem gewünschten Nutzen je nach Anwendersicht ausgestaltet werden.

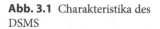
Abb. 3.1 Charakteristika des DSMS

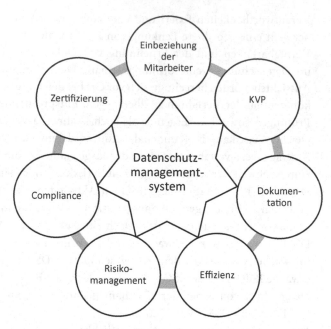

3.1.3   Vermeintliche Nachteile widerlegt

Erkennt man die zahlreichen Vorteile eines DSMS, so schließt sich die Frage an, warum nicht viel mehr Unternehmen ein solches einführen. Tatsächlich begegnete den Autoren im Rahmen ihrer Vorstellung des DSMS häufig der Wunsch nach einer praktischen Anleitung zur Implementierung, die nun mit diesem Leitfaden bereitgestellt wird. Jedoch wurden oftmals auch Bedenken hinsichtlich eines speziellen Managementsystemansatzes für den Datenschutz geäußert, auf die an dieser Stelle eingegangen wird:

- Vielfach wird argumentiert, dass über die Bestellung des betrieblichen DSB die Geschäftsleitung ihre Pflicht zur Minderung der Datenschutzrisiken getan habe und damit ein DSMS überhaupt nicht notwendig sei. Schließlich fordere der Gesetzgeber den betrieblichen DSB nicht ohne Grund ein und letzterer habe zudem das gesetzlich garantierte Recht, die erforderlichen Ressourcen von der Geschäftsleitung zu verlangen. Tatsächlich mag es Fälle geben, in denen der betriebliche DSB alleine die erforderlichen Tätigkeiten koordinieren kann, auch ohne Unterstützung der Geschäftsleitung. Spätestens jedoch, wenn fachbereichsübergreifende Maßnahmen implementiert und als Folge interne Widerstände überwunden werden müssen, stößt der betriebliche DSB als alleiniger Datenschutz-Stakeholder in der Organisation an seine Grenzen. Gleiches gilt in den Fällen, in denen Zielkonflikte zwischen dem Datenschutz und den anderen Unternehmenszielen vorliegen und der Datenschutz folglich nicht den erforderlichen Rückhalt im Unternehmen genießt. Im hier dargestellten DSMS nehmen daher das Bekenntnis der Geschäftsleitung zu ihrer Verantwortung für den Datenschutz (Datenschutz-Policy, Abschn. 5.2.1.3), eine geeignete Verteilung von Aufgaben (Governance Model, Abschn. 5.2.1.2) sowie die Schaffung einer Awareness großes Gewicht ein.

- Der ganzheitliche Ansatz des DSMS kann mit bestehenden Organisationsformen kollidieren. Gerade bei kleinen Unternehmen, bei denen einige Prozesse und Verfahren informell ausgestaltet sind, stellt sich ein auf standardisierten Anforderungen basierendes Managementsystem oft als Papiertiger heraus. Die Umsetzung erfolgt dann meist nur pro Forma, jedoch verbleibt die tatsächliche Ausführung auf bestehendem Niveau und die Vorteile des Managementsystems kommen dabei nicht zum Vorschein. Dem kann entgegen gehalten werden, dass sich etwaige Dokumentationsaufwände stets nach den Bedürfnissen der Beteiligten ausrichten sollten. Nichtsdestotrotz sollte auch die Notwendigkeit einer Formalisierung von Prozessen – gerade für den Datenschutz – erkannt werden: So ist ein einheitlicher Umgang mit den Datenschutzanforderungen im Unternehmen erforderlich, um durchgängig den Datenschutz sicherzustellen. Tatsächlich können daher bestehende Organisationsformen und das DSMS einander widersprechen. Durch die offene Struktur des DSMS einerseits ist es jedoch möglich, dieses weitgehend in jeder Organisation anzuwenden. Andererseits beinhalt das DSMS Best Practices, die sich in anderen Unternehmen bewährt haben und deshalb auch Potential zur Optimierung einer bestehenden Organisation bieten.
- Ist das Managementsystem allein auf die Zertifizierung ausgerichtet, ergibt sich ein ähnliches Problem. Die Fixierung auf auditierbare Instrumente und das Abarbeiten von Checklisten mögen zwar ein positives Ergebnis im Zertifizierungs-Audit hervorbringen, lassen jedoch die individuellen Gegebenheiten und damit potenzielle Effizienzgewinne außen vor. Zudem wird hier häufig ein zu kleiner Anwendungsbereich für das DSMS (Abschn. 4.2.1) festgelegt. Auch verkennt diese Herangehensweise, dass auditierfähige Standards bewusst offen gehalten sind und den Auditoren einen entsprechend großen Bewertungsspielraum zugunsten des Unternehmens bieten. Aus diesen Gründen verzichtet dieser Praxisleitfaden auf Checklisten und zeigt stattdessen anhand von drei Szenarien (Abschn. 4.1) jeweils verschiedene Lösungsansätze auf, die den unterschiedlichen Voraussetzungen der einzelnen Unternehmensgrößen gerecht werden. Das exzessive Ausrichten an der Zertifizierung kann dadurch gelöst werden, dass die Unternehmensleitung die Einführung des Managementsystems nicht bloß als mögliches Werbeinstrument gegenüber Dritten ansieht, sondern dessen Hauptnutzen in der internen Verbesserung erkennt. Dabei sollte sie bei der Einführung als Vorbild vorangehen.
- Auf die gleiche Weise ist in Bezug auf die Zertifizierung mit Bedenken bezüglich der im Rahmen der Vorbereitung erforderlichen internen Aufwände sowie den für die tatsächliche Auditierung anfallenden Zertifizierungsgebühren umzugehen: Eine Zertifizierung des DSMS ist keine Pflicht. Die DSMS-Implementierung kann insbesondere für kleine und mittlere Unternehmen primär zur internen Verbesserung genutzt werden und in großen Unternehmen dem Top Management als Möglichkeit dargelegt werden, den Da-

tenschutz effizient anzugehen. Wird dagegen eine weitergehende Zertifizierung explizit angestrebt, so sind folglich entsprechende Ressourcen dafür notwendig. Die Entscheidung für oder gegen eine Zertifizierung sollte daher vom Unternehmen wohl überlegt sein.

- Häufig werden pauschale Vorbehalte gegen das Konzept des Managementsystems geäußert, da ungewollte Eingriffe in die bestehenden Lenkungsinstrumente befürchtet werden. Dabei ist das Gegenteil der Fall: Das DSMS gibt lediglich Tätigkeiten zur Lenkung und Leitung des Datenschutzes vor, die konkreten Instrumente dafür müssen dagegen vom Unternehmen ermittelt und erstellt werden. Im Laufe dieses Praxisleitfadens werden einige dieser Instrumente vorgestellt. Die Unterscheidung in kleine, mittlere und große Unternehmen wird zeigen, dass sich je nach Unternehmensgröße unterschiedliche Werkzeuge empfehlen. Dem umsetzenden Unternehmen bleibt also nach wie vor ein großer Ermessensspielraum in der Umsetzung des DSMS und bestehende Strukturen können durch Modifikationen DSMS-konform ausgestaltet werden.

Die vorangegangen Ausführungen haben deutlich gemacht, dass das DSMS nur in der Weise in die betrieblichen Abläufe eingreift, als dass es bestehende Best Practices aufgreift und dem umsetzenden Unternehmen als Vorschlag zur eigenen Anwendung anbietet. Die konkrete Umsetzung muss sich immer an den tatsächlichen Gegebenheiten – insbesondere den Datenschutzanforderungen und den vorhandenen Organisationsstrukturen – orientieren. So besteht dieser Praxisleitfaden zum Großteil auf den praktischen Erfahrungen der Umsetzung des DSMS bei SAP. Hier bestanden bereits Strukturen durch andere Managementsysteme. Eine Integration des DSMS in diese war somit möglich. Gleichzeitig werden an den entsprechenden Stellen in diesem Buch auch Handlungsempfehlungen für kleine und mittlere Unternehmen aufgestellt. Der Leser kann jeweils die Methode auswählen, die sich für sein Unternehmen als geeignet darstellt oder auch selbst aktiv eigene Methoden auf Basis der vorhandenen Instrumente entwickeln. Folglich können Unternehmen aller Größenordnungen und Organisationsformen ein effektives DSMS einführen.

3.2 Normungen und Gütesiegel rund um den Datenschutz

3.2.1 Notwendigkeit eines Datenschutznachweises

Jedwede Umsetzung des Datenschutzes im Unternehmen bedarf beispielsweise aufgrund des Transparenzgebotes gegenüber den Betroffenen (siehe Abschn. 2.2.2 – Datenschutzgrundsätze) oder dem Rechtfertigungsbedürfnis in der Auftragsdatenverarbeitung eines geeigneten Dokumentationsnachweises. Die vom Gesetzgeber geforderten Instrumente wie etwa das Verfahrensverzeichnis, Auskunftsrechte des Betroffenen oder individuelle Vertragslösungen reichen aber in vielen Fällen nicht aus bzw. stellen sich im Rahmen

der Auftragsdatenverarbeitung wegen der weitreichenden Kontroll- und Dokumentationspflichten (§ 11 BDSG) nicht immer als praktikabel dar. Da der Datenschutz viele sensible
Bereiche eines Unternehmens berührt, stellt sich die Frage, wie ein qualifizierter Nachweis
der Datenschutz-Compliance gegenüber Dritten erfolgen kann: Denn zum einen müssen
Einblicke in die eigenen Verfahren auf das Notwendigste begrenzt werden, zum anderen
jedoch benötigen Kunden und Betroffene eine verlässliche Bestätigung der tatsächlichen
Umsetzung der von ihnen gestellten Anforderungen. Nichts anderes gilt auch für das DSMS
als ein Konzept zur Umsetzung des Datenschutzes im Unternehmen. Eine Möglichkeit zur
Auflösung dieses Konfliktes bietet die Beauftragung eines unabhängigen Dritten, der die
Datenschutzkonformität des Unternehmens im Ganzen oder in Teilbereichen auditiert.
Bewertet der Auditor die Konformität mit den Prüfkriterien als positiv, so vergibt er ein
entsprechendes Zertifikat oder Gütesiegel.

Auch der Gesetzgeber erkannte früh die Notwendigkeit solcher Audits, was sich in
dem im Jahr 2001 ins BDSG eingefügten § 9a zum Datenschutz-Audit erkennen lässt.
Nach Widerständen im Bundesrat sowie vor dem Hintergrund der großen europäischen
Datenschutzgrundverordnung hat der Gesetzgeber bis heute von der Verabschiedung
eines entsprechenden Datenschutz-Auditgesetzes abgesehen[1] [5, 8], sodass sich in der
Zwischenzeit einige private wie öffentliche Institutionen mit unterschiedlichsten Herangehensweisen an diesem Thema abarbeiteten. Dementsprechend weist der Markt heute
zahlreiche Produkte im Bereich der Datenschutzzertifizierung auf, was dazu beigetragen
hat, dass sich ein einheitlicher Standard bis heute nicht entwickeln konnte. Dies stellte sich
auch im Jahr 2009 als großes Problem für SAP dar, als für die Einführung eines DSMS eine
ausdrucksstarke Zertifizierungsgrundlage gesucht wurde, die sich vor allem im unternehmerischen Geschäftsverkehr nutzen lässt. Demgegenüber stehen andere Anforderungen
an Datenschutzgütesiegel, welche sich in erster Linie als Werbeinstrument gegenüber Betroffenen und damit Verbrauchern einsetzen lassen. Unterschiedliche Anforderungen und
Prüfkriterien bedingen daher einen unterschiedlichen Nutzen des Testats.

Im Folgenden werden die wichtigsten Anforderungskataloge und Gütesiegel beschrieben:

- Die von zwei der Autoren dieses Praxisleitfadens (Dirk Loomans und Manuela Matz)
  entwickelten „**Anforderungen an ein Datenschutzmanagementsystem**" [6] wurden
  im Jahr 2010 veröffentlicht und stellten den ersten Versuch der Formulierung eines
  international anwendbaren Standards für ein DSMS dar. Analog zur Methodik aus dem
  weit verbreiteten ISO 9001 Standard wurde ein offener und risikobasierter Ansatz für ein
  DSMS beschrieben, der zudem um weitere Managementsysteme wie etwa ein ISMS nach
  ISO 27001 erweiterbar ist. Durch die weitgehende Loslösung von Spezialregelungen des
  deutschen Rechtes hin zu allgemeingültigeren Best Practices, jedoch mit Einbeziehung
  der wesentlichen gesetzlichen Pflichten, wurden auch die Bedürfnisse internationaler

---

[1] Vgl. dazu ausführlich *Gola*, BDSG, § 9a oder auch *Simitis*, BDSG, § 9a, Rn.40 ff.

Unternehmen berücksichtigt. Gelobt und empfohlen wurde der Ansatz zudem vom rheinlandpfälzischen Landesbeauftragten für den Datenschutz Edgar Wagner.

- Der **BS 10012:2009 Standard** [1] von der British Standards Institution stellt einen ähnlich ausgerichteten Ansatz auf Basis des Datenschutzrechtes von Großbritannien (Data Protection Act 1998) dar. Ebenfalls auf Grundlage eines umfassenden Risikomanagements stellt er eine Erweiterung eines ISMS beruhend auf der ISO 27001 für ein DSMS dar. Da, wie in Abschn. 2.2.3 erwähnt, jedoch das deutsche Datenschutzrecht in einigen Punkten deutlich strenger ist als das britische, werden beim BS Standard einige Aspekte über Generalklauseln abgedeckt. Insbesondere auf Maßnahmenebene müssen die Besonderheiten des BDSG von den Adressaten verstärkt beachtet werden. Als weltweit anerkannte Zertifizierungsstelle kann die British Standards Institution diesen Standard in vielen Ländern zertifizieren. Die British Standards Institution zeichnete sich auch 2010 für die Zertifizierung des Datenschutzmanagementsystems von SAP basierend auf dem Ansatz von Loomans & Matz verantwortlich.
- Der vom Bundesamt für Sicherheit in der Informationstechnik (BSI) in Zusammenarbeit mit dem Bundesbeauftragten für den Datenschutz und Informationsfreiheit entwickelte **Baustein Datenschutz des IT-Grundschutzes** [2] führt analog zu den IT-Grundschutzkatalogen datenschutzspezifische Gefährdungslagen auf und leitet daraus entsprechende Maßnahmen ab. Der Datenschutzbaustein ist damit als nationale Ergänzung zu den auch international zertifizierbaren „klassischen" IT-Grundschutzkatalogen gedacht und richtet sich primär an öffentliche Stellen.
- Das **European Privacy Seal** (EuroPriSe) [11] wurde vom Unabhängigen Landeszentrum für Datenschutz (ULD) entwickelt und ermöglicht die Zertifizierung von IT-bezogenen Produkten und Dienstleistungen nach den Anforderungen des europäischen Datenschutzrechtes auf Basis der derzeit gültigen EG-Richtlinie. Damit kann das zertifizierte Unternehmen u.a. Geschäftskunden und Verbrauchern den Nachweis eines europäischen Mindestdatenschutzniveaus trotz Sitz in einem anderen EU-Staat nachweisen.
- Das **Datenschutzgütesiegel des ULD** [12] bescheinigt die Datenschutzkonformität von Produkten und datenverarbeitenden Verfahren anhand eines vom ULD erstellen Anforderungskataloges.
- Die im Jahr 2013 gegründete **Stiftung Datenschutz** entwickelt ebenfalls ein Gütesiegel [9]. Die Stiftung sieht ihren Auftrag zuvorderst im Verbraucherschutz und damit dem Selbstdatenschutz der Betroffenen. Damit einhergehend ist ein Gütesiegel geplant, mit dem sich Unternehmen ihre Produkte und Dienstleistungen auf deren Datenschutzkonformität hin zertifizieren lassen können, um dies als zusätzliche Werbemöglichkeit gegenüber Betroffenen einzusetzen. Angestrebt wird zudem dessen deutschlandweite Anerkennung durch die Aufsichtsbehörden der Bundesländer.
- Weiterhin sind von privaten Institutionen auszugsweise zu erwähnen:
  - TUEV Nord Trusted Site Privacy [10]
  - DQS-Gütesiegel Datenschutz [3]
  - SCHUFA-Datenschutzsiegel [7]

- Schließlich können auch individuelle Zertifizierungslösungen mit kompetenten Partnern erarbeitet werden, etwa mit Wirtschaftsprüfern oder Anwaltssozietäten. Der Nutzen eines solchen Zertifikates steht und fällt jedoch mit der Reputation der zertifizierenden Stelle, da das Zertifikat einmalig ist und damit für interessierte Dritte schwer einzuordnen ist.

Ein besonderes „Zertifikat" stellt auch die Teilnahme US-amerikanischer Unternehmen am **Safe-Harbor-Abkommen** dar, welches im Jahr 2000 von der EU-Kommission und den USA unterzeichnet wurde. Hierbei unterwirft sich ein US-amerikanisches Unternehmen per Selbstverpflichtung den sieben Safe-Harbor-Prinzipien und zertifiziert sich damit quasi selbst, eine entsprechende Liste der teilnehmenden Unternehmen wird bei der Federal Trade Commission (FTC) in den USA geführt [13]. Insbesondere aufgrund des Vollzugsdefizites der FTC hinsichtlich der Kontrolle der gelisteten Unternehmen hat dieses Zertifikat jedoch nur eine geringe Aussagekraft über die tatsächliche Angemessenheit des Datenschutzniveaus im jeweiligen Unternehmen.

Das Thema der Datenschutzzertifizierung wurde 2013 auch auf europäischer Ebene angegangen: Der Entwurf der EU-DSGVO (Art. 39) [4] sieht für die Mitgliedstaaten die Einführung eines **European Data Protection Seal** auf Basis der Anforderungen ebenjener Verordnung vor. Ziel ist eine weitreichende Vereinheitlichung dieses Sektors. Auch hier zeigt sich ein Vorteil eines DSMS, da sich die von der Kommission entwickelten Anforderungen – vorbehaltlich technischer Spezifizierungen – in den meisten Fällen in das hier vorgestellte Modell des DSMS durch dessen offene Struktur zusätzlich integrieren lassen können.

3.2.2 Eignung für ein Datenschutzmanagementsystem

Bis heute hat sich kein internationaler Standard für ein DSMS durchgesetzt. Dies beruht zum einen darauf, dass das Konzept des DSMS noch keine umfassende Verbreitung gefunden hat. Zum anderen setzen die oben erwähnten Gütesiegel vor allem auf die technische Überprüfung des Datenschutzes und sind dementsprechend produkt- oder verfahrensorientiert, während ein DSMS eine ganzheitliche Ausrichtung verfolgt.

Entscheidet man sich für die Einführung eines DSMS, so werden häufig zwei grundlegende Ziele verfolgt:

- die Fixierung auf ein Zertifikat und
- die Absicherung einer hohen Datenschutzkonformität.

Zwar können beide Ziele durch das Zugrundlegen verschiedener Anforderungskataloge auf angemessene Art und Weise verwirklicht werden, jedoch besteht hier das Erfordernis, Redundanzen zu vermeiden. Zunächst ist anzumerken, dass die strikte Ausrichtung auf ein

Zertifikat grundsätzlich ein schlechter Ratgeber bei der Entscheidung für oder gegen ein
DSMS ist. Wie bereits unter Abschn. 3.1.3 dargestellt, wird auf diese Weise nur unzureichend der Wirkung des DSMS nach innen Rechnung getragen. Das DSMS als solches wird
zum Ad-hoc-Projekt. Vielmehr dagegen lebt das DSMS vom Engagement der Beteiligten
und eine Zertifizierung sollte deshalb nur als Krönung des bis dahin Erreichten gelten.
Daher sollte der Schwerpunkt der Herangehensweise an ein DSMS auf die tatsächliche
Optimierung der internen Abläufe und die Nutzung der in Abschn. 3.1.2 genannten Vorteile gelegt werden, um so eine möglichst hohe Datenschutzkonformität auch tatsächlich
zu erreichen. Denn ein DSMS muss nicht in jedem Fall zertifiziert werden.

▶   Eine Zertifizierung des DSMS sollte aber auch nicht leichtfertig ausgelassen
     werden. In der Praxis erweist sich die Auditierung durch einen externen Dritten
     regelmäßig als bedeutende Hilfe. Vielfach werden nur auf diese Weise Schwach-
     stellen im bisherigen Datenschutzkonzept entdeckt und können folgerichtig
     behoben werden. Der Aspekt der Betriebsblindheit sollte daher auch im Daten-
     schutz nicht unterschätzt werden, gerade wegen des großen Risikopotentials
     und der Notwendigkeit einer kontinuierlichen Verbesserung.

Wie bereits oben erwähnt (Abschn. 3.1.3) gehen mit der Zertifizierung regelmäßig Aufwände einher. Es ist daher empfehlenswert, mindestens in der Phase des Scoping (Abschn.
4.2.1.2) ernsthaft die Zertifizierung in Betracht zu ziehen und entsprechend zu kalku-
lieren. Stellt sich diese dann an diesem Punkt jedoch als Hindernis für die gesamte
DSMS-Implementierung dar, so sollte das Projekt nicht an diesem Punkt scheitern und die
Implementierung trotzdem – wenn auch ohne Zertifikat – durchgeführt werden. Letzteres
kann auch noch nach erfolgreicher Implementierung angegangen werden.

   Betrachtet man die oben dargestellten Produkte zur Datenschutzzertifizierung, so wird
deutlich, dass keines der erwähnten Gütesiegel eine ausreichende strukturelle Grundlage
für ein DSMS bildet: Die Produkt- und Verfahrensorientierung der Gütesiegel dient nur
zum Nachweis der Konformität des jeweiligen Zertifizierungsobjektes, mit dem DSMS
soll jedoch die Datenschutzmanagementfähigkeit der Organisation als Ganzes attestiert
werden. Dies schaffen nach bisherigem Stand nur die erwähnten Anforderungen von
Loomans & Matz sowie der BS 10012-Standard. Das DSMS verstellt damit jedoch nicht
den Weg zum Erwerb der erwähnten Datenschutzgütesiegel. Da es die Datenschutzmanagementfähigkeit der Organisation sicherstellt, kann es auch dynamische und nicht originär
aus dem Gesetz abgeleitete Anforderungen wie die der Gütesiegel umsetzen. Somit gilt:
Möchte die Organisation ein Gütesiegel erwerben, bietet das DSMS eine gute Methode,
die damit einhergehenden Anforderungen umzusetzen.

   Neben den in Abschn. 3.2.1 vorgestellten Anforderungskatalogen sind als Grundlage für ein DSMS, wie erwähnt, außerdem die internationalen **ISO-Standards** geeignet.
Dies beruht darauf, dass das DSMS in seiner Grundausrichtung den dort propagierten
Vorgehensweisen stark ähnelt und damit optimal in entsprechende Managementsysteme
integriert werden kann. Zu den wichtigsten Standards gehören die Folgenden:

Tab. 3.2 DSMS-geeignete Standards

	ISO 9001	ISO 27001	Loomans & Matz	BS 10012
Zielrichtung	Erfüllung der Kunden-anforderungen	Erfüllung der Informations-sicherheits-anforderungen	Erfüllung der Datenschutz-anforderungen	Erfüllung der Datenschutz-anforderungen
Anforderungs-basis	Kunden	Stand der Technik und Bedrohungslage	Datenschutz-gesetzgebung, insb. BDSG (BRD)	Datenschutz-gesetzgebung, insb. Data Protection Act 1998 (GB)
Ausrichtung des Management-systems	Kundenorientiert	Risikobasiert	Risikobasiert	Risikobasiert
Grundprinzipien	PDCA und KVP	PDCA und KVP	PDCA und KVP	PDCA und KVP
Aktivitäten des Management-systems	Prozessorientiert	Prozessorientiert	Prozessorientiert	Prozessorientiert
Zertifizierung	Durch national akkreditierte Stellen	Durch national akkreditierte Stellen	Nein	Durch British Standards Institution und national akkreditierte Stellen

- Ein Informationssicherheitsmanagementsystem (ISMS) nach **ISO 27001** stellt einen prozessorientierten, an den Geschäftsrisiken der Organisation ausgerichteten Ansatz zur Bewältigung der Anforderung an die IT-Sicherheit dar. Ein ISO 27001-ISMS orientiert sich am PDCA-Zyklus (siehe Kap. 5.1) und ist organisationsunabhängig einsetzbar.
- Ein Qualitätsmanagementsystem (QMS) nach **ISO 9001** dient dazu, systematisch die Kundenzufriedenheit zu erhöhen. Auch dieser Ansatz orientiert sich wie die meisten ISO-Managementsystemstandards am PDCA-Zyklus und ist in allen Organisationsformen einsetzbar.
- Ebenfalls auf den genannten Prinzipien basiert ein IT-Service-Managementsystem nach **ISO 20000** zur Umsetzung der Anforderungen an moderne, geschäftsprozessunterstützende IT-Services in einer Organisation.

All diesen Managementsystemstandards ist gemein, dass sie für sich allein noch kein funktionierendes DSMS bedeuten, da sie die Anforderungen an den betrieblichen Datenschutz nicht zu integrieren vermögen. Nichtsdestotrotz eignen sie sich aufgrund ihrer wesentlichen Prinzipien auch für das hier vorgestellte DSMS als Grundlage. Tabelle 3.2 stellt dies im Vergleich zu den derzeit einzigen ausformulierten DSMS-Anforderungskatalogen von Loomans & Matz sowie dem BS 10012-Standard (siehe auch Abschn. 3.2.1) dar:

Neben den dort aufgeführten Gemeinsamkeiten finden sich zudem einige Parallelen in den einzelnen Systemkomponenten. So verlangen alle in Tab. 3.2 aufgeführten Anforderungskataloge u.a.:

- Führungsverantwortung für das jeweilige Managementsystem,
- einen Verantwortlichen für das jeweilige Managementsystem,
- eine Policy,
- ein Managementhandbuch,
- interne Audits sowie
- Managementreviews.

Folglich kann ein DSMS mit verhältnismäßig geringem Aufwand in bestehende Managementsysteme auf Basis der ISO 9001 bzw. ISO 27001 integriert werden, indem die einzelnen Systemkomponenten entsprechend erweitert und DSMS-Spezifika – wie etwa das Management der Betroffenenrechte – zusätzlich eingeführt werden. Die mit bestehenden ISO-Managementsystemen gemachten Erfahrungen können somit wichtige Impulse für die erfolgreiche Implementierung des DSMS liefern. Unterstützend bei der Implementierung und dem Betrieb eines DSMS wirken beispielsweise auch ein auf Basis der **ISO 31000** eingeführtes Risikomanagement oder ein an der **ISO 19001** ausgerichtetes Audit-Management. Jedoch ist es nicht erforderlich, als Vorbereitung für ein DSMS ein funktionierendes ISO-Managementsystem implementiert zu haben. Umgekehrt können auch Unternehmen, welche die Einführung eines DSMS planen und keines der genannten ISO-Managementsysteme eingeführt haben, bei einer späteren Einführung eines ISO-Managementsystems auf den Erfahrungen mit dem DSMS aufbauen.

3.2.3 Vorgehensweise der SAP AG

Als im Jahr 2009 das deutsche Datenschutzrecht umfassend verschärft wurde, befand sich SAP in der Situation, die neuen Anforderungen nicht nur in Deutschland, sondern auch in den verbundenen Gesellschaften weltweit umsetzen zu müssen. Das Erfordernis eines Datenschutzmanagementsystems wurde insbesondere im Support-Bereich ersichtlich, wo mehr als 20.000 Mitarbeiter (einschließlich Entwicklungs-Support) täglich mehrere Tausend Kundenanfragen aus mehr als 60 Standorten heraus weltweit bearbeiten. Insbesondere die durch die Gesetzesänderung im Jahr 2009 präzisierten Prüfungspflichten, mit denen sich SAP nun von Kundenseite aus konfrontiert sah, stellten eine große Herausforderung dar. An dieser Stelle wurde schnell erkannt, dass nur unterstützt durch ein Managementsystem und ein geeignetes Zertifikat diese gesetzlichen Pflichten gegenüber den Kunden erfüllt werden konnten. Auch gegenüber den Lieferanten war eine Neuausrichtung hin zu einem systematischen Überprüfungs- und Kontrollprozess erforderlich. Gesucht wurde dementsprechend ein Anforderungskatalog an ein DSMS, der sich zum einen an unternehmerischen Erfordernissen ausrichtete, andererseits auch zertifizierbar

Abb. 3.2 DSMS-Konzept von SAP

war. Bis dato hatte SAP im Support-Prozess zur Umsetzung der Kundenanforderungen und zur Bereitstellung einer sicheren IT-Infrastruktur ein integriertes Managementsystem basierend auf den beiden führenden internationalen Normen der ISO 9001 und ISO 27001 implementiert. Darauf aufbauend wurde ein DSMS gesucht, dass ähnlich diesen beiden Managementsystemstandards aufgebaut war. An dieser Stelle entwickelten Dirk Loomans und Manuela Matz die oben dargestellten Anforderungen an ein Datenschutzmanagementsystem. Auf Basis dieser Anforderungen wurde das DSMS im SAP-Support-Prozess implementiert und schließlich durch die British Standards Institution zertifiziert. Im Gegensatz dazu wurden Erweiterungen des DSMS in andere Geschäftsbereiche, in denen noch keine ISO-Managementsysteme vorhanden waren, über den Standard BS 10012 zertifiziert, welcher von der British Standards Institution entwickelt wurde. Zwar orientiert sich dieser tendenziell an den Anforderungen des britischen Datenschutzrechtes, jedoch fordert er auch ausdrücklich die Umsetzung der für die Organisation relevanten (deutschen) Gesetze wie etwa das BDSG ein.

Das Verhältnis der einzelnen Standards und deren Funktion im integrierten DSMS zeigt Abb. 3.2

▶   Bestehen bereits gute Strukturen von vorhandenen Managementsystemen –
    insbesondere ein ISMS auf ISO 27001-Basis – so stellen die Anforderungen
    von Loomans & Matz eine gute Ergänzung dieser Strukturen um ein DSMS
    dar. Im umgekehrten Fall, in dem weniger ausgeprägte Managementsystem-
    strukturen vorhanden sind, hat es sich für SAP als praktikabler erwiesen, einen
    umfänglichen Aufbau des DSMS über den BS 10012-Standard zu verfolgen.

Fazit

- Datenschutzmanagementsysteme sind eine Möglichkeit, die Datenschutzziele eines Unternehmens durch Errichtung der entsprechenden Verfahren, Prozesse und
  Organisationsstrukturen zu erreichen.
- Der Betrieb eines DSMS bietet der Geschäftsleitung die Möglichkeit, sich von einem
  etwaigen Organisationsverschulden zu exkulpieren und das eigene Haftungsrisiko
  stark zu minimieren.
- Das hier vorgestellte DSMS stellt das Risikomanagement in den Vordergrund und
  kann damit in allen Organisationsformen und unabhängig von den jeweiligen
  Datenschutzanforderungen eingeführt werden.
- Effizienzgewinne, eine kontinuierliche Verbesserung, die Einbeziehung aller Mit-
  arbeiter, Dokumentation, die Übernahmen von Compliance-Aufgaben und seine
  Zertifizierbarkeit sind nur einige der Vorteile eines DSMS.
- Im Rahmen der Regelungen über die Auftragsdatenverarbeitung und zur Si-
  cherstellung der Transparenz der datenschutzkonformen Datenverarbeitung den
  Betroffenen gegenüber, kommt der Zertifizierbarkeit eines DSMS eine wichtige Rolle
  zu.
- Das DSMS stellt Best Practices zur Umsetzung der Datenschutzanforderungen dar,
  kann jedoch den individuellen Gegebenheiten in der Organisation entsprechend
  angepasst werden. Besonders bestehende Managementsysteme auf Basis der ISO
  9001 oder ISO 27001 können als Grundlage für ein DSMS dienen, wie das Beispiel
  SAP zeigt.
- Bis heute hat sich kein internationaler Standard für ein DSMS herausgebildet, obwohl
  Versuche in diese Richtung existieren und der Markt zusätzlich diverse Gütesiegel
  bereithält.

Literatur

1. British Standards Institution (Hrsg) (2009) BS 10012:2009 Data protection – Specification for a
   personal information management system

2. Bundesamt für Sicherheit in der Informationstechnik (Hrsg) (2013) IT-Grundschutz-Kataloge Baustein B. 1.5. Datenschutz – 13. EL Stand 2013. https://www.bsi.bund.de/DE/Themen/ITGrundschutz/ITGrundschutzKataloge/Inhalt/_content/baust/b01/b01005.html. Zugegriffen: 28. Okt 2013

3. DQS GmbH (Hrsg) (2013) DQS-Gütesiegel Datenschutz. http://de.dqs-ul.com/standards/informationsmanagement/datenschutzaudit.html. Zugegriffen: 28. Okt 2013

4. Europäische Kommission (Hrsg) (2012) Vorschlag für Verordnung des Europäischen Parlaments und des Rates zum Schutz natürlicher Personen bei der Verarbeitung personenbezogener Daten und zum freien Datenverkehr (Datenschutz-Grundverordnung). KOM (2012) 11

5. Gola P, Schomerus R, Klug C (2010) Bundesdatenschutzgesetz: Kommentar, 10. Aufl. C.H. Beck, München

6. Loomans D, Matz M, Wichtermann M (2010) Anforderungen an ein Datenschutzmanagementsystem. Loomans & Matz AG, Mainz

7. SCHUFA AG (Hrsg) (2013) SCHUFA-DatenschutzSiegel. https://www.datenschutzsiegel.de/unternehmen. Zugegriffen: 28. Okt 2013

8. Simitis S (Hrsg) (2011) Bundesdatenschutzgesetz, 7. Aufl. Nomos, Baden-Baden

9. Stiftung Datenschutz (Hrsg) (2013) Datenschutzgütesiegel. http://stiftungdatenschutz.org/datenschutzgutesiegel/. Zugegriffen:28. Okt 2013

10. TUEV Nord Group (Hrsg) (2013) Trusted site privacy. http://www.tuev-nord.de/de/datenschutz/trusted-site-privacy-1350.htm. Zugegriffen: 28. Okt 2013

11. ULD (Hrsg) (2013) European privacy seal. https://www.european-privacy-seal.eu/. Zugegriffen: 28. Okt 2013

12. ULD (Hrsg) (2013) Datenschutz-Gütesiegel beim Unabhängigen Landeszentrum für Datenschutz Schleswig-Holstein. https://www.datenschutzzentrum.de/guetesiegel/index.htm. Zugegriffen: 28. Okt 2013

13. U.S. Department of Commerce's International Trade Administration (Hrsg) (2013) U.S.-EU Safe Harbor List. http://safeharbor.export.gov/list.aspx. Zugegriffen: 28. Okt 2013

Voraussetzungen schaffen

4

Zusammenfassung

Bevor mit der Implementierung eines DSMS begonnen werden kann, müssen wichtige Voraussetzungen geschaffen werden. Anhand zweier Szenarien (Klein GmbH und Medium AG), die als Modellunternehmen für KMU dienen, sowie den Erfahrungen von SAP werden bereits an dieser Stelle die wichtigsten Vorüberlegungen vor der Einführung des DSMS in ihrer praktischen Umsetzung demonstriert.

Neben der Überzeugung der Geschäftsleitung vom neuen Konzept des DSMS stellt regelmäßig die Auswahl eines geeigneten Anwendungsbereiches („Scope") die Verantwortlichen vor Herausforderungen. Dazu bedarf es zunächst der Identifikation der wichtigsten Datenschutz-Stakeholder im Unternehmen. Über diese lassen sich die wichtigsten Einflussfaktoren auf den Scoping-Prozess ermitteln und bewerten. Eine auf diese Weise bereitgestellte Entscheidungsvorlage an die Geschäftsleitung und deren Verabschiedung legen den Grundstein für die erfolgreiche Implementierung des DSMS.

- Wie ermittelt man den Bedarf – insbesondere den Nutzen – für ein DSMS?
- Wie legt man einen sinnvollen Anwendungsbereich (Scope) für ein DSMS fest?
- Welche Überlegungen sind in diesem Scoping-Prozess anzustellen?
- Wer ist am Scoping-Prozess und an der Entscheidung zur Einführung eines DSMS zu beteiligen?
- Welche Gegebenheiten sind für das Scoping zu berücksichtigen?
- Wie können bestehende Managementsysteme den Scoping-Prozess beeinflussen?
- Wie überzeugt man die Entscheidungsträger vom DSMS?

In diesem Kapitel wird aufgezeigt, welche Voraussetzungen vor der Einführung eines DSMS im Unternehmen zu schaffen sind. Naturgemäß sind diese Voraussetzungen sowie

D. Loomans et al., *Praxisleitfaden zur Implementierung eines Datenschutzmanagementsystems*,   39
DOI 10.1007/978-3-658-02806-0_4, © Springer Fachmedien Wiesbaden 2014

auch die Implementierung eines DSMS immer abhängig von den Eigenheiten des jeweiligen Unternehmens. Aus diesem Grunde werden an dieser Stelle drei Szenarien eingeführt, an denen im folgenden Verlauf des Praxisleitfadens die Best Practices der Autoren in ihrer praktischen Anwendung erläutert werden. Besondere Rücksicht wurde dabei auf die unterschiedlichen Unternehmensgrößen gelegt, da hier jeweils unterschiedlich mit dem Thema Datenschutz umgegangen werden muss. Das erfolgreich implementierte und betriebene DSMS von SAP dient dabei als Musterbeispiel für einen großen, internationalen Konzern. Basierend auf den Erfahrungen der Autoren wurden zudem zwei fiktive Szenarien erstellt, um die Möglichkeiten zur Umsetzung des DSMS in kleinen und mittleren Unternehmen (KMUs) aufzuzeigen. Es sei an dieser Stelle nochmals darauf hingewiesen, dass in diesem Praxisleitfaden lediglich Grundlagen aufgestellt und Möglichkeiten aufgezeigt werden. Der Leser kann und soll die für ihn am geeignetsten Methoden selbst ermitteln und wird ermuntert – unter Berücksichtigung der bei ihm vorliegenden Gegebenheiten – auch andere Instrumente einzusetzen, um das für ihn bestmögliche DSMS zu schaffen.

4.1 Szenarien

Die drei Szenarien, die für diesen Praxisleitfaden ausgewählt wurden, lauten wie folgt:

- Klein GmbH (fiktiv, kleine Unternehmensgröße)
- Medium AG (fiktiv, mittlere Unternehmensgröße)
- SAP (international aufgestelltes Großunternehmen)

Klein GmbH

Die Klein GmbH mit 100 Mitarbeitern ist im produzierenden Gewerbe tätig. Dabei beschränkt sich die Geschäftätigkeit hauptsächlich auf den deutschen Markt. Neben gewerblichen Kunden werden auch Verbraucher bedient und teilweise gezielt angeworben. Je nach Bedarf wird dafür ein Lettershop beauftragt. Da die Geschäftsführung dem Thema Datenschutz bisher wenig Gewicht eingeräumt hat, sind nur wenige Strukturen und Ressourcen vorhanden. Es besteht ein rudimentäres Verfahrensverzeichnis und vor einigen Jahren wurde eine Schulung und Verpflichtung des Personals vorgenommen. Die Umsetzung des Datenschutzes erfolgt über einen internen Teilzeit-Datenschutzbeauftragten. Unterstützt wird dieser bei den technischen und organisatorischen Maßnahmen von der IT-Abteilung. In schwierigen Rechtsfragen wird Beratung durch einen externen Rechtsanwalt eingeholt. Kürzlich ereignete sich bei der Ansprache von Verbrauchern durch den Lettershop ein schwerer Datenschutzvorfall und als Folge gingen Kunden an Wettbewerber verloren. Im Zuge der unternehmensweiten Aufarbeitung wurden dabei neben den Lücken in der ADV zusätzlich Versäumnisse beim Umgang mit den personenbezogenen Daten durch das eigene Personal – insbesondere im Vertrieb – entdeckt. Nun möchte der Datenschutzbeauftragte mit dem DSMS ein neues Konzept zur Sicherstellung des Datenschutzes einführen, um solche Verstöße in Zukunft zu vermeiden.

Medium AG

Die Medium AG produziert und vertreibt Anlagen zur Kraft-Wärme-Kopplung und beschäftigt ca. 1800 Mitarbeiter. Die Konzentration auf das Wachstum im internationalen Kerngeschäft sowie die Erweiterung des Produktportfolios haben das Unternehmen in seiner Dynamik der letzten Jahre gefordert. Intern stellt sich nun die Herausforderung, die noch mittelständisch geprägte Organisation in Richtung eines international tätigen Konzerns zu optimieren. Dies betrifft auch den Datenschutz. Erste Strukturen in diesem Bereich sind hier bereits vorhanden. Insgesamt steht der Bereich jedoch vor großen Aufgaben, da sowohl der internationale Datentransfer als auch die konzerninternen Dienstleistungen der einzelnen Konzernunternehmen datenschutzrechtlich organisiert werden müssen. Aufgrund der gesetzlichen Förderung über Investitionszuschüsse und Vergütungszuschläge für sog. „Mini-KWKs" spricht die Medium AG seit kurzem verstärkt auch Privatpersonen an. Im Kerngeschäft der Medium AG wurde bisher fast ausschließlich mit anderen Unternehmen zusammengearbeitet. Die in diesen Zusammenhängen anfallenden Herausforderungen werden von einem externen Datenschutzbeauftragten angegangen, welcher das DSMS verantwortet.

SAP AG

Die SAP Aktiengesellschaft mit Sitz im baden-württembergischen Walldorf ist der größte europäische und weltweit viertgrößte Softwarehersteller. Tätigkeitsschwerpunkt ist die Entwicklung von Software zur Abwicklung sämtlicher Geschäftsprozesse eines Unternehmens wie Buchführung, Controlling, Vertrieb, Einkauf, Produktion, Lagerhaltung und Personalwesen. Der SAP Konzern hat weltweit ca. 65.000 Mitarbeiter (Stand: Februar 2013) und erwirtschaftete 2012 einen Umsatz von mehr als 16 Mrd. € und ist weltweit in etwa 120 Ländern präsent. Im Bereich lizensierter Software – die auf den IT-Systemen des Anwenders betrieben wird – hat SAP über 100.000 Kunden, darunter viele Großunternehmen und Dax-Konzerne, und wird dabei von etwa 12 Mio. Anwendern eingesetzt. Zum reibungslosen Betrieb der Software tragen mehrere Tausend Mitarbeiter aus Support und Entwicklung bei, welche sich auf mehr als 60 Standorte verteilen. Dazu gehören große Support- und Entwicklungszentren in Deutschland, Österreich, Spanien, Irland, Israel, den USA, Kanada, Indien, Japan, der Volksrepublik China und Australien.

Die extreme globale Ausrichtung der SAP – sowohl auf der Kundenseite als auch in der Belegschaftsstruktur – stellen allerhöchste Ansprüche an ein konzernweites Datenschutzmanagement. Den dazu erforderlichen strukturierten Ansatz bietet das bei SAP seit 2010 eingeführte Datenschutzmanagementsystem. Auch wenn das DSMS zudem in vielen anderen Unternehmensbereichen wie Marketing, Human Resources und Consulting eingeführt ist, orientiert sich dieser Praxisleitfaden in erster Linie an der Implementierung im Support-Bereich.

Der SAP-Support ist zweistufig ausgelegt und teilt sich im Wesentlichen in die Bereiche Produkt-Support und Entwicklungs-Support auf. Ca. 6.000 Support-Mitarbeiter und ca. 20.000 Entwickler bearbeiten täglich mehrere Tausend Anfragen von Kunden aus mehr als 120 Ländern. Die Bearbeitung erfolgt aus einem internationalen Netzwerk heraus mit mehr als 60 Standorten, um sowohl sprachlichen Anforderungen, den verschiedenen Zeitzonen und einem global verfügbaren Expertenwissen genüge zu leisten. Die Bearbeitung der teils sensiblen Daten erfolgt größtenteils „offline" im hauseigenen Ticketsystem oder auch per Fernwartung im jeweiligen Kundensystem.

Aufgrund des engen Vertrauensverhältnisses zwischen Kunden und dem SAP-Support hat man bei SAP schon vor Jahren die Bedeutung hinreichender Sicherheitsmaßnahmen und entsprechender Kontrollen erkannt. Bereits im Jahr 2007 wurde daher die Funktion eines Bereichs „Chief Security Officers" im Support und ein entsprechendes „Security & Data Protection Office" geschaffen. Die Umsetzung des DSMS erfolgt über das Security & Data Protection Office unter Leitung von SQ&S Chief Security Officer Michael Wiedemann.

Die beschriebenen Szenarien werden von Abb. 4.1 zusammengefasst und zum besseren Vergleich gegenübergestellt.

4.2 Voraussetzungen

Steht man vor der Herausforderung, ein (Datenschutz-)Managementsystem im Unternehmen einzuführen, sind grundsätzlich zwei Voraussetzungen dafür zu schaffen:

1. Es muss ein Anwendungsbereich (engl. Scope) für das DSMS bestimmt werden.
2. Die Entscheidungsträger im Unternehmen müssen das DSMS mittragen und aktiv fördern.

Im Folgenden wird dargestellt, wie diese Aufgaben vom Initiator des DSMS angegangen werden können.

4.2.1 Anwendungsbereich festlegen

Für jedwedes Managementsystem muss ein geeigneter Anwendungsbereich klar abgesteckt werden. Denn zum einen schmälert ein zu klein gefasster Anwendungsbereich den Nutzen

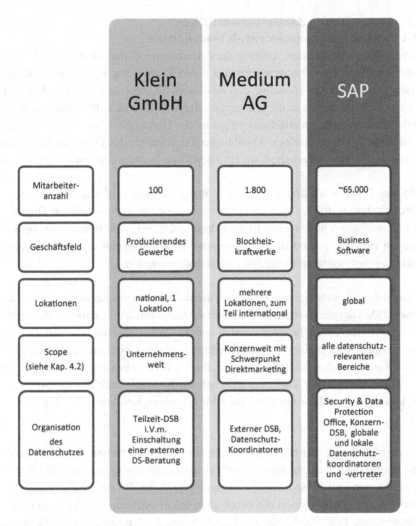

Abb. 4.1 Szenarien

des DSMS und dessen Aussagekraft über die Datenschutzmanagementfähigkeit der Organisation. Zum anderen bindet ein unternehmensweites, allumfassendes DSMS letztendlich zu viele Ressourcen. Es sei an dieser Stelle noch einmal darauf hingewiesen, dass das DSMS lediglich eine Möglichkeit unter vielen ist, den Datenschutz im Unternehmen umzusetzen. In manchen Teilbereichen eines Unternehmens wird u.U. eine Ad-hoc-Umsetzung genügen. Für die wirklich wichtigen und risikobehafteten Bereiche eines Unternehmens stellt jedoch das DSMS die beste Lösung dar (siehe Abschn. 3.1.2 – Vorteile des DSMS). Daher wird im Folgenden ein Weg präsentiert, wie diese Bereiche identifiziert werden können.

4.2.1.1 Einbeziehung der Verantwortlichen

4.2.1.1.1 Datenschutzmanagement als Teamaufgabe

Datenschutz ist nicht bloß eine Aufgabe des betrieblichen Datenschutzbeauftragten. Aufgrund der zunehmenden Datenmengen und deren Vernetzung sowie basierend auf dem immensen Risikopotential (Abschn. 2.3) des Datenschutzes sind heute nahezu alle Bereiche eines Unternehmens in die Umsetzung der Datenschutzanforderungen involviert, nicht zuletzt auch die Geschäftsleitung aufgrund der Haftungsrisiken. Es besteht daher die Notwendigkeit, bei den einzelnen Abteilungen das Konzept des DSMS zu bewerben und Informationen darüber zu erhalten, wo ein DSMS den größten Nutzen bringt.

▶   Da das DSMS – abhängig von seiner Ausgestaltung und der bestehenden Organisation – auf die spätere Zusammenarbeit mit den jeweiligen Organisationseinheiten angewiesen ist und diese entsprechende Ressourcen bereit stellen müssen, sollten dementsprechend Verantwortliche aus der höheren Managementebene an dieser Stelle einbezogen werden.

Abbildung 4.2 zeigt, welche Bereiche eines Unternehmens typischerweise von der Einführung eines DSMS tangiert werden und deshalb auch in irgendeiner Form an der Festlegung des Anwendungsbereiches beteiligt werden sollten. Selbstverständlich sind die Bezeichnungen in jedem Unternehmen unterschiedlich und die typischen Funktionen der hier genannten können auch gebündelt vorliegen. Ebenfalls ist zu beachten, dass bei Initiierung des DSMS auf Ebene einer Tochtergesellschaft im Konzern auch die Muttergesellschaft sowie relevante verbundene Gesellschaften im erforderlichen Umfang integriert werden müssen.

▶   Es empfiehlt sich, die hier angesprochenen Verantwortlichen – jedoch nicht zwingend die Geschäftsleitung – auch in spätere Evaluierungen des DSMS mit einzubinden und so ein oberstes Steuerungsgremium für das DSMS einzurichten. Insbesondere können die Beteiligten später wichtige Eingaben zu einer Datenschutz-Policy (siehe Abschn. 5.2.1.3) liefern. Auch besteht die Möglichkeit, die Implementierung des DSMS über die vom Unternehmen präferierten Projektmanagementmethoden zu steuern. Gerade zur Einrichtung und sinnvollen Einbindung von Steuerungsgremien bietet sich ein Rückgriff auf Erfahrungswerte in vergleichbaren Projekten im Unternehmen an – etwa solche zur Implementierung eines ISO 27001-ISMS.

4.2.1.1.2 Potentielle Stakeholder eines DSMS

• Der **Datenschutzbeauftragte** oder andere leitende Verantwortliche für den Datenschutz im Unternehmen sollten auf jeden Fall involviert werden. Da der Datenschutzbeauftragte sich in der Organisation für alle Belange des Datenschutzes verantwortlich zeichnet, muss er dementsprechend auch das DSMS mittragen. Er muss ausdrücklich nicht das DSMS operativ umsetzen, sondern sollte diese Aufgaben zur effizienten Be-

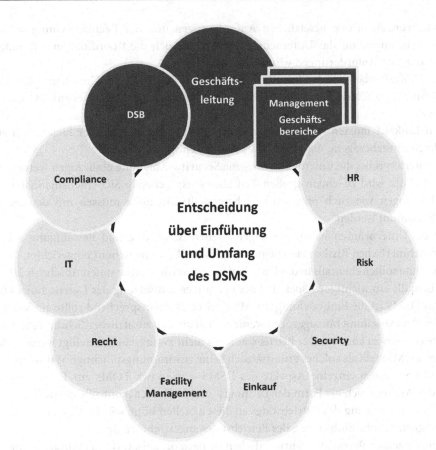

Abb. 4.2 Top-Stakeholder eines DSMS

arbeitung an qualifizierte Personen (etwa Datenschutzkoordinatoren) delegieren. Im Idealfall besteht zudem im Unternehmen bereits ein eigener Verantwortlicher für das Datenschutzmanagement, welcher an dieser Stelle eine zentrale Rolle einnehmen würde. Falls ein solcher noch nicht ernannt wurde, werden dazu im weiteren Verlauf dieses Praxisleitfadens Hinweise für eine Zuteilung der DSMS-Aufgaben gegeben (Abschn. 5.2.1.2 Governance Model zur Umsetzung der Datenschutzziele).

- Da das DSMS die Anforderungen der Datenschutzgesetze sowie der entsprechenden internen Richtlinien umsetzt, ist die **Compliance**-Abteilung einzubinden. Eine Einbindung des DSMS in die Compliance-Struktur und eine Anpassung der Compliance-Richtlinien sind für die Zukunft anzustreben.
- Teile der technischen und organisatorischen Maßnahmen (TOMs) – z.B. Zugriffskontrollen – müssen über die **IT-Abteilung** sichergestellt werden. Insbesondere ein ISMS auf Basis der ISO 27001 kann mit dem DSMS verzahnt werden.
- Das Aushandeln der ADV-Bedingungen und der Umgang mit der Aufsichtsbehörde sind meist bei der **Rechtsabteilung** angesiedelt. Ebenso werden dort wichtige

Änderungen in den gesetzlichen Anforderungen und der Rechtsprechung in ihren Auswirkungen auf das Unternehmen bewertet. Auch die Koordination mit anderen rechtlichen Anforderungen wird hier vorgenommen.

- Im Aufgabenbereich des **Facility Managements** liegt u.a. die Umsetzung der Maßnahmen zur Zutrittskontrolle und Gebäudesicherheit und damit ebenfalls einzelner TOMs.
- Im **Einkauf** müssen im Rahmen einer Due Diligence-Prüfung der Lieferanten auch datenschutzbezogene Aspekte (ADV) berücksichtigt werden.
- Weiterhin muss die unternehmenseigene **Security**-Abteilung einbezogen werden. Datenschutz wird zu einem großen Teil über entsprechende Sicherheitsmaßnahmen – IT-bezogen wie auch physisch – sichergestellt und diese müssen mit der Security abgestimmt werden.
- Viele Unternehmen haben zur angemessenen Bewertung und Bewältigung der unternehmerischen Risiken ein entsprechendes **Risikomanagement** eingerichtet. Dessen Abläufe sollten ebenfalls in das DSMS integriert werden (siehe unten Abschn. 5.2.3.2.1).
- Ebenfalls ein wichtiger Aspekt bei der operativen Umsetzung des Datenschutzes über das DSMS ist die Einbeziehung der Mitarbeiter. Dementsprechend sollte ein Vertreter der **HR-Abteilung** hinzugezogen werden, auch um den zusätzlichen Schulungsaufwand abschätzen zu können. Der Betriebsrat muss nicht zwangsläufig beteiligt werden, denn das DSMS stellt als solches grundsätzlich keine zustimmungspflichtige Maßnahme dar. Jedoch können einzelne Aspekte des DSMS – wie etwa TOMs zur Protokollierung oder Audits – sich als Form der Leistungs- und Verhaltenskontrolle darstellen, womit eine Einbeziehung des Betriebsrates an diesen Stellen nötig würde. Deshalb sollte eine möglichst frühe Einbindung des Betriebsrates angestrebt werden.
- Die einzelnen **Bereichsverantwortlichen** (je nach organisatorischer Ausgestaltung z.B. Vertrieb, Marketing etc.) müssen letztendlich das DSMS in ihrem Zuständigkeitsbereich umsetzen und entsprechende Ressourcen bereitstellen. Die Manager der Bereiche müssen den Handlungsbedarf im Datenschutz für ihren Bereich erkennen und die Einführung eines DSMS auch dann befürworten, wenn die Entscheidungskompetenz darüber höher angesiedelt ist. Letztendlich muss der DSMS-Initiator ihnen gegenüber das Konzept des DSMS bewerben und Überzeugungsarbeit leisten.
- Die **Geschäftsleitung** trägt die rechtliche Verantwortlichkeit für den Datenschutz im Unternehmen und hat nicht zuletzt aufgrund der in Abschn. 2.3 beschriebenen Haftungsrisiken ein Interesse an der qualifizierten Umsetzung des Datenschutzes. Sie wird insbesondere daran interessiert sein, diesen Zustand über ein auditierbares DSMS regelmäßig einer Bewertung unterziehen zu können. Ob sie aktiv in die Überlegungen mit eingebunden oder lediglich in wesentlichen Punkten informiert werden sollte, hängt u.a. von Unternehmensgröße, Unternehmenskultur sowie ihrem persönlichen Datenschutzengagement ab. Gerade die meist dort angesiedelte Hoheit über die Ressourcenfreigabe für den Datenschutz macht es jedoch erforderlich, dass die Geschäftsleitung das DSMS mitträgt und betreibt.

▶ Es empfiehlt sich, bereits in dieser Phase sowie für die nachfolgende Implementierung die ausdrückliche Unterstützung mindestens eines Mitgliedes der
Geschäftsleitung zu sichern. Ein solcher Promotor ist ein unschätzbar wertvoller
Faktor im gesamten Lebenszyklus des DSMS. Nicht nur, dass dieser Promotor
das DSMS in seinem Verantwortungsbereich mit besonderem Innovationsdrang
zu unterstützen versuchen wird. Viel wichtiger ist jedoch, die Bewerbung und
Rechtfertigung des DSMS gegenüber den vergleichsweise skeptischen Mitgliedern der Geschäftsleitung. Wer sich ohne diese Unterstützung aufmacht die
Geschäftsleitung zu überzeugen, läuft stattdessen Gefahr, dort aufzulaufen.
Gute Kontakte zu einzelnen Mitgliedern der Geschäftsleitung oder die Kenntnis
über ein besonders ausgeprägtes Datenschutzbewusstsein eines Mitgliedes liefern wichtige Informationen für den richtigen Ansprechpartner in dieser frühen
Phase.

Klein GmbH

Bei der Klein GmbH wurden neben dem (Teilzeit-)Datenschutzbeauftragten, der das
DSMS initiieren möchte, zusätzlich die Verantwortlichen für IT, Personal sowie Vertrieb eingebunden. Aus der Produktion, in der die meisten Mitarbeiter angesiedelt
sind, ist der Quality Manager anwesend. Als Folge eines geschäftsschädigenden Datenschutzvorfalls durch den beauftragten Lettershop hat der Geschäftsführer angekündigt,
zukünftig regelmäßig über den Status quo und die zukünftigen Planungen in der
Umsetzung des Datenschutzes informiert werden zu wollen. Folglich wird auch der
Geschäftsführer in die Gespräche zum Anwendungsbereich des DSMS einbezogen.

Medium AG

Durch die Neuorientierung der Medium AG hin zu Verbrauchern wurde den Verantwortlichen aus Vertrieb und Rechtsabteilung sowie dem externen DSB schnell deutlich,
dass dringend beim Datenschutz nachgebessert werden musste. Der Impuls für die
Neugestaltung des Datenschutzes kam daher aus eigener Erkenntnis und wurde dem
für den Datenschutz zuständigen Finanzvorstand vorgetragen, welcher diese Veränderung grundsätzlich billigte. Der externe DSB konsultierte daraufhin die Bereiche, in
denen bisher schwerpunktmäßig Datenschutz betrieben wurde, nämlich HR, IT und
den Geschäftskundenbereich, um sich gemeinsam über eine systematische Neuausrichtung des Datenschutzmanagements abzustimmen. Auch der Verantwortliche des neu
geschaffenen Geschäftsbereiches zum Privatkundengeschäft wird hinzugezogen.

SAP

Bei SAP wurden neben dem Konzerndatenschutzbeauftragten noch Verantwortliche
aus den Bereichen Risikomanagement, IT, Security, Compliance, Recht und HR ein-

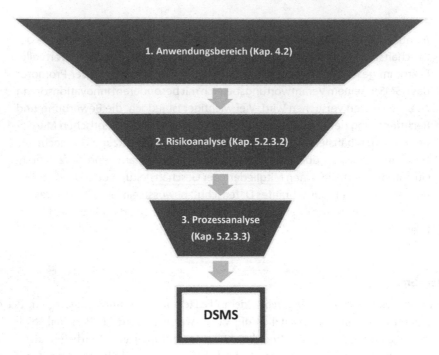

Abb. 4.3 Gestuftes Scoping hin zu den kritischen Elementen

bezogen. Da in der initialen Phase der Scope mit dem Fokus auf den globalen Support bereits feststand, wurden außer den Management-Verantwortlichen aus dem Support zunächst keine weiteren Geschäftsbereiche angesprochen (dies wurde im Rahmen der Weiterentwicklung des DSMS getan). Der Datenschutz genießt bei SAP eine hohe Wertschätzung auf allen Ebenen, er ist gar die explizite Aufgabe eines Mitgliedes des Vorstands. Neue Steuerungsmöglichkeiten wie die Einführung des DSMS werden daher grundsätzlich befürwortet und das DSMS auch vom Vorstand unterstützt.

4.2.1.2 Scoping

Hat man die passenden Verantwortlichen identifiziert, können nun dezidiert Informationen ausgetauscht werden, um letztendlich den passenden Anwendungsbereich für das DSMS zu ermitteln. Dieser Prozess – nämlich auf Basis der relevanten Informationen den „Scope" für das DSMS abzustecken – wird im Folgenden als Scoping bezeichnet.

▶   Mittlere und große Unternehmen haben regelmäßig Schwierigkeiten, bereits an dieser Stelle alle relevanten Informationen zusammenzutragen und als Entscheidungsgrundlage zu verwenden. Dies ist aufgrund der komplexen und lokationsübergreifenden Datenströme auch nicht ohne Weiteres möglich. Aufgrund dessen empfehlen die Autoren ein gestuftes Scoping, welches auch in Abb. 4.3 dargestellt wird:

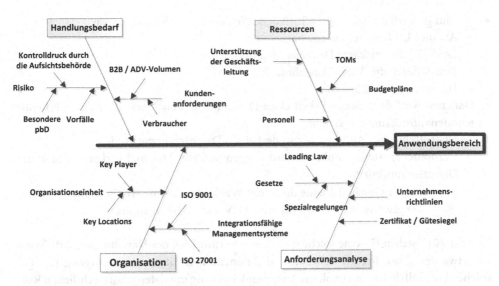

Abb. 4.4 Bestandteile des DSMS-Scoping

- Die erste Stufe – die an dieser Stelle vorgestellt wird – beschäftigt sich damit, die generelle Lage des Datenschutzes im Unternehmen anhand einer Identifizierung des Handlungsbedarfes und daraus die Notwendigkeit eines DSMS für eine bestimmte organisatorische Einheit – etwa einen Geschäftsbereich – zu ermitteln.
- Die zweite und dritte Stufe – siehe Abschn. 5.2.3 – dienen dazu, in der Plan-Phase des DSMS zum einen die kritischsten Risiken zu ermitteln (Risikoanalyse), zum anderen die relevanten datenverarbeitenden Prozesse und weitere Ansatzpunkte für das DSMS zu ermitteln. Auf diese Weise werden im Rahmen dieser Risikoorientierung die Schwerpunkte auf die kritischen Risiken gelegt, gleichzeitig unkritische Prozesse (zunächst) aus dem DSMS herausgenommen. Der „Scope" wird damit verfeinert und das DSMS erfasst somit die relevanten Prozesse.

Abbildung 4.4 zeigt die wesentlichen Überlegungen, die in der ersten Stufe des Scoping-Prozesses einbezogen werden sollten. Eine feste Rangfolge in der Wichtigkeit der einzelnen Elemente gibt es nicht, sondern muss individuell von der Organisation selbst ermittelt werden. Damit kommt diese Phase einem einführenden Brainstorming nahe. Im Folgenden sollen die einzelnen Elemente näher erläutert werden.

4.2.1.2.1 Handlungsbedarf ermitteln

Wichtigstes Argument für ein DSMS ist, dass für eine systematische Umsetzung des Datenschutzes überhaupt Handlungsbedarf besteht. Hierzu müssen verschiedene Überlegungen angestellt werden.

- Es sind generell die wichtigsten Risikofaktoren einzubeziehen, wie etwa:
  - Art und Umfang der Datenverarbeitung
  - Offensichtlich riskante Datenverarbeitungen
  - Druck durch die Aufsichtsbehörde
  - Datenschutzvorfälle
- Daneben wird die Notwendigkeit eines DSMS oftmals auch erst über entsprechende Kundenanforderungen erkannt:
  - Der (öffentliche) Auftraggeber fordert einen Datenschutznachweis
  - Verbraucher stellen hohe Anforderungen an die Datenschutzkonformität der Dienstleistungen/Produkte
  - Ein wichtiger Geschäftskunde droht mit Wechsel zu einem Wettbewerber, weil nur dieser die gewünschten TOMs für eine ADV nachweislich anbietet

Im Jahr 2013 stehen für eine solche einführende Ermittlung des Handlungsbedarfs Tools wie etwa der „Data Breach Calculator" des Ponemon Instituts zur Verfügung [2]. Ein solches Tool hilft bei der erstmaligen Auseinandersetzung mit datenschutzrechtlichen Risiken. Zudem können die generelle Eintrittswahrscheinlichkeit eines Vorfalls sowie mögliche Folgekosten grob abgeschätzt werden.

Die Tatsache, dass nahezu jedes Unternehmen auf seine Art und Weise datenschutzrelevante Prozesse betreibt – diese jedoch durch die allgemein gültigen rechtlichen Anforderungen branchenweit ähnlich riskant sind – wird dazu führen, dass sich der Handlungsbedarf in vielen Fällen auf die Kernfelder des Datenschutzes erstreckt.

Klein GmbH

Die Klein GmbH beauftragt regelmäßig einen Lettershop im Rahmen einer ADV mit der Bewerbung von Altkunden sowie der Anwerbung von Neukunden (Verbrauchern). Bei einer groß angelegten Werbeaktion für beide Kundengruppen kam es kürzlich zu einem schweren Datenschutzvorfall: So wurden von Vertriebsmitarbeitern unzulässig erhobene Daten von Altkunden verwendet. Die Vertriebsabteilung der Klein GmbH erhielt in der Folgezeit viele Beschwerden und einige Bestandskunden wechselten zu Wettbewerbern. Allen Beteiligten im Unternehmen war an dieser Stelle klar: Ein solcher Reputationsschaden durfte kein zweites Mal geschehen. Daher wurde primär eine datenschutzgerechte Umorganisation der Prozesse im Vertrieb gefordert. Zudem mussten die eigenen Mitarbeiter in Datenschutzbelangen geschult werden, um u.a. die rechtswidrige Erhebung von personenbezogenen Daten in Zukunft zu vermeiden. Als ein Schwerpunkt wurde hier der Vertrieb identifiziert.

Medium AG

Die Medium AG war zu Beginn sehr auf die Verarbeitung von personenbezogenen Daten von anderen Unternehmen als Kunden zur Abwicklung des Geschäftes mit

Blockheizkraftwerken sowie den eigenen Beschäftigten zur Begründung und Abwicklung der Arbeitsverhältnisse fokussiert. Demzufolge lag anfänglich die Betrachtung auf den Prozessen, welche diese Mitarbeiter- und Kundendaten verarbeiteten. Die ersten Organisationsversuche im Datenschutz richteten sich hieran aus. Mit der Änderung des Produktpotfolios und der zunehmenden Verarbeitung und Nutzung von Daten zum Zwecke der Werbung von Verbrauchern erweiterten sich jedoch die datenschutzrechtlichen Themen. Dies betraf in erster Linie die Risiken, die im neuen Geschäftsbereich mit Verbrauchern zusätzlich enstehen, da hier eine deutlich höhere Sensibilisierung bezüglich der rechtmäßigen Nutzung von personenbezogenen Daten zu Werbezwecken als auch hinsichtlich unlauterer Werbung anzunehmen war. Es musste also eine Erweiterung des Scopes auf die teilweise noch zu dokumentierenden Prozesse der Kundenansprache sowie der Auftragsabwicklung stattfinden. Die zusätzlichen rechtlichen Anforderungen des BDSG, wie z.B. § 28 Abs. 3–5 BDSG sowie die Anforderungen des § 7 UWG (Sonderregelungen für Werbung) – mussten umgesetzt werden. Zusätzlich kam die Berücksichtigung der verschiedenen Betroffenenrechte hinzu.

SAP

Im Bereich lizensierter Software bedient SAP mehr als 100.000 Kunden weltweit. Als qualitäts- und sicherheitsbewusstes Unternehmen möchte SAP dabei auch den höchsten Datenschutzansprüchen genügen. Besonders deutlich wurde die Notwendigkeit einer systematischen Herangehensweise im Support: Kunden senden dort über das SAP-eigene Ticketsystem Anfragen an die über 60 weltweit verteilten Standorte des SAP-Supports oder veranlassen eine Fernwartung ihres SAP-Systems. Täglich erreichen die SAP mehrere Tausend Anfragen. Die Weitergabe personenbezogener Daten an SAP kann dabei nicht ausgeschlossen werden. Um die Sicherheit der betreffenden Daten für die Kunden transparent darstellen zu können, wurde ein geeigneter Nachweis in Form eines Zertifikats gesucht. Der Support-Prozess bot sich damit als „Pilot" für die Erstimplementierung eines DSMS an.

Gleichzeitig arbeitet SAP mit weltweit über 40.000 Lieferanten zusammen. Im Rahmen der Umsetzung der BDSG-Novelle 2009 wurden daraus diejenigen identifiziert, die als Unterauftragnehmer auf personenbezogene Daten der Kunden zugreifen können und auf ihre Datenschutzkonformität geprüft, sofern das nicht bereits im Zuge der zuvor bestehenden Prozesse geschehen war.

4.2.1.2.2 Organisation

Neben dem eigentlichen Handlungsbedarf sollten auch immer organisatorische Gegebenheiten berücksichtigt werden:

- Sind bereits Managementsysteme implementiert, so kann sich der Anwendungsbereich des DSMS an diesen orientieren. Das gilt insbesondere für die ISO-

Managementsysteme, die in ihrer Grundvorgehensweise dem DSMS stark ähneln (siehe Abschn. 3.2.2) und sich daher als gute Grundlage eignen. Nicht zu unterschätzen ist auch die bereits für die ISO-Managementsysteme erstellte Dokumentationsbasis. Hier sind häufig Prozesse bereits in einer solchen Art und Weise beschrieben, als dass sich eine DSMS-Integration sehr gut daran ausrichten lässt.

- Weiterhin sollte die grundlegende organisatorische Ausrichtung beachtet werden. Ob funktionale Organisation, Matrix, Prozessorientierung oder sonstige Formen: Sie alle stellen unterschiedliche Anforderungen an ein DSMS. Wichtig sind an dieser Stelle vor allem:
  - Key Player: Zentrale Ansprechpersonen für die spätere Implementierung müssen identifiziert werden, etwa Prozessverantwortliche.
  - Key Locations: Gerade Unternehmen mit mehreren Standorten sollten bedenken, dass ein standortübergreifendes DSMS zusätzlichen Koordinationsaufwand bedeutet. Auch hier ist zu überblicken: Welche Standorte sind von zentraler Wichtigkeit, beispielsweise aufgrund der Anzahl der Mitarbeiter, die personenbezogene Daten verwenden?

Klein GmbH

Die Klein GmbH ist funktional organisiert. Zudem gibt es in der Klein GmbH ein ISO 9001-QMS. Aufgrund des verhältnismäßig hohen Datenvolumens soll der DSMS-Schwerpunkt auf dem Vertrieb und der HR-Abteilung liegen, die Umsetzung soll die IT-Abteilung, insbesondere den IT-Sicherheitsadministrator, einbeziehen. Als oberster Entscheidungsträger muss zudem der Geschäftsführer jede größere Entscheidung persönlich treffen, sodass eine regelmäßige Kommunikation mit ihm erforderlich sein wird.

Medium AG

Die Medium AG ist in Geschäftsbereichen organisiert. Primär wird das Geschäft unterteilt in den B2B-Bereich sowie den neu geschaffenen B2C-Bereich. Tätigkeiten aus den Bereichen HR, IT und Recht werden über ein zentrales Shared-Services-Center in einer eigenen Konzerngesellschaft für die beiden Geschäftsbereiche erbracht. Die Medium AG betreibt zudem ein zertifiziertes ISO 27001-ISMS. Das DSMS soll primär in den Bereichen Vertrieb (B2B und B2C), HR und IT aufgrund der dort verhältnismäßig hohen Datenvolumina eingeführt werden. Dementsprechend kann die ISMS-Dokumentation für die DSMS-Implementierung als Basis herangezogen werden. Wichtige Personen im Unternehmen sind u.a. der IT-Leiter, welcher die IT-Sicherheit verantwortet, die Leiter der Abteilungen HR und Recht aus der Servicegesellschaft sowie die beiden Bereichsleiter der Geschäftsbereiche.

SAP

Die Einführung eines DSMS im Support-Prozess bot sich bereits wegen der dort vorhandenen soliden Basis von zwei anderen Managementsystemen (ISO 9001 und ISO 27001) an. Die Organisation im Support-Prozess ist stark prozessorientiert, sodass die wichtigsten Prozesse, Prozesseigner und Standorte an dieser Stelle über die gute Dokumentation bei SAP ermittelt werden konnten. Da der SAP-Support an über 60 Standorten weltweit aufgestellt ist, wurde aufgrund dieser vielen einzelnen Standorte deren Ausdifferenzierung im Rahmen des gestuften Scoping an einer späteren Stelle vorgenommen (siehe Abschn. 5.2.3.1 – Gestufte Vorgehensweise).

4.2.1.2.3 Anforderungsanalyse

Das DSMS dient dazu, die Anforderungen an den Datenschutz im Unternehmen umzusetzen. An dieser Stelle sollten die wichtigsten Anforderungen an das DSMS ermittelt werden:

- Zunächst stellen die Datenschutzgesetze (siehe Abschn. 2.2.3) Anforderungen auf. Gerade bei international tätigen Unternehmen sollte man sich auf ein Leading Law – also das Gesetz, dessen Anforderungen als Mindeststandard überall im DSMS-Scope gelten soll – festlegen. Das Leading Law kann strengere Regelungen enthalten als die jeweiligen nationalen Gesetze, umgekehrt sollten die nationalen Gesetze nur in Einzelfällen strenger als das Leading Law sein. Die an dieser Stelle bereits ersichtlichen Spezialgesetze sollten daher ebenfalls berücksichtigt werden.

▶ Nicht jeder Geschäftsprozess eignet sich zur Bestimmung eines Leading Law: Soll in einem in mehreren Ländern ansässigen Unternehmen einer der Schwerpunkte des DSMS beispielsweise auf HR liegen, so muss beachtet werden, dass die nationalen Arbeitsgesetzgebungen auch in Europa teilweise erheblich divergieren, da die Regelungshoheit darüber bei den Mitgliedstaaten liegt. Dies wird sich auch durch die neue EU-DSGVO (Entwurf 2013, Art. 82 [1]) voraussichtlich nicht ändern. Da der Beschäftigtendatenschutz aber von den jeweiligen lokalen Gesellschaften im Rahmen der Durchführung des Beschäftigungsverhältnisses besser sichergestellt werden kann, sollte sich die Auswahl des Leading Law an anderen Handlungsschwerpunkten orientieren, etwa den Bereichen Outsourcing oder Marketing, in denen auch mit dem BDSG eine solide weil strenge Grundlage vorhanden ist.

- Weiterhin muss das DSMS auch kompatibel zu internen Richtlinien sein. Besteht bereits eine Datenschutz-Policy (siehe Abschn. 5.2.1.3), so muss sich das DSMS an dieser orientieren. Gleiches gilt für Binding Corporate Rules im Konzern, Betriebsvereinbarungen oder freiwillige Selbstverpflichtungen (Codes of Conduct).

• Nicht zuletzt müssen die Anforderungen aus dem jeweiligen DSMS-Anforderungs-katalog (Abschn. 3.2) berücksichtigt werden. Dies ist jedoch wenig problematisch, da ein solcher Standard regelmäßig selbst Methoden und Auslegungshilfen vorgibt, um die ihm eigenen Anforderungen umzusetzen. Wird zudem eine spätere Verfahrens- oder Produktzertifizierung durch ein Datenschutzgütesiegel angestrebt, so muss das DSMS auch dessen Anforderungen umsetzen können.

Klein GmbH

Da die Klein GmbH nur in Deutschland tätig ist, sind deutsche Gesetze und damit insbesondere das BDSG das Leading Law. Um das im Rahmen des Lettershop-Datenschutzvorfalls verlorene Vertrauen der Kunden zurückzugewinnen, beschloss die Geschäftsführung, dass nach erfolgreicher Implementierung des DSMS ein Daten-schutzgütesiegel in Zukunft die Datenschutzkonformität der Klein GmbH ausdrücken und damit aktiv geworben werden soll. Des Weiteren sollte eine ausführliche, transparente Dokumentation das Niveau der Datensicherheit verdeutlichen.

Medium AG

Mit Schwerpunkt auf dem deutschen Markt wurde auch für die Medium AG das BDSG als Leading Law festgelegt. Die damit einhergehende (weitgehende) Sicherstellung der Datenschutz-Compliance in anderen europäischen Ländern sowie ein auf diese Weise hoch angesetztes Datenschutzniveau für Projektgesellschaften in Drittstaaten hatten außerdem Einfluss auf diese Entscheidung. Eine Zertifizierung ist zunächst nicht angestrebt, vielmehr liegt der Schwerpunkt auf der durch die Konzernumgestaltung er-forderlichen internen Abstimmung der Datenschutzaktivitäten unter Federführung des externen DSB. Konzerninterne Richtlinien bestehen in diesem Bereich bis dato nicht.

SAP

SAP hatte zum Zeitpunkt der Einführung bereits eine Datenschutz-Policy und eine Sicherheits-Policy mit weitreichenden Sicherheitsstandards in Kraft gesetzt. All diese Instrumente gelten im gesamten Konzern und mussten entsprechend über das DSMS umgesetzt werden. Auch bestand ein Datenschutzvertrag unter Einbeziehung sämt-licher Konzerngesellschaften zur Ermöglichung des Datenaustausches zwischen den einzelnen Konzerngesellschaften. Die Auswahl eines Leading Law fiel auf das deut-sche BDSG. Dafür sprachen der deutsche Stammsitz, die unmittelbare Anwendbarkeit des BDSG in der Konzernmuttergesellschaft SAP AG sowie vor allem die Schaffung eines damit einhergehenden hohen Datenschutzniveaus auf globaler Ebene an allen Support-Standorten. Dazu kamen die spezifischen von Loomans & Matz entwickelten

Anforderungen an ein DSMS bzw. die Anforderungen des BS 10012-Standards, die für die im Anschluss an die Implementierung angestrebte Zertifizierung beachtet werden mussten.

4.2.1.2.4 Ressourcen

Ein DSMS benötigt zu seiner ordnungsgemäßen Umsetzung Ressourcen. Die erforderliche Menge hängt zum einen von den Anforderungen an das DSMS als auch von den Gegebenheiten im Unternehmen ab. Wichtigen Einfluss auf die benötigten Ressourcen hat generell Folgendes:

- Datenschutz – vor allem auf technischer Ebene – muss über entsprechende TOMs sichergestellt werden. Deren Erforderlichkeit richtet sich wiederum u.a. nach dem Stand der Technik und dem Schadenspotential aus dem unsachgemäßen Umgang mit den verarbeiteten Daten. Daraus folgt, dass eine veraltete IT-Infrastruktur in der Regel neu aufgestellt werden muss, um den Datenschutz in einer sich stetig verändernden Bedrohungslage sicherzustellen.
- Auch personelle Ressourcen werden für das DSMS benötigt. Das betrifft zum einen die Koordination der DSMS-Aktivitäten: Insbesondere in großen Unternehmen und im Konzern wird eine zentrale Koordinationseinheit einzurichten sein, aber auch auf lokaler Ebene werden Akteure mit Aufgaben im DSMS zu ernennen sein. Zum anderen ist das Personal über Awareness-Maßnahmen zur effektiven Umsetzung des DSMS zu befähigen.
- Damit greift das DSMS zugleich in die Budgetplanungen der betroffenen Geschäftsbereiche ein. Die Zusage über die Bereitstellung der erforderlichen Ressourcen ist daher an dieser Stelle der Planung eminent wichtig. Auch hier zeigt sich, wie wichtig die frühzeitige Einbeziehung der Verantwortlichen ist.
- Für die Budgetierung ist weiterhin zu differenzieren zwischen einmaligen und regelmäßigen Kosten[1] [3]:
  - Zu den einmaligen Kosten gehört beispielsweise die erstmalige Qualifizierung des Personals, welches das DSMS umsetzt und eine entsprechende Fachkunde für den Datenschutz benötigt.
  - Die meisten Kosten für das DSMS fallen jedoch regelmäßig an und sind entsprechend im Jahresbudget zu berücksichtigen. Dazu gehören Neuanschaffungen im Rahmen der TOMs, Personalkosten, die Koordination der beteiligten Fachbereiche, Zertifizierungsgebühren, interne Aufwände für Audits etc.
- Werden DSMS-Tätigkeiten ausgegliedert – etwa an einen externen DSB – so sind die Konditionen dafür zu verhandeln. Dies kann von Festpreisen für Einzeltätigkeiten über Preisstaffelungen bis hin zu einem „Komplettpaket" geschehen.

---

[1] Eine ausführliche Modellrechnung bspw. bei *Schmidt* – Das Datenschutzbudget in kleinen und mittleren Unternehmen.

Da kein Unternehmen es auf einen Schlag schafft, sofort im ersten Anlauf eine in allen Belangen erfolgreiche Datenschutz-Compliance herzustellen, sollten bei der Ressourcenabschätzung für die Erstimplementierung nicht das PDCA-Prinzip und der KVP unberücksichtigt gelassen werden. Jeder Durchlauf des PDCA bedingt bei richtiger Anwendung eine Verbesserung des Datenschutzes und verbessert diesen Schritt für Schritt.

▶ Es empfiehlt sich in Fällen von notorischer Ressourcenknappheit – eine Situation, die vielen Datenschützern im Unternehmen bekannt sein dürfte – eine Ausrichtung des Datenschutzes an einer „Politik der kleinen Schritte": Durch einen entsprechenden Implementationsplan mit Budgetangaben – etwa ein 3-Jahres-Plan – können die Anforderungen an das DSMS in unterschiedliche Reifegrade dekliniert werden oder einzeln modularisiert angegangen werden und auf diese Weise auch ein größerer Anwendungsbereich ausgewählt werden.

Klein GmbH

Bei der Klein GmbH liegt die Budgethoheit über den Datenschutz beim Geschäftsführer, wobei sich IT und Datenschutz einen Budgetposten teilen. Der Geschäftsführer hat sich im Rahmen der Aufarbeitung des Vorfalls bereiterklärt, einmalig dem Datenschutz in diesem Geschäftsjahr mehr Ressourcen zuzuweisen. Bereits absehbar für den Teilzeit-DSB ist die Notwendigkeit einer weitergehenden Freistellung seiner Person, um in Zukunft die regelmäßigen DSMS-Tätigkeiten ausführen zu können. Zudem sind für die erforderlichen Schulungen alle Mitarbeiter entsprechend freizustellen. Insbesondere im Vertrieb wird regelmäßig ein Schulungs-Update stattfinden müssen.

Medium AG

Das jährliche Datenschutzbudget wird vom Finanzvorstand der Medium AG freigegeben und steht zudem aktuell unter Rechtfertigungsdruck. Als Zielvorgabe soll das DSMS analog zur Neuausrichtung der Medium AG ebenfalls in 2 Jahren „voll funktionsfähig" sein. Auf diese Weise erstellt der externe DSB eine Einführung des DSMS in 2 Stufen: Im ersten Jahr soll der Datenschutz an die neue Konzernstruktur angepasst – insbesondere unter Berücksichtigung des neuen Geschäftsbereiches B2C – sowie die daraus resultierenden Aufgaben über das DSMS operationalisiert werden. In der zweiten Stufe sollen dann neben Verbesserungen schwerpunktmäßig der internationale Datenverkehr in der dann voraussichtlich feststehenden, neuen Konzernstruktur datenschutzkonform ausgestaltet werden.

SAP

Da bei SAP die Umsetzung des Datenschutzes den einzelnen Geschäftsbereichen obliegt, müssen diese auch die Budgets dafür bereitstellen. Das DSMS als Möglichkeit zur effizienten Koordinierung der Datenschutzaktivitäten stellt sich auf diese Weise als interessante Option für die Bereichsverantwortlichen dar. Nichtsdestotrotz lassen sich nicht alle Aufwände für das DSMS den einzelnen Geschäftsbereichen zuordnen, sondern sind zentral über ein Extrabudget abgedeckt: Dazu gehören beispielsweise neben den Zertifikatskosten auch die reguläre Überprüfung der Dienstleister, da Dienstleister nicht ausschließlich für einen Geschäftsbereich tätig sein müssen.

4.2.1.2.5 Anwendungsbereich beschließen

Auf Basis des oben dargestellten Scoping-Prozesses sollte an dieser Stelle eine Vorstellung über den Anwendungsbereich bestehen. Dieser muss in einem nächsten Schritt der Geschäftsleitung präsentiert werden.

Der beschlossene Anwendungsbereich ist zunächst nur für die erste Implementierung gültig. Später kann der Anwendungsbereich nach Belieben erweitert werden (siehe auch Kap. 6 – Ausweisung des DSMS). Sollte sich dies bereits abzeichnen, kann dies auch in Form einer mehrjährigen Planung an dieser Stelle als Absichtserklärung dokumentiert werden.

Klein GmbH

Die geringe Unternehmensgröße und die damit einhergehende, weniger ausgeprägte organisatorische Trennung sowie die kaum vorhandenen Strukturen in allen datenschutzrelevanten Bereichen bedingen, dass das DSMS unternehmensweit eingeführt werden soll. Den Schwerpunkten im Handlungsbedarf (HR, Marketing, Vertrieb) soll besonderes Gewicht zukommen.

Medium AG

Die vorhandene Basis an Datenschutzstrukturen sowie die Relevanz des Datenschutzes sowohl in der Servicegesellschaft als auch in den beiden großen Geschäftsbereichen B2B und B2C haben zur Entscheidung geführt, eine konzernweite Einführung anzugehen. Dazu beigetragen hat auch, dass sich durch die Umstrukturierung noch nicht eindeutig ermitteln lässt, zu welcher Konzerngesellschaft manche datenschutzrelevante Tätigkeit letztendlich zugeordnet werden kann. Schwerpunktmäßig soll das DSMS den B2C-Bereich datenschutzkonform gestalten, zudem soll Bestehendes wie die Überprüfung der Auftragnehmer verbessert werden. Die Maßnahmen zur Mitarbeiterqualifikation müssen an die neue Konzernstruktur und die neuen Anforderungen des B2C-Geschäftes angepasst werden. Für die Zukunft steht die große Herausforderung an, die zunehmende Internationalisierung des Datenverkehrs der einzelnen Gesellschaften lösen zu müssen.

SAP

Aufgrund der Tatsache, dass im Jahr 2009 noch keine DSMS-Praxiserfahrungen vorlagen, wurde der Anwendungsbereich für die Erstimplementierung zunächst auf den Support-Bereich festgesetzt mit der ausdrücklichen Option, bei Erfolg weitere Geschäftsbereiche zu integrieren. Bis heute sind zusätzlich integriert worden: Marketing, HR, Consulting und bestimmte Bereiche der Entwicklung. Die positiven Erfahrungen mit dem DSMS führen bei SAP zur Ausweitung des DSMS über weitere Geschäftsbereiche.

4.2.2 Entscheidungsvorlage für die Geschäftsleitung

Datenschutz ist eine Führungsaufgabe. Daraus folgt: Je nach Einbindung der Geschäftsleitung in den bisherigen Prozess ist an dieser Stelle die endgültige Zustimmung von dieser zum DSMS einzuholen. Dabei sollte entsprechend den Kommunikationskanälen und der betrieblichen Praxis eine Entscheidungsvorlage formuliert werden, die anschließend in den erforderlichen Gremien eine Beschlussfassung finden kann. Mit dieser Entscheidungsvorlage soll u.a. Folgendes erreicht werden:

- Die Geschäftsleitung soll über das Konzept des DSMS und seine Vorzüge – insbesondere über ein mögliches Zertifikat – hinreichend informiert werden. Nicht zu negieren sind in dieser Vorlage aber auch Risikofaktoren des DSMS: So bietet das DSMS – wie alle anderen Lösungen auch – keine einhundertprozentige Datenschutz-Compliance ab dem Tag seiner Einführung an. Stattdessen bietet es kontinuierliche Verbesserung sowie eine gute Methode zur eigenen Bewertung. Diese wiederum liefert der Geschäftsleitung Aufschluss über die aktuelle Umsetzung des Datenschutzes. Dieses regelmäßige und risikobezogene Datenschutz-Update entlastet die Geschäftsleitung und lässt ihr den erforderlichen Freiraum zur Konzentration auf das Kerngeschäft. Mit dieser proaktiven und von Vorfällen unabhängigen Vorgehensweise geht gleichzeitig eine signifikante Reduzierung des Haftungsrisikos der Entscheidungsträger einher.
- Informationen sollten transparent dargestellt werden. Die im weiteren Verlauf dieses Praxisleitfadens dargestellten Schritte des DSMS bieten hierfür Argumentationshilfen.
- Gleiches gilt für die Festlegung eines geeigneten Erfolgsmaßstabes wie etwa die erfolgreiche Zertifizierung oder die Absenkung der Anzahl der Datenschutzvorfälle.
- Ebenfalls als Entscheidung für die Geschäftsleitung ist zu berücksichtigen: Hat man bereits – wie unter Abschn. 4.2.1.1 vorgeschlagen – die Verantwortlichen der betroffenen Bereiche involviert und auf das DSMS aufmerksam gemacht, sinkt gleichzeitig das Risiko für unternehmensinterne Widerstände zur Einführung des DSMS. Letztere sind außerdem kaum von den einzelnen Mitarbeitern zu erwarten, da das DSMS auch deren personenbezogene Daten schützt bzw. sie vor eigenen Datenschutzverstößen und den daraus resultierenden Konsequenzen bewahren soll.

- Eine Abschätzung der mit der Einführung verbundenen Aufwände sollte aufgeführt werden. Dies gilt umso mehr, wenn die Budgethoheit über den Datenschutz bei der Geschäftsleitung liegt und mit dem Beschluss entsprechende Freigaben einhergehen.
- Mit dem Beschluss zur Einführung des DSMS nimmt die Geschäftsleitung außerdem ihre Verantwortlichkeit für den Datenschutz deutlich zur Kenntnis.

Eine so vorbereitete Entscheidungsvorlage sollte von einer Geschäftsleitung positiv aufgenommen werden. So geschehen auch bei den drei hier vorgestellten Unternehmen (Klein GmbH, Medium AG, SAP), bei denen die Geschäftsführung bzw. der Vorstand die Einführung eines DSMS beschlossen hat.

Steht der Anwendungsbereich des DSMS fest und hat die Geschäftsleitung der Einführung zugestimmt, kann als nächster Schritt mit der tatsächlichen Implementierung des DSMS begonnen werden.

Fazit

- Es gibt keine Blaupause für ein DSMS, das in allen Unternehmen anwendbar ist. Vielmehr hängt dessen Ausgestaltung von den Eigenschaften des jeweiligen Unternehmens – insbesondere seiner Größe – ab.
- Bevor mit der Implementierung des DSMS begonnen werden kann, müssen dessen Anwendungsbereich bestimmt sowie das dauernde Engagement der Geschäftsleitung über die Zeit der Implementierung gesichert werden.
- Zur Ermittlung des Anwendungsbereiches empfiehlt es sich, Verantwortliche aller potentiell vom DSMS betroffenen Geschäftsbereiche einzubeziehen.
- Ein gestuftes Scoping verhindert eine unnötig lange Analyse der Datenströme in dieser frühen Phase der DSMS-Einführung. Vor allem sollten daher zunächst der offensichtliche Handlungsbedarf, organisatorische Gegebenheiten, die wichtigsten Anforderungen an den Datenschutz sowie die zur Umsetzung verfügbaren Ressourcen ermittelt werden.
- Die Ergebnisse der ersten Stufe des Scoping sind der Geschäftsleitung in einer geeigneten Entscheidungsvorlage zur Beschlussfassung vorzulegen, welche damit ihre Verantwortlichkeit für den Datenschutz deutlich zur Kenntnis nimmt.

Literatur

1. Europäische Kommission (Hrsg) (2012) Vorschlag für Verordnung des Europäischen Parlaments und des Rates zum Schutz natürlicher Personen bei der Verarbeitung personenbezogener Daten und zum freien Datenverkehr (Datenschutz-Grundverordnung). KOM (2012) 11
2. Ponemon Institute, Symantec (Hrsg) (2013) Data breach risk calculator. https://databreach-calculator.com/. Zugegriffen: 28. Okt. 2013
3. Schmidt G (2011) Das Datenschutzbudget in kleinen und mittleren Unternehmen. Datenschutz-Praxis 6 4–7

Implementierung

5

Zusammenfassung

Die tatsächliche Implementierung eines DSMS stellt sich in der Praxis als eine äußerst anspruchsvolle Aufgabe dar und bildet daher das Herzstück des Praxisleitfadens. Dabei folgt das Datenschutzmanagementsystem (DSMS) dem bekannten PDCA-Zyklus und wiederholt sich in seinen Abläufen. Eine ausführliche Anleitung anhand eines in der Praxis bewährten DSMS-PDCA mit insgesamt zwölf Schritten führt den Leser durch alle Phasen der Erstimplementierung. Tipps an den wichtigen Stellen, wirklichkeitsgetreue Beispiele anhand der beiden Szenarien von Klein GmbH und Medium AG sowie die langjährigen Erfahrungen von SAP liefern dem Leser Lösungen für die immer wieder auftretenden Probleme in jeder der einzelnen Phasen an die Hand.

Beginnend mit der Plan-Phase werden der Weg zur Erstellung einer Datenschutz-Policy, der kontrollierte Projektstart, die Ableitung von Maßnahmen aus den individuellen Datenschutzrisiken sowie die Dokumentation des DSMS in all ihren praxisrelevanten Aspekten beschrieben. Die Do-Phase führt dann über Bekanntmachung, Trainings sowie dem Etablieren von Strukturen und Prozessen zur Realisierung des DSMS. In der anschließenden Check-Phase werden über (interne wie externe) Audits und Management Reviews die Wirksamkeit des DSMS überprüft und der Weg für finale Anpassungen in der abschließenden Act-Phase bereitet. Als dauerhafte Methode wird das DSMS im Anschluss in seinen Regelbetrieb überführt und kontinuierlich verbessert.

▶
- Welches Grundprinzip verfolgt das DSMS und warum?
- Was bedeuten die einzelnen Phasen des PDCA-Zyklus?
- Wie lässt sich daraus ein kontinuierlicher Verbesserungsprozess gestalten?
- Wie lässt sich der PDCA-Zyklus in einem DSMS umsetzen?
- Welche einzelnen Schritte sind in welcher Phase umzusetzen?
- Wie können die übergeordneten Ziele des DSMS formuliert werden?

D. Loomans et al., *Praxisleitfaden zur Implementierung eines Datenschutzmanagementsystems,* 61
DOI 10.1007/978-3-658-02806-0_5, © Springer Fachmedien Wiesbaden 2014

- Wie können die wichtigsten datenverarbeitenden Verfahren und die zugehörigen Risiken identifiziert werden?
- Was ist bei der Dokumentation des DSMS zu beachten?
- Welche Möglichkeiten zum Roll-out des DSMS gibt es?
- Wie kann das Personal zum DSMS geschult werden?
- Wie kann das DSMS im Anwendungsbereich etabliert werden?
- Wie können die umzusetzenden Maßnahmen organisiert werden?
- Wie kann die tatsächliche Umsetzung des DSMS überprüft werden?
- Wie kann der KVP aufrechterhalten werden?
- Was ist bei der Überführung in den Regelbetrieb zu beachten?

Im folgenden Kapitel werden basierend auf der Methode des PDCA-Zyklus umfassend die einzelnen Schritte zur Implementierung eines DSMS beschrieben. Das Kapitel schließt mit Vorschlägen zur effektiven Verbindung der einzelnen Schritte in der Erstimplementierung.

5.1 PDCA-Zyklus, KVP und DSMS

Wie jedes Managementsystem orientiert sich auch das DSMS an einem Grundprinzip, welches dem DSMS eine Struktur verleiht. Das hier verwendete Grundprinzip ist der PDCA-Zyklus, ein sich wiederholender Prozess aus vier Phasen, welche einen kontinuierlichen Verbesserungsprozess (KVP) in Gang setzen.

5.1.1 PDCA

Der von William Edwards Deming beschriebene [23] (und daher auch als Deming-Kreis bezeichnete) PDCA-Zyklus ist eine [12] Methode zur schrittweisen Verbesserung. Mit dem PDCA-Zyklus erfährt das DSMS eine Prozessorientierung[1] [25], da jeder Vorgang als Prozess betrachtet und mit dem PDCA schrittweise verbessert wird.

Die einzelnen Phasen im grundsätzlichen PDCA-Regelkreis sind in Abb. 5.1 dargestellt und lassen sich wie folgt beschreiben:

- **Plan**: In dieser Phase werden die übergeordneten Ziele des Managementsystems festgelegt sowie die Maßnahmen geplant, die zur Erfüllung der an das Managementsystem gerichteten Anforderungen (Soll-Zustand) erforderlich sind.
- **Do**: An dieser Stelle erfolgt die Umsetzung der geplanten Maßnahmen.
- **Check**: Die erfolgte Umsetzung ist zu beobachten und der Ist-Zustand anhand der Vorgaben des Soll-Zustandes zu evaluieren.

---

[1] *Pfeifer/Schmitt,* Handbuch Qualitätsmanagement, Kap. 9.2.3

Abb. 5.1 PDCA-Zyklus

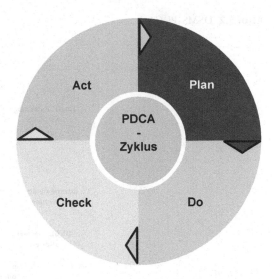

- **Act**: Auf Basis der Evaluation werden Verbesserungen erkannt und Maßnahmen durchgeführt, die die Abweichungen zum geplanten Soll-Zustand schließen.

Die einzelnen Phasen sind dabei nicht strikt voneinander getrennt, sondern gehen in der praktischen Umsetzung fließend ineinander über. So sind Prozesse zur Überprüfung (Check) der umgesetzten Maßnahmen (bspw. die Risikoüberwachung) sinnvollerweise bereits während der Do-Phase einzurichten. Zugleich lassen sich die vier Phasen beliebig oft hintereinander wiederholen. Damit geht zum einen eine Wiederholung der DSMS-Tätigkeiten bis zur vollständigen Kompatibilität des DSMS an die gestellten Anforderungen einher. Zum anderen ist auch eine Anpassung des DSMS an veränderte Anforderungen, z.B. Gesetzesänderungen, möglich. Dies unterstreicht den dynamischen Charakter des DSMS.

5.1.2 Kontinuierlicher Verbesserungsprozess (KVP)

Konsequent angewendet, stellt der PDCA-Zyklus eine Methode zur Errichtung eines kontinuierlichen Verbesserungsprozesses (KVP) – auch für den Datenschutz – im Unternehmen dar. Der iterative Charakter des PDCA-Kreismodells führt dazu, dass mit jedem Durchgang eine schrittweise Verbesserung des DSMS erfolgt. Der Reifegrad des DSMS wird auf Basis der Erfahrungen aus früheren PDCA-Zyklen somit stetig weiterentwickelt und die datenschutzrechtlichen Risiken immer weiter reduziert. Damit stellt der KVP eine Alternative zu Ad-hoc-Änderungsplänen im Unternehmen dar und ermöglicht eine individuell anpassbare „Politik der kleinen Schritte" hin zur Erreichung der Datenschutzziele. Gleichzeitig erhöht sich die Flexibilität der Organisation, wenn sie lernt, sich den dynamischen Anforderungen über regelmäßige Verbesserungsmaßnahmen anzupassen. Dies ist für ein

Abb. 5.2 DSMS-PDCA

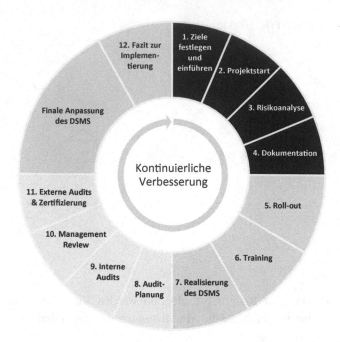

DSMS besonders wichtig: So ändern sich Teile der zahlreichen rechtlichen Anforderungen stetig – etwa über neue Gesetze oder einen „Kurswechsel" in der Rechtsprechung. Auch eine Expansion in neue Länder macht Anpassungen an die dort geltenden Gesetze erforderlich. Zugleich verändern sich durch den technischen Fortschritt Bedrohungspotentiale für personenbezogene Daten und neue Lösungsansätze werden diskutiert. Mit Hilfe des DSMS lassen sich diese von den Unternehmen als Chancen erkennen. Nicht zuletzt treten gesellschaftliche Trends auf den Plan: Zunehmend richtet sich die mediale Aufmerksamkeit auf den Datenschutz und die betroffenen Bürger entwickeln eine große Sensibilität für die Gefahren der Datenverarbeitung. Die Unternehmen müssen lernen, mit dieser gesteigerten Aufmerksamkeit umzugehen. All dies kann über eine regelmäßige Anpassung der eigenen Aktivitäten im Rahmen eines KVP geleistet werden.

5.1.3 DSMS-PDCA

Die Errichtung eines funktionierenden PDCA-Zyklus stellt die größte Herausforderung bei der Implementierung eines DSMS dar. Denn nur wenn dies sichergestellt wird, können die Vorteile des DSMS zum Tragen kommen, insbesondere dessen kontinuierliche Verbesserung. Auf Basis ihrer praktischen Erfahrungen haben die Autoren einen DSMS-PDCA (siehe Abb. 5.2) mit insgesamt zwölf Schritten entwickelt.

Das Konzept sowie die einzelnen Schritte sind dabei bewusst unternehmensneutral gehalten. Die Darstellung folgt dem in Abschn. 5.1.1 dargestellten PDCA-Modell, wobei aus der abgebildeten Größe eines Abschnitts nicht auf die Zeitdauer für dessen praktische Umsetzung geschlossen werden kann. Vielmehr soll über die Positionierung und Einfärbung der einzelnen Kreisstücke deren Zugehörigkeit zur jeweiligen Phase (Plan-Do-Check-Act) ausgedrückt werden. Inhaltlich sind die einzelnen Schritte wie folgt ausgestaltet:

1. Ziele festlegen und einführen (Abschn. 5.2.1): Die Datenschutzziele des Unternehmens, die vom DSMS umgesetzt werden sollen, müssen festgelegt werden. Zudem muss die interne Verantwortlichkeit für die Umsetzung der Ziele in einem Governance Model bestimmt und das Ergebnis in einer Datenschutz-Policy festgehalten werden.
2. Projektstart (Abschn. 5.2.2): Die wichtigsten Business-Stakeholder an das DSMS im Scope sind zu einem einführenden Kick-off-Meeting zusammenzubringen und die weiteren Schritte vorzubereiten und abzustimmen.
3. Risikoanalyse (Abschn. 5.2.3): Die Datenschutzrisiken müssen identifiziert und bewertet werden, um auf dieser Basis im weiteren Verlauf den risikoorientierten Ansatz des DSMS auszubauen. Im Rahmen der Risikobehandlung werden dann die jeweiligen Maßnahmen zum Umgang mit den ermittelten Risiken bestimmt, um auf diese Weise ein akzeptables Datenschutzniveau zu erreichen. Zudem sind Risikoinhaber zu ernennen sowie die Aufgaben bezüglich der Maßnahmenumsetzung analog des Governance Models auf die DSMS-Akteure zu verteilen. Eine zusätzliche Prozessanalyse offenbart weitere Ansatzpunkte.
4. Dokumentation (Abschn. 5.2.4): Der Datenschutz im Allgemeinen und auch das DSMS im Speziellen erfordern eine umfassende Dokumentation zum Nachweis eines angemessenen Datenschutzniveaus und der kontinuierlichen Verbesserung. In einem Managementhandbuch sind die wesentlichen Aspekte des DSMS zu dokumentieren. Zusätzliche Dokumente wie Arbeitsanweisungen und Richtlinien erleichtern die Lenkung der operativen Tätigkeiten in Bezug auf den Datenschutz. Gleichzeitig ist ein Dokumentenmanagement zu etablieren.
5. Roll-out (Abschn. 5.2.5): Über geeignete Kanäle im Unternehmen erfolgt die Bekanntmachung des DSMS im Anwendungsbereich des DSMS.
6. Training (Abschn. 5.2.6): Die Beteiligten des DSMS sind entsprechend ihres Verantwortungsbereichs in die relevanten Tätigkeiten des DSMS einzuweisen und auf ihre datenschutzrechtlichen Pflichten hinzuweisen. Diese Unterrichtungen müssen zum Aufrechterhalten einer Datenschutz-Awareness regelmäßig erneut durchgeführt werden.
7. Realisierung des DSMS (Abschn. 5.2.7): Die zum Umgang mit den datenschutzrechtlichen Risiken bestimmten Maßnahmen – insbesondere auf technischer und organisatorischer Ebene – müssen umgesetzt und die Tätigkeiten in andere betriebliche Abläufe integriert werden. Über die Etablierung einer Kommunikationskultur der Beteiligten und dem Beginn des Verbesserungsprozesses werden die Grundlagen für ein auditierfähiges DSMS geschaffen.

8. Audit-Planung (Abschn. 5.2.8): Die Wirksamkeit des DSMS ist regelmäßig zu überprüfen. Die geeigneten Instrumente hierfür müssen aufeinander abgestimmt und
   frühzeitig geplant werden.
9. Interne Audits (Abschn. 5.2.9): Das Unternehmen muss durch eigene Mitarbeiter die
   Wirksamkeit des DSMS bewerten und entsprechend den auf diese Weise ermittelten
   Abweichungen eine Anpassung des DSMS vornehmen.
10. Management Review (Abschn. 5.2.10): Die bisherigen Erfahrungen im DSMS sind auf
    Basis der Ergebnisse aus den internen Audits mit dem Management zu erörtern und
    gemeinsam die weitere Vorgehensweise abzustimmen.
11. Externe Audits und Zertifizierung (Abschn. 5.2.11): Ein externer Dritter bewertet
    die Umsetzung des Datenschutzes und die Funktionsfähigkeit des DSMS. Wird das
    DSMS auf Basis eines zertifizierbaren Anforderungskataloges betrieben, ist dessen
    Zertifizierung an dieser Stelle möglich. Auch die Anwendung des DSMS bei einer
    Audit-Anfrage eines Kunden wird an dieser Stelle beschrieben.
12. Fazit zur Implementierung (Abschn. 5.2.13): Nachdem über die Check-Phase der
    Status des DSMS sowie das Verbesserungspotential ermittelt worden ist und entspre-
    chende Anpassungen erfolgt sind, ist zum Abschluss der Erstimplementierung ein Fazit
    zu ziehen. Die Entscheidungsträger im Unternehmen beschließen über die Zukunft
    des DSMS.

Es sei an dieser Stelle erwähnt, dass die Übergänge zwischen den Schritten fließend sind.
Insbesondere das Grundprinzip der *kontinuierlichen* Verbesserung verlangt, mit der Umsetzung von Verbesserungsmaßnahmen frühestmöglich zu beginnen und nicht erst die
Durchführung von Audits und Reviews abzuwarten. Im Gegenteil: Die Verbesserung des
DSMS ist zu allen Zeiten im DSMS-PDCA anzustreben und wird auch an den entsprechenden Stellen in diesem Leitfaden erwähnt. Auch die Dokumentation muss kontinuierlich
ergänzt und überarbeitet werden. Es wird deutlich: In einem ausgereiften DSMS finden
eigene PDCA-Zyklen in den jeweiligen Schritten statt, die den übergeordneten DSMS-
PDCA am Laufen halten und damit die Wirksamkeit des gesamten Managementsystems
garantieren. Der Leser sollte daher nicht den DSMS-PDCA als strenge Chronologie an
Aktivitäten ansehen, sondern die in den einzelnen Schritten beschriebenen Tätigkeiten je
nach Bedarf auch vorzeitig oder parallel ausführen.

Fazit

- Das DSMS folgt dem Grundprinzip des PDCA-Zyklus, einem iterativen Prozess aus
  vier Phasen.
- Mit der regelmäßigen Durchführung der einzelnen Phasen wird eine Anpassung des
  DSMS an sich verändernde Anforderungen ermöglicht.
- Zudem wird ein kontinuierlicher Verbesserungsprozess in Gang gesetzt, der eine
  schrittweise Verbesserung auf Basis der Erfahrungswerte ermöglicht.
- Über zwölf Schritte lässt sich das Prinzip des PDCA-Zyklus auf das DSMS übertragen.

Abb. 5.3 DSMS-PDCA –
Schritt 1

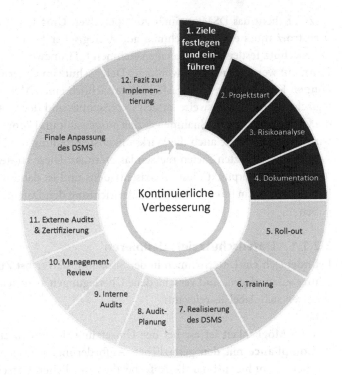

5.2 Implementierung anhand des DSMS-PDCA

5.2.1 Datenschutzziele festlegen und einführen

▶   • Warum lohnen sich strukturierte und klar definierte Ziele im Datenschutz?
- Wie kommt man zu diesen Zielen?
- Was sind sinnvolle Zielsetzungen? Wie ist mit Zielkonflikten umzugehen?
- Wer sollte in die Zielfindung miteinbezogen werden?
- Wie kann die Umsetzung dieser Ziele delegiert werden?
- Wie bestimmt man einen Verantwortlichen für den Datenschutz?
- Wie dokumentiert man die Zielsetzungen sinnvoll in einer Datenschutz-Policy?
- Welche Funktion übernimmt eine Datenschutz-Policy?

Im ersten Schritt des DSMS-PDCA (siehe Abb. 5.3) müssen die übergeordneten Datenschutzziele für das DSMS ermittelt und festgelegt werden. Sodann muss eine Verteilung der Verantwortlichkeiten bezüglich der Zielumsetzung über ein Governance Model erstellt werden. Das Ergebnis ist als von der Geschäftsleitung verabschiedete Datenschutz-Policy zu dokumentieren. Auf diese Weise werden die Datenschutzziele an die Unternehmensziele geknüpft.

Zwar dient das DSMS primär zur operativen Umsetzung des Datenschutzes, nichtsdestotrotz muss ein Unternehmen auf strategischer Ebene seine Zielsetzungen für den
Datenschutz festlegen und so einen Rahmen („Framework") für das DSMS bereitstellen.
Denn nur wenn definiert ist, wohin der Datenschutz im Unternehmen sich entwickeln soll,
können Konzepte wie das DSMS auch tatsächlich einen Mehrwert leisten. Mit einer strategischen Herangehensweise an den Datenschutz und der Festlegung von Zielen können
die weitergehenden Maßnahmen gezielt ausgewählt und koordiniert werden. Letztendlich
wird auf diese Weise auch die Wirksamkeitsbeurteilung des DSMS beeinflusst, da dieses
sich an den gesetzten Zielen messen lassen muss. Diese strategische Ebene bildet jedoch
nicht den Schwerpunkt dieses Praxisleitfadens und ist daher vor allem für Unternehmen
interessant, die in ihrer strategischen Ausrichtung den Datenschutz bislang vernachlässigt
haben.

5.2.1.1   Datenschutzziele definieren

Befindet sich ein Unternehmen in der Situation, sich selbst Ziele für den eigenen Datenschutz aufzuerlegen, sind verschiedene Überlegungen anzustellen. Zwei Vorgehensweisen
erweisen sich dabei als relevant:

- Eine Möglichkeit ist es, bei der Umsetzung des Datenschutzes eine größtmögliche
  Compliance mit den gesetzlichen Anforderungen erreichen zu wollen. Das DSMS
  übernimmt hier primär die Aufgabe, die gesetzlichen Vorschriften umzusetzen.
- Eine zweite, darüber hinausgehende Möglichkeit besteht darin, den Datenschutz als
  Wettbewerbsfaktor anzusehen und die Ziele für bestimmte Geschäftsbereiche damit
  bewusst über den gesetzlichen Anforderungen anzusiedeln.

Die Compliance-Lösung findet bei Unternehmen Anwendung, welche besonders strenge
gesetzliche Anforderungen umsetzen müssen und die weniger offensiv mit ihrem Daten-
schutzkonzept werben (z.B. Materiallieferanten). Die zweite Möglichkeit eignet sich für
Unternehmen, welche eine enge und vertrauliche Beziehung zu ihren Kunden pflegen
(z.B. Dienstleister). Zu beachten ist bei der Entscheidung zwischen beiden Grundpositio-
nen, dass Wettbewerber in der Regel ähnliche Gesetze zu befolgen haben. Dies und die
zunehmende Bedeutung des Datenschutzes in der Informationsgesellschaft machen eine
ambitionierte, über die gesetzlichen Anforderungen hinausgehende Zielsetzung attrak-
tiv für Unternehmen, die sich im Wettbewerb über einen umfangreichen, transparenten
Schutz der Betroffenen neu positionieren wollen. Die Entscheidung für oder gegen eine
der genannten Grundausrichtungen hat langfristigen Charakter und sollte wohl überlegt
sein. In beiden Fällen kommt der PDCA-Zyklus des DSMS zur Unterstützung: Über eine
schrittweise Verbesserung können daher sowohl hochgesteckte Ziele durch den KVP im
Laufe der Zeit erreicht werden als auch durch stetige Anpassung auf Veränderungen der
gesetzlichen Rahmenbedingungen reagiert werden.

Eingaben für die einzelnen Datenschutzziele kommen von den Top-Stakeholdern des
Unternehmens. Abhängig von den individuellen Gegebenheiten wie Unternehmens-

größe, Organisationsform oder der Datenschutzhistorie sind die folgenden Personen einzubeziehen:

- Den wichtigsten Input geben die bereits in das Scoping für das DSMS (Abschn. 4.2.1.1.2) einbezogenen **unternehmensinternen Stakeholder**. Darunter sollten sich befinden:
  - Betrieblicher DSB
  - IT
  - Compliance
  - Risk
  - Recht
  - HR
  - Die Verantwortlichen der Fachbereiche, in denen personenbezogene Daten im signifikanten Ausmaß verarbeitet werden (regelmäßig mit dem DSMS-Scope identisch, siehe Abschn. 4.2.1.2)
- Der **Geschäftsleitung** kommt eine besondere Rolle zu, da sie sich letztendlich zur Umsetzung der Ziele verpflichten muss. Sie sollte entsprechend an dieser Stelle verstärkt eingebunden werden. Dies gelingt insbesondere über den bereits erwähnten Promotor (Abschn. 4.2.1.1.2) in der Geschäftsleitung. Ein enger zeitlicher Zusammenhang zur Freigabe der DSMS-Implementierung ist anzustreben, um das Interesse der Geschäftsleitung in dieser frühen, aber besonders wichtigen Phase aufrechtzuerhalten.
- Ebenfalls in die Zielformulierung eingebunden werden sollten sogenannte „**Strategic Leader**", welche die strategische Ausrichtung des Unternehmens bestimmen. Dies kann wiederum die Geschäftsleitung sein, größere Unternehmen haben dafür zur Unterstützung entsprechende Abteilungen eingerichtet. Notwendig wird die Einbeziehung durch die erforderliche Koordination der Datenschutzziele mit den sonstigen Unternehmenszielen und damit die Integration in eine ganzheitliche Unternehmensstrategie. Dabei müssen nicht nur die klassischen Widersprüche aufgelöst werden („Datenschutz versus Marketing"). Heutzutage lässt sich der Datenschutz auch als Werbeinstrument gezielt einsetzen.
- Insbesondere im **Konzern** sollte diese Aufgabe auf Ebene der Muttergesellschaft angegangen werden, um widersprüchliches Verhalten der einzelnen Gesellschaften später zu vermeiden und einen konzernweit einheitlichen Gesamtauftritt sicherzustellen.
- Anregungen für die Datenschutzziele können auch von **unternehmensexternen Stellen** kommen, etwa von Aufsichtsbehörden, NGOs, Unternehmensberatern, Gesellschaftern, den Betroffenen selbst etc.

Bei der materiellen Zieldefinition bietet sich eine Ausrichtung an den rechtlichen Datenschutzgrundsätzen des Leading Law an, da dieses sowieso umgesetzt werden muss (Compliance-Aspekt). Jedwedes Rechtssystem kann einen solchen rechtlichen Rahmen vorgeben. In besonderem Maße stellt dabei das deutsche Datenschutzrecht über seine Grundsätze geeignete und strenge Datenschutzziele bereit (siehe Abschn. 2.2.2).

▶   Die Datenschutzziele können im Regelfall nahezu identisch aus den gesetzli-
    chen Anforderungen übernommen werden. Viel wichtiger ist es jedoch, diese
    Ziele mit Leben zu füllen und im betrieblichen Alltag zu verankern. Hierzu dient
    wiederum das DSMS.

Im Hintergrund sollten bei der Zielfindung immer die wichtigsten datenschutzrechtlichen
Risiken bedacht werden, die über die Umsetzung der Ziele verringert werden sollen. Dabei
sind die Überlegungen für den Handlungsbedarf, die im Scoping (Abschn. 4.2.1.2.1) angestellt wurden, wichtige Anhaltspunkte. Da die Risikosituation des Unternehmens jedoch
Veränderungen unterworfen ist, müssen dementsprechend auch die Datenschutzziele regelmäßig angepasst werden. Dies geschieht idealerweise jährlich in Absprache mit der
Geschäftsleitung (siehe Abschn. 5.3 – Überführung in den Regelbetrieb). Nicht zuletzt
fordern mögliche Anforderungskataloge bestimmte Datenschutzziele ein.
    Ein Konfliktpunkt bei der Definition von Datenschutzzielen sind ihre Wechselwirkun-
gen mit anderen Zielen. So ergänzen sich die Datenschutzziele – ohne jedoch vollständig
kongruent zu sein – mit denen der Informationssicherheit, insbesondere in der späteren
technischen Umsetzung. Nichtsdestotrotz kommt in Bereichen wie etwa dem Marketing
der vielfältigen und sich schnell verändernden Nutzung von großen Mengen an personenbezogenen Daten heute und in Zukunft immer mehr eine Schlüsselrolle zu ("gläserner
Konsument"), was in vielen Fällen einer Korrektur unter Datenschutzgesichtspunkten
bedarf.

▶   Eine Vorgabe für jede Art von Zielkonflikt ist sicherlich aufgrund der vielfäl-
    tigen Abhängigkeiten der einzelnen Ziele praxisfern. Stattdessen kann eine
    vergleichsweise einfache Formel wie "No compromise on Compliance" den Vor-
    rang der gesetzlichen Regelungen in den betrieblichen Aktivitäten aufzeigen. In
    der Praxis werden zudem Zielkonflikte meist über eine (teils zu) weite Auslegung
    der rechtlichen Vorgaben gelöst und bei internen Streitfällen ein Eskalations-
    prozess in Gang gesetzt, der dann am Ende wieder zu einer Entscheidung der
    Geschäftsleitung führen wird.

Am Ende dieser Phase hat das Unternehmen seine individuellen Datenschutzziele definiert,
welche die Richtung für das DSMS vorgeben.

5.2.1.2 Governance Model zur Umsetzung der Ziele

Hat das Unternehmen die Datenschutzziele definiert, so muss in einem nächsten Schritt
deren Umsetzung in einer Zuweisung von Verantwortlichkeiten münden. An dieser Stelle
sollen daher Möglichkeiten aufgezeigt werden, wie diese Verantwortlichkeiten für den
Datenschutz im Unternehmen verteilt werden können.
    Die **rechtliche Verantwortlichkeit liegt allein beim Unternehmen** als verantwortliche
Stelle (§ 3 VII BDSG) selbst und damit direkt bei der Geschäftsleitung. Intern lassen sich
jedoch Vorgaben machen, inwieweit die Verantwortlichkeit auf andere Organisationsein-

heiten übertragen wird. Wie bei der Umsetzung von allen anderen Unternehmenszielen auch, muss deshalb zur effektiven Sicherstellung des Datenschutzes dieser in geeigneter Weise in ein System aus Rollen und Verantwortlichkeiten (**Governance Model**) im Unternehmen überführt werden. Auf diese Weise wird der Datenschutz im betrieblichen Alltag des Unternehmens verankert und die Geschäftsleitung kann über Auswahl und Überwachung der einzelnen Akteure in diesem Governance Model ihrer Verantwortung gerecht werden[2]. Dabei steht an dieser frühen Stelle des Implementierungsprozesses **nicht die tatsächliche Ernennung von bestimmten Personen im Vordergrund**. Vielmehr muss eine grundsätzliche Vorgehensweise bei der Verteilung von Aufgaben ausgewählt werden, da eben diese Aufgaben zu diesem Zeitpunkt noch nicht konkret feststehen und erst im Anschluss im Rahmen der Risikoanalyse bzw. Prozessanalyse ermittelt werden müssen (siehe Abschn. 5.2.3). In diesem folgenden Schritt sind dann die Positionen im DSMS entsprechend des hier beschriebenen Governance Models zu besetzen und das Ergebnis in einem DSMS-Handbuch zu dokumentieren. Diese Schritte werden in den folgenden Kapiteln im Praxisleitfaden erläutert, sollen jedoch an dieser Stelle zum besseren Verständnis des Governance Models bereits erwähnt und über Abb. 5.4 skizziert werden. Das Governance Model stellt demnach die Grundlage zur späteren, tatsächlichen Ernennung der Verantwortlichen dar.

Das Governance Model muss dergestalt konstruiert werden, dass jeder Teilnehmer auf die geeignetste Art und Weise die Umsetzung der Datenschutzziele fördern kann. Das Governance Model kann daher als Steuerungsmodell verstanden werden und beschreibt ausdrücklich nicht die Übertragung der externen (rechtlichen) Verantwortlichkeit. Diese bleibt – wie oben erwähnt – immer beim Unternehmen, denn dieses ist schlussendlich immer die „verantwortliche Stelle". Hinzu kommt, dass im Zweifel die persönliche Haftung der einzelnen Akteure im Wesentlichen durch ein in der Regel arbeitnehmerfreundliches Arbeitsrecht ausgestaltet ist.

Die einzelnen Möglichkeiten zur Ausgestaltung eines Governance Models hängen damit von den individuellen Eigenschaften des Unternehmens ab. Insbesondere die Unternehmensgröße hat großen Einfluss darauf, welche Vorgehensweise erfolgversprechend ist. Unabhängig von der Ausgestaltung des Governance Models ist eine Unterstützung der DSMS-Aktivitäten durch das Management erforderlich. Weiterhin können auch bestehende Strukturen aus anderen Managementsystemen genutzt und das DSMS-Governance Model entsprechend daran ausgerichtet werden. Das Unternehmen muss daher in besonderem Maße darauf bedacht sein, die eigenen Organisationsstrukturen auf ihre Eignung zur Zuweisung von DSMS-Verantwortlichkeiten zu untersuchen. Das Ergebnis kann von einem einfachen Konstrukt wie der 1-Mann-Lösung bis zu einer detaillierten Ausdifferenzierung von Aufgaben in einem ausgeklügelten Rollenkonzept variieren. Im Folgenden sollen wichtige Gedanken für ein Governance Model aufgezeigt werden:

---

[2] In der Folge wird deshalb für alle Personen, die eine Rolle im Governance Model des DSMS einnehmen, der Oberbegriff „DSMS-Akteur" verwendet.

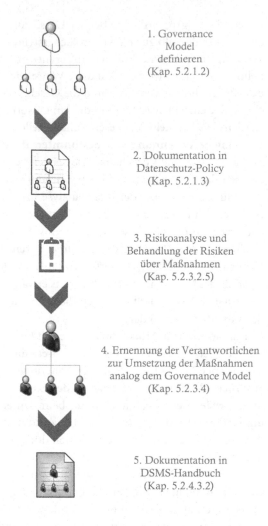

Abb. 5.4 Vom Governance Model zur Ernennung der Verantwortlichen

- In jedem Unternehmen muss es einen **Verantwortlichen für den Datenschutz** geben. Der Verantwortliche für den Datenschutz ist der oberste Verantwortliche für das DSMS und ist Teil des Unternehmens. Er sollte bestenfalls Mitglied der Geschäftsleitung, mindestens aber in direkter Berichtslinie zu dieser stehen. Ersteres macht deutlich, dass der hier vorgestellte Verantwortliche für den Datenschutz keinesfalls identisch sein muss mit dem betrieblichen Datenschutzbeauftragten i.S.d. BDSG[3], welcher originär lediglich eine vom Gesetzgeber eingeforderte Stelle zur unternehmenseigenen Selbstkontrolle darstellt. Eine Personenidentität ist auch nicht unbedingt notwendig, da der betriebliche DSB vom Gesetzgeber bei Vorliegen bestimmter Voraussetzungen gefor-

---

[3] Im gesamten Buch werden daher die beiden Begriffe „Verantwortlicher für den Datenschutz" und „betrieblicher Datenschutzbeauftragter" konsequent auseinander gehalten.

dert wird, der Verantwortliche für den Datenschutz jedoch unabhängig von diesen Voraussetzungen die Erreichung der Datenschutzziele im Unternehmen nach dem hier vertretenen Ansatz zu verantworten hat. Gleichwohl macht die Verschmelzung beider Rollen für viele Unternehmen Sinn: Denn der Verantwortliche für den Datenschutz bedarf gleichfalls der erforderlichen Zuverlässigkeit und Fachkunde. Eine vergleichbare Unabhängigkeit wie die eines nach BDSG bestellten betrieblichen Datenschutzbeauftragten ist nicht zwingend erforderlich, da durch die Festlegung der entsprechenden Datenschutzziele (siehe Abschn. 5.2.1.1) der Datenschutz aktiv vom Unternehmen angestrebt und nicht mehr bloß als gesetzliche Einschränkung verstanden wird. So wird sich der Verantwortliche für den Datenschutz bei internen Widerständen auf die Datenschutz-Policy (siehe sogleich Abschn. 5.2.1.3) berufen können. Sollte ein betrieblicher DSB erforderlich und dieser nicht mit dem hier beschriebenen Verantwortlichen für den Datenschutz im Unternehmen identisch sein, so muss eine geeignete Einbindung des DSB angestrebt und dessen Rechte nach dem BDSG sichergestellt werden. Dies kann beispielsweise im Konzern von Bedeutung sein: Sofern auf Ebene der Tochtergesellschaft eine Bestellungspflicht besteht, jedoch in der Muttergesellschaft nicht, sollte zur geeigneten Lenkung des DSMS ein Verantwortlicher für den Datenschutz auf Ebene der Muttergesellschaft ernannt werden und dieser den betrieblichen DSB der Tochtergesellschaft in das konzernweite DSMS miteinbeziehen. Im Ergebnis handelt es sich bei dem hier beschriebenen Verantwortlichen für den Datenschutz um eine von den Anforderungen des BDSG unabhängige Rolle innerhalb des Unternehmens, die somit auch auf Unternehmen ohne gesetzliche Bestellungspflicht anwendbar ist. Die Bestellung eines solchen Verantwortlichen wird womöglich in Zukunft an Bedeutung gewinnen, wenn Änderungen in der Gesetzeslage (im Jahr 2013 diskutiert auf EU-Ebene in Form einer Datenschutzgrundverordnung [24]) die Schwellen zur Bestellung des betrieblichen DSB erhöhen und die Unternehmen selbst entscheiden können, wie sie die Verantwortlichkeiten für den Datenschutz in ihrem Unternehmen verteilen und ausgestalten. Unternehmen sollten daher unabhängig von einem gesetzlichen Erfordernis stets einen Verantwortlichen für den Datenschutz bestellen.

• Je höher der Verantwortliche für den Datenschutz im Unternehmen angesiedelt ist und je umfangreicher die Umsetzung der Anforderungen im DSMS ausfällt, desto eher wird der Einsatz von qualifizierten **zusätzlichen Ressourcen** notwendig. Praktisch wird die Bestellung weiterer DSMS-Akteure deshalb in jedem mittleren und großen Unternehmen erforderlich sein. Auch kleine Unternehmen mit datenschutzrechtlich hoch riskanten Tätigkeiten werden diese benötigen. Zudem können Effizienzgewinne durch eine geeignete Arbeitsteilung erreicht werden, sodass eine Verteilung der Aufgaben sinnvoll ist. Hier können wiederum verschiedene **Rollen** verteilt werden, etwa die der **Datenschutzkoordinatoren** und der **Datenschutzvertreter** (siehe exemplarisch das Governance Model von SAP). Wie genau die Ausdifferenzierung der Aufgaben innerhalb des DSMS ausfällt, ist an dieser Stelle der DSMS-Implementierung für die Verantwortlichen noch nicht vollständig ersichtlich, da die Aufgaben in ihren Details erst noch ermittelt werden müssen. Wichtig ist, an dieser Stelle die grundsätzliche Stel-

lung des Hilfspersonals im Unternehmen zu definieren, Kompetenzen zur Ernennung
zu schaffen sowie die Berichtslinien und Kommunikationswege zu bestimmen, um so
eine optimale Einbindung dieser Unterstützer während der Implementierung und im
späteren Betrieb des DSMS zu gewährleisten.

▶ Zwar ist eine möglichst genaue Planung bezüglich der Zusammenarbeit der
   einzelnen DSMS-Akteure bereits an dieser Stelle anzustreben. Nichtsdestotrotz
   lässt sich diese nur begrenzt voraussagen. Aus diesem Grund empfiehlt es
   sich, mindestens einen DSMS-Akteur aus dem Umfeld der Geschäftsleitung zu
   ernennen, der im späteren Betrieb des DSMS für die erforderliche Durchsetzung
   sorgt und zudem einen guten Überblick über die Organisation hat. Dies kann
   beispielsweise ein Assistent der Geschäftsleitung sein.

• Daran schließt sich folgende Überlegung an: Speziell an mehreren Standorten vertretene
  Unternehmen und Konzerne müssen ermitteln, ob und welche der DSMS-Tätigkeiten
  zentral oder dezentral angegangen werden sollen. Es geht daher um die Frage, wie
  in den jeweiligen Organisationsstrukturen die Entscheidungsbefugnisse und Aufgaben
  in Bezug auf die DSMS-Aktivitäten verteilt werden sollten, um den Anforderungen an
  die jeweilige Tätigkeit am besten gerecht zu werden. Dafür muss u.a. berücksichtigt
  werden:
  – Was muss notwendigerweise zentral (Aggregation der Risiken) bzw. dezentral (lokale
    TOMs wie etwa Zutrittskontrolle) ausgeführt werden?
  – Was lässt sich effizienter zentral koordinieren (etwa Verfahrensverzeichnisse), was
    dezentral (z.B. HR-Datenschutz)?
  – Wie können strategische (z.B. Definition der Datenschutzziele) und operative
    Aufgaben (z.B. Awareness-Kampagnen) verteilt werden?
  – Wie ist die grundsätzliche Aufgabenverteilung im Unternehmen/Konzern? Besteht
    eine starke zentrale Steuerung oder agieren die lokalen Einheiten im Wesentlichen
    frei?
  – Wo ist kompetentes Personal angesiedelt?
  – Welche organisatorischen Einheiten bekommen intern eine eigene Verantwortlich-
    keit für den Datenschutz zugewiesen, etwa bestimmte Geschäftsbereiche oder neu
    zugekaufte Unternehmen?

Die obigen Ausführungen zeigen, dass die Aufstellung eines solchen Governance Models
nicht nur von einer einzigen Person durchgeführt werden kann. Zum einen sind detaillierte
Kenntnisse der Organisationsstrukturen und Beziehungen der Fachbereiche untereinander vonnöten. Zum anderen werden es die Organisationseinheiten in den meisten Fällen
vermeiden wollen, Verantwortlichkeiten für den Datenschutz zugewiesen zu bekommen,
sodass interne Widerstände überwunden werden müssen. Auch an dieser Stelle wird wieder die Notwendigkeit eines Promotors in der Geschäftsleitung (vgl. Abschn. 4.2.1.1.2)
ersichtlich. Zudem ist eine enge Kommunikation mit dem Management der Fachbereiche
anzuraten. Dabei muss immer das Ziel des Governance Models beworben und kommu-

niziert werden: Die bestmögliche Umsetzung der Datenschutzziele durch eine geeignete Verteilung der Aufgaben. Wenn das Management der Fachbereiche in diese Überlegungen mit einbezogen wird und Kompromisse zu schließen vermag, ist der Weg zu einem effektiven Governance Model frei.

▶ Nützlich an dieser Stelle ist insbesondere ein ausführliches Organigramm des Unternehmens. Aber auch bestehende Rollenkonzepte im Unternehmen sind zur Hand zu nehmen und daran zu untersuchen, wo die idealen Schaltstellen vor allem zur späteren Durchsetzung der Vorgaben des DSMS sitzen. Generell gilt: Je größer das Unternehmen, desto mehr Hierarchiestufen sind in das Governance Model einzubauen.

Wie können nun die oben beschriebenen Möglichkeiten für ein Governance Model in der Praxis aussehen:

Klein GmbH

Als Verantwortlicher für den Datenschutz in der Klein GmbH tritt der betriebliche (Teilzeit-) Datenschutzbeauftragte aus der IT-Abteilung auf[4]. Er vereinigt zudem alle wesentlichen Datenschutzaufgaben auf seine Person, unterstützt wird er bei der Umsetzung der TOMs von der IT-Abteilung. Als Ausgleich für die anstehenden, umfangreichen Aufgaben gibt er einen Teil der Aufgaben aus seiner originären Tätigkeit an Kollegen aus der IT-Abteilung ab. Er berichtet gemäß den Anforderungen des BDSG direkt an die Geschäftsleitung. Dargestellt wird dies in Abb. 5.5. Der Verantwortliche für den Datenschutz ist zudem befugt, in Datenschutzangelegenheiten seine Kollegen anweisen zu können. Um seinen Forderungen Nachdruck verleihen zu können, sollen wichtige Entscheidungen zum DSMS ausdrücklich vom Geschäftsführer freigegeben werden und in dessen Namen erfolgen. Der Verantwortliche für den Datenschutz wird auch zu allen Geschäftsleitungssitzungen eingeladen. Und er ist des Weiteren bevollmächtigt, Rechtsberatungen in Sachen Datenschutz einholen zu können.

Medium AG

Bei der Medium AG ist der Finanzvorstand der Verantwortliche für den Datenschutz, da der Datenschutz als Teil der Compliance in sein Ressort fällt. Gleichwohl werden die Datenschutzaufgaben an den externen DSB delegiert, welcher zudem die Anforderungen des BDSG erfüllt. Der externe DSB wiederum hat zwar eigenes Hilfspersonal, ist jedoch auf kompetente Ansprechpartner in den einzelnen Abteilungen und Tochtergesellschaften angewiesen, welche als Ergänzung zu ihrer eigentlichen Tätigkeit

---

[4] Der betriebliche DSB der Klein GmbH wird im Folgenden als Verantwortlicher für den Datenschutz bezeichnet. Seine gesetzlichen Rechte und Pflichten als DSB bleiben unberührt.

Abb. 5.5 Governance Model
der Klein GmbH (Skizze)

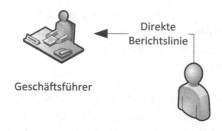

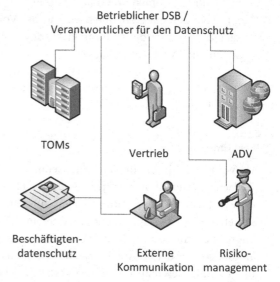

Datenschutzaufgaben wahrnehmen. Aus diesem Grund wird die Rolle des Datenschutzkoordinators geschaffen. Diese Koordinatoren setzen die im Wesentlichen vom
externen DSB eingebrachten Maßnahmen in den einzelnen Fachbereichen vor Ort um
und unterstützen sich fachbereichsübergreifend. Auch die internen Widerstände können durch die Koordinatoren vor Ort besser ausgeräumt werden. Damit wird zudem
die Grundlage für ein weiteres Ziel der Medium AG gelegt, nämlich mittel- bis langfristig den Datenschutz im Wesentlichen aus eigenen Kräften stemmen zu können. Die
datenschutzrechtlichen Aufgaben bezüglich der ADV werden vom externen DSB ausgeführt. Dargestellt wird dies in Abb. 5.6. Nicht berührt werden durch diese Form des
Governance Models die gesetzlichen Rechte und Pflichten, die sich aus der Stellung des
externen DSB für alle Konzerngesellschaften ergeben, die ihn nach den gesetzlichen
Erfordernissen bestellt haben.

SAP

SAP hat ebenfalls einen (Konzern-)Datenschutzbeauftragten sowie in den sonstigen,
gesetzlich erforderlichen Fällen Datenschutzbeauftragte in den Tochtergesellschaften
bestellt. Die oberste Verantwortlichkeit für den Datenschutz ist jedoch beim Vorstand

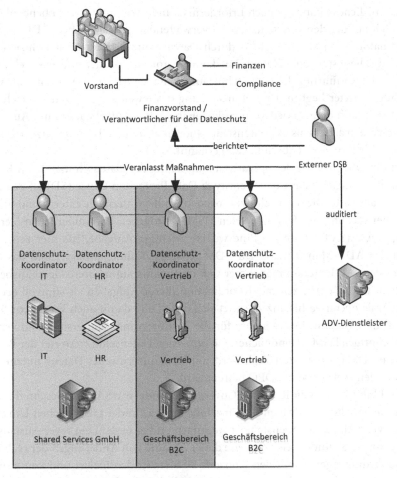

Abb. 5.6 Governance Model der Medium AG (Skizze)

angesiedelt. Der DSB berichtet direkt an den verantwortlichen Vorstand. Um ein funktionierendes Governance Model für den Datenschutz einzurichten, musste weiterhin
zwischen der global koordinierenden Konzernebene und den einzelnen, in den verschiedenen Ländern tätigen Geschäftsbereichen differenziert werden. Zunächst wurden diejenigen Tätigkeiten beim Datenschutzbeauftragten zentral angesiedelt, die sich in erster Linie mit der strategischen Planung und Koordination im Konzern beschäftigen.
Gleichwohl tritt der Konzern-DSB als Eskalationsstufe in Konflikten bei der operativen
Umsetzung sowie als oberste interne Kontrollinstanz – etwa zur Vorabkontrolle neuer
oder geänderter Verfahren – auf.

Die tatsächliche Umsetzung der Datenschutzanforderungen dagegen obliegt den
einzelnen Geschäftsbereichen sowie deren Organisationseinheiten und ist damit grundsätzlich dezentral organisiert. Dafür werden dort jeweils Datenschutzkoordinatoren als

Verantwortliche benannt, je nach Erfordernis mindestens auf lokaler Ebene oder auch zusätzlich auf der den Geschäftsbereich verwaltenden globalen Ebene. Die einzelnen Koordinatoren werden unterstützt durch Datenschutzvertreter in den einzelnen Lokationen. Diese sind dem Datenschutzkoordinator zugeordnet und übernehmen die tatsächliche Ausführung der Datenschutzaufgaben vor Ort. Die Ernennung solcher Datenschutzvertreter liegt in der Verantwortung des jeweiligen Geschäftsbereiches und richtet sich nach dem – wiederum risikoabhängigen – Aufgabenpensum. Aus diesem Grund werden anders als die Datenschutzkoordinatoren die Datenschutzvertreter erst nach der Risikoanalyse (Abschn. 5.2.3) ernannt.

Mit der Überprüfung der operativen Umsetzung der Datenschutzziele im Konzern wurde die zentrale Instanz des Security & Data Protection Office (SDPO) beauftragt. Diese verantwortet die datenschutzbezogenen Audits (intern wie extern) und hält über eine Überwachung des Follow-up den DSMS-bezogenen kontinuierlichen Verbesserungsprozess (KVP) aufrecht. Eine weitere wichtige Aufgabe, die hier zentralisiert ist, ist das ADV-Management. Da ADV-bezogene Kundenanfragen und das Management der SAP-Unterauftragnehmer sich regelmäßig auf mehrere Geschäftsbereiche beziehen, hat sich eine zentrale Koordination dieser Aufgaben als sinnvoll erwiesen. Als zentrale operative Instanz zeichnet sich das SDPO damit auch verantwortlich für das DSMS insgesamt, insbesondere für die Zertifizierung, und erstellt und verwaltet die zugehörigen DSMS-Handbücher. Die einzelnen Datenschutzvertreter der Bereiche, welche im DSMS organisiert sind, werden in ein konzernweites Datenschutznetzwerk eingebunden, welches vom SDPO betreut wird.

Abbildung 5.7 zeigt die Rollen im Governance Model von SAP und beschreibt in Auszügen die jeweiligen Aufgaben der einzelnen Stellen. In der tatsächlichen Umsetzung werden viele Aufgaben arbeitsteilig angegangen und es besteht ein reger Austausch aller Beteiligten. So findet beispielsweise die Bewertung von Änderungen der rechtlichen Rahmenbedingungen durch den Konzern-DSB statt, identifiziert und kommuniziert werden müssen diese Änderungen aber durch die lokalen Koordinatoren in den jeweiligen internationalen Standorten. In der praktischen Anwendung des DSMS hat sich weiterhin eine umfangreiche Kommunikationskultur der Beteiligten etabliert: In den einzelnen Geschäftsbereichen tauschen sich Datenschutzkoordinatoren und -vertreter in monatlichen Meetings über den aktuellen Stand, Handlungsbedarf sowie zukünftige Entwicklungen aus, welche vom SDPO in regelmäßigen Abständen – etwa im 14-Tage-Rhythmus – an die Koordinatoren kommuniziert werden. Zudem werden bei der Umsetzung der DSMS-Maßnahmen über das SDPO und die Koordinatoren zusätzlich die anderen Fachabteilungen wie IT, Risk oder Compliance eingebunden. Über diese Aufteilung in strategische Aufgaben (Konzern-DSB) und operative Tätigkeiten (SDPO und Koordinatoren) sowie die Lokalisierung der DSMS-Tätigkeiten (Datenschutzvertreter) kann der Datenschutz bei SAP trotz einer starken globalen Ausrichtung effektiv umgesetzt werden.

Die drei vorgestellten Beispiele haben deutlich gemacht, dass ein Governance Model sehr unterschiedlich ausfallen kann. Wichtig ist an dieser Stelle, dass sich die Verteilung der

Bezeichnung	Konzerndatenschutz-beauftragter	Security & Data Protection Office	Datenschutz-koordinator	Datenschutz-vertreter
Beschrei-bung	Strategische Datenschutzplanung	DSMS-Verantwortlicher; Koordination der operativen Umsetzung des Datenschutzes über das DSMS	Steuerung der operativen Umsetzung des DSMS in einem Geschäftsbereich	Operative Umsetzung des DSMS nach Vorgaben von SDPO und Koordinator
Positio-nierung	global	global	lokal, z.T. global	lokal
Ausschnitt Aufgaben-profil	Monitoring der globalen Datenschutz-gesetzgebungen	Koordination von Audits und Follow-up, Aufrechterhalten des KVP	Umsetzung der geltenden Policies und Richtlinien	Audit-Vorbereitung und -Durchführung
	Eskalationsstufe / oberste Kontrollinstanz	ADV-Management	Überwachung der datenver-arbeitenden Prozesse	Identifikation und Umsetzung von Verbesserungs-maßnahmen
	Externe Kommunikation	Verwaltung des Datenschutz-netzwerkes, Unterstützung der Koordinato-ren und Vertreter	Qualifikation des Personals	Kontrolle der DSMS Umsetzung durch die Mitarbeiter
	Datenschutz-bezogene Projekt-unterstützung	Verwaltung der DSMS-Dokumentation	TOM-Management	Kontrolle der Einhaltung der TOMs in der Lokation

Abb. 5.7 Rollen im Governance Model der SAP

DSMS-Aufgaben an den bestehenden Organisationsformen orientieren sollte und kein gänzlich neues System etabliert werden muss. Auf diese Weise wächst der Datenschutz auch in die Unternehmensprozesse hinein.

5.2.1.3 Datenschutz-Policy

Die Datenschutzziele sind definiert und ein Governance Model zur Umsetzung dieser Ziele erstellt. Diese Ergebnisse müssen nun über eine entsprechende Datenschutz-Policy dokumentiert und damit eine Verpflichtung zur Zielumsetzung eingeführt werden.

Bei einer Datenschutz-Policy handelt es sich um eine Selbstverpflichtung des Unternehmens zur Umsetzung des Datenschutzes, die zugleich verbindliche Rahmenvorgaben dafür aufstellt. Mit der Datenschutz-Policy drückt die Geschäftsleitung ihre Verantwortung für den Datenschutz aus und hält die obersten Datenschutzziele für das Unternehmen fest. Entsprechend ist die Wirkung der Policy zuallererst nach innen gerichtet. Mit Einführung der Policy werden die festgelegten Datenschutzziele zu einem Teil des Unternehmensleitbildes und müssen von allen Mitarbeitern angestrebt werden. Die Policy gibt den strategischen Rahmen vor, welchen das DSMS operativ umzusetzen versucht. Demzufolge werden im Rahmen des DSMS weitere Dokumente erforderlich, um diese „Übersetzung" von Strategie in Praxis konkret zu bewerkstelligen (siehe dazu auch in grafischer Darstellung: Kap. Abschn. 5.2.4.3). Eine Policy enthält daher keine detaillierten Arbeitsschritte. Die operative Ergänzung zur Policy stellt primär das DSMS-Handbuch dar, welches auf weitere erforderliche Dokumente verweist.

Weiterhin müssen bei der Erstellung einer Policy beachtet werden:

- Die **Einbeziehung der Geschäftsleitung** ist an dieser Stelle besonders wichtig, da die Policy als Leitdokument auf sie zurückfällt. Es kann sich als mühsame Aufgabe herausstellen, die Geschäftsleitung von ihrer Vorbildfunktion im Datenschutz zu überzeugen, insbesondere wenn sie in der bisherigen DSMS-Implementierung kaum Engagement gezeigt hat. Eine nur halbherzig formulierte oder auch gar nicht verabschiedete Policy kann sich jedoch rächen: Bekennt sich schon die Geschäftsleitung nicht ausdrücklich zum Datenschutz, so wird es schwer, diesen im weiteren Verlauf intern an die Beschäftigten zu vermitteln. Die Geschäftsleitung und die Managementverantwortlichen insgesamt müssen aktiv mit gutem Beispiel vorangehen, was sich nicht zuletzt über die Verabschiedung der Datenschutz-Policy zeigt.

▶ Vielfach stößt bereits die Verwendung des Begriffs einer „Policy" auf interne Widerstände, da mit dem Begriff zuvorderst Nachteile und Einschränkungen verbunden werden. Zum einen kann dem über eine Abwandlung des Begriffs hin zu einer „Leitlinie", „Leitbild" oder „Absichtserklärung" für den Datenschutz begegnet werden. Zum anderen sollte die Policy in den meisten Fällen kein separates Dokument mehrseitiger Ausführungen sein. Es genügt in vielen Fällen, eine knappe Ergänzung der Unternehmensleitlinie um die Datenschutzziele vorzunehmen und hierbei die Erfahrungen aus Gesprächen mit der Geschäftsleitung über deren Vorstellungen zum Datenschutz als Vorlage zu nehmen. Gerade die Einnahme einer Führungsperspektive ist bei der Erstellung einer Datenschutz-Policy eminent wichtig. Folglich sind in einer Policy keine technischen Spezifika oder Details aufzuführen, wohl aber Aspekte der allgemeinen Kommunikationskultur im Unternehmen (bspw. eine direkte Ansprache der Mitarbeiter) zu berücksichtigen. Nicht zuletzt haben gerade größere Unternehmen eigens definierte Vorgehensweisen bei der Erstellung von Policies, die an dieser Stelle nicht vernachlässigt werden dürfen. Eine Datenschutz-Policy sollte sich daher am bestehenden Rahmenwerk für vergleichbare Selbstverpflichtungen der Geschäftsleitung orientieren und in dieses integriert werden.

- Jede Policy muss ihren **Anwendungsbereich** klar beschreiben. Der Anwendungsbereich der Policy muss nicht mit dem DSMS-Anwendungsbereich (Abschn. 4.2.1.2.5) übereinstimmen. Letzterer ist regelmäßig enger gefasst und soll lediglich die risikobehafteten Prozesse listen, während eine Datenschutz-Policy üblicherweise das gesamte Unternehmen oder einen Großteil davon erfasst. Eine Anwendung jeweils eigener Policies für einzelne Unternehmensbereiche, etwa bei sehr unterschiedlichen legislatorischen Anforderungen, ist generell kritisch zu bewerten: Es besteht die Gefahr, dass durch die unterschiedlichen Mindeststandards der einzelnen Policies ein unnötig hoher Koordinationsaufwand erzeugt wird. Was beispielsweise in einer Tochtergesellschaft möglich ist, ist in der anderen aufgrund einer anderen Policy untersagt. Diese Differenzierung sollte nicht auf Policy-Ebene, sondern vielmehr über eigene Richtlinien mit unterschiedlichen Adressatenkreisen gelöst werden. Auch zeigt sich hier, wie wichtig die Ermittlung eines geeigneten Leading Law ist: Sofern dieses eine gewisse Strenge aufweist, lässt damit regelmäßig ein großer Anwendungsbereich für eine an den gesetzlichen Zielsetzungen ausgerichtete Policy festsetzen. Zudem verlangen die Anforderungen an moderne IT-Systeme und die damit einhergehenden immer komplexeren Datenströme gleichwohl eine Harmonisierung, da das europäische Datenschutzrecht ein unternehmensweites Mindestniveau für Datenübermittlungen einfordert. Deshalb ist eine einzige Datenschutz-Policy sinnvoller. Die wenigen Ausnahmen, in denen Spezialgesetze strengere Anforderungen als diese Universal-Policy aufstellen, können über eine entsprechende Klausel, nach der strengeres Recht immer Vorrang genießt, abgedeckt werden.
- Ein weiterer wichtiger inhaltlicher Punkt der Policy ist, dass sie das ermittelte **Governance Model (Abschn. 5.2.1.2) festschreibt** und so die Verantwortlichkeiten zu den festgelegten Zielen gleich mitliefert. Etwaige interne Widerstände bezüglich dieser Zuweisung werden durch die Policy endgültig überwunden, da eine von der Geschäftsleitung verabschiedete Policy von allen Managern berücksichtigt werden muss.
- Jede Policy benötigt einen **Eigentümer**, welcher deren Inhalte kommuniziert sowie sich für deren Durchsetzung und regelmäßige Revision verantwortlich zeichnet. Dies kann der Verantwortliche für den Datenschutz oder ein Mitglied der Geschäftsleitung sein, da der Eigentümer in größeren Unternehmen die Kompetenz und die Ressourcen benötigt, die Überwachung der Umsetzung der Policy an das entsprechende Personal vor Ort zu delegieren.
- Da die Policy die Datenschutzziele des Unternehmens festschreibt und diese sich meist aus den einschlägigen Gesetzen ableiten, kann ein Hinweis auf diese **Gesetze** die Einordnung der Datenschutzziele erleichtern, da nicht alle Adressaten der Policy in die Zielfindung miteinbezogen worden sind. Diese Klarstellungsfunktion, warum die Policy bestimmte Vorgaben enthält, unterstützt ihre Akzeptanz bei den Mitarbeitern.
- Die Policy kann zudem Hinweise auf **Konsequenzen bei Verstößen** enthalten.
- Der **Adressatenkreis** der Policy sollte bestimmt werden. Wie bereits erwähnt, dient die Policy in erster Linie internen Zwecken und damit primär der Fixierung der von der

Geschäftsleitung beschlossenen Datenschutzziele in Form einer Selbstverpflichtung. In den meisten Fällen richtet sich die Policy zudem an die Beschäftigten, um ihnen die Datenschutzziele zu kommunizieren. Global agierende Unternehmen sollten in solchen Fällen entsprechende Übersetzungen vornehmen. Nichtsdestotrotz kann der Adressatenkreis auch auf externe Stellen erweitert werden, etwa durch eine zusätzliche, um Betriebsinterna gekürzte Version:

- ADV-Dienstleister können als Adressaten in Frage kommen. Denn es ist nur konsequent, wenn auch diese in ihrer Tätigkeit für das Unternehmen mindestens die gleichen Datenschutzziele umzusetzen bereit sind, wie das Unternehmen als verantwortliche Stelle selbst. Dementsprechend kann eine rechtlich abgesicherte Version als Vertragsbestandteil im Auftragsgeschäft angewandt werden oder zumindest wichtige Eingaben für entsprechende AGB liefern.
- Auch Kunden und Betroffenen gegenüber können die Datenschutzziele kommuniziert werden. Damit kann die Datenschutz-Policy als Werbeinstrument eingesetzt werden. Dies funktioniert umso erfolgreicher, je glaubwürdiger und ambitionierter die gesetzten Ziele sind. Hierbei sollte jedoch berücksichtigt werden, dass der werbende Einsatz einer scheinbar unverbindlichen „Selbstverpflichtung" in bestimmten Rechtssystemen, wie etwa den USA, den unternehmensexternen Adressaten einklagbare Ansprüche einräumen kann.

▶ Die Datenschutz-Policy ist entgegen der häufig synonymen Begriffsverwendung nicht zu verwechseln mit der Datenschutzerklärung nach § 13 TMG, die auf dem Internetauftritt des Unternehmens zu finden sein sollte. Letztere bezieht sich nur auf die datenschutzrechtlichen Aspekte des Internetauftritts selbst, während die Policy die Selbstverpflichtung des Unternehmens und somit zugleich ein strategisches Instrument darstellt. Entsprechend sollte die Datenschutz-Policy zu dieser Datenschutzerklärung abgegrenzt werden, sofern eine Veröffentlichung im Internet angestrebt wird.

Eine Policy könnte demnach folgende Struktur aufweisen:

- Kurzbeschreibung der Policy (Selbstverpflichtung zur Umsetzung der Datenschutzziele)
- Einführung / Motivation
- Anwendungsbereich
- Benennung der wichtigsten, einschlägigen Gesetze und sonstiger Grundlagen für die Ableitung der Datenschutzziele
- Datenschutzziele des Unternehmens
- Governance Model
- Verweis auf das DSMS als operative Umsetzung der Policy
- Konsequenzen bei Verstößen
- Dokumentenlenkung: Eigentümer, Revisionszyklen, Definitionen etc.

Zur Einführung einer Policy sind in vielen Unternehmen bereits feste Prozesse etabliert. Sind jedoch keine festen Bestimmungen dafür vorhanden, so bietet sich generell ein Prozess aus vier Phasen an:

1. In der Initiationsphase sichert sich der Initiator der Policy (z.B. der betriebliche Datenschutzbeauftragte) die Unterstützung der Geschäftsleitung bzw. eines Mitgliedes der Geschäftsleitung (Promotor), indem er die Notwendigkeit der neuen Policy schlüssig darlegt. Zudem werden die relevanten internen Stakeholder über das Vorhaben informiert.
2. In der folgenden Formulierungs- und Abstimmungsphase wird die Datenschutz-Policy inhaltlich ausgestaltet unter Einbeziehung der Eingaben der internen Stakeholder.
3. Sofern keine Einwände und kein Überarbeitungsbedarf mehr bestehen, gibt die Geschäftsleitung auf Initiative des Promotors hin in einem dritten Schritt die Policy frei.
4. Sodann wird die Policy in ihrem Anwendungsbereich den Adressaten gegenüber bekanntgemacht und in der betrieblichen Praxis verankert (Roll-out). Gleichzeitig startet zu diesem Zeitpunkt der Revisionszyklus der Policy.

Die Policy kann bereits zu diesem Zeitpunkt vor der DSMS-Einführung bekannt gemacht werden oder auch alternativ – wie in diesem Praxisleitfaden vorgeschlagen (Abschn. 5.2.5) – nach der Erstellung der restlichen Dokumente. Letzteres ist deshalb sinnvoll, da so die für die Mitarbeiter notwendigen Richtlinien und Arbeitsanweisungen zur Umsetzung der Policy bereits erstellt sind und die Policy folglich Teil einer umfassenden Dokumentation für das DSMS wird (siehe Abschn. 5.2.4.3).

Klein GmbH

Zunächst holt sich der Verantwortliche für den Datenschutz einen klaren Auftrag vom Geschäftsführer für die Erstellung der Datenschutz-Policy. Dafür muss einige Überzeugungsarbeit geleistet werden, da der Geschäftsführer zunächst nicht die Notwendigkeit einer Datenschutz-Policy erkennt. Dies kann der Verantwortliche für den Datenschutz insbesondere über den Hinweis auf den potentiell werbenden Zweck der Datenschutz-Policy erreichen, wobei er die Parallelen zur Qualitäts-Policy hervorhebt, die die Klein GmbH im Rahmen ihres ISO 9001-QMS bereits erstellt hat. Auf diese Weise erkennt der Geschäftsführer auch Sinn und Zweck der Datenschutz-Policy und zeigt sich sehr offen für eine solche. Der Verantwortliche für den Datenschutz der Klein GmbH entwirft anschließend zusammen mit dem IT-Leiter auf Basis der vorangegangenen Gespräche mit dem Geschäftsführer über die Neuausrichtung der Klein GmbH im Datenschutz eine unternehmensweit gültige Datenschutz-Policy, die sich inhaltlich an den Grundsätzen des BDSG orientiert und dem Verantwortlichen für den Datenschutz die Aufgabe der Umsetzung überträgt. Das finale Dokument stellt letztendlich eine knappe Seite Text dar, wird dem Geschäftsführer vorgelegt und von diesem verabschiedet. Eine verkürzte Fassung der Policy soll nach erfolgreicher Implementierung des DSMS auf der Internetseite der Klein GmbH veröffentlicht werden und dort die Beschreibung der Unternehmensphilosophie ergänzen. Die Bekanntmachung der Policy gegenüber der Belegschaft erfolgt später gemeinsam mit dem allgemeinen Roll-out des DSMS.

Medium AG

Der externe DSB holt sich vom für den Datenschutz verantwortlichen Finanzvorstand den Auftrag, eine Datenschutz-Policy für die Medium AG zu entwickeln. Der externe Datenschutzbeauftragte erstellt sodann eine Datenschutz-Policy, die sich in ihren Datenschutzzielen materiell am BDSG orientiert, wobei ausdrücklich betont wird, dass etwaige strengere Rechtsvorschriften anwendbar auf die internationalen Tochtergesellschaften immer vorrangig zu beachten sind. Zudem sollen sich zukünftig auch alle ADV-Dienstleister auf die Einhaltung der Datenschutz-Policy verpflichten. Weiterhin wird das Governance Model festgeschrieben, insbesondere die Rolle des (externen) DSB als ordnende Instanz mit Weisungsrechten im DSMS und die Verpflichtung der Bereichsleiter zur Ernennung von Datenschutzkoordinatoren in ihrem Verantwortungsbereich. Die Policy reiht sich neben die bestehenden Policies der Medium AG ein. So hat sich in diesen als formaler Aspekt beispielsweise die direkte Ansprache der Mitarbeiter in Form von „10 goldenen Regeln" etabliert, die entsprechend auch für den Datenschutz anhand der Datenschutzziele ausformuliert wurden. Auch hat die Medium AG bereits im Rahmen ihres ISO 27001- ISMS eine Informationssicherheitsrichtlinie erstellt. In diese wird unter Beteiligung des ISMS-Verantwortlichen die Datenschutz-Policy integriert. Das Ergebnis wird dem Verantwortlichen für den Datenschutz (Finanzvorstand) vorgetragen, welcher das finale Dokument in der nächsten Vorstandssitzung vorstellt, wo es vom Gesamtvorstand beschlossen wird.

Die Policy soll später im Rahmen des Roll-out der DSMS-Implementierung über die entsprechenden Kanäle den Mitarbeitern bekannt gemacht werden.

SAP

Bei SAP gab es bereits vor Einführung des DSMS eine Datenschutz-Policy, die sich am strengen Leading Law – dem BDSG – orientiert. Gleichwohl wird explizit darauf hingewiesen, dass einzelstaatliche Regelungen (welche von den lokalen Datenschutzkoordinatoren ermittelt und umgesetzt werden müssen) Vorrang haben, wenn diese höhere Anforderungen besitzen. Auf diese Weise wird zum einen mit der Ausrichtung am BDSG global ein hohes Datenschutzniveau festgeschrieben, zum anderen aber auch den lokalen Besonderheiten ausreichend Rechnung getragen. Die Policy wird in das unternehmensweit gültige Policy-Framework eingegliedert, entsprechend regelmäßig einer Revision unterzogen und ist an alle Verantwortlichen gerichtet, also die Geschäftsleitung der Konzerngesellschaften und das verantwortliche Management aller Geschäftsprozesse. Weiterhin enthält die Policy die Beschreibung des Governance

Models, sodass für die Adressaten ersichtlich wird, wer für welche Aufgaben bei der Umsetzung der Datenschutzziele verantwortlich ist. Dabei werden die Datenschutzkoordinatoren in Grenzen dazu ermächtigt, Teile ihrer Aufgaben an Datenschutzvertreter zu delegieren, um so die nötige Flexibilität in den Organisationseinheiten beizubehalten. Die Durchsetzung der Datenschutz-Policy erfolgt über den für den Datenschutz zuständigen Vorstandsbereich. Folglich hat die Datenschutz-Policy hier primär die Funktion, Grundlage für ein umfassendes internes Regelwerk zum Datenschutz zu sein, an dem sich alle Managementebenen, Beschäftigten und Partner von SAP orientieren. Über die Policy wird außerdem konzernweit ein hohes Datenschutzniveau festgeschrieben, ohne dass dafür notwendigerweise ein DSMS implementiert sein muss. Das DSMS stellt somit eine Möglichkeit für die Verantwortlichen der Geschäftsbereiche zur Umsetzung der in der Policy aufgestellten Mindeststandards für den Datenschutz bei SAP dar.

Fazit

- Das Unternehmen muss Datenschutzziele festlegen, um die Ausrichtung des DSMS zu steuern.
- Datenschutzziele können sich entweder an den gesetzlichen Mindestanforderungen orientieren (Compliance) oder darüber hinausgehen (Wettbewerbsfaktor).
- Die wichtigsten Stakeholder und insbesondere die Geschäftsleitung müssen sich an der Definition der Datenschutzziele beteiligen und diese in eine ganzheitliche Unternehmensstrategie unter Bewältigung der Zielkonflikte integrieren.
- Zur Umsetzung der Datenschutzziele sind die generellen Verantwortlichkeiten und Rollen in ein Governance Model zu übersetzen.
- Es muss ein Verantwortlicher für den Datenschutz im Unternehmen bestimmt werden, der entweder Teil der Geschäftsleitung ist oder in direkter Berichtslinie zu ihr steht.
- Auf Basis der allgemeinen Unternehmensorganisation und mit Berücksichtigung der datenschutzspezifischen Aufgaben muss ein geeignetes Steuerungssystem für die operative Umsetzung der Datenschutzaufgaben erstellt werden, welches im Regelfall die Einbeziehung weiterer DSMS-Akteure erfordert.
- Die Rollen in diesem Governance Model sind in jedem Unternehmen unterschiedlich und müssen insbesondere den organisatorischen Gegebenheiten angepasst werden.
- Die Geschäftsleitung muss eine Datenschutz-Policy abzeichnen, in der sie die Datenschutzziele als Unternehmensziele ausdrücklich festschreibt und ihre Verantwortung für deren Umsetzung erkennt. Weiterhin muss darin das Governance Model zur Festlegung der Zuständigkeiten und Verantwortlichkeiten fixiert werden.
- Die Datenschutz-Policy dient als oberste Richtschnur für die operative Umsetzung des Datenschutzes über das DSMS und muss von allen Mitarbeitern beachtet werden.

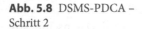

Abb. 5.8 DSMS-PDCA –
Schritt 2

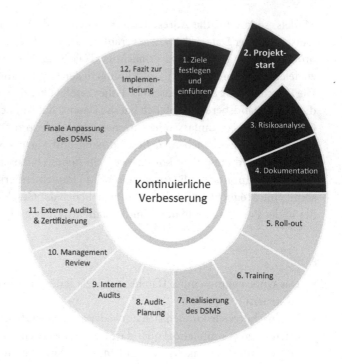

5.2.2   Projektstart

▶ • Wie gibt man den Startschuss zur DSMS-Implementierung?
 • Welche Punkte sollten beim Projektstart besprochen werden?
 • Wer ist dabei miteinzubeziehen?
 • Wie ist die weitere Zusammenarbeit der Beteiligten zu organisieren?

Aufgrund des Projektcharakters der erstmaligen DSMS-Implementierung sind im zwei-
ten Schritt des DSMS-PDCA (Abb. 5.8) die Voraussetzungen für die Umsetzung des
Datenschutzes in einem Meeting zum Start des DSMS mit den Verantwortlichen zu
schaffen. Hier sind im offiziellen Starttermin der Implementierungsvorgänge die grundlegenden Aspekte der bevorstehenden Veränderungen durch das DSMS anzukündigen,
Unterstützung zu sichern und der Fahrplan für die weitere Vorgehensweise abzustimmen.
   Beim Projektstart werden die wichtigsten Beteiligten der tatsächlichen DSMS-
Implementierung zusammengebracht und eine Basis für die erforderliche Kooperation
geschaffen.

5.2.2.1   Inhaltliche Aspekte des Projektstartes
Beim Projektstart – oftmals auch als „Kick-off" bezeichnet – werden die Projektziele, die
mit dem DSMS angestrebt werden, angesprochen und von den Beteiligten diskutiert. Das
Ziel ist im Wesentlichen die Umsetzung des Datenschutzes unter einem Managementsys-

temansatz. Damit wird gleichzeitig ausgedrückt, dass das DSMS gerade keine einmalige Ad-hoc-Lösung ist, mit der Datenschutzdiskussionen im Unternehmen vorerst erledigt wären. Dem Management ist bereits zu Beginn der DSMS-Einführung vor Augen zu führen, dass es sich regelmäßig mit dem Datenschutz auseinanderzusetzen hat und dies in vielen Fällen sowieso spätestens bei der jährlichen Kontrolle durch die Wirtschaftsprüfer oder durch den externen Auditor des DSMS der Fall sein wird. Die entscheidungsbefugten Verantwortlichen müssen sich folglich in diesem einführenden Meeting zum DSMS als mit all seinen Pflichten (jährliche Audits, kontinuierliche Verbesserung, Bereitstellung von Ressourcen und Budgets etc.) bekennen. Dementsprechend ist an dieser Stelle Überzeugungsarbeit zu leisten. Dies sollte sich durch die frühzeitige Einbeziehung der Verantwortlichen bereits während des Scoping (Abschn. 4.2.1.1) und über die von der Unternehmensleitung verabschiedete Datenschutz-Policy als weniger schwierig darstellen.

Ebenfalls beim Projektstart lassen sich die Erwartungen ansprechen, die an die einzelnen Projektteilnehmer gerichtet werden. Auf diese Weise besteht Klarheit darüber, wer welche Aufgaben wie anzugehen oder zu delegieren hat. Folglich sollte zur effizienten Aufgabenkoordination ein Kommunikationsplan für die weitere DSMS-Implementierung aufgestellt werden.

Die Meilensteine der Implementierung des DSMS können dargestellt und ein entsprechender Zeitplan beschlossen werden. Außerdem sollten die erforderlichen Ressourcen für die Implementierung festgelegt und ein Ausblick auf die zu erstellende Dokumentation geleistet werden.

▶   Es hat sich in der Praxis als vorteilhaft erwiesen, bereits mit einem konkreten Budgetplan in den Projektstart zu gehen, gerade wenn – wie etwa konkret bei SAP der Fall – erst zu diesem Zeitpunkt die Freigabe der Ressourcen erfolgen soll. Dazu müssen die Ergebnisse aus dem Scoping in der Vorbereitung auf dieses Treffen noch einmal überprüft und aufbereitet werden.

Nicht zu vernachlässigen sind die Risiken, die mit jedem Projekt einhergehen und die an dieser Stelle erwähnt werden sollten. Dies sind „klassische" Projektrisiken wie etwa Zeitverzug (relevant bei einer angestrebten Zertifizierung) oder zu wenige Ressourcen. Diese Risiken müssen im Rahmen eines eigenen Projektrisikomanagements adressiert und entsprechend behandelt werden [39].

▶   Das Anwenden der gängigsten Projektmanagementmethoden ist grundsätzlich auch in Bezug auf die Implementierung auf das DSMS möglich. Deshalb sollten die Verantwortlichen prüfen, ob und inwieweit sie auf vergleichbaren Projekten aufbauen können, sei es durch Einbeziehung der Beteiligten in das DSMS-Projekt oder auch durch Heranziehung einschlägiger Templates zur Projektdokumentation. Als mögliche Grundlage kann hier auf die Erfahrungen während der Implementierung eines ISO 27001 ISMS zurückgegriffen werden.

5.2.2.2 Beteiligte

Wer an einem Meeting zum Projektstart teilnimmt, richtet sich nach zwei Gesichtspunkten:

- Nach den bisherigen Entscheidungen des Unternehmens in den vorangegangenen Schritten Scoping (Abschn. 4.2.1.2) und Governance Model (Abschn. 5.2.1.2),
- vor allem jedoch nach den Entscheidungsstrukturen im Unternehmen.

Generell muss entschieden werden, ob die Beteiligten des Projektstartes auch weiter die Haupttätigkeiten des DSMS ausführen oder ob diese Aufgaben im weiteren Verlauf der Implementierung delegiert werden. Letzteres wird in mittleren und großen Unternehmen der Fall sein, da das DSMS idealerweise durch eine gute Aufgabendifferenzierung eine größere Anzahl an DSMS-Akteuren einbezieht. Die Anzahl der Teilnehmer am Kick-off muss überschaubar bleiben und es sollten in größeren Unternehmen nur die Verantwortlichen – zum einen für die Unterstützung der DSMS-Implementierung im Scope (Top-Management) und zum anderen für die Delegierung der DSMS-Tätigkeiten (Mittleres Management o.ä.) – teilnehmen. In kleinen Unternehmen können generell auch mehrere Abteilungsleiter vor Ort sein, da diese einen Teil der Aufgaben selbst übernehmen können. Die Teilnahme der Geschäftsleitung ist nicht zwingend notwendig, in jedem Fall aber wünschenswert. Auf jeden Fall sollte der Verantwortliche für den Datenschutz oder diejenige Person, an die die DSMS-Implementierung von der Geschäftsleitung delegiert wurde, als **Projektverantwortlicher** einen festen Platz in dem Meeting haben.

Weiterhin sollten die obersten **Verantwortlichen der Fachbereiche** aus dem Scope des DSMS teilnehmen. Nicht zuletzt ist zu überlegen, bereits an dieser Stelle den Betriebsrat – sofern vorhanden – einzubinden und ebenfalls einzuladen. Dies hat den Vorteil, dass dieser frühzeitig über mitbestimmungsrelevante Tätigkeiten im Rahmen des DSMS aufmerksam wird und entsprechend dem Zeitplan seine eigenen Aktivitäten in diesem Zusammenhang koordinieren kann.

Zu erwähnen ist an dieser Stelle, dass die Teilnehmer des Kick-off nicht identisch mit denjenigen Personen sein müssen, die später das DSMS aufrechterhalten (Datenschutzkoordinatoren etc.). Unter Berücksichtigung der begrenzten Teilnehmerzahl sollte eine solche Identität dennoch angestrebt werden.

Klein GmbH

Bei der Klein GmbH treffen sich der Verantwortliche für den Datenschutz und die Verantwortlichen der drei vom DSMS hauptsächlich betroffenen Fachbereiche: IT, HR und Vertrieb (Abb. 5.9), zudem ist der Quality Manager anwesend. Der Verantwortliche für den Datenschutz stellt die wichtigsten Meilensteine der Implementierung vor und für die Zukunft wird ein regelmäßiges Zusammenkommen zu diesen Punkten vereinbart. Da noch keine Erfahrungen mit dem DSMS vorliegen, werden bewusst größere Pufferzeiten eingeplant. Allen Beteiligten ist die Notwendigkeit eines DSMS aufgrund des jüngsten Datenschutzvorfalls bewusst und es herrscht eine konstruktive Atmosphäre,

Abb. 5.9 Beteiligte des
Projektstartes bei der Klein
GmbH (Skizze)

Abb. 5.10 Beteiligte des
Projektstartes bei der Medium
AG (Skizze)

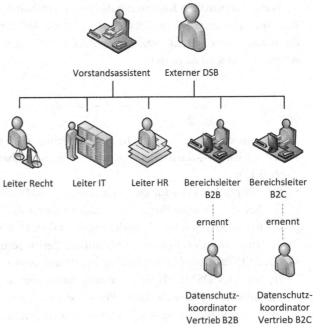

die über eine gute Zusammenarbeit in der nun folgenden Zeit der Implementierung
aufrechterhalten werden soll.

Medium AG

Bei der Medium AG verantwortet der externe DSB als Projektverantwortlicher die Einführung des DSMS. Dazu lädt er die Leiter der Geschäftsbereiche und der Abteilungen
der Servicegesellschaft (Abb. 5.10) zum Kick-off ein und stellt sein Konzept der

über zwei Jahre gestaffelten DSMS-Implementierung vor, welches zuvor vom Verantwortlichen für den Datenschutz (Finanzvorstand) abgesegnet worden ist. Um interne Widerstände zu verringern, wird der externe DSB beim Meeting unterstützt vom Vorstandsassistenten der Medium AG. Neben den klassischen Inhalten zum Projektstart werden die Bereichsverantwortlichen darauf aufmerksam gemacht, für die weitere Implementierung aufgrund der Verpflichtung aus der Datenschutz-Policy aus ihren Fachbereichen geeignete Personen für die Rolle des Datenschutzkoordinators zu ernennen und an den externen DSB zur weiteren Abstimmung zu verweisen. Dementgegen werden die Abteilungsleiter aus IT und HR für die Zukunft selbst die Position des Datenschutzkoordinators ausüben. Dem widersprechen auch nicht die aus dem Gesetz abgeleiteten Regelungen bezüglich etwaiger Interessenkonflikte: Zum einen sind diese eng auszulegen und nur auf den betrieblichen DSB anzuwenden. Zum anderen sinkt die Gefahr von Interessenkonflikten durch das über die Policy dokumentierte Interesse der Unternehmensleitung an der Umsetzung des Datenschutzes sowie die Ansiedlung der Kontrollhoheit beim externen DSB der Medium AG.

Weiterhin wird ein Kommunikationsplan erarbeitet, der die sporadische Anwesenheit des externen DSB berücksichtigt, und die Folgetreffen unter Einbeziehung der dann ernannten Datenschutzkoordinatoren terminiert. Eine mindestens monatliche Abstimmung wird angestrebt.

SAP

Da die einzelnen Schritte der Implementierung sehr viele Mitarbeiter einbeziehen, wird das Kick-off-Meeting bewusst nur mit überschaubarer Teilnehmerzahl abgehalten (Abb. 5.11):

- Ein Mitglied aus der für die konzernweite DSMS-Koordination zuständigen Stelle des Security & Data Protection Office erläutert das Konzept des DSMS sowie die damit einhergehenden Veränderungen und stellt die fachliche Expertise rund um den Implementierungsprozess bis hin zur Zertifizierung zur Verfügung.
- Ein Mitglied des obersten Managements aus dem jeweiligen Geschäftsbereich akzeptiert das DSMS als neue Herangehensweise an den Datenschutz in seinem Verantwortungsbereich. Diese Person sichert Unterstützung zu und gibt die Ressourcen frei. Weiterhin unterstützt der Managementverantwortliche die Einführung des DSMS durch geeignete Kommunikation, macht die Vorschriften für alle Mitarbeiter verpflichtend und sorgt somit für die notwendige Motivation zur Einhaltung der DSMS-Richtlinien.
- Ein Projektverantwortlicher aus dem mittleren Management steht als erster Ansprechpartner für die Koordinierung der Aufgaben während der folgenden Implementierungsschritte bereit. Dieser Projektverantwortliche übernimmt als angestammtes Mitglied aus dem DSMS-Anwendungsbereich später die Einbindung und Kommunikation mit den Prozessverantwortlichen, die aufgrund ihrer großen

Abb. 5.11 Beteiligte des
Projektstartes bei SAP (Skizze)

DSMS-Verantwortlicher
(SDPO) global

Top Management
Geschäftsbereich

Projektverantwortlicher
(mittleres Management)
Geschäftsbereich

Kommuniziert
mit

Prozesseigner im Geschäftsbereich

Anzahl nicht am Kick-off teilnehmen. Aufgrund dieser engen Einbindung in das DSMS-Projekt übernimmt der Projektverantwortliche in einigen Fällen auch später im Betrieb des DSMS die Rolle eines Datenschutzkoordinators.

Alle Beteiligten beschließen einen Kommunikationsplan für die folgenden Schritte und legen einen Zeitplan fest. Zudem wurde in vielen Fällen bereits über eine entsprechende Zusammenarbeit von Projektverantwortlichem und dem SDPO als Vorbereitung zum Kick-off ein Budgetplan erstellt, der dem Managementverantwortlichen aus dem Geschäftsbereich die Entscheidung zur Ressourcenfreigabe erleichtert.

Am Ende des Kick-off sollte allen Teilnehmern verdeutlicht worden sein, wie die weiterführenden Schritte in der Implementierung ablaufen und an welchen Meilensteinen erneute Meetings angesetzt sind. Damit kann im Anschluss mit der umfangreichen Ist-Analyse der Risikosituation des Unternehmens begonnen werden.

Fazit

• Zur Koordination der gemeinsamen Aktivitäten sind die wichtigsten Beteiligten aus dem Scope des DSMS in einem gemeinsamen Treffen zusammenzubringen.
• Neben der Einigung auf einen Zeitplan und einen Kommunikationsplan ist die Unterstützung der Verantwortlichen aus dem DSMS-Anwendungsbereich sowie die notwendigen Ressourcen für die Implementierung zu sichern.

- Die Teilnehmer des Projektstarts müssen entweder selbst die wichtigsten Tätigkeiten des DSMS ausführen (kleine Unternehmen) oder diese Aufgaben später an geeignetes Personal delegieren können (mittlere und große Unternehmen).
- Es ist ein Projektverantwortlicher zu bestimmen, der die erstmalige Implementierung des DSMS verantwortet. Idealerweise ist dies der Verantwortliche für den Datenschutz.
- Der DSMS-Projektverantwortliche bewirbt das DSMS bei den Verantwortlichen im Anwendungsbereich und stellt im Folgenden das entsprechende Datenschutz-Knowhow zur Verfügung.

5.2.3   Risikoanalyse

▶   • Wie findet man heraus, wo die Datenschutzanforderungen im Unternehmen umzusetzen sind?
- Welche Methoden eignen sich dafür?
- Wie lässt sich ein risikobasierter Ansatz in das DSMS einbauen?
- Wie identifiziert und bewertet man datenschutzbezogene Risiken?
- Wie behandelt man die analysierten Risiken angemessen?
- Wie analysiert man Prozesse auf ihre Datenschutzrelevanz?
- Wo setzt man mit dem DSMS an den einzelnen Prozessen an?
- Wie verteilt man die Umsetzung der als erforderlich eingestuften Maßnahmen auf Basis des Governance Models?

Im dritten Schritt des DSMS-PDCA (Abb. 5.12) muss ermittelt werden, wie der aktuelle Status der Umsetzung des Datenschutzes ist und wo Handlungsbedarf über das DSMS besteht. Der Scope des DSMS wird auf diese Weise präzisiert und erforderliche Maßnahmen für die Do-Phase ableitbar.

Dies kann über zwei grundlegende Methoden geschehen:

- Über eine **Risikoanalyse** werden die wichtigsten, datenschutzspezifischen Risiken im Scope identifiziert und bewertet, damit sie anschließend angemessen behandelt werden können.
- Über eine **Prozessanalyse** werden die Prozesse im Unternehmen, welche Datenschutzrelevanz haben, analysiert sowie Schwachstellen und Ansatzpunkte für das DSMS erkannt.

5.2.3.1   Gestufte Vorgehensweise

Um die notwendigen Maßnahmen zu ermitteln, die im DSMS umgesetzt werden müssen, wird idealerweise eine Kombination aus diesen Methoden eingesetzt. Dazu bietet sich eine gestufte Vorgehensweise an, die sich zudem in der Praxis bewährt hat:

Die **Risikoanalyse** (Stufe 1) dient der Identifizierung und Bewertung von (Datenschutz-)Risiken im gesamten Scope des DSMS und ermöglicht auf diese Weise

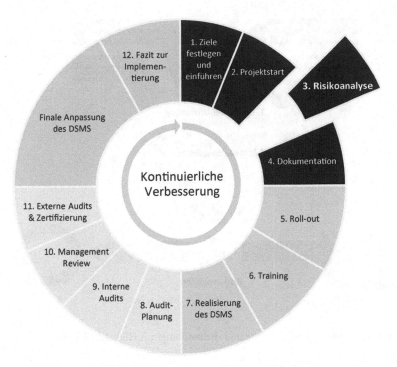

Abb. 5.12 DSMS-PDCA – Schritt 3

das Behandeln der Risiken mit zielgerichteten Maßnahmen. Die Risikoanalyse ist im Regelfall breiter angelegt. Sie identifiziert nicht nur interne, sondern auch externe Risiken. Weiterhin ist sie auf alle Organisationsformen anwendbar und bedarf nicht einer allgemeinen Prozessorientierung im Unternehmen. Gleichwohl lässt sie sich auch bezogen auf Prozesse durchführen. Im hier vorgestellten Best Practice-Ansatz wird die Risikoanalyse als erste Stufe im Rahmen einer High-Level-Betrachtung zur Ermittlung der übergeordneten Risiken im Scope insgesamt bzw. für den Geschäftsprozess als solchen durchgeführt. Die Eingaben für das Risikomanagement beschränken sich auf die wesentlichen Aspekte des Anwendungsbereiches des DSMS, etwa dessen Geschäftsmodell, die Infrastruktur und die beteiligten Stellen. Daraus lässt sich zudem ableiten, dass die Beteiligten dieses Schrittes sich aus der höheren Managementebene (C-Level) des Geschäftsbereiches sowie den Prozesseignern zusammensetzen, um auch adäquate Behandlungsoptionen auf dieser Betrachtungsebene beschließen zu können. Dargestellt wird diese Vorgehensweise über Abb. 5.13.

Die **Prozessanalyse** (Stufe 2) hingegen baut auf einer ausführlich dokumentierten Prozesslandschaft des Unternehmens auf und hat zum Ziel, die datenschutzrelevanten Aspekte in den (Teil-)Prozessen und Prozessschritten sichtbar und einer verstärkten Kontrolle zugänglich zu machen bzw. ihnen sogar über eine angemessene Anpassung des Prozesses zu begegnen. Auf diese Weise kann der Prozess als solcher auf seine Datenschutzkonformität hin optimiert werden. In den Prozessen selbst lassen sich weitere und auch

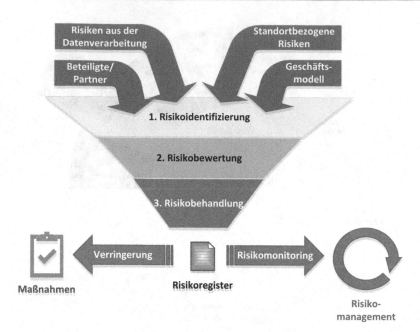

Abb. 5.13 Scope-basierte Risikoanalyse und -behandlung mit High-Level-Input

effektivere Anknüpfungspunkte für die Maßnahmen des DSMS finden, insbesondere für die Mitarbeiter-Awareness. Dementsprechend wird in diesem zweiten Schritt vor allem das mittlere Management und die Mitarbeiter selbst an der Analyse beteiligt. Unternehmen, die bislang keine Prozessorientierung verfolgt oder ihre Prozesse nicht dokumentiert haben, werden Schwierigkeiten bekommen, den Handlungsbedarf über eine solche Prozessanalyse mit einem vertretbaren Aufwand zu ermitteln und sollten sich daher auf die allgemein anwendbare Methode der Risikoanalyse stützen.

▶   Sollte keine Prozessbeschreibung vorliegen, so ist dies eine gute Gelegenheit,
      damit zu beginnen. Letztlich basieren gute Managementsysteme stets auf einer
      dokumentengestützten Prozesslandschaft. Scheut man jedoch den Aufwand
      oder möchte die Einführung des DSMS nicht aus diesem Grunde verzögern,
      so kann man eine einfache, weniger formalisierte Prozessanalyse auch durch
      Gespräche mit den Mitarbeitern an den einzelnen Prozessschritten durchfüh-
      ren. Hier empfiehlt sich eine geeignete Interviewtechnik, aber auch „über die
      Schulter schauen", z.B. bei der Dateneingabe am System.

Ideal ist die Prozessanalyse demnach für solche Unternehmen, die bereits eine ausführliche Prozesslandschaft skizziert haben und die darin aufgeführten Prozesse in ihrer Gestaltung, aber auch ihrer Ausführung im Sinne der gewählten Datenschutzziele (Abschn. 5.2.1.1) verbessern möchten. Das DSMS wird in diesem Fall auf Prozesslevel eingeführt. Auch bei

bereits bestehenden Risikomanagementsystemen im Unternehmen kann über die Prozessanalyse ein zusätzlicher Verbesserungsbedarf erkannt werden. Denn viele Unternehmen
haben ihre Datenschutzrisiken schon identifiziert, wissen aber nicht damit umzugehen
bzw. sie auf Prozessebene im Detail wirksam zu behandeln und zu managen. Hier hilft die
Prozessanalyse weiter. Ein weiterer wichtiger Aspekt, der sich aus der Prozessorientierung
allgemein ergibt und für den die Prozessanalyse die Grundlage legt, ist die kontinuierliche
Verbesserung: Denn auch wenn bereits alle Risiken im Rahmen der allgemeinen Risikostrategie eines Unternehmens angemessen behandelt werden, kann daraus nicht geschlossen
werden, die Umsetzung des Datenschutzes sei auf der Prozessebene nicht verbesserungs-
fähig. Im Gegenteil: Gerade die Prozessanalyse offenbart oft ein solches Potential. Nicht
zuletzt werden auf diese Weise verdeckte Schwachstellen entdeckt und können über präzise
Maßnahmen effizient geschlossen werden. Die Prozessanalyse bietet sich insbesondere auf
Basis eines vorhandenen QMS (ISO 9001) an, da dort bereits die Prozesse dokumentiert
und somit leichter zugänglich sind.

SAP

Schon vor der Implementierung des DSMS und über dessen Anwendungsbereich hinaus hat SAP ein konzernweites Risikomanagementsystem betrieben, in welchem auch
Datenschutzrisiken erfasst werden. Bei der Entwicklung von Behandlungsstrategien bezüglich dieser Risiken wurde jedoch deutlich, dass nur eine detaillierte Aufschlüsselung
der Prozesse zu effektiven Maßnahmen in den unterschiedlichen Lokationen führen
würde, da die einzelnen Risiken in einem großen und global agierenden Unternehmen
wie SAP sehr viele potentielle Ursachen haben. Auch dies stellte für SAP einen der
Hauptgründe für die Implementierung des DSMS dar, welches u.a. die Aufgabe der
Prozessoptimierung hin zur Datenschutzkonformität in der tatsächlichen Ausführung
des jeweiligen Prozesses übernimmt. Dieser Fokus des DSMS hat sich für SAP bewährt
und mündete in dem oben bereits erwähnten zweistufigen Verfahren: Während über
eine Risikoanalyse (1. Stufe) auf den methodischen Grundlagen des konzernweiten Risikomanagements aufgebaut werden kann und so die Ergebnisse auch entsprechend
aggregiert werden können, setzen wesentliche Verbesserungsaspekte des DSMS auf
Grundlage der Ergebnisse einer detaillierten Prozessanalyse (2. Stufe) an den einzelnen Prozessschritten an und wirken damit effektiv hinein in die Arbeitsabläufe der
Mitarbeiter im Sinne der Datenschutzziele von SAP.

5.2.3.2 Risikoanalyse und -behandlung

Gleich ob man sich für die gestufte Vorgehensweise entscheidet oder nicht, müssen in
jedem Fall die Risiken im Anwendungsbereich des DSMS analysiert und angemessen behandelt werden. Dies ist dem hier vorgestellten risikobasierten Ansatz geschuldet, der
auf die Aufstellung von generellen Schutzstandards verzichtet und die Ermittlung der erforderlichen Maßnahmen dem Unternehmen selbst überlässt. Aus diesem Grund nimmt
die Risikoanalyse und -behandlung auch einen zentralen Aspekt des DSMS ein. Die Ri-

sikoanalyse wiederum beinhaltet die Identifikation und Bewertung von Risiken und stellt lediglich einen Teil eines umfassenderen Risikomanagements dar, welches im DSMS für die Datenschutzrisiken etabliert werden muss.

Für das Risikomanagement im Allgemeinen haben sich zahlreiche Ansätze, Begriffe und Methoden herausgebildet. Die **eine richtige** Vorgehensweise gibt es daher nicht. Die folgenden Ausführungen sind vor diesem Hintergrund zu interpretieren. Wichtig beim Risikomanagement ist vielmehr, dass sich das Unternehmen auf **eine einheitliche** Vorgehensweise intern festlegt (die auch von der hier vorgestellten abweichen kann) und diese konsequent umsetzt. Am besten geschieht dies im Rahmen eines allgemeinen, unternehmensweit verankerten Risikomanagements.

Für KMU lässt sich hierfür auch ein vergleichsweise kompakter Ansatz verfolgen, um nicht von den detailreichen Anforderungen zu Beginn überwältigt zu werden. In den Szenarien erfährt der Leser, wie die Verantwortlichen für den Datenschutz die Kernelemente des Risikomanagement beispielhaft in KMU verankern können.

Während dieses Kapitel die ersten drei Schritte des Risikomanagementprozesses im Folgenden behandelt, soll auf die Einrichtung einer Risikoüberwachung im Bereich der Do-Phase (Abschn. 5.2.7.3) eingegangen werden. Entsprechend dem DSMS-PDCA wiederholen sich mit jedem Durchlauf die einzelnen Schritte. Mit dem Abschluss der Risikoanalyse und Bewertung sollte ein ausführliches Risikoregister vorliegen, in dem die Maßnahmen zum Umgang mit den Risiken festgeschrieben werden und welches als Grundlage für die Risikoüberwachung dient.

5.2.3.2.1 Risikostrategie

Jeder Schritt des Risikomanagementprozesses richtet sich an der grundsätzlichen Risikostrategie (auch: Risk-Policy) des Unternehmens aus. In Rahmen dieses Praxisleitfadens wird auf eine detaillierte Anleitung zur Erarbeitung einer solchen Risikostrategie verzichtet[5] [40]. In erster Linie soll deutlich werden, dass das Risikomanagement im Rahmen des DSMS nicht losgelöst von den Risikoaktivitäten in anderen Fachbereichen des Unternehmens steht. Eine Integration der folgenden Schritte in ein ganzheitliches Risikomanagementsystem ist daher vorteilhaft und sollte vom Unternehmen geprüft werden. Ob dies bereits für die Erstimplementierung angestrebt werden sollte, kann nicht generell beurteilt werden. Unternehmen sollten sich jedoch darauf einstellen, dass die erstmalige Risikoanalyse für das DSMS zeitlich aufwendig ist und damit aus bestehenden Risikomanagementzyklen herausfallen kann. Die Integration des DSMS-Risikomanagements in das allgemeine Risikomanagementsystem des Unternehmens eignet sich daher als potentielle Verbesserungsmaßnahme zu einem späteren Zeitpunkt, auch um den Erfolg der Erstimplementierung nicht zu gefährden. Trotzdem sollte je nach Möglichkeit auf bewährte Ansätze – etwa Methoden zur Risikobewertung – zurückgegriffen werden. Dies erleichtert spätere Integrationsversuche.

---

[5] Beispiele für Inhalte der Risikostrategie bei *Seidel*, Risikomanagement und Risikocontrolling.

5.2.3.2.2 Risikobegriff

Der Risikobegriff stellt den zentralen Bezugspunkt für die risikoorientierte Vorgehenswei-se des DSMS dar. Für diesen Praxisleitfaden wird auf die praxiserprobte Risikodefinition der Informationssicherheit zurückgegriffen, wobei es dem Unternehmen frei steht, andere Definitionen auszuwählen[6]. Die zugehörige ISO 27000 definiert dabei den Risikobegriff als „Möglichkeit, dass eine vorhandene Bedrohung eine Schwachstelle eines Wertes oder einer Gruppe von Werten ausnutzt und dadurch der Institution Schaden zufügen könn-te". Als „Wert" in Bezug auf das DSMS – und im Folgenden als Risikoobjekt bezeichnet – gilt das personenbezogene Datum. Weiterhin ist dieser Risikobegriff nur in negativer Hinsicht – also auf das Schadensausmaß – ausgerichtet. Dies entspricht auch dem prakti-schen Verständnis des Risikomanagements als Methode zur Schadensreduktion. Für das DSMS gilt daher folgender Risikobegriff: „Risiko" im Sinne des DSMS ist das Produkt aus Eintrittswahrscheinlichkeit und Schadensausmaß.

5.2.3.2.3 Risikoidentifikation

Am Anfang des Risikomanagements steht die Risikoidentifikation, die den ersten Schritt zur Ermittlung der Risikosituation des Unternehmens darstellt. Über die Risikoidentifika-tion werden Informationen zu allen datenschutzspezifischen Risiken ermittelt. Für jedes Risiko sind mögliche Eintrittswahrscheinlichkeiten sowie das Schadensausmaß zu ermit-teln. Die Risiken sollten zudem immer vollständig identifiziert werden. Da dieser Prozess – wie auch die Folgenden – sehr viele Ressourcen binden kann, wurden bis zu diesem Punkt bereits durch den Scope des DSMS (Abschn. 4.2.1) deutliche Einschränkungen am Umfang dieser Tätigkeiten vorgenommen. Nichtsdestotrotz sollten die Aufwände nicht unterschätzt werden.

Die an diesem Punkt genannten Begriffe und Aktivitäten werden auch in Abb. 5.14 dargestellt und in den folgenden Passagen näher beschrieben.

Zunächst sind die **Risikoobjekte** zu identifizieren. Dies sind im DSMS die personenbe-zogenen Daten. Diese können auch gruppiert betrachtet werden, etwa nach zugehörigem Geschäftsprozess oder der Rechtsgrundlage, auf der sie erhoben worden sind. Abbildung 5.14 zeigt, dass – bezogen auf ein fiktives Unternehmen – im Rahmen des CRM auch personenbezogene Daten verarbeitet werden, die nach § 42a BDSG im Falle eines Da-tenschutzvorfalls nach dieser Rechtsvorschrift behandelt werden müssten (beispielsweise Bank- oder Kreditkartenkontendaten).

Der nächste Faktor bei der Risikoanalyse ist der **potentielle Schaden**. Hierbei lassen sich die einschlägigen Vorgehensweisen aus der Informationssicherheit für die Klassifizierung von Informationswerten analog übertragen[7] [30]. Auch erste Ansätze im Datenschutz sind erkennbar, etwa durch Veröffentlichung von Vorfällen im Internet („Projekt

---

[6] Beispielsweise aus der allgemein für Risikomanagementsysteme geschaffenen ISO 31000, die ein Risiko als „Auswirkung von Unsicherheit auf Ziele" definiert.

[7] Vgl. zu diesen Vorgehensweisen bspw. Loomans, Business Impact Assessment im Unternehmens-einsatz.

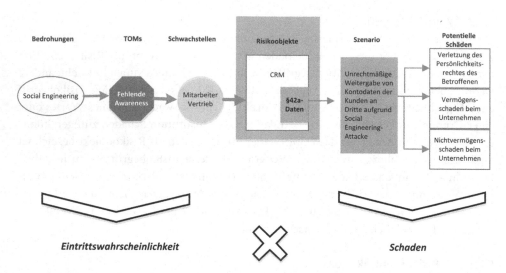

Abb. 5.14 Zusammenhänge der Begriffe in der Risikoanalyse

Datenschutz") [36]), die dann als Richtwert dienen können oder über eine länderüber-
greifende Studie des Ponemon Institutes [35, 37]. Es gibt verschiedene Arten von Schäden:

- Der Betroffene selbst wird durch einen Datenschutzvorfall geschädigt.
- Das Unternehmen erleidet einen Vermögensschaden, z.B. ein Bußgeld.
- Das Unternehmen erleidet einen Nichtvermögensschaden, z.B. Reputationsschäden.

Um diese Schadenspotentiale ermitteln zu können, sollten realitätsnahe Szenarien
durchgespielt werden. Abbildung 5.14 zeigt, wie sich aus den § 42a-BDSG-Daten schwe-
re Schäden ergeben könnten, wenn das Unternehmen beispielsweise aufgrund einer
Social-Engineering-Attacke diese Daten ungerechtfertigt einem Dritten preisgibt und
damit den Rechtsfolgen des BDSG (Bußgelder, hier insbesondere auch die Pflicht zur
Bekanntmachung des Vorfalls den Betroffenen gegenüber) ausgesetzt wäre.
  Der nächste wichtige Faktor bei der Risikoidentifizierung ist die Ermittlung der
Eintrittswahrscheinlichkeit. Die Eintrittswahrscheinlichkeit ergibt sich aus 3 Faktoren:

1. Bedrohungen schaffen die Möglichkeit, dass dem Unternehmen Schäden entstehen.
   Eine Bedrohung kann gleichzeitig auf mehrere Risikoobjekte einwirken. Für die
   Ermittlung der Bedrohungen lassen sich wesentliche Aspekte aus der ISO 27005 heran-
   ziehen, insbesondere die Klassifizierung der Bedrohungsarten aus dem Annex C. Die
   wichtigsten Bedrohungen sind:
   – Menschliches Fehlverhalten
   – Gezielte Angriffe von außen
   – Technische Fehlfunktionen

Im obigen Beispielbild Abb. 5.14 wurde für einen Angriff von außen das „Social Engineering" angenommen. Eine Bedrohung kann jedoch nur dann auf ein Risikoobjekt Einfluss nehmen, wenn sie dabei eine Schwachstelle ausnutzt.

2. Schwachstellen werden von Bedrohungen ausgenutzt und ermöglichen so, dass dem Unternehmen konkrete Schäden entstehen. Wichtige Schwachstellen sind generell:
   - Das **Geschäftsmodell** im Zusammenhang mit dem untersuchten Risikoobjekt (Marketing vs. F&E)
   - Welche **Systeme** werden eingesetzt? An dieser Stelle der Identifizierung der Systeme hilft ein Blick auf die Systemlandschaft im untersuchten Bereich.
   - Welche **standortbezogenen** Parameter können Schwachstellen ergeben? Handelt es sich beispielsweise um ein besucherfrequentiertes Gebäude oder um ein gesichertes Rechenzentrum?
   - An welcher Stelle werden **Partner** eingesetzt? Hier ergeben sich später potentielle Schäden im Zusammenhang mit einer ADV bzw. Funktionsübertragung.
   - Menschen begehen Fehler. Deswegen sind auch **Mitarbeiter** potentielle Schwachstellen.

   Im obigen Beispiel in Abb. 5.14 wurde ein Mitarbeiter aus der Abteilung Vertrieb als mögliche Schwachstelle identifiziert. Eine Schwachstelle alleine bedingt jedoch noch nicht, dass sich die Bedrohung ungehindert realisieren kann. Dies ist abhängig von den technischen und organisatorischen Maßnahmen (TOMs), die ein Ausnutzen der Schwachstelle verhindern.

3. Grundsätzlich wird die Eintrittswahrscheinlichkeit stärker gemindert, je angemessener die dafür vorhandenen **TOMs** ausgestaltet sind. Ein vollständiges Schließen ist jedoch nicht möglich, da sowohl Menschen als auch die Technik niemals unfehlbar sind. Für eine Analyse der TOMs ist wiederum unterschiedliches Know-how der Beteiligten gefragt, gerade weil sich die Angemessenheit durch eine Abwägung zwischen dem Schutzzweck (Schutz des Betroffenen vor dem Missbrauch seiner Daten) und dem vertretbaren Aufwand für die Einführung einer TOM beurteilt. Dies beinhaltet v.a. die **Bewertung der bestehenden Infrastruktur.** Spezialisten aus IT, Security, Facility Management, der Rechtsabteilung, aber auch aus anderen Abteilungen (wie etwa in Bezug auf ADV-Risiken die Beschaffung) werden dafür im Rahmen mehrerer Workshops eingebunden, um ein angemessenes Niveau der TOMs feststellen zu können. Die Ergebnisse aus dieser umfangreichen Tätigkeit der TOM-Analyse sollten zudem in Form von TOM-Listen (siehe Abschn. 5.2.4) dokumentiert werden. Der genaue Zustand der TOMs kann auch im Rahmen einer detaillierten Prozessanalyse (siehe unten, Abschn. 5.2.3.3) ermittelt werden. Denn es handelt sich hierbei um mit die aufwendigste und schwierigste Tätigkeit im gesamten DSMS, die deshalb nach Möglichkeit auch in dieser Stufung angegangen werden sollte. Mit der Bewertung der TOMs ist das dritte und letzte Kriterium für die Eintrittswahrscheinlichkeit ermittelt, die nun unter Heranziehung dieser 3 Faktoren bestimmt werden kann. In Abb. 5.14 wird als TOM die Awareness des bezeichneten Mitarbeiters dargestellt, welche sich jedoch in diesem Fall als unzureichend herausstellt.

Mit den Werten aus Schadenspotential und Eintrittswahrscheinlichkeit lassen sich die Risiken anhand des jeweils gewählten Risikobegriffs (Abschn. 5.2.3.2.2) ermitteln.

▶   Alle identifizierten Risiken lassen sich in einem Risikoregister sammeln, welches um die Ergebnisse der nachfolgenden Risikobewertung und -behandlung ergänzt wird und sich so zu einem der wichtigsten Werkzeuge im Rahmen des DSMS entwickelt. Ein Risikoregister sollte dabei enthalten:
     • Bezeichnung des Risikos
     • Eintrittswahrscheinlichkeit
     • Schadenspotential (kalkulierter Schaden)
     • Die anschließende Bewertung des Risikos (z.B. Risikobruttokennzahl)
     • Verantwortlicher zur Verfolgung des Risikos (Risikoinhaber)
     • Maßnahmen zur Behandlung des Risikos (zzgl. Maßnahmenverantwortlicher)
     • Voraussichtliches Restrisiko nach Behandlung (Nettorisikokennzahl)
     • Risikoüberwachungszeitraum

Wie bereits oben im Rahmen der Risikostrategie angedeutet (Abschn. 5.2.3.2.1) ist beim DSMS-Risikomanagement zu beachten, dass eine Einbindung in bestehende Risikomanagementsysteme des Unternehmens erfolgen kann und auch angestrebt werden sollte. Gerade bei größeren Unternehmen und im Konzern werden Risiken meist zentral gesteuert. Es bietet sich daher an, die vorhandenen Methoden auch auf die Datenschutzrisikoanalyse zu übertragen und eine Harmonisierung der Berichterstattung anzustreben. Auch an dieser Stelle sei darauf hingewiesen, dass die Abstimmung verbessert werden kann, je früher die entsprechenden Verantwortlichen des Risikomanagements in die Implementierung des DSMS eingebunden sind, z.B. bereits beim Scoping (Abschn. 4.2.1.1).

   Verschiedene Szenarien verlangen unterschiedliche Risikomanagementprozesse. Dabei ist zu beachten, dass das Risikomanagement ein höchst unternehmensspezifischer Prozess ist. Die hier aufgeführten Überlegungen für das Risikomanagement in den drei Szenarien zeigen nur Ausschnitte aus dieser umfangreichen Phase auf und stellen damit lediglich verkürzt das Risikomanagement dar. Primär sollen Anregungen für den Leser in der Weise erfolgen, dass die in diesem Kapitel geschilderte Vorgehensweise der Risikoanalyse für einzelne Risiken unter den spezifischen Gegebenheiten der Modellunternehmen dargestellt wird. Eine Verallgemeinerung oder Standardisierung auf dieser Basis sollte ausdrücklich nicht stattfinden. Für das reale Beispiel SAP wird der Schwerpunkt auf die Zusammenarbeit der Beteiligten in dieser Phase gelegt.

Klein GmbH

Das Risikomanagement für den Datenschutz wird vom Verantwortlichen für den Datenschutz der Klein GmbH ausgeführt. Dazu prüft er sämtliche Abteilungen der Klein GmbH nacheinander ab, wobei er die wesentlichen Ansatzpunkte für die Risikoidentifikation bereits über die Prozessdokumentation des ISO 9001- QMS erkannt hat. Da der Verantwortliche für den Datenschutz gleichzeitig seit einigen Jahren DSB in Teilzeit ist, hat er aufgrund seiner langjährigen eigentlichen Tätigkeit in der IT-Abteilung auch auf dieser Grundlage einen guten Überblick über die Risikosituation der Klein GmbH und beschreibt zunächst anhand der Prozessdokumentation die wichtigsten Risikoobjekte. In kurzen Gesprächen mit den Abteilungsleitern und Mitarbeitern erfragt er zudem zielgerichtet weiter nach potentiellen Risikoobjekten. Beispielsweise im Vertrieb: Dort nutzen die Mitarbeiter eine lokal gespeicherte CRM-Datei zur Verwaltung der Bestandskunden – unter diesen auch Verbraucher. Im Gespräch mit dem IT-Leiter erfährt der Verantwortliche für den Datenschutz auch, dass grundsätzlich jeder der Mitarbeiter der Klein GmbH freien Zugriff auf die Datei über das lokale Netzwerk hat. Als der Verantwortliche für den Datenschutz die CRM-Datei näher analysiert, fallen ihm bei einigen Kundendaten auch hochpersönliche Zusatzangaben auf, die die Mitarbeiter aus dem Vertrieb im Laufe der Geschäftsbeziehung angesammelt hatten. Der Verantwortliche für den Datenschutz erkennt an diesem Punkt das Szenario einer unzulässigen Datenerhebung. Zudem besteht aufgrund der fehlenden Zugriffskontrolle die Möglichkeit der Zweckentfremdung durch ausscheidende Mitarbeiter (Bedrohung). Beides stellt eine potentielle Grundlage für Schäden in Form von Bußgeldern und Reputationsverlusten dar und begründet damit gleichnamige Risiken für die Klein GmbH. Auch auf informationeller Basis könnte insbesondere die Vertraulichkeit der Daten verletzt werden. Demzufolge wird die CRM-Datei als ein Risikoobjekt identifiziert, dem mehrere Risiken zugeordnet werden können.

Medium AG

Bei der Medium AG besteht (noch) keine zentrale Stelle für das Risikomanagement, diese soll im Laufe der Konzernumstrukturierung erst neu geschaffen werden. Stattdessen obliegt das Risikomanagement in der obersten Verantwortung dem Vorstandsmitglied in den jeweiligen Zuständigkeitsbereichen. Der für den Datenschutz verantwortliche Finanzvorstand delegiert das entsprechende Risikomanagement im Datenschutz an den externen DSB und gewährt diesem dabei weitgehend freie Bahn, wobei er den Grundsatz vorgibt: Keine Kompromisse bei der Gesetzeskonformität („No compromise on Compliance"). Der externe DSB beruft zur Risikoidentifikation mehrere gemeinsame Meetings mit den Koordinatoren – die im Anschluss an den Projektstart bereits ernannt wurden – der Geschäftsbereiche und der Konzernservicegesellschaft ein.

In kurzen Workshops in den Fachbereichen ergibt die Analyse der Gespräche mit ausgewählten Mitarbeitern und den Fachverantwortlichen einen Überblick über die Risikosituation. Neben den anderen Fachbereichen im Scope (u.a. HR, IT) wurden dabei insbesondere im Vertrieb des B2C-Geschäftsbereichs zahlreiche Risiken identifiziert, auch bedingt durch die erst kürzlich erfolgte Neuausrichtung der Geschäftstätigkeiten hin zum B2C-Markt. So nutzt die Medium AG bei der Verwaltung ihrer Kundendaten (CRM-System als Risikoobjekt) einen Cloud-Anbieter mit Sitz und Infrastruktur in den USA (Schwachstelle), welcher die Anforderungen aus § 11 BDSG nicht erfüllen und damit kein angemessenes Datenschutzniveau gewährleisten kann (unzureichende TOM). Auch wurde kein entsprechender EU-Standardvertrag zur ADV abgeschlossen (unzureichende TOM) und auch eine Safe-Harbour-Zertifizierung ist nicht gegeben. In einem Schadensszenario, in dem der Cloud-Anbieter die fehlenden Schranken seiner Host-Befugnisse für den Zugriff auf die in der Cloud gespeicherten Kundendaten nutzt (Bedrohung: Schädigendes Verhalten eines Geschäftspartners), treten verschiedene mögliche Schäden für die Medium AG zu Tage: So bestehen für die Medium AG mögliche Schäden in Form von Bußgeldern und Reputationsverlusten und entsprechend gleichnamige Risiken. Demzufolge wird das CRM-System als ein Risikoobjekt identifiziert, dem mehrere Risiken zugeordnet werden können.

SAP

Bei der Einführung eines DSMS in einem bestimmten Geschäftsbereich initiiert ein Vertreter des für das DSMS verantwortlichen Security & Data Protection Office die Durchführung der Risikoanalyse, zu dem der Projektverantwortliche für die DSMS-Implementierung im jeweiligen Geschäftsbereich, das obere Management und der Konzern-DSB eingeladen werden. Da das DSMS bei SAP auf Prozesslevel eingeführt wird, sind zudem die Prozesseigner eingebunden. In mehreren Abstimmungsrunden werden zunächst nach den Vorgaben des etablierten Risikomanagementsystems die übergeordneten Datenschutzrisiken für jeden Prozess identifiziert. Wichtigste Eingaben sind dabei:

- Das Geschäftsmodell des jeweiligen Bereiches wird untersucht. Vielfach wird bereits an dieser Stelle deutlich, ob überhaupt eine Datenschutzrelevanz durch Verarbeitung personenbezogener Daten vorliegt. Hierbei wird auch geprüft, ob das Kerngeschäft bereits grundsätzliche datenschutzrechtliche Risiken birgt. Für manche Geschäftsprozesse lässt sich an dieser Stelle die Datenschutzrelevanz auf einen Blick feststellen.
- Standortbezogene Risiken werden analysiert wie etwa Gebäuderisiken oder auch besondere, lokale Rechtsrisiken. Dazu müssen die Länder und Lokationen identifiziert werden, wo der Bereich Leistungen erbringt. Gerade die lokal verschiedenen Normen und Gepflogenheiten begründen dabei für den Datenschutz – bei dem die Angemessenheit aufgrund der starken Vernetzung im SAP-Konzern nach den hohen europäischen Standards beantwortet wird – ein mögliches Risikopotential.
- Zudem müssen insbesondere die Risiken durch die automatisierten Verfahren zur Datenverarbeitung erfasst werden. Dies betrifft Programme, Anwendungen oder auch die Speicherung von Daten (z.B. Cloud-Computing).

Tab. 5.1 Beispielhafte Risikoquantifizierung

	Risiko A	Risiko B	Risiko C
Eintrittswahrscheinlichkeit in %	10	40	5
Schadensausmaß in €	100.000	5.000	200.000
Produkt aus Eintrittswahrschein-lichkeit und Schadensausmaß (Bruttorisikokennzahl)	10.000	2.000	10.000

- Mit dem Überblick über die Beteiligten eines Prozesses lässt sich Aufschluss erhalten über die betroffenen Mitarbeiter sowie die Partner. Darüber hinaus lassen sich Risiken aus dem Ausbildungsstand der Mitarbeiter oder der Einbindung und Kontrolle der Partner erkennen.

Bereits über diese Eingaben können die Datenschutzexperten die wesentlichen Datenschutzrisiken für jeden Prozess identifizieren sowie durch Rückfragen beim Management Unklarheiten beseitigen. Es sei zudem erwähnt, dass bereits über das Risikomanagementsystem der SAP eine solide Basis bereitsteht und viele Ergebnisse für (mit dem Datenschutz verwandte) Compliance-Risiken für diesen Schritt herangezogen werden können.

5.2.3.2.4 Risikobewertung
Nach der Identifikation der Risiken müssen diese bewertet werden.

1. Dies geschieht über die zwei zentralen Größen des Schadens und der Eintrittswahrscheinlichkeit, die für jedes identifizierte Risiko multipliziert werden müssen und so eine individuelle Risikokennzahl ergeben.
2. Diese Risikokennzahlen sind schließlich in Relation zueinander zu setzen, um bei der Behandlung der einzelnen Risiken Prioritäten setzen zu können.

Dazu ist zwischen zwei generellen Vorgehensweisen zu unterscheiden:

- Bei der **quantitativen** Risikobewertung werden die potenziellen Schäden, die bei Eintritt des Risikos voraussichtlich eintreten würden, sowie deren Eintrittswahrscheinlichkeit numerisch berechnet. Für jedes Risiko sind Eintrittswahrscheinlichkeit und der mögliche Schaden in EURO zu bestimmen. Diese beiden Werte sind anschließend zu multiplizieren, sodass ein vergleichbarer numerischer Wert für jedes Risiko entsteht (Risikokennzahl). Dies ist zugleich der Bruttorisikowert – also ein Wert vor der anschließenden Behandlung des Risikos. Als Beispiel dazu dient Tab. 5.1.
- Bei der **qualitativen** Risikobewertung werden Risiken jeweils in Risikoklassen eingeteilt, z.B. gering, mittel, hoch. Entsprechend dieser Klassen wiederum werden die zugehörigen Risiken dann behandelt, d.h.: Je höher die Risikoklasse, desto eher muss eine Minderung des Risikos erfolgen.

Tab. 5.2 Risikomatrix

Risikomatrix					
Schadensausmaß	unternehmens-gefährdend				
	hoch				
	mittel				
	gering				
		unwahrscheinlich	gelegentlich	wahrscheinlich	regelmäßig
		Eintrittswahrscheinlichkeit			

Für welche der beiden Vorgehensweisen sich das Unternehmen entscheidet, bleibt ihm überlassen und sollte nicht der grundsätzlichen Risikostrategie widersprechen.

▶ Für die Bewertung bietet sich in der Praxis die Erstellung einer Risikomatrix an, welche die beiden Größen „Schadensausmaß" und „Eintrittswahrscheinlichkeit" gegenüberstellt. Diese kann sowohl mit als auch ohne exakte Quantifizierung skaliert werden. Tabelle 5.2 zeigt eine Risikomatrix ohne exakte Quantifizierung mit jeweils vier Kategorien für die beiden Bewertungskriterien. An dieser Stelle können nun die einzelnen Risiken – kumuliert aus den Ergebnissen für alle Risikoobjekte – in diese Matrix an den entsprechenden Stellen eingefügt werden[8] [34]. Die Risikomatrix eignet sich zudem zur Erläuterung der risikoorientierten Vorgehensweise bei der Geschäftsleitung, die für die Risikobehandlung dann eine Bedeutungsgrenze (siehe unten, Abschn. 5.2.3.2.5) bestimmen kann, welche ein allgemeines Risikoakzeptanzkriterium begründet.

Den Verantwortlichen muss bei allen Versuchen der Risikobewertung dennoch klar sein, dass der Datenschutz aus den Anforderungen des Rechts entspringt: Datenschutzrisiken werden sich daher nicht so exakt bewerten lassen wie etwa finanzielle Risiken. Der Blick auf die Risikomatrix entlastet auch nicht von einer regelmäßigen Überprüfung der aktuellen Risikosituation. Es gilt jedoch im Rahmen der Risikobewertung der Grundsatz, dass sich mit jedem Durchlauf des DSMS-PDCA nach dem Gesichtspunkt der kontinuierlichen Verbesserung Schritt für Schritt die Genauigkeit der Bewertung steigert. Denn dann stehen wichtige Erfahrungswerte zur Verfügung, die bei der Erstimplementierung noch gefehlt

---

[8] Vgl. ausführlich zur Erstellung einer Risikomatrix für ein ISMS: Loomans/Müller, Informationssicherheitsrisiken unter Kontrolle – In drei Schritten zum erfolgreichen Security Management [18]

haben und insbesondere für die Kalkulation der beiden zentralen Faktoren „Eintrittswahrscheinlichkeit" und „Schadenspotential" verwendet werden können. Zudem besteht
bei der Erstimplementierung die Hauptaufgabe der Risikobewertung zunächst darin, eine
Priorisierung einzelner Risiken zu ermöglichen und die Maßnahmen auf die dringendsten
Probleme zu richten. Damit unterscheidet sich dieser Ansatz von der an *generellen* Schutzstandards orientierten Vorgehensweise und berücksichtigt die begrenzten Ressourcen des
Unternehmens besser.

Nicht zu vernachlässigen ist die bei größeren Unternehmen notwendige **Risikoaggregation**, die Ermittlung und Bewertung der Wirkungszusammenhänge der einzelnen Risiken.
Diese wird durch die zentrale Stelle für das Risikomanagement durchgeführt, denn auch
die Datenschutzrisiken müssen – trotz der oben erwähnten geringen Vergleichbarkeit –
mit den anderen Unternehmensrisiken zusammengeführt werden. In diesem aggregierten
Gesamtkontext fällt es dann auch leichter, später die Geschäftsleitung von bestimmten Risikobehandlungsoptionen zu überzeugen, wenn sich nämlich ein Datenschutzrisiko auch
gegenüber den anderen Unternehmensrisiken als relativ hoch darstellt.

Klein GmbH

Für die Klein GmbH wählt der Verantwortliche für den Datenschutz nach Rücksprache
mit der Geschäftsleitung eine qualifizierte Risikobewertung und bestimmt drei Risikoklassen: niedrig, mittel und hoch. Auf eine Risikomatrix wird verzichtet. Gemeinsam
mit den Verantwortlichen bewertet der Verantwortliche für den Datenschutz sodann
die einzelnen Risiken je Abteilung. Dabei legt er besonderen Fokus auf die Meinung
ebendieser Verantwortlichen, um gemeinsam zu einer finalen Bewertung zu kommen
und die sich daraus ergebenden Konsequenzen auch bewusst zu machen.

Für das identifizierte Risikoobjekt der lokalen CRM-Datei kommen in einem gemeinsamen Workshop der Abteilungsleiter Vertrieb und der Verantwortliche für den
Datenschutz zu folgendem Ergebnis:

Unter den Daten in der CRM-Datei befinden sich auch solche mit Personenbezug,
die nach § 42a BDSG eine Informationspflicht nach sich ziehen könnten. Betrachtet man
sowohl das Szenario eines Audits durch die Aufsichtsbehörde in der jetzigen Situation
als auch einen potentiellen Datendiebstahl, so kommt man zu dem Ergebnis, dass die
daraus resultierenden Risiken eines Bußgelds sowie von Absatzeinbußen wegen Wahrnehmen der Informationspflicht nach § 42a BDSG in beiden Szenarien einen hohen
Schaden in Form von Bußgeldern und Absatzeinbußen nach sich ziehen würden. Dieses
hohe Schadenspotential rechtfertigt es, sich näher mit der Eintrittswahrscheinlichkeit
zu beschäftigen.

So liegen zahlreiche Schwachstellen vor: Insgesamt hat jeder Mitarbeiter theoretisch
Zugriff auf die CRM-Datei, jedoch hat keiner der Mitarbeiter bis dato eine Schulung zum
Thema absolviert. Somit wird nach dem Vorsichtsprinzip von einer fehlenden Awareness der Mitarbeiter ausgegangen. Das zugehörige System, auf dem die CRM-Datei
liegt, unterstützt kein Identity Management und es besteht keine Zugriffskontrolle.
Die TOMs sind damit ebenfalls unzureichend. Dazu bestehen schwerwiegende Bedrohungen: Die Aufsichtsbehörde hat die Klein GmbH nach dem kürzlich ergangenen

Datenschutzvorfall im Visier. Im Vertrieb herrscht eine hohe Mitarbeiterfluktuation und ein ausscheidender Mitarbeiter könnte unberechtigterweise Kopien der Datenbestände anfertigen. Folglich wird auch die Eintrittswahrscheinlichkeit für die Risiken „Bußgeld" und „Absatzeinbuße" als hoch bezeichnet.

Im Ergebnis bedeutet dies, dass die (u.a.) dem Risikoobjekt CRM zugeordneten Risiken „Bußgeld" sowie „Absatzeinbuße" insgesamt als hoch bewertet und in die entsprechende Risikokategorie eingeordnet werden.

Medium AG

Bei der Medium AG entwerfen der externe DSB, die Bereichsleiter von B2B und B2C sowie der für den Datenschutz verantwortliche Finanzvorstand in einem gemeinsamen Meeting als konzernweite Grundlage für das DSMS eine Risikomatrix analog der oben in Tab. 5.2 dargestellten. Im Folgenden hält der externe DSB separate Workshops mit den Koordinatoren und ausgewählten Mitarbeitern ab, um die bereichsspezifischen Risikoobjekte mit den ihnen anhängigen Risiken zu bewerten.

Für die Bewertung der Risiken rund um das CRM-System in der Cloud kommen der Datenschutzkoordinator aus dem B2C-Bereich, der externe DSB sowie ein Systemadministrator aus der IT-Abteilung zu folgender Einordnung in die Risikomatrix:

- Szenarien basierend auf Bedrohungen wie etwa technische Ausfälle des Systems oder eine fehlerhafte Dateneingabe in das System durch menschliche Fehlhandlungen produzieren hohe Schadenspotentiale: Mit dem Anbieter gibt es keine schriftliche Vereinbarung zur ADV (möglicher Schaden: Bußgeld), aufgrund fehlerhafter Dateneingabe in das CRM-System werden Verstöße gegen das Zweckbindungsgebot der Daten ermöglicht (mögliche Schäden: Bußgeld, interne Aufwände zur Datenpflege, Absatzeinbußen aufgrund falsch zugeordneter Kundeninformationen). Gerade letzteres stellt einen sehr hohen potentiellen Schaden dar, da teilweise auch Key Accounts im CRM-System verwaltet werden.
- Die Eintrittswahrscheinlichkeit ist aufgrund der zurzeit vielen zugriffsberechtigten Mitarbeiter (sowie der nicht auszuschließenden Möglichkeit, dass der Cloud-Anbieter auf Daten zugreift) und der verstärkten öffentlichen Wahrnehmung des Themas „Cloud-Computing und Datenschutz" verhältnismäßig wahrscheinlich. Dafür sprechen auch die fehlenden TOMs: Eine spezielle Datenschutz-Awareness ist bei den Mitarbeitern nicht vorhanden. Auch der ISMS-Verantwortliche merkt speziell für die Mitarbeiter im Vertrieb noch Nachholbedarf in Sachen Awareness an. Und von technischer Seite in Bezug auf mögliche Schwachstellen und angemessene TOMs kann keine qualifizierte Bewertung des CRM-Systems erfolgen, da kein Einblick in die technischen Details des Anbieters besteht und Anfragen dahingehend nicht erfolgversprechend waren. Im Ergebnis bleibt die Eintrittswahrscheinlichkeit daher bei „wahrscheinlich".

Tab. 5.3 Einsatz der Risikomatrix bei der Medium AG

		Risikomatrix			
Schadensausmaß	unternehmens-gefährdend				
	hoch			X -Reputationsschaden X -Absatzeinbuße	
	mittel			X -Bußgelder	
	gering				
		unwahrscheinlich	gelegentlich	wahrscheinlich	regelmäßig
			Eintrittswahrscheinlichkeit		

Entsprechend werden die Ergebnisse in der Risikomatrix vermerkt (Tab. 5.3). Diese Matrix wird später vom externen DSB ergänzt um die Ergebnisse aus den anderen Workshops. Naturgemäß tauchen auch in Bezug auf andere Risikoobjekte ähnliche Risiken auf, sodass manche Risikoeinstufungen noch verschärft werden müssen.

SAP

Nachdem die wichtigsten Risiken identifiziert worden sind, müssen alle Beteiligten zu einer gemeinsamen Risikobewertung kommen. Dazu wird bei den Bewertungskriterien auf die allgemeine Methodik aus dem Risikomanagement von SAP zurückgegriffen, um später eine Aggregation mit anderen Risiken im Unternehmen zu ermöglichen sowie den Managementprozess der einzelnen Risiken am Laufen zu halten. Eine einheitliche Bewertung ist dabei aufgrund der unterschiedlichen Sichtweisen der Beteiligten kein einfach zu erreichendes Ergebnis und wird daher auch intensiv diskutiert, zumal von der Bewertung die Folgemaßnahmen abhängen, welche vom jeweiligen Geschäftsbereich umzusetzen sind. Letztendlich basiert die Bewertung auf einer Abwägung zwischen Business und Compliance und muss von den Bereichsverantwortlichen verantwortet werden. Bei Neueinführung des DSMS sind zudem viele Risiken bereits im etablierten Risikomanagementsystem erfasst, sodass deren Bewertung auch für das DSMS herangezogen werden kann. Aufgrund der bereits etablierten Sicherheitsinfrastruktur bestehen häufig bereits angemessene TOMs, sodass im Regelfall keine Schwachstellen auf technischer Grundlage bearbeitet werden müssen und an dieser Stelle auch bereits die Hauptausrichtung der DSMS-Tätigkeiten hinsichtlich Mitarbeiter-Awareness und Risikoüberwachung deutlich werden. Bei der Ermittlung potentieller Schäden müssen bei SAP u.a. die globale Ausrichtung und die hohen Kundenerwartungen berücksichtigt werden.

5.2.3.2.5 Risikobehandlung

An diesem Punkt sind die Risiken identifiziert und bewertet. Nun muss eine Entscheidung darüber getroffen werden, wie mit den einzelnen Risiken im Folgenden über entsprechende Maßnahmen umgegangen werden soll. Dies bildet den Kern der risikobasierten Vorgehensweise des DSMS und stellt die Weichen für den Erfolg des DSMS. Zur Behandlung der Datenschutzrisiken gibt es fünf Möglichkeiten:

- Sie können möglicherweise ganz vermieden werden.
- Sie können verringert werden in Form der Anpassung bestehender TOMs als auch der Einführung neuer TOMs.
- Sie können (in Grenzen) auf Dritte abgewälzt werden.
- Sie können (in Grenzen) versichert werden.
- Sie können akzeptiert werden.

Die Risikoverringerung über entsprechende TOMs ist dabei die häufigste und auch praktikabelste Behandlungsmethode. Als Richtschnur gilt für die Risikobehandlung: Je höher Eintrittswahrscheinlichkeit und potenzieller Schaden des Risikos sind, desto eher sollte an dieser Stelle angesetzt und eine Reduzierung des Risikos angestrebt werden. Dabei sollte bei der Auswahl von TOMs im Datenschutz eine **risikopräventive und ursachenbezogene** Vorgehensweise gewählt werden. Wirkungsbezogene (reaktive) Maßnahmen machen nämlich die Rechtsverletzung im Rahmen der Realisierung des Datenschutzrisikos nicht ungeschehen. Daraus ergibt sich, dass primär die Schwachstellen über geeignete TOMs geschlossen werden müssen. Diese allgemein bekannte Vorgehensweise im Datenschutz wird über die hier vorgenommene Risikoorientierung jedoch gleichzeitig zielgerichtet auf die hohen Risiken fokussiert und ermöglicht so eine Berücksichtigung der begrenzten Ressourcen. Damit kann das Unternehmen eine individuelle Maßnahmenliste erstellen, die auf die jeweilige Risikosituation zugeschnitten ist. Bei der Auswahl von einzelnen Maßnahmen kann man auch auf bereits bestehende Regelwerke zurückgreifen, etwa die bekannten IT-Grundschutz-Kataloge, die auch einen Baustein zum Datenschutz enthalten [21[9], 31].

Bei der Maßnahmenauswahl sollte ferner geprüft werden, ob eine Maßnahme nicht mehrere Risiken gleichzeitig vermindern kann. Ebenso sind Wechselwirkungen der einzelnen Risiken untereinander zu beachten. Da regelmäßig mehrere Maßnahmenoptionen zur Verfügung stehen, sind diese unter Effektivitäts- und Effizienzgesichtspunkten miteinander zu vergleichen und auszuwählen.

Zur effektiven Risikobehandlung ist spätestens an dieser Stelle jedem Risiko ein **Risikoinhaber** zuzuteilen und im Risikoregister neben dem Risiko zu vermerken. Dieser Risikoinhaber steht in der Verantwortung, das Risiko entsprechend den Vorgaben der Risikostrategie zu verwalten und zu beobachten. Das bedeutet zum einen, dass der Risikoinhaber bei dem Nichterreichen dieses Ziels oder bei Realisierung des Risikos (intern) zur Rechenschaft gezogen wird. Es bedeutet auch, dass der Risikoinhaber die zur Risi-

---

[9] Zur beispielhaften Auswahl von Maßnahmen aus den Grundschutzkatalogen beim Cloud-Computing im Rahmen eines ISMS, vgl. Loomans, Cloud-Computing im Lichte einer Bundesbehörde – BSI-Grundschutz in der Wolke.

kobehandlung nötigen Ressourcen freigeben (können) muss und Weisungsrechte zum Delegieren der dem Risiko zugehörigen Maßnahmen besitzt. Die Rolle des Risikoinhabers ist deshalb zu unterscheiden von der Rolle desjenigen, der tatsächlich die risikomindernden Maßnahmen ausführt (**Maßnahmenverantwortlicher**; mehr dazu in Abschn. 5.2.3.4). Als Risikoinhaber ist zunächst die Geschäftsleitung anzusehen, es sei denn, die Managementstruktur des Unternehmens ermöglicht die Verteilung der Risikoinhaberschaft auf die Leitung der einzelnen Bereiche bzw. Abteilungen. Für eine solche dezentrale Verteilung der Risikoinhaberschaft spricht auch, dass sich einige Risiken hauptsächlich aus speziellen personenbezogenen Daten ableiten und diese meist einer Abteilung zugeordnet werden können. Die wenigen bereichsübergreifenden Risiken können entweder an den Leiter einer Stabstelle übertragen werden oder bei (einem Mitglied) der Geschäftsleitung verbleiben.

Klein GmbH

Der Verantwortliche für den Datenschutz holt sich zunächst das Mandat des Geschäftsführers und bespricht mit ihm die generelle Vorgehensweise bei der Behandlung der Datenschutzrisiken. Unter Berücksichtigung der verhältnismäßig geringen Ressourcen für den Datenschutz bei der Klein GmbH orientiert sich der Verantwortliche für den Datenschutz bei der Behandlung der Risiken an der vom Geschäftsführer vorgegebenen Leitlinie des „4 minus"-Prinzips: Bei der Minderung von Datenschutzrisiken werden danach bereits solche Maßnahmen als ausreichend erachtet, welche eine Konformität mit den gesetzlichen Regelungen gerade so noch herzustellen vermögen. Entsprechend viele der identifizierten Risiken werden daher zunächst pauschal akzeptiert. Im Hinblick auf die drei Risikokategorien niedrig, mittel und hoch betrifft dies alle Risiken aus dem niedrigen Bereich. Die Geschäftsführung weist die Verantwortlichen an, mittlere Risiken für den Datenschutz erst nach Verringerung aller hohen Risiken aufzugreifen. Eine klare und eindeutige Kommunikation spielt dabei eine große Rolle.

Nun richtet sich der Fokus des Verantwortlichen für den Datenschutz auf das CRM als Risikoobjekt. In Bezug auf das als hoch eingestufte Risiko der Bußgelder besteht aufgrund der zahlreichen Schwachstellen großer Handlungsbedarf: So wird ein Zugriffskonzept erforderlich sein, das nur der Vertriebsabteilung Zugriffrechte auf die erforderlichen Kundendaten gibt. Ebenfalls müssen die Zusatzangaben, die die Vertriebsmitarbeiter in die Datei eingeben, geprüft werden. Eine Speicherung von hochsensiblen, persönlichen Daten muss in Zukunft unterbleiben, bestehende Datensätze müssen auf ihre Rechtmäßigkeit untersucht werden.

Um in Zukunft Verstöße an dieser Stelle zu vermeiden, müssen die Mitarbeiter aus dem Vertrieb speziell geschult werden, damit sie die Anforderungen an die Datenerhebung und -nutzung während ihrer Tätigkeit berücksichtigen können. Weiterhin sollen jährlich Awareness-Maßnahmen und Kontrollen dafür sorgen, dass der Datenschutz nicht bewusst oder unbewusst umgangen wird. Auf Basis dieser Argumentation und der Notwendigkeit trotz des „4 minus"-Prinzips gelingt es auf diese Weise auch, den Geschäftsführer und später die Abteilungsleiter zur Zustimmung zu den gewählten Maßnahmen zu bewegen.

Tab. 5.4 Risikomatrix der Medium AG mit Bedeutungsgrenze

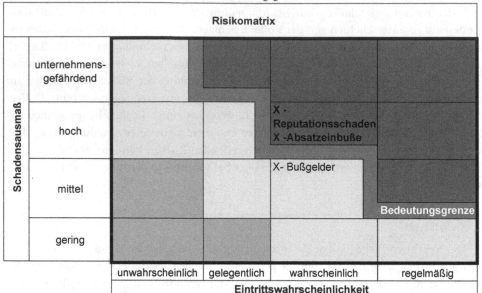

Bei der Medium AG legen der für den Datenschutz verantwortliche Finanzvorstand und der externe DSB anhand der Risikomatrix eine Bedeutungsgrenze fest (Tab. 5.4). Aus dieser folgt: Alle Datenschutzrisiken aus dem Bereich darüber müssen über geeignete Maßnahmen derart gemindert werden, dass sich ihre Einordnung nach erfolgreicher Umsetzung dieser Maßnahmen in den Bereich darunter rechtfertigen lassen würde.

Im Ergebnis müssen daher auch die Risiken „Reputationsschaden" sowie „Absatzeinbuße" verringert werden. Da sich diese v.a. aus dem CRM-System ableiten, müssen an dieser Stelle risikoverringernde Maßnahmen ergriffen werden. Das weitere Risiko („Bußgelder") muss zunächst nicht zwingend verringert, aber bei der Auswahl geeigneter Maßnahmen berücksichtigt werden. In Abstimmung mit den Datenschutzkoordinatoren aus IT und dem B2C-Bereich, dem Informationssicherheitsbeauftragten und einem Mitglied aus der Rechtsabteilung kommt der externe DSB dabei zu folgenden Ergebnissen:

- Ein Betrieb der CRM-Datei auf der eigenen Infrastruktur nach den Anforderungen des Vertriebs ist nicht möglich, die Anforderungen des Vertriebs sind nach den Vorgaben des Bereichsleiters nicht absenkbar. Schwachstellen bedingt durch den Einsatz eines Dritten (Cloud-Anbieter) können daher nicht gänzlich ausgeschlossen werden.
- Es stehen alternative Cloud-Anbieter mit lokalen Servern in Deutschland bereit, die zudem geeignete TOMs nachweisen können und auch von der Funktionalität und den Vertragskonditionen akzeptabel sind. Insbesondere ist die Einrichtung eines qualifizierten Zugriffsschutzes möglich. Damit würden die wichtigsten Schwachstel-

len geschlossen. Vor allem die technischen Spezifika aus den Angebotsprospekten vermitteln den Eindruck, dass Bedrohungen auf technischer Basis im Wesentlichen in Schach gehalten werden könnten.

- Dennoch müssen Regelungen zum Umgang mit Bedrohungen resultierend aus menschlichem Fehlverhalten adressiert werden. Dazu sind als Schwachstellen v.a. die Mitarbeiter mit Zugriff auf das neue CRM-System einzubinden: Eine Schulung der Vertriebsmitarbeiter in Bezug auf die Rechtmäßigkeitserfordernisse zur Erhebung und Nutzung der Kundendaten hat noch nicht stattgefunden. Deshalb soll eine einführende Datenschutzschulung in das neue CRM-System – die zudem auch unter Bedienungsgesichtspunkten notwendig ist – zur Sensibilisierung der Mitarbeiter durchgeführt werden.

Über die dargestellten Maßnahmen soll zum einen die Wahrscheinlichkeit eines Datenschutzvorfalls durch den angestrebten Zugriffsschutz und die Awareness abgesenkt werden, zum anderen sinkt das Schadensausmaß in Bezug auf etwaige Bußgelder durch die qualifizierte Auswahl des ADV-Dienstleisters und dessen angemessenen TOMs. Restrisiken bleiben jedoch weiterhin bestehen:

- So werden sich potentielle Schäden bei einem Schadensszenario in Bezug auf das neue CRM-System nicht gänzlich vermeiden lassen können, jedoch lassen sich Absatzeinbußen und Reputationsschäden in ihren Schadensauswirkungen verringern: Denn mit der qualifizierten Auswahl und Überprüfung des Dienstleisters lassen sich Compliance-Anstrengungen in diesem Bereich nachweisen. Das Schadensausmaß für die Risiken „Absatzeinbuße" und „Reputationsschaden" verringert sich so auf mittel.
- Auch die Eintrittswahrscheinlichkeit der beiden Risiken verringert sich, denn die wichtigsten Schwachstellen im Bereich Technik und Mitarbeiter werden über die oben genannten TOMs geschlossen. Ein vollständiger Ausschluss in der Realisierung einer Bedrohung ist jedoch nicht möglich, weshalb eine Verringerung der Eintrittswahrscheinlichkeit von „wahrscheinlich" auf „gelegentlich" angemessen erscheint.

SAP

Die Risikobehandlung bei SAP im Rahmen des DSMS betrifft im Wesentlichen die Ausführung von lokalen Maßnahmen zur Risikoverringerung. Nicht erst seit Einführung des DSMS im Jahr 2009 wird Datenschutz bei SAP ernst genommen, sodass im Rahmen der Risikoanalyse für das DSMS weniger die Einstellung von Prozessen oder deren umfassende Umgestaltung als Risikobehandlungsoption in Frage kommt, sondern vielmehr die jährliche Neubewertung und angemessene Reaktion auf Veränderungen in der Bewertung im Vordergrund steht. Zweifel an der Rechtmäßigkeit einer Datenverarbeitung werden an anderer Stelle bereits über ein etabliertes System zur Vorabkontrolle im Rahmen der Freigabe von neuen Prozessen beseitigt. Auch hat SAP kontinuierlich die eigene Infrastruktur im Hinblick auf Security und Datenschutz verbessert und kann dabei im Besonderen auch auf eigene Kompetenzen zurückgreifen. Die Risikobehandlungsoptionen im Rahmen der DSMS-Risikoanalyse beschäftigen sich meist mit lokalen Maßnahmen zur Schaffung von Awareness, zum Nachweis der Datenschutzkonformität und zur kontinuierlichen Verbesserung, weshalb an dieser Stelle vom beteiligten Management auch die Zustimmung und die Verpflichtung für Art und Umfang der Maßnahmen eingeholt werden muss. Wo genau diese Maßnahmen ansetzen, wird dann im Rahmen der anschließenden Prozessanalyse bestimmt. In manchen Fällen sind Risikobehandlungsoptionen für den Datenschutz auch auf globaler Ebene zu adressieren und bedürfen einer entsprechenden Freigabe auf dieser Ebene in Absprache mit dem Konzern-DSB.

Nachdem im Rahmen der Risikobehandlung entsprechende Maßnahmen zum Umgang mit den einzelnen Risiken ausgewählt wurden und Risikoinhaber ernannt worden sind, kann mit der Überführung dieser Ergebnisse in die Do-Phase begonnen werden. Dazu müssen die Risikoinhaber (falls nicht personenidentisch) mit den DSMS-Akteuren zusammenarbeiten und sie zu Maßnahmenverantwortlichen bestimmen. Zuvor wird jedoch als Ergänzung zur Risikoanalyse im Folgenden die Prozessanalyse dargestellt, mit der sowohl Ansatzpunkte für die Maßnahmen präzisiert als auch die Möglichkeit zusätzlicher Maßnahmen identifiziert werden können.

5.2.3.3 Prozessanalyse

Die Prozessanalyse setzt an den Prozessen des Unternehmens an und macht diejenigen Prozesse und Prozessschritte sichtbar, in denen personenbezogene Daten verarbeitet werden. Sie setzt sich nach dem hier beschriebenen zweistufigen Ansatz an die Risikoanalyse an, die sich nicht notwendigerweise an den Prozessen des Unternehmens orientieren muss. Schwerpunktmäßig geht es bei der Prozessanalyse um das Aufzeigen von datenschutzrechtlichen Schwachstellen in den einzelnen Prozessschritten, um diese Schwachstellen im Anschluss schließen zu können. Damit ist die Prozessanalyse deutlich ausführlicher als die Risikoanalyse, die im gesamten Anwendungsbereich des DSMS durchgeführt werden muss.

Meist lassen sich aber nur über eine solch detaillierte Analyse alle potentiellen Schwachstellen aufdecken bzw. überhaupt erst die Angemessenheit vieler TOMs bewerten. Denn was auf dem Papier als angemessen erscheint, kann nach einer Beobachtung der praktischen Umsetzung zu einer ganz anderen Bewertung führen. Auch lassen sich auf diese Weise mögliche Schadensszenarien deutlich realistischer bewerten. Die Prozessanalyse ist daher als Ergänzung der Risikoanalyse zu verstehen, um diese noch effektiver auszugestalten und direkt an den Prozessen ansetzen zu können.

Aufgrund des zusätzlichen Aufwandes können nicht alle Prozesse derartig im Detail untersucht werden und es müssen die kritischen Prozesse identifiziert werden. Dabei ist wie folgt vorzugehen:

5.2.3.3.1 Scoping

In einem ersten Schritt sind die Prozesse im DSMS-Anwendungsbereich daher daraufhin zu analysieren, ob und wie sie personenbezogene Daten verarbeiten. Sofern der Prozess in einzelne Teilprozesse untergliedert ist, ist die Analyse auf diese Ebene auszuweiten. Eine ausführliche Prozesslandkarte bildet dabei einen idealen Anknüpfungspunkt. Die relevanten Informationen sind u.a.:

- Art der personenbezogenen Daten
- Herkunft der personenbezogenen Daten
- Menge an personenbezogenen Daten
- Betroffenenkreis
- Zweck der Datenverarbeitung
- Automatisierungsgrad der Datenverarbeitung
- Rechtsgrundlage
- Verantwortlicher im Unternehmen
- Stellen/Orte, an denen die Daten gespeichert oder verarbeitet werden („Wo" die Daten verarbeitet werden, darunter fällt auch ADV oder Übermittlung ins Ausland)
- Berechtigungskonzept („Wer" die Daten verarbeitet)
- Löschkonzept
- Schnittstellen zu anderen Prozessen
- etc.

Eine Ist-Analyse der Prozesse kann nur dann ausgeführt werden, wenn diese bereits ausreichend modelliert sind. Ist-Modelle dienen zum Erkennen von Datenschutzrelevanz und von Schwachstellen im Prozess. Falls diese Modelle noch nicht vorliegen, muss die Tätigkeit der Modellierung durchgeführt werden. Dies kann viele Ressourcen binden und folglich auch einen Grund darstellen, statt der Prozessanalyse lediglich die Risikoanalyse zu wählen. Je detaillierter die Prozesse aufgeschlüsselt werden, umso mehr Aufwand fällt an dieser Stelle an. Liegen die Modelle vor, sind Experten bezüglich der Prozesse miteinzubeziehen und die oben beschriebenen Informationen mit diesen gemeinsam zu ermitteln. Wie viele Details von den Experten bereitgestellt werden sollten, ist unternehmensabhängig. Je nachdem, wie viele Prozesse im DSMS-Anwendungsbereich liegen und wie allgemein im Unternehmen die Kommunikationskanäle ausgestaltet sind, kann es sich anbieten, die Prozessanalyse auch gestuft anzugehen und zunächst nur einen Fragebogen mit geringem Umfang zu erstellen, diesen auszuwerten und sodann die wirklich kritischen Prozesse detailliert mit den Experten gemeinsam auszuwerten. Dies ist auch deshalb sinnvoll, da alle Prozesse, in denen keine personenbezogenen Daten verarbeitet werden, an dieser Stelle aus dem Anwendungsbereich des DSMS herausfallen.

5.2.3.3.2 Priorisierung

Wenn viele Prozesse in der einen oder anderen Art und Weise personenbezogene Daten verarbeiten, bietet es sich in einem zweiten Schritt an, diese Prozesse noch einer **Priori-**

sierung zu unterziehen. Es mag zwar im Sinne einer vollständigen Compliance sein, wenn alle datenverarbeitenden Prozesse mit Maßnahmen unterlegt werden. Dies widerspricht jedoch dem Wirtschaftlichkeitsgebot und damit der betrieblichen Realität, die es in den meisten Fällen unmöglich macht, alle Prozesse im ersten Anlauf vollständig in das DSMS zu integrieren. Je nach Risikoappetit des Unternehmens lassen sich einzelne Prozesse an dieser Stelle aus dem DSMS herausnehmen und lediglich über Ad-hoc-Projekte betreuen. Auf diese Weise bleiben die wichtigsten Prozesse im Fokus des DSMS und in der Implementierung geht der Überblick nicht verloren. Die hier aus dem Scope des DSMS genommenen, weniger kritischen Prozesse können zudem im nächsten PDCA-Zyklus berücksichtigt werden. Um einen Prozess als prioritär gegenüber anderen einstufen zu können, muss das Unternehmen Kriterien festlegen. Beispielsweise kommen hier in Frage:

- Besondere personenbezogene Daten i.S.d. § 3 IX BDSG werden verarbeitet
- Eine vergleichsweise hohe Anzahl an Mitarbeitern verarbeitet die Daten
- ADV mit zusätzlich vom Auftragnehmer eingesetzten Unterauftragnehmern
- Übermittlung in Drittstaaten
- Hohe Kundenrelevanz
- Direkter Verbraucherkontakt
- Besonders hohe Anforderungen an Vertraulichkeit/Verfügbarkeit/Integrität der Daten.

5.2.3.3.3 Analyse im Detail

Die kritischen Prozesse, in denen personenbezogene Daten verarbeitet werden, müssen sodann genau in die einzelnen Prozessschritte **aufgeschlüsselt** werden. Erst an diesen Punkten können die wirklich relevanten Informationen und Kausalzusammenhänge ermittelt werden. Es zeigt sich beispielsweise, welche(r) Mitarbeiter Zugriff auf welche Daten haben (hat), welche TOMs genau im Einsatz sind und zu welchem Zweck die Daten verwendet werden. Auch Schnittstellen zu anderen Prozessen werden offenbar. So werden auf der einen Seite potenzielle Verstöße gegen Datenschutzregelungen aufgedeckt. Viel wichtiger ist jedoch die Identifikation der Prozessschritte, die es im Folgenden verstärkt zu kontrollieren und damit im Scope des DSMS zu halten gilt.

5.2.3.3.4 Ergebnis

An den über diese dreistufige Vorgehensweise ermittelten Stellen bieten sich – neben den Ergebnissen aus der Risikoanalyse – zusätzliche Ansatzpunkte für das DSMS. Über Arbeitsanweisungen und Richtlinien – die den Prozessablauf berücksichtigen – kann das Verhalten der Mitarbeiter zugunsten der Datenschutzkonformität innerhalb des Prozesses beeinflusst werden, neue TOMs werden je nach Erforderlichkeit eingeführt. Auch lässt sich so ermitteln, wo die DSMS-Akteure (Datenschutzkoordinatoren etc.) idealerweise positioniert werden müssen, um das DSMS effektiv zu steuern. An diesem Schritt sollten neben den Verantwortlichen der DSMS-Implementierung auch die relevanten Business-Stakeholder des Prozesses beteiligt werden. Auch die Mitarbeiter, die den Prozess regelmäßig ausführen, sollten einbezogen werden. Statt dies zu verkomplizieren, hilft hier oft bereits der vielzitierte „Blick über die Schulter", um Möglichkeiten aber vor allem Grenzen für die Maßnahmen des DSMS aufzuzeigen. Auch die Schnittstellen zu anderen Prozessen sind zu berücksichtigen. Insgesamt wird daher in der Regel ein fachbereichsübergreifender Workshop je Prozess notwendig sein. Als Ergebnis stehen jedoch deutlich präzisere Maßnahmen zur Verfügung, die eine allgemeine Risikoanalyse in der Regel nicht zu liefern vermag. Indem man diese Analysetätigkeit auf die kritischen Prozesse konzentriert, halten sich zudem die Aufwände dafür in Grenzen.

SAP

Bei SAP übernimmt der Projektverantwortliche die Kommunikation mit den Prozesseignern, sonstigen Experten und auch den Mitarbeitern. In gemeinsamen Workshops werden die Prozesse auf die Verwendung von personenbezogenen Daten untersucht. Fachliche Unterstützung bekommen sie dabei zudem von einem Verantwortlichen aus dem Security & Data Protection Office. Dieser bringt die benötigte Expertise für die Prozessanalyse mit:

- Audit-Erfahrungen helfen dabei, Audit-Schlussfolgerungen aus der Auditierung anderer Bereiche an dieser Stelle auf ihre Anwendung im neuen Geschäftsbereich zu prüfen. Fehlerquellen, die an anderer Stelle bereits erkannt und behoben wurden, werden auf diese Weise direkt bei der Neueinführung des DSMS berücksichtigt.
- Mit Kenntnissen der aktuellen Rechtslage kann der Verantwortliche aus dem SDPO die Erforderlichkeit von zusätzlichen Maßnahmen in einzelnen Prozessschritten erkennen. Bedingt durch die globale Reichweite der auf dem BDSG-basierenden Datenschutz-Policy von SAP hat sich dieses Fachwissen bei außereuropäischen Lokationen als großer Mehrwert erwiesen: Dort muss z.T. erst das Bewusstsein geschaffen werden, das eine Ausführung einer Tätigkeit zwar konform mit dem dort geltenden nationalen Recht ist, aber u.U. gegen die Vorgaben der SAP-Datenschutz-Policy verstößt.
- Einschlägige Kenntnisse in der Vorgehensweise der ISO 9001 haben sich ebenfalls bewährt.

Da die im Rahmen der Prozessanalyse erhobenen Informationen sehr umfänglich sind und diskutiert werden müssen, werden hierzu mehrere Meetings angesetzt. Generell wird ein zweistufiger Ablauf befolgt:

1. Über die bereits vorhandenen Prozesslandkarten besteht eine Übersicht über alle Prozesse des Bereichs, sodass an dieser Stelle irrelevante Prozesse bereits ausgeklammert werden. Geleitet wird dieser einführende Workshop durch einen erfahrenen DSMS-Experten.
2. Eindeutig relevante Prozesse werden in separaten Sitzungen (eine oder mehrere je Prozess) detailliert untersucht. Leiter ist hier wieder der DSMS-Experte vom SDPO, Teilnehmer sind zudem der jeweilige Prozessverantwortliche, evtl. der Manager, der diesen Prozess nutzt und einzelne Mitarbeiter, welche im Prozess arbeiten. In der Regel wird der Prozess praktisch durchgespielt. Als Ergebnis erhält man eine Über-

sicht der datenschutzrelevanten Prozesse und je Prozess die datenschutzrelevanten Elemente. Die relevanten Prozessschritte werden mit den unternehmenseigenen Datenschutzrichtlinien verglichen und eröffnen an dieser Stelle Ansatzpunkte für mögliche Maßnahmen (insb. die Einführung von Arbeitsanweisungen), die dann von den Beteiligten direkt in diesem Workshop beschlossen werden.

Gerade die Zusammenarbeit während der Implementierung des DSMS in Geschäftsbereichen mit bestehenden ISO 9001-QMS hat sich als sehr konstruktiv erwiesen, da hier bereits viele Anstrengungen zur Prozessanalyse (und anschließenden Verbesserung) unternommen wurden und diese Erfahrungen auch für das DSMS von großem Nutzen sind.

5.2.3.4   Einbeziehung der DSMS-Akteure in die Maßnahmenplanung

Im Anschluss an die Risikoanalyse (und die Prozessanalyse) müssen die Aufgaben zur Umsetzung der Maßnahmen verteilt werden. Die DSMS-Akteure sind dabei – sofern noch nicht beim Projektstart geschehen – sinnvollerweise spätestens an dieser Stelle analog des Governance Models (Abschn. 5.2.1.2) des Unternehmens für den Datenschutz offiziell zu **ernennen**. Dies bedeutet, dass je nach beschlossenem Governance Model neben dem Verantwortlichen für den Datenschutz beispielsweise pro Abteilung ein Datenschutzkoordinator endgültig bestimmt und ernannt werden muss.

Während das Governance Model die Rollen im DSMS abstrakt beschreibt, müssen an dieser Stelle nun die **konkreten Aufgaben** bezüglich der Umsetzung der einzelnen Maßnahmen verteilt werden, d.h. die DSMS-Akteure werden Maßnahmenverantwortliche. Maßnahmen können beispielsweise schwerpunktmäßig über den Verantwortlichen für den Datenschutz ausgeführt werden oder diese Tätigkeit wird an entsprechende Unterstützer (z.B. Datenschutzkoordinatoren und -vertreter) delegiert. Grundsätzlich sollte angestrebt werden, **Maßnahmen so lokal wie möglich umzusetzen**, da dies den jeweiligen Gegebenheiten besser Rechnung trägt. Im Ergebnis bedeutet das: Risikoinhaberschaft ist tendenziell auf den hohen Managementebenen angesiedelt, Maßnahmenverantwortlichkeit tendenziell weiter unten.

Die endgültige Maßnahmenverantwortlichkeit muss zudem in einem DSMS-Handbuch (Abschn. 5.2.4.3.2) dokumentiert werden, während die Risikoinhaberschaft in das Risikoregister einzutragen ist.

Alle im Rahmen der Risiko- und Prozessanalyse beschlossenen Maßnahmen müssen in einen oder mehrere Maßnahmenpläne übertragen werden, anhand dieser später die Do-Phase des DSMS-PDCA ausgeführt wird. Dementsprechend handelt es sich auch dabei um mehr oder weniger detailliert ausformulierte „To-Do"-Listen für die Maßnahmenverantwortlichen.

Insgesamt ist zu beachten, Personen nur so viele Aufgaben an dieser Stelle zu übertragen, dass ihre Hauptaufgaben darunter nicht in unbeabsichtigter Weise leiden. Das **Arbeitspensum durch das DSMS** muss daher berücksichtigt und entsprechend verteilt werden, eine Überfrachtung einzelner Personen mit zu vielen DSMS-Aufgaben ist zu vermeiden. Zudem müssen die Verantwortlichen je nach übertragenen Maßnahmenverantwortlichkeiten eine gewisse Hierarchiestufe im Unternehmen besetzen, da zum Teil auch Tätigkeiten mit hoher Verantwortung im DSMS anfallen: Dazu zählt etwa die Auswahl von Lieferanten und deren interne Freigabe zum Abschließen einer ADV.

Bei der Auswahl der DSMS-Akteure sind die Anforderungen an die zukünftige Stellung im DSMS zu beachten. So muss eine entsprechende Befähigung der DSMS-Akteure sichergestellt sein (siehe aufgrund der thematischen Nähe dazu Abschn. 5.2.6 Trainings), womit idealerweise zeitnah nach der Aufgabenzuweisung begonnen werden sollte.

Klein GmbH

Bei der Klein GmbH ist der Geschäftsführer der Risikoinhaber. Dementsprechend beauftragt er den Verantwortlichen für den Datenschutz mit der Durchführung der im Rahmen der bisherigen Schritte der Risikoanalyse ermittelten Maßnahmen. Dazu erstellt der Verantwortliche für den Datenschutz einen Maßnahmenplan, für dessen Bearbeitung er bis zur ersten Bewertung seiner Arbeit eine zeitliche Frist von zwei Monaten setzt. Diese Frist rührt aus der Planung, bis zu diesem Zeitpunkt gemeinsam mit der IT die neue CRM-Datei erfolgreich konfiguriert und ausgerollt zu haben. Der Verantwortliche für den Datenschutz setzt bei der Umsetzung der Maßnahmen auf die Unterstützung seiner Kollegen, z.B. vom IT-Leiter bei der Einführung eines Löschkonzeptes. So möchte er den Vorteil nutzen, immer vor Ort zu sein und die meisten Mitarbeiter der Klein GmbH persönlich zu kennen. So kann er dann in der Do-Phase auch spontan um Mithilfe und Feedback bitten.

Medium AG

Bei der Medium AG wurden die Datenschutzkoordinatoren bereits unmittelbar nach dem Projektstart von den Verantwortlichen ernannt und werden nun nach Durchführung der Risikoanalyse vom externen DSB mit der Durchführung der ihrem Verantwortungsbereich zugehörigen Maßnahmen beauftragt. Dafür erstellt der externe DSB auf Basis seines allumfassenden Maßnahmenplans für jeden Koordinator eine eigene, verkürzte Maßnahmenliste. In dieser wird zudem aufgeführt, ob und wie eine Maßnahme bereichsübergreifend ausgeführt werden muss, sodass ein Koordinator weiß, ob er sich mit anderen Koordinatoren absprechen muss. Beim externen DSB verbleiben diejenigen Maßnahmen, die nicht von den Koordinatoren direkt lokal umgesetzt werden.

Auf Basis der bisherigen Ausführungen zur Einführung des neuen CRM-Systems wird beispielsweise folgende Aufgabenverteilung beschlossen: Die Rechtsabteilung wird gemeinsam mit der Einkaufsabteilung und dem externen DSB einen der alternativen Cloud-Anbieter auswählen und vertraglich binden, während der auslaufende Vertrag mit dem alten Anbieter nicht verlängert wird. HR, IT und externer DSB entwickeln gemeinsam mit dem Datenschutzkoordinator aus dem B2C-Bereich eine Datenschutzschulung, die das neue System und die datenschutzspezifischen Anforderungen daran zeitnah nach der Einführung erläutert. Der B2C-Koordinator soll die Wirksamkeit der Schulung im Anschluss regelmäßig kontrollieren. Der Datenschutzkoordinator aus der IT wird zudem in Absprache mit dem B2C-Koordinator nach den Mindestvorgaben des externen DSB die Zugriffsrechte auf das CRM-System bedarfsgerecht konfigurieren. Ebenso muss der Datenschutzkoordinator der IT sich intern Unterstützung bei der Erarbeitung und Umsetzung einer Migrationsstrategie hin zum neuen CRM-System einholen und den Status mit dem externen DSB regelmäßig kommunizieren. Auf diese Weise können die Risiken resultierend aus dem CRM-System auf ein akzeptables Niveau unter die mit dem für den Datenschutz verantwortlichen Finanzvorstand vereinbarte Bedeutungsgrenze verringert werden.

SAP

Bei SAP wird das DSMS – neben der zentralen Verwaltung durch das Security & Data Protection Office – auf Prozessebene im Rahmen eines mehrstufigen Governance Models geführt. Die Ernennung der Datenschutzkoordinatoren erfolgte bereits über die Vorgaben der DSMS-unabhängigen Datenschutz-Policy von SAP, während an dieser Stelle über die im Rahmen von Risiko- und Prozessanalyse ermittelten Informationen (Priorisierte Prozesse, internationale Lokationen etc.) die Datenschutzvertreter vom Projektverantwortlichen vorgeschlagen und schließlich ernannt werden. So hat es sich beispielsweise etabliert, dass zur Unterstützung eines Koordinators immer dann zusätzlich ein lokaler Datenschutzvertreter bestellt werden muss, sobald an einer Lokation mehr als 20 Personen in Prozessen mit Datenschutzrelevanz tätig sind. Die Kontaktaufnahme und Auswahl der geeigneten Mitarbeiter für die Rolle des Datenschutzvertreters durch den Projektverantwortlichen hat sich deshalb bewährt, weil dieser sich aufgrund seiner originären Tätigkeit im Geschäftsbereich besonders gut mit den dortigen Organisationsstrukturen auskennt. Ingesamt bietet das mehrstufige Governance Model Vorteile, die ab diesem Zeitpunkt genutzt werden: Lokal können durch die Datenschutzvertreter unter Lenkung durch den Datenschutzkoordinator geeignete Maßnahmen umgesetzt werden, um die entsprechenden Prozesse zu optimieren. Diese Tätigkeit wird wiederum auf globaler Ebene vom SDPO bewertet und die dort formulierten Verbesserungsvorschläge dann wiederum auf lokaler Ebene durchgeführt.

Nach diesem umfangreichen Schritt liegen risikobasierte Maßnahmen zur Erreichung der Datenschutzziele im Unternehmen vor. Zudem sind für deren Umsetzung die Verantwortlichen bestimmt. Die Ergebnisse der bis hierhin geschaffenen Grundlagen müssen im nächsten Schritt dokumentiert werden, bevor im Anschluss mit dem Roll-out die Do-Phase des DSMS eingeläutet werden kann.

Fazit

- Eine Risikoanalyse ist der zentrale Schritt im DSMS, um die erforderlichen Maßnahmen für die Do-Phase zu ermitteln.
- Mit der Etablierung eines Risikomanagements wird allgemein das Bewusstsein für datenschutzspezifische Risiken geschärft und ein entsprechend breiterer Ansatz verfolgt. Präzisiert werden können die Ansatzpunkte für Maßnahmen, indem über einen prozessbezogenen Ansatz die datenschutzrelevanten Prozessschritte erfasst und somit in ihren Details hin zur Datenschutzkonformität optimiert werden können.
- Das DSMS selbst ist kompatibel mit den gängigsten Risikomanagementsystemen und eine an dieser Stelle durchgeführte Risikoanalyse sollte sich an bestehenden Methoden im Unternehmen orientieren.
- Beim Risikobegriff kann – neben anderen Optionen – auf die Erfahrungen der Informationssicherheit zurückgegriffen werden und damit das Risiko als Produkt aus Eintrittswahrscheinlichkeit und Schadensausmaß definiert werden.
- Ein Risikoregister ist ein wichtiges Werkzeug zum Umgang mit den ermittelten Risiken in allen Phasen des DSMS.
- Datenschutzrisiken sind aufgrund des kaum abschätzbaren Reputationsschadens nur schwer zu quantifizieren.
- Datenschutzrisiken lassen sich über entsprechende TOMs verringern.
- Bei der Auswahl der Maßnahmen zur Behandlung des Risikos sind die Risiken mit dem höchsten Gefährdungspotential zuerst anzugehen.
- Über eine gestufte Analyse der Prozesse können die kritischen Prozesse mit dem höchsten Gefährdungspotential ermittelt und zur detaillierteren Analyse herangezogen werden.
- Anhand der Teilprozesse sowie der einzelnen Prozessschritte lassen sich die Ansatzpunkte für präzise Maßnahmen sowie die Notwendigkeit von verstärkten Kontrollen erkennen.
- Jedem Risiko muss ein Risikoinhaber zugewiesen werden.
- Jeder umzusetzenden Maßnahme muss ein Maßnahmenverantwortlicher zugewiesen werden.
- Ein gestuftes Governance Model hilft bei der Umsetzung der erforderlichen Maßnahmen im Rahmen des DSMS und verteilt das Arbeitspensum auf mehrere Personen, die lokal effektiver wirken können.

5.2.4 Dokumentation

▶ - Warum ist Dokumentation wichtig für den Erfolg eines DSMS?
  - Wie baut man eine DSMS-Dokumentation auf?
  - Welche einzelnen Dokumentarten können genutzt werden und was ist ihre Funktion?

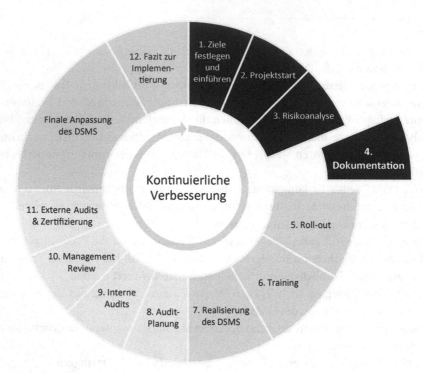

Abb. 5.15 DSMS-PDCA – Schritt 4

- Welche Dokumente sind gesetzlich gefordert?
- Wie stehen die einzelnen Dokumentarten im Verhältnis zueinander?
- Wie viel Dokumentation ist sinnvoll?
- Wie verwendet man die Dokumente und bindet sie in die praktische Arbeit ein?
- Wie überarbeitet man Dokumente sinnvoll?

Bevor im Roll-out das DSMS in die operativen Tätigkeiten übersetzt wird, sind die bis hierher getroffenen Entscheidungen sowie die ermittelten Maßnahmen im nächsten Schritt zu dokumentieren (siehe Abb. 5.15) und ein Rahmenwerk aus Dokumenten bereitzustellen, das die Beteiligten des DSMS in der Folgezeit in ihrer Arbeit unterstützt.

5.2.4.1   Sinn und Zweck der DSMS-Dokumentation

Die Dokumentation des DSMS dient generell der Nutzbarmachung von Informationen rund um das DSMS für die relevanten Personenkreise. Weitergehend schafft der Verantwortliche für den Datenschutz Transparenz, indem er über geeignete Dokumente die Datenschutzkonformität im Unternehmen sicherstellt und nachweist. An dieser Stelle im DSMS-PDCA vor Beginn der Do-Phase bietet es sich an, mit dieser das ganze DSMS durchdringenden Tätigkeit zu beginnen. Nachdem im vorherigen Schritt die einschlägigen

Risiken identifiziert, mit Maßnahmen behandelt und entsprechende Verantwortlichkeiten bestimmt wurden, schließt sich nun unterstützend die Dokumentation an. Im Anschluss daran kann das DSMS im Anwendungsbereich in Kraft gesetzt werden.

In erster Linie unterstützt die Dokumentation die einzelnen Tätigkeiten im DSMS, um Datenschutzkonformität zu erreichen und wendet sich daher primär an alle Mitarbeiter. Insbesondere am Anfang, wenn das DSMS neu implementiert wird, hilft bei Unsicherheiten oftmals ein Blick in die einschlägige Dokumentation. Gleiches gilt für neue Mitarbeiter, die im Anwendungsbereich des DSMS eine Tätigkeit aufnehmen und noch an keiner ausführlichen Schulungsmaßnahme teilgenommen haben. Auch bei divergierenden Ansichten, wie genau an einem bestimmten Punkt verfahren werden soll, kommt der Dokumentation mittels Vereinheitlichung von Sachverhalten eine Klarstellungsfunktion zu. Dementsprechend stellt die Dokumentation sowohl Gebote als auch Verbote auf und dient so als Beweismittel für Verstöße gegen interne Anweisungen.

Zum Teil stellt das Gesetz Vorgaben für die Dokumentation des DSMS. Dies betrifft u.a. das (externe) Verfahrensverzeichnis i.S.d. § 4 g II BDSG, die Verpflichtung auf das Datengeheimnis nach § 5 BDSG sowie die Verträge im Rahmen einer ADV-Beziehung (§ 11 BDSG). Auch eine weitergehende Dokumentation kann rechtliche Relevanz haben, etwa um den Aufsichtsbehörden die ordnungsgemäße Umsetzung des Datenschutzes darzulegen. Die Dokumentation des DSMS kann sich zudem in Teilen als nützlich erweisen, Kunden gegenüber die eigene Datenschutzkonformität nachzuweisen. So können Übersichten der eigenen TOMs dabei helfen, sich in der Rolle des Auftragnehmers dem Kunden gegenüber als vertrauenswürdig darzustellen. Besondere Relevanz erlangt die Dokumentation im Rahmen der internen und externen Auditierung des DSMS. Die Überprüfung der Dokumentation bildet einen essentiellen Bestandteil eines Audits. Sie dient dem Auditor als Indikator für den allgemeinen Reifegrad der DSMS-Implementierung, da der Auditor regelmäßig nur einen kleinen Ausschnitt der tatsächlichen praktischen Umsetzung zu Gesicht bekommt. Teilweise gilt die Einreichung der einschlägigen Dokumentation und positive Bewertung durch den Auditor überhaupt erst als die Voraussetzung zur Durchführung eines Vor-Ort-Audits, da erfahrene Auditoren bereits über diese Einsicht die Erfolgsaussichten einer Zertifizierung einzuschätzen vermögen.

5.2.4.2 Aufbau einer DSMS-Dokumentation

Bereits zu Beginn der Dokumentation als auch in der Folgezeit sollte sich Art und Umfang der Dokumentation immer sowohl an den Rahmenbedingungen im Unternehmen als auch an der tatsächlichen Erforderlichkeit ausrichten. Dokumentieren stellt keinen Selbstzweck dar, sondern dient der Unterstützung des DSMS. Dokumente verlieren ihren Nutzen, wenn sie nicht entsprechend ihrer Funktion in die tägliche Datenschutzarbeit integriert werden (können). Die Dokumentation sollte daher in der Lage sein, die betriebliche Realität zum Datenschutz abbilden zu können, sonst besteht die Gefahr, dass die Adressaten sie nur unzureichend berücksichtigen. Ein weiterer Engpass in der Dokumentation ergibt sich aus den benötigten (v.a. personellen) Ressourcen zur Erstellung und Verwaltung. Dies verdeutlicht, welche Kompromisse zwischen dem Machbaren und dem Notwendigen zu treffen sind. Dazwischen steht die für das Unternehmen optimale DSMS-Dokumentation. Jedes Unternehmen definiert daher eigens für sich, wie eine solche Dokumentation ausgestaltet werden muss.

Ein wichtiger Aspekt in diesen Überlegungen ist die Integration der DSMS-Dokumentation in die allgemeine Dokumentationspraxis im Unternehmen. Dies betrifft in erster Linie die Ergänzung bestehender Dokumente um DSMS-Aspekte als auch das allgemeine Dokumentenmanagement Abschn. 5.2.4.3.4). Insbesondere bestehende Dokumentationen anderer Managementsysteme können – je nach thematischer Nähe und Eignung des Dokuments – ergänzt werden. Hierzu eignet sich insbesondere verwandte Dokumentation aus dem Bereich der (IT-)Sicherheit[10] [37]. Auch ein gemeinsames Managementhandbuch kann hilfreich sein und als umfangreiches Nachschlagewerk mehrerer Managementsysteme für die Verantwortlichen geführt werden. Auf diese Weise wird die Integration parallel betriebener Managementsysteme gefördert und erste Schritte hin zu einem integrierten Managementsystem vorgenommen. Ziel muss sein, die DSMS-Dokumentation nicht bloß zu erstellen und abzulegen, sondern – als viel wichtigerer Aspekt – sie als praktische Orientierungshilfe für alle Beteiligten auszugestalten.

Um dies zu erreichen, ist es sinnvoll, die Dokumentation sukzessiv zu erarbeiten. Im Rahmen des PDCA-Zyklus bietet sich über die kontinuierliche Verbesserung an vielen Stellen die Möglichkeit, zusätzliche Dokumente abzufassen. Die Erstimplementierung erfordert nicht unbedingt den „großen perfekten Wurf". Zudem ist aufgrund der sich verändernden Prozesse und Rahmenbedingungen sowieso eine regelmäßige Anpassung der Dokumentation vonnöten. Scheiden etwa Mitarbeiter mit DSMS-Verantwortung aus dem Unternehmen aus, muss diese Rolle im DSMS neu besetzt und die Dokumentation entsprechend aktualisiert werden.

In manchen Fällen kann eine vollständige Dokumentation auch aufgrund der begrenzten Zeit für die (Erst-)Implementierung nicht verfasst werden. So stellt sich beispielsweise die Einführung von Unternehmensrichtlinien insbesondere in mittleren und großen Unternehmen als umfangreiches Projekt dar[11] [43]: Richtlinien bedürfen der Expertise anderer Fachabteilungen – z.B. der Rechtsabteilung – und ziehen lange Beratungsphasen nach sich. Betrifft die Richtlinie Bereiche der betrieblichen Mitbestimmung, spielt in Deutschland der Betriebsrat eine gewichtige Rolle. Anschließend erfolgt eine Freigabe durch die Geschäftsleitung und durch den Normcharakter der Richtlinie müssen entsprechende Trainingsangebote an die Mitarbeiter bereitgestellt werden. Dies zeigt exemplarisch, dass auch ein „Zuviel" an Dokumentation den Erfolg des DSMS gefährden kann, wenn diese Vorbereitungsphasen nicht berücksichtigt werden.

Daran schließt sich die Frage an: Wie sollte generell die Erstellung der DSMS-Dokumentation angegangen werden? Es bietet sich an, zunächst die zentralen Dokumente auszufertigen und an diesen je nach Bedarf und Möglichkeiten weitere Dokumente auszurichten. Zu diesen zentralen Dokumenten zählen die Datenschutz-Policy und das

---

[10] Vgl. ausführlich zur IT-Dokumentation: *Reiss/Reiss*, Praxisbuch IT-Dokumentation.

[11] Dazu ausführlich *Stork*; Step-by-step: Die Einführung von Richtlinien im Unternehmen.

DSMS-Handbuch. Während die Policy die strategischen Ziele des DSMS und die generellen Verantwortlichkeiten im Unternehmen festschreibt, stellt das DSMS-Handbuch das zentrale Dokument für den operativen Betrieb des DSMS dar. Daran ausgerichtet, können dann je nach Möglichkeiten und dem im Rahmen der Risikoanalyse ermittelten Bedarf weitere Dokumente formuliert werden. Gesetzlich geforderte oder die im Rahmen einer angestrebten Zertifizierung förderlichen Dokumente sollten dabei Vorrang genießen. Manche Dokumente wie etwa solche zur Organisation der internen Audits und Management Reviews werden erst dann erstellt, wenn sich entsprechende Termine ankündigen.

▶ Folgende Punkte können als Richtschnur für den Aufbau der Dokumentation herangezogen werden:
  1. Unterscheidung zwischen verhältnismäßig stabilen und variablen Dokumenten treffen; Anschließend den stabilen, allgemeingültigen Teil beschreiben und variable Bereichsspezifika hiervon abtrennen. (z.B. in ein eigenes Handbuch). Eine solche Auftrennung schafft Flexibilität und minimiert den Änderungsaufwand.
  2. Auf die Kernmerkmale konzentrieren: Nur die Prozesse im Scope aufnehmen. Dafür die Verantwortlichen und Lokationen beschreiben und dazu eine Handvoll Arbeitsanweisungen reichen für einen ersten Wurf. Eine Erweiterung der Dokumentation auf andere Prozesse ist später immer noch möglich.
  3. Vorhandene Dokumente, Templates oder Handbücher (z.B. ISO 9001) nutzen und die DSMS-Dokumentation integrieren.

5.2.4.3 Aspekte der DSMS-Dokumentation

Da jede Umsetzung der Dokumentation letztendlich individuell ausfallen muss und wird, sollen hier beispielhaft die verschiedenen, möglichen Dokumente im DSMS aufgezeigt werden. Manche davon fanden bereits Erwähnung im Praxisleitfaden oder aber es wird in den folgenden Ausführungen auf sie referenziert. Wie auch im Bereich der IT-Dokumentation [37] gibt es im Bereich der Datenschutzdokumentation viele unterschiedliche und in der Praxis uneinheitlich verwendete Begriffe (häufig als Anglizismen). Aufgrund dessen erläutert dieser Praxisleitfaden jeweils die Funktion des Dokuments. Zudem enthält das Glossar am Ende des Praxisleitfadens entsprechende Definitionen. Letztendlich ist jedoch weniger die abschließende Bezeichnung eines Dokumentes wichtig, sondern eine seiner Funktionsweise entsprechenden, einheitliche Verwendung in der betrieblichen Praxis.

▶ Die Beteiligten an der Erstellung der DSMS-Dokumentation sollten sich gemeinsam auf die Dokumentennamen einigen und jedem Dokument sollte eine kurze Beschreibung über dessen Funktion anliegen. Dies vermeidet Begriffsstreitigkeiten untereinander und erleichtert später auch dem Auditor das Verständnis.

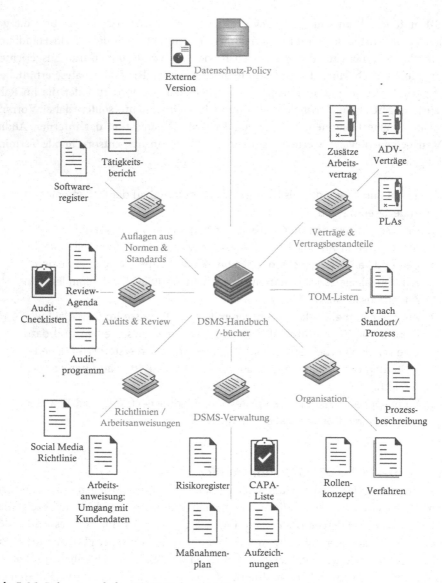

Abb. 5.16 Rahmenwerk der DSMS-Dokumentation

Abbildung 5.16 zeigt exemplarisch, wie umfangreich eine DSMS-Dokumentation ausfallen kann und welche Aspekte sie berührt. Dabei ist diese Aufzählung nicht enumerativ, sondern lässt sich ergänzen bzw. auch gänzlich anders ausrichten, etwa an bestehenden Dokumentationsstrukturen für die IT oder Informationssicherheit.

Abbildung 5.16 zeigt zunächst, dass sowohl der Datenschutz-Policy als auch dem DSMS-Handbuch eine Sonderrolle zukommt. Die Datenschutz-Policy stellt das wichtigste Leitdokument für das DSMS dar, alle anderen Dokumente sind in geeigneter Form im DSMS-Handbuch zu verzeichnen. Dabei sind diese Dokumente nicht zwingend als Bestandteil vom DSMS-Handbuch zu verstehen, sondern können darin auch lediglich referenziert werden. Im Folgenden sollen die einzelnen Dokumente anhand der in Abb. 5.16 dargestellten Beziehungen näher in Bezug auf ihre Funktion erläutert werden.

5.2.4.3.1 Datenschutz-Policy

Die **Datenschutz-Policy** gilt als Selbstverpflichtung des Unternehmens, um die definierten Datenschutzziele zu erreichen, und legt die generelle Zuweisung der Verantwortlichkeiten für deren Umsetzung fest. Die Aspekte der Policy – von der auch eine kompakte Version für Externe (Partner, Kunden) existieren kann – wurden bereits ausführlich in Abschn. 5.2.1.3 beschrieben. Sie stellt die zentrale Zielvorgabe für das DSMS dar, der alle weiteren Dokumente untergeordnet sind.

5.2.4.3.2 DSMS-Handbuch

Das **DSMS-Handbuch** steht als das zentrale Dokument im Mittelpunkt des Datenschutzmanagementsystems. Es bildet das DSMS in seiner Anwendung im Unternehmen ab und richtet sich an alle Mitarbeiter, die durch das Handbuch eine Handlungshilfe zur selbständigen Umsetzung des DSMS an die Hand bekommen. Folglich lässt das DSMS Handbuch sich auch als „Betriebsanweisung" verstehen.

Das DSMS-Handbuch verfolgt 3 Zwecke:

1. Es beschreibt das DSMS im Unternehmen.
2. Über die darin aufgestellten Vorgaben wird es als Referenzdokument in den Audits herangezogen.
3. Es dient dem externen Auditor im Rahmen eines Stage-1-Audits (siehe Abschn. 5.2.11.2.2) als Grundlage für eine Prognoseentscheidung, ob eine Vor-Ort-Auditierung des DSMS erfolgreich sein wird.

Weiterhin stellt das DSMS-Handbuch das Pendant zu dem bekannten, von der ISO 9001 geforderten QM-Handbuch dar. Insofern gelten wesentliche Grundsätze des QM-Handbuches[12] auch für das DSMS-Handbuch. Dabei ist es noch mehr als die anderen Dokumente ein unternehmensspezifisches Dokument. Dies betrifft den Inhalt, den Umfang, die Verwendungsweise, Form etc. Nichtsdestotrotz folgen an dieser Stelle Empfehlungen für die Ausgestaltung eines solchen DSMS-Handbuches, da sich dieses in der praktischen Umsetzung als eines der wichtigsten Elemente des DSMS herauskristallisiert hat.

Abbildung 5.17 stellt die wesentlichen Aspekte des Handbuches dar, welche im Folgenden näher erläutert werden:

---

[12] Zu diesen Grundsätzen *Brüggemann/Bremer*, Grundlagen Qualitätsmanagement, S. 133 f. [1].

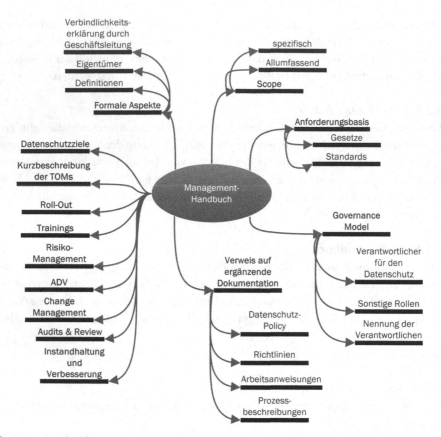

Abb. 5.17 Aspekte des DSMS-Handbuches

- Auch für das DSMS-Handbuch muss ein Anwendungsbereich (Scope) festgelegt werden. Dieser wird in erster Linie mit dem DSMS-Anwendungsbereich überein-stimmen, dies ist aber nicht zwingend. Insbesondere bei einem umfassenden DSMS-Anwendungsbereich macht es Sinn, zur Sicherstellung der Übersichtlichkeit verschie-dene Handbücher für verschiedene Anwendungsbereiche – etwa je Geschäftsbereich – anzufertigen.

▶ Eine mögliche Aufteilung besteht in einem allumfassenden, generellen Hand-buch, welches allgemeine Beschreibungen für das DSMS erfasst, die überall im DSMS-Anwendungsbereich gelten. Hier lassen sich Datenschutzziele, grundle-gende Umsetzungen der TOMs sowie die Aspekte des DSMS-PDCA beschreiben (letzterer muss überall umgesetzt werden). Bereichsspezifische Regelungen – wie etwa die jeweiligen Verantwortlichkeiten, die konkrete Ausgestaltung der TOMs im Geschäftsbereich oder die dort betroffenen Geschäftsprozesse – fin-den ihren Platz in einem zweiten Schritt in speziellen Handbüchern, die sich nur an die betroffenen Mitarbeiter in den Geschäftsbereichen richten. Auch definieren hier die Verantwortlichen Abweichungen von bestimmten Detailregelungen, um den besonderen Gegebenheiten im Geschäftsbereich gerecht zu werden. Damit wird eine Überfrachtung eines einzelnen Handbuches mit für die Mitarbeiter nicht relevanten Informationen vermieden. Vielmehr hilft ihnen zuerst ein Blick in das bereichsspezifische Handbuch, bevor ein Rückgriff auf die allgemeinen Regelungen im generellen Handbuch notwendig wird. Eine solche Aufteilung kann auch als eine Maßnahme für die Zukunft angesehen werden, dann nämlich, wenn das DSMS weitere Geschäftsbereiche abdeckt. Dies ist auch deshalb förderlich, weil sich die bereichsspezifischen Regelungen öfter ändern und sich Dokumentenanpassungen und deren Follow-up dann nur auf diese speziellen Handbücher beschränken.

- Ebenso sollten die Anforderungen, die die Basis für das jeweilige DSMS bilden, genannt werden. Dazu zählen die wichtigsten gesetzlichen Regelungen, aber auch Standards, Vorgaben von der Konzernmuttergesellschaft etc.
- Das Governance Model wird im Handbuch mit den im Rahmen der Risikoanalyse (Abschn. 5.2.3.4) ernannten Verantwortlichen festgeschrieben. Alle Beteiligten verstehen auf diese Weise, wer welche Aufgaben im DSMS übernimmt.
- Das DSMS-Handbuch verweist auch auf die weiteren Dokumente, die im Rahmen des DSMS Anwendung finden. Dies kann ausdrücklich geschehen – etwa über Nennung der einschlägigen Richtlinien oder Arbeitsanweisungen – oder auch lediglich mittelbar in dem die Prozesse angesprochen werden, in denen entsprechende Dokumente vorkommen. Im Laufe dieses Kapitels werden Dokumente angesprochen, die nicht notwendigerweise jedem Mitarbeiter bekannt sein müssen, wie beispielsweise ADV-Musterverträge. Hier reicht ein Hinweis darauf, dass vor Vertragsschluss der Prozess zur Überprüfung von ADV-Auftragnehmern durchgeführt werden muss und infolgedessen lediglich die Experten im Unternehmen auf das Mustervertragsdokument zugreifen.
  - Je nach erforderlichem Umfang ist auf die Aspekte des DSMS-PDCA hinzuweisen.
  - Die im Rahmen der Datenschutz-Policy genannten Datenschutzziele des Unternehmens (Abschn. 5.2.1.1) lassen sich auch im Handbuch aufführen.
  - Da das DSMS im Wesentlichen einen risikobasierten Ansatz darstellt, bedarf dies auch im DSMS-Handbuch einer Erläuterung, insbesondere wie das Risikomanagement im Rahmen des DSMS (evtl. unter Einbeziehung der zentralen Stelle für das Risikomanagement) durchgeführt wird.
  - Die TOMs, die im Rahmen der Risikoanalyse bereits ermittelt wurden, sollten in einer Kurzbeschreibung mit zugehöriger Erklärung ihrer Funktion erfasst werden. Abzuwägen ist, ob die im Rahmen der anschließenden Do-Phase neu einzuführenden TOMs bereits vorab aufgenommen werden sollen oder erst bei einer Revision des Handbuches.
  - Auch die Vorgehensweise des Roll-out ist zu erläutern.

- Trainings und sonstige Awareness-Maßnahmen bilden einen weiteren Aspekt des Handbuches.
- Ein wichtiger Punkt sind Arbeitsanweisungen. Diese können entweder direkt ins Handbuch integriert oder – wie oben vorgeschlagen – in ein bereichsspezifisches Handbuch eingebunden werden.
- Gleiches gilt für Prozessbeschreibungen (Abschn. 5.2.4.3.3.3).
- Das Wie und Wann von Audits und Management-Reviews findet ebenfalls Eingang in das DSMS-Handbuch.
- Nicht zuletzt sollten die Abläufe und Maßnahmen zur Instandhaltung und Verbesserung des DSMS über den KVP erklärt werden.

• Die Weiterentwicklung des DSMS bildet einen weiteren, wichtigen Punkt im Handbuch. Dies betrifft die Darstellung vergangenheitsbezogener Aspekte wie die erstmalige Einführung und die darauf folgenden Erweiterungen, aber auch die Erläuterung über den Prozess zur Kommunikation aktueller Entwicklungen und Veränderungsbestrebungen rund um das DSMS (Change Management).
• Weiterhin müssen formale Aspekte des DSMS-Handbuches beachtet werden, wie etwa die Freigabe durch die Geschäftsleitung. Siehe dazu auch Abschn. 5.2.4.3.4 zum Thema Dokumentenverwaltung.

5.2.4.3.3 Zusätzliche Dokumentation

Die bisherigen Ausführungen haben gezeigt, dass die Datenschutz-Policy sowie das DSMS-Handbuch die zentralen Dokumente des DSMS sind. Ohne diese beiden Dokumente kann ein DSMS in der Praxis nicht funktionieren. Sie rücken daher in den Fokus der Betrachtung bei der Erstellung der Dokumentation. Daneben gibt es jedoch noch zahlreiche weitere Dokumente, die das Unternehmen je nach Erfordernis anfertigen kann oder sogar aufgrund gesetzlicher Verpflichtung muss. Sie können auf der einen Seite einen mit den einschlägigen Details ausgefüllten Rahmen um das DSMS-Handbuch bilden oder – etwa bei geringem Umfang oder bewusster Festlegung auf ein sehr umfangreiches Handbuch – je nach Eignung direkt Teil des Handbuches werden. Analog Abb. 5.16 sind weitere Rahmendokumente mit folgenden Funktionen zu beachten:

5.2.4.3.3.1 Datenschutz im Vertragswesen

Als **Vertragsbestandteil** kommt dem Datenschutz eine zunehmende Rolle zu. Da das Vertragsmanagement generell in der Rechtsabteilung angesiedelt ist, sollte diese an diesem Punkt verstärkt einbezogen werden.

• So müssen nach den Vorschriften des BDSG die bei der Datenverarbeitung beschäftigten Personen schriftlich auf das Datengeheimnis verpflichtet werden (§ 5 BDSG). Auch für Mitarbeiter, die in Ländern ohne ein solches gesetzliches Erfordernis tätig sind, sollte eine analoge Verpflichtung bestehen, um zum einen von ihnen das Erbringen von datenschutzrelevanten Dienstleistungen im EWR zu ermöglichen, zum anderen um ihnen die Bedeutung des Datenschutzes zu verdeutlichen. Eine solche Verpflichtung –

generell für jeden Mitarbeiter – geschieht in erster Linie aus Beweiszwecken über einen Zusatz zum Arbeitsvertrag[13] [22].

- Den wohl wichtigsten Aspekt im Bereich von Verträgen nehmen die Dokumentationspflichten des Auftraggebers im Rahmen der ADV (§ 11 BDSG) ein. Hierbei müssen schriftlich die zahlreichen, vom Gesetzgeber ausdrücklich aufgezählten Punkte in den Verträgen, und dies zudem mit jedem einzelnen Auftragnehmer, geregelt werden. Die Verwaltung dieser Verträge bildet eine zentrale Tätigkeit des DSMS und lässt sich an späterer Stelle in diesem Praxisleitfaden in ein Konzept für ein ADV-Management einordnen (Abschn. 5.2.7). Auf Dokumentenebene bieten sich hierbei Mustervertragsanhänge an[14] [26], in denen das Unternehmen seine (Mindest-)Anforderungen an ein angemessenes Datenschutzniveau beim Auftragnehmer definiert und an den Outsourcing-Rahmenvertrag anhängt.

- Als Auftragnehmer kann es sich für das Unternehmen anbieten, die angebotenen Dienstleitungen auch für den Bereich Datenschutz auf qualitativer wie quantitativer Ebene im Rahmen von Privacy Level Agreements (PLAs) zu erfassen. Dazu können verschiedene Stufen formuliert werden, in denen jeweils unterschiedlich strenge Schutzkonzepte für die personenbezogenen Daten beschrieben werden. Die Entwicklung solcher PLAs befindet sich noch in der Anfangsphase, vor allem weil der Einsatz von PLAs aufgrund des mehrstufigen Angebotes in höherem Maße eine (technische) Flexibilität des Auftragnehmers erfordert. Im Jahr 2013 zeichneten sich hierfür erste Versuche der Cloud Security Alliance (CSA) für Cloud-Service-Provider ab.[15]

5.2.4.3.3.2 TOM-Listen

Auch die Zusammenstellung der im Rahmen der Risikoanalyse (Abschn. 5.2.3.2.3) bereits erfassten technischen und organisatorischen Maßnahmen des Unternehmens über TOM-Listen gilt als eine in der Praxis nützliche Form der Dokumentation. Auf dieser Basis können ADV-relevante Informationen für potenzielle Auftraggeber zusammengestellt oder Anfragen der Aufsichtsbehörden effizienter bearbeitet werden. Zudem erhält das Unternehmen selbst einen geeigneten Überblick über die vorgehaltenen Maßnahmen und kann so regelmäßig eine Angemessenheitsbewertung durchführen. Wie detailliert solche Listen geführt werden, ist einzelfallabhängig und es sollte immer der Gesichtspunkt der möglichen Vertraulichkeit der ergriffenen Maßnahmen dabei Beachtung finden. Gerade für technische Maßnahmen bieten sich eine Kurzbeschreibung und ein Verweis auf den Verantwortlichen für potenzielle Rückfragen zur Beibehaltung der Übersichtlichkeit an, die dann direkt in das DSMS-Handbuch integriert werden kann. Weiterhin ist zu

---

[13] Eine solche Musterverpflichtung wird beispielsweise vom Bundesbeauftragten für den Datenschutz bereitgestellt.

[14] Musterverträge finden sich in einschlägigen Fach- und Formularhandbüchern sowie beispielsweise hier bei der Branchenvereinigung GDD [10].

[15] Die Ergebnisse der PLA-Working-Group sind z.T. online frei abrufbar in englischer Sprache unter https://cloudsecurityalliance.org/.

prüfen, ob unternehmensweit die TOMs zusammengefasst oder je nach Standort, Prozess oder sonstiger Unterteilung in jeweils eigene Listen eingetragen werden. Eine weitere Herausforderung stellt die Zuteilung der Verantwortlichkeiten für Erstellung und Pflege dieser Dokumentation dar, da es sich hierbei um eine umfangreiche Tätigkeit handelt, die bereichsübergreifend unter Einbezug von IT, Security, Facility Management etc. durchgeführt werden muss. Die Verwaltung der oftmals gestückelten TOM-Dokumentation kann bspw. über entsprechende Metainformationen am Anfang eines Dokuments erfolgen.

5.2.4.3.3.3 Organisationsbezogene Dokumente

Organisationsbezogene Dokumente geben dem Unternehmen einen geeigneten Überblick darüber, wer wie welche datenschutzrelevanten Tätigkeiten im Unternehmen ausführt. Dafür bieten sich verschiedene Möglichkeiten an:

- Die über das DSMS abgedeckten Prozesse im Unternehmen werden im Rahmen einer geeigneten **Prozessbeschreibung** dokumentiert. Zusätzlich können über die gängigen Methoden zur Prozessmodellierung Prozessvisualisierungen erstellt werden. Gerade solche Prozessbeschreibungen heben die riskanten Datenschutztätigkeiten im Unternehmen hervor und können diese auch im Rahmen eines weiterführenden Prozessmanagements abmindern. Der wichtigste Aspekt ist jedoch die Übersicht darüber, welche DSMS-bezogenen Tätigkeiten der Prozess aufweist. Beispielsweise bietet sich für die Auswahl von Dienstleistern eine Prozessbeschreibung an oder auch für den richtigen Umgang mit den Betroffenenrechten. Die Informationen zur Erstellung einer solchen Prozessbeschreibung werden idealerweise bereits im Rahmen der Bestandsaufnahme (Kap. 5.2.3) erhoben.
- Auch die Verfahren der **automatisierten Datenverarbeitung** müssen dokumentiert werden. Besondere Relevanz erlangt diese Form der Dokumentation durch die gesetzliche Pflicht zur Erstellung eines (externen) Verfahrensverzeichnisses (§ 4 g II BDSG). Mittlerweile hat sich die Praxis herausgebildet, die Informationen der datenverarbeitenden Verfahren mehrstufig zu verwalten. Ein dreistufiger Ansatz wird etwa in einem Praxisleitfaden der BITKOM zum Verfahrensverzeichnis vorgestellt:
  - Die Fachbereiche liefern Eingaben über die einzelnen Anwendungen in den Verfahren für ein **Anwendungsregister**.
  - Die Anwendungen werden zu den jeweiligen datenverarbeitenden Verfahren in einer **Verfahrensübersicht** gebündelt, die vom Verantwortlichen für den Datenschutz verwaltet wird.
  - Aus dieser internen Verfahrensübersicht werden sodann die wesentlichen, gesetzlich geforderten Angaben (§ 4e BDSG) für ein externes **Verfahrensverzeichnis** extrahiert.
- Ein sehr wichtiges Dokument im DSMS ist das **Rollenkonzept**. Ein Rollenkonzept beschreibt alle im Bereich des DSMS vergebenen Rollen. Beispielhaft hier erwähnt seien die Rollen des Verantwortlichen für den Datenschutz und die des Datenschutzkoordinators, wobei mehr Stufen (etwa zusätzliche Datenschutzvertreter) mehr Rollen bedeuten.

Wichtig ist dabei, nicht nur für jede Rolle entsprechende Verantwortungen, Befugnisse und Fähigkeitsprofile festzulegen, sondern diese Rollen auch in einem Konzept miteinander in Beziehung zu setzen. Das Rollenkonzept lässt sich dabei als die detaillierte Ausformulierung des DSMS-Governance Models (Abschn. 5.2.1.2) verstehen.

5.2.4.3.3.4   DSMS-Verwaltung

Auch die **Verwaltung des DSMS** muss dokumentiert werden, insbesondere um die Aufrechterhaltung des KVP als auch eines adäquaten Risikomanagements nachzuweisen.

- Im bereits in Abschn. 5.2.3.2.3 beschriebenen **Risikoregister** werden die datenschutzrelevanten Risiken aufgeführt sowie Umgang und aktueller Status verzeichnet. Damit eignet sich dieses Dokument insbesondere für die Erkennung von weiterem Umsetzungsbedarf innerhalb der folgenden PDCA-Zyklen.
- Das wichtigste Dokument zum KVP stellt die **CAPA-Liste** (Akronym für Corrective and Preventive Actions) dar. In ihr werden Verbesserungs- und Vorbeugemaßnahmen dokumentiert sowie der Status ihrer Umsetzung. Informationsbasis und Einsatz der CAPA-Liste werden im einschlägigen Abschn. 5.2.7.8 erläutert.
- Auch die bereits unter Abschn. 5.2.3.2.5 beschriebenen Maßnahmenpläne sind eine Form der DSMS-Verwaltung. Sie geben die wesentlichen Vorgaben für die Aktivitäten in der Do-Phase
- Einen wichtigen Aspekt der DSMS-Verwaltung stellen zudem **Aufzeichnungen** dar. Im Unterschied zu Dokumenten haben Aufzeichnungen primär eine Nachweisfunktion und werden nach ihrer Erstellung nicht mehr geändert. Aufzeichnungen können in vielfältiger Art und Weise bestehen, es kann sich um Berichte, Protokolle – etwa in Form der Teilnehmerprotokolle eines Datenschutztrainings – etc. handeln. Wichtig sind Aufzeichnungen insbesondere zum Nachweis der Aufrechterhaltung des KVP. Denn wenn über bestimmte Tätigkeiten auch Aufzeichnungen bestehen, lässt sich für den Auditor nachvollziehen, an welcher Stelle etwas verbessert wurde.

5.2.4.3.3.5   Richtlinien und Arbeitsanweisungen

Mit zu den wichtigsten Aspekten, um die Wirkung des DSMS zu erhöhen, gehören **Richtlinien und Arbeitsanweisungen** für die Beschäftigten. Mit diesen wird versucht, eine Vereinheitlichung im Umgang mit datenschutzrelevanten Tätigkeiten im Unternehmen zu generieren und damit einhergehend den Mitarbeitern Sicherheit bezüglich des angemessenen Verhaltens zu geben. Da die beiden Begriffe häufig synonym oder in unklarer Abgrenzung zueinander verwendet werden, soll im Folgenden die Richtlinie als primär unternehmensweites Instrument und die Arbeitsanweisung als prozess- und bereichsspezifisches Instrument gelten. Im Allgemeinen besteht in jedem Unternehmen ein System aus Richtlinien und Arbeitsanweisungen, weshalb es an dieser Stelle von besonderer Wichtigkeit ist, auch die datenschutzbezogenen Formen dieser Dokumente in ein solches System einzugliedern. Dabei stellen Arbeitsanweisungen bei bestehenden Richtliniensystemen

häufig eine exemplarische, auf den Anwendungsfall bezogene Vereinfachung der allgemeinen Regelungen aus den Richtlinien dar. Eine besondere Form der Richtlinie bilden sog.
Binding Corporate Rules (BCR). Sie schreiben einen angemessenen Datenschutzstandard
auf europäischem Niveau für alle beteiligten Konzerngesellschaften fest und ermöglichen
einen Datentransfer in Konzerngesellschaften mit Sitz in Drittstaaten. Die Einführung
solcher BCR ist sehr aufwendig und die rechtlichen Sonderregelungen für den Aufbau
von BCR erläutert dieser Praxisleitfaden daher nicht im Detail[16] [17, 18]. Betriebsvereinbarungen stellen ebenfalls eine Form der Richtlinie dar. Im vorherigen Unterkapitel
wurde bereits dargelegt, dass die Einführung von Richtlinien regelmäßig ein größeres Un-
terfangen bedeutet und nicht überstürzt angegangen werden sollte, gleiches gilt auch für
Arbeitsanweisungen. Die Erstellung von Richtlinien und Arbeitsanweisungen ist daher im
Besonderen ein Prozess, der sich zeitlich gesehen über einen Großteil des DSMS-PDCA
verteilt und meist nicht vollständig bis zum idealen Roll-out-Termin ausgeführt werden
kann. Dies muss berücksichtigt werden. Thematisch eignen sich viele Gebiete zum Einsatz der beiden Instrumente, wobei insbesondere eine Ergänzung bestehender Dokumente
um Datenschutzaspekte Sinn macht. Auszugsweise sollen hier zwei genauer beschrieben
werden:

• Mit einer Social Media-Richtlinie kann den datenschutzrechtlichen Problemen in Bezug auf die Nutzung von Social Media vom Arbeitsplatz aus begegnet werden. Weitere
datenschutzverwandte Aspekte wie die telekommunikationsrechtlichen Aspekte der
privaten Nutzung oder aber auch Vorgaben aus dem Bereich der Unternehmenskommunikation lassen sich hier ebenfalls unterbringen.
• Mit einer Arbeitsanweisung bezüglich des Umgangs mit Kundendaten lassen sich
z.B. für Marketingprozesse effektiv die Mitarbeiter auf die datenschutzkonformen
Verhaltensweisen in diesem Punkt hinweisen, da sich gerade dies als praktische Herausforderung in der täglichen Arbeit darstellt. So können etwa zulässige Speichermedien
definiert oder ein Übermittlungsverbot an Dritte hervorgehoben werden.

5.2.4.3.3.6 Dokumentation der Check-Phase
Ebenfalls dokumentiert werden müssen die im Rahmen der Check-Phase des DSMS
stattfindenden **Audits und Management-Reviews**. Dies umspannt die Vorbereitung der
einschlägigen Evaluierungsmethode (etwa Fragebögen, Agenda des Review Meeting etc.)
aber auch das umfassende Audit-Programm (Abschn. 5.2.8.3) sowie die Audit-Checkliste
für die Durchführung (Screenshots, Gesprächsprotokolle etc.) bis hin zur Auswertung
(Audit-Reports, Protokoll des Review Meetings etc.). Da sich diese Termine jedoch
erst an die Do-Phase anschließen, können diese Dokumente auch erst in unmittelbarer
Vorbereitung darauf angefertigt werden.

[16] Die Artikel-29-Datenschutzgruppe als Gremium zur Beratung der europäischen Kommission hat
für BCR zwei Arbeitspapiere entwickelt.

5.2.4.3.3.7 Dokumentation für die Zertifizierung

Neben den Dokumenten, die das Unternehmen selbst als notwendig erachtet, muss beachtet werden, dass die **Anforderungskataloge für eine Zertifizierung** wiederum zusätzliche Dokumentationsauflagen bedeuten können. Diese müssen spätestens bis zum Zertifizierungs-Audit vorliegen. Exemplarisch lässt sich an dieser Stelle aus den Anforderungen an ein DSMS von Loomans & Matz (siehe Abschn. 3.2.1) der Tätigkeitsbericht des Verantwortlichen für den Datenschutz als auch das Softwareregister nennen, welche auch in die anderen hier aufgestellten Dokumentengruppen hätten eingeordnet werden können. Bei diesen beiden Dokumenten handelt es sich zweifelsohne um eine sinnvolle Ergänzung zur Unterstützung des DSMS. Es soll jedoch Folgendes damit aufgezeigt werden: Gerade wenn eine Zertifizierung des DSMS angestrebt wird, muss jegliche zusätzliche Dokumentationsanforderung identifiziert und an dieser Stelle berücksichtigt werden, da sonst die erfolgreiche Zertifizierung in Gefahr gerät.

5.2.4.3.4 Dokumentenmanagement

Die DSMS-Dokumentation muss in ein geeignetes Dokumentenmanagement eingebunden werden. Ein solches kann auch Systemcharakter haben: Ein solches Dokumentenmanagementsystem (DMS) dient zur Organisation und Koordination der Entwicklung, Überarbeitung, Überwachung und Verteilung von Dokumenten aller Art über ihren gesamten Lebenszyklus von ihrer Entstehung bis zu ihrer Vernichtung[17] [38]. Bezüglich der DSMS-Dokumentation ist anzustreben, diese nicht abseits der allgemeinen Unternehmensdokumentation zu stellen. Auch für Dokumente gilt es, eine bestmögliche Integrität, Verfügbarkeit sowie Authentizität sicherzustellen. Dies betrifft nicht nur die Erstellung der Dokumente, sondern auch die Verteilung, Archivierung und nachgelagerten Bearbeitungen. Idealerweise besteht im Unternehmen bereits ein entsprechendes System, ansonsten muss ein solches für das DSMS aufgebaut werden. Dabei hilft wiederum das Instrument der Richtlinie („Dokumentations-Richtlinie").

Jedes Dokument sollte sich an festgelegten Dokumentenstandards (etwa aus der ISO 9001) orientieren und der Aufbau eines Dokumentenlebenszyklus angestrebt werden. Auf diese Weise kann auch anhand der Dokumentation der Verbesserungsprozess in den Audits nachgewiesen werden. Folgende Aspekte sind im Besonderen zu berücksichtigen:

- Jedes Dokument hat einen eindeutig definierten **Eigentümer**, der als Verantwortlicher das Dokument betreut.
- Weiterhin muss sich eine geeignete Form der **Versionierung** etablieren. Bei relevanten Änderungen sind neben einer Versionsnummer auch eine Beschreibung der Änderungen sowie der entsprechende Autor zu hinterlegen (zusätzlich zu den bestehenden Angaben über vorherige Versionen). Ältere Versionen sind zu archivieren.
- Für jedes Dokument muss ein Prozess zur **Freigabe** bestimmt werden, denn Erstellung des Dokumentes und Entscheidungsbefugnis in der Sache fallen häufig auf verschie-

---

[17] *Riggert*, ECM – Enterprise Content Management, Kap. 3.1.2.

dene Personen. Meist müssen die Leiter des entsprechenden Fachbereiches (z.B. die Rechtsabteilung in Bezug auf ADV-Musterverträge) oder gar die Geschäftsleitung (z.B. Betriebsvereinbarungen oder unternehmensweite Richtlinien) Dokumente freigeben. Dieser Prozess enthält im Idealfall auch eine Qualitätskontrolle durch einen Dritten. Am Ende des Freigabeprozesses steht die Bekanntmachung des Dokumentes, um dessen optimale Verfügbarkeit zu erreichen, beispielsweise durch Verteilen des Dokumentes selbst oder lediglich einem Hinweis auf dessen Ablageort.

- Nach der erstmaligen Freigabe muss das Dokument einem **Revisionszyklus** unterliegen, d.h. in regelmäßigen Abständen überprüft ein Verantwortlicher das Dokument.

Die Umsetzung dieser Anforderungen hängt insbesondere von der Form des jeweiligen Dokumentes ab. Physische Dokumente sollten aufgrund der doch regelmäßig auftretenden Veränderungen als Loseblattsammlungen geführt werden. Demgegenüber ergibt sich ein Vorteil für die digitale Variante. Gerade die Verteilung und Veröffentlichung der Dokumente im unternehmenseigenen Intranet stellt für die an mehrere Mitarbeiter gerichteten Dokumente wie die Datenschutz-Policy, das DSMS-Handbuch oder Richtlinien eine geeignetere Möglichkeit dar. Ein weiterer Vorteil für die digitale Variante stellt die Möglichkeit der Einbindung in gängige Softwarelösungen zum Dokumentenmanagement dar. Sowohl für physische als auch für digitale Dokumente gilt, dass sie insgesamt vergleichbar in ihrem Aufbau und Aussehen sein sollten, also einem Dokumentenstandard unterliegen. Auf diese Weise wird die Zugehörigkeit des jeweiligen Dokuments zum DSMS angezeigt, respektive die Integration in das allgemeine Dokumentenmanagement im Unternehmen gefördert.

▶   Die Erstellung und Verwendung eines einheitlichen „DSMS"-Templates erhöht
     den Wiedererkennungswert bei den Adressaten der Dokumente.

Klein GmbH

Bei der Klein GmbH kümmert sich der Verantwortliche für den Datenschutz um die Erstellung der Dokumentation. Dabei steht er vor dem Problem, dass nahezu keine Grundlagen für die Dokumentation vorhanden sind: Das Verfahrensverzeichnis ist noch veraltet und unvollständig, eine Mitarbeiterverpflichtung nach § 5 BDSG und eine qualifizierte ADV-Dokumentation (§ 11 BDSG) bestehen nicht. Daher beschließt er, eine sukzessive Erstellung dieser kritischen Dokumente vorzunehmen und parallel dazu das DSMS-Handbuch anzufertigen. Letzteres dient zwar in allererster Linie ihm selbst zur Strukturierung und Ergebnissicherung seiner Arbeit, wird jedoch zur Herstellung von Transparenz gegenüber den Mitarbeitern auch auf dem lokalen Sharepoint intern für jeden einsehbar sein. Weiterhin weist er den Verantwortlichen für HR, IT und Vertrieb Autorenrechte zu, sodass diese die einzelnen Abschnitte zu den von ihnen verantworteten Bereichen selbst editieren und pflegen können. So wird beispielsweise der Verantwortliche für HR den Abschnitt zum Mitarbeiterdatenschutz sowie zur Verpflichtung nach § 5 BDSG in Absprache mit dem Verantwortlichen für den Datenschutz erarbeiten. Detaillierte und vertrauliche Inhalte – wie etwa Audit-Ergebnisse – werden dagegen nicht im Handbuch veröffentlich, sondern separat vom Verantwortlichen für den Datenschutz verwaltet.

Mit diesem Handbuch als kontinuierlich erweiterte Beschreibung des DSMS erstellt der Verantwortliche für den Datenschutz dann die weitere Dokumentation. Für die Einführung der neuen CRM-Datei bedeutet dies Folgendes: Es muss für das neue Zugriffswesen eine Richtlinie in Zusammenarbeit mit der IT verfasst werden, die dann die IT-Abteilung im späteren Verlauf technisch umsetzen muss. Um die Probleme mit der Rechtmäßigkeit der Eingabe von Daten in den Griff zu bekommen, nimmt der Verantwortliche für den Datenschutz in Absprache mit dem Quality Manager eine Anpassung der im Rahmen des QMS erstellten Prozessbeschreibung für das CRM vor und fügt dort zusätzliche Schritte und Kommentierungen ein, die bei entsprechender Befolgung durch die Mitarbeiter zu einer rechtmäßigen Datenverarbeitung führen. Ergänzende Dokumente werden nach Bedarf in der Folgezeit der Do-Phase des DSMS ausformuliert, da die vollständige Schließung aller Lücken in der Dokumentation zu diesem Zeitpunkt für den Verantwortlichen für den Datenschutz nicht zu bewerkstelligen ist.

Medium AG

Bei der Medium AG holt sich der externe DSB Rat vom Informationssicherheitsbeauftragten bei der Erstellung und Verwaltung der Dokumentation. So wird als zentrale Stelle für die Dokumentation eine gemeinsame Plattform für Datenschutz und Informationssicherheit im Intranet der Medium AG eingerichtet, die die zugehörigen Dokumente im Rahmen des etablierten Berechtigungswesens den Mitarbeitern zugänglich macht. Dafür werden sie klassifiziert: Während fachbezogene Dokumente wie etwa Mustervertragsanhänge für eine ADV nur für die Fachabteilungen zugänglich gemacht werden, wird für alle Mitarbeiter das DSMS-Handbuch veröffentlicht. Dieses Handbuch enthält die um vertrauliche Details bereinigte Beschreibung des DSMS bei der Medium AG und verweist an den entsprechenden Stellen auf die zuständigen Ansprechpartner. So wird beispielsweise ein allgemein gültiges Kapitel zum Thema „Vorfallsmanagement" erstellt, das für alle Mitarbeiter eine allgemeine Kontaktmöglichkeit zur Meldung von Datenschutzvorfällen aufweist. Daneben finden sich auch bereichsspezifische Beschreibungen im Handbuch: Für das Kapitel zum B2C-Bereich wird beispielsweise der zuständige Koordinator genannt und dessen Aufgaben aufgeführt, ebenfalls wird ein User – nach einer erfolgreichen Prüfung der Berechtigung – auf die bereichsspezifischen Arbeitsanweisungen und Richtlinien weitergeleitet („Näheres finden Sie hier."). Über diese Form des Dokumentenmanagements im Intranet wird so eine zentrale Anlaufstelle geschaffen.

Weitere Dokumentationsansätze werden um die geplante Neueinführung des CRM-Systems angestoßen: So erstellt die Rechtsabteilung im Rahmen der Beauftragung des neuen CRM-Anbieters zugleich einen Mustervertrag, der die Vorgaben des externen

DSB zur ADV berücksichtigt und später dem Einkauf zur Verfügung gestellt wird. Um die Dateneingaben in das neue System auf ihre Rechtskonformität abzusichern, erstellt der externe DSB mehrere Arbeitsanweisungen gerichtet an die Mitarbeiter aus dem Vertrieb. Für die weiteren Aspekte des Dokumentenmanagements (Versionierung, Archivierung, Eigentümer etc.) wird auf die bereits im ISMS bewährten Ansätze zurückgegriffen. Die Vorlagen der DSMS-Dokumentation werden vom externen DSB zwecks Koordinierung der Dokumentationsaktivitäten restriktiv behandelt.

SAP

Neben der Datenschutz-Policy hat SAP ein umfangreiches Dokumentenrahmenwerk für das DSMS bereitgestellt. Herzstück der Dokumentation sind die DSMS-Handbücher, die allen Beteiligten des DSMS als Referenzwerk dienen. Dazu wurde zunächst ein generelles Handbuch erstellt, welches allgemeine Bestimmungen für alle Geschäftsbereiche im Anwendungsbereich des DSMS enthält. Darunter fällt beispielsweise die Überprüfung der Unterauftragnehmer: Um ein gleichbleibend hohes Sicherheitsniveau in diesem Bereich festzuschreiben, wurde dieser Prozess für alle Geschäftsbereiche einheitlich festgeschrieben und wird demnach auch im generellen DSMS-Handbuch aufgeführt (eine Beschreibung dieses Prozesses findet sich in Abschn. 5.2.7.5). Weiterhin werden hier die Schritte des DSMS-PDCA wie etwa die Risikoanalyse beschrieben, um das Streben nach kontinuierlicher Verbesserung und die iterativen Abläufe des DSMS zu verdeutlichen. Zudem müssen diese Aspekte in jedem Geschäftsbereich durchgeführt werden. Daneben wurden bereichsspezifische Handbücher erstellt, in denen u.a. die Datenschutzkoordinatoren und Datenschutzvertreter für den jeweiligen Geschäftsbereich namentlich genannt und deren Verantwortlichkeiten festgeschrieben werden. Zudem wird den speziellen Anforderungen an die Infrastruktur und Mitarbeitersituation im Geschäftsbereich über eigene Arbeitsanweisungen Rechnung getragen. Gerade diese Arbeitsanweisungen haben sich als wichtigstes Mittel zur Schaffung einer Datenschutz-Awareness bewährt: Sie enthalten die präzise auf den Tätigkeitsbereich des Mitarbeiters bezogene „Quintessenz" des Datenschutzes. Über diese effiziente Verteilung der DSMS-relevanten Informationen auf die verschiedenen Handbücher und Arbeitsanweisungen wird eine Überlastung der Beteiligten des DSMS vermieden, zumal bedacht werden muss, dass der Datenschutz nur einen von vielen Aspekten darstellt, den die Mitarbeiter in ihrer täglichen Arbeit berücksichtigen müssen. So sind Arbeitsanweisungen nicht nur unter dem Gesichtspunkt des Datenschutzes formuliert, sondern versuchen durch ihre Ausgestaltung vielmehr auch die themenverwandten Aspekte der (IT-)Security zu berücksichtigen.

Die weitergehende DSMS-Dokumentation wurde in die bereichs- und themenübergreifende Sicherheitsdokumentation eingegliedert. So wurden die zahlreichen, unternehmensweit gültigen Sicherheitsstandards, die SAP zum Schutz seiner Mitarbeiter, Anlagen, Informationen und Systeme etabliert hat, systematisch um Datenschutzaspekte ergänzt.

Die DSMS-Dokumentation wurde zudem in die allgemeine Dokumentenverwaltung integriert. So können die Adressaten über die vertrauten Routinen den Umgang mit der DSMS-Dokumentation pflegen. Dazu gehören neben dem Vereinheitlichen des Layouts oder den Verfahren zur Dokumentenlenkung analog vorhandener ISO 9001-QMSe auch die Formen der Veröffentlichung: Während die allgemein zugänglichen Dokumente – wie etwa die DSMS-Handbücher und die Sicherheitsstandards – für alle Mitarbeiter im SAP-eigenen Intranet jederzeit einsehbar sind und damit auch neben der persönlichen Rückfrage bei der DSMS-Administration zur Klärung von datenschutzrelevanten Fragen verwendet werden können, werden die meisten Rahmendokumente nach dem Need-to-know-Prinzip von den Fachabteilungen geführt. So wird beispielsweise das Risikoregister aufgrund der Notwendigkeit einer konzernweiten Risikoaggregation über das zentrale Risikomanagement verwaltet, die darin enthaltenen Informationen aber regelmäßig mit der DSMS-Administration und den Datenschutzkoordinatoren vor Ort ausgetauscht.

Diese Form der DSMS-Dokumentation hat sich für SAP bewährt. Sowohl in den eigenen Verfahren zur Messung der Wirksamkeit des DSMS als auch über die externen Audits konnte festgestellt werden, dass die Dokumentation Teil des „gelebten" DSMS in der betrieblichen Praxis geworden ist und den Erfolg des DSMS optimal unterstützt.

Am Ende der Dokumentationsphase sollten neben den zentralen Dokumenten – der Policy und dem Handbuch – auch die wichtigsten Dokumente zur Unterstützung der nun folgenden Do-Phase erstellt bzw. in einer Art und Weise vorbereitet sein, die einen rechtzeitigen Einsatz ermöglicht. Ist dies der Fall, so kann das DSMS in seine tatsächliche Anwendung überführt und im folgenden Schritt im Anwendungsbereich ausgerollt werden.

Fazit

- Die DSMS-Dokumentation unterstützt die Beteiligten bei ihren Tätigkeiten im Rahmen des DSMS und ermöglicht den Nachweis der Datenschutzkonformität im DSMS-Anwendungsbereich.
- Die DSMS-Dokumentation sollte nach Möglichkeit in die allgemeine Unternehmensdokumentation integriert werden.
- Dokumentieren ist kein Selbstzweck, sondern muss sich immer an der Erforderlichkeit einer entsprechenden Dokumentation ausrichten.
- Ein sukzessiver Aufbau nach den Vorgaben der Datenschutz-Policy über das DSMS-Handbuch ermöglicht es, den zahlreichen Dokumentationsanforderungen gerecht zu werden und gleichzeitig ein zentrales Referenzwerk für das DSMS zu etablieren.
- Das DSMS-Handbuch ist das wichtigste Dokument des DSMS und vereint alle relevanten Informationen in sich, entweder in direkter Form oder über einen Verweis auf die einschlägigen Rahmendokumente.

- Neben gesetzlich ausdrücklich geforderten Dokumenten gibt es zahlreiche Möglichkeiten, den Datenschutz über eine geeignete Dokumentation im Unternehmen zu
  steuern und zu unterstützen.
- Je nach gewähltem Regelungsinhalt benötigt ein Dokument länger zur Erstellung
  und muss fachbereichsübergreifend erarbeitet werden.
- Die DSMS-Dokumentation sollte über eine passende Dokumentenverwaltung gelenkt werden, die sich idealerweise an bestehenden Praktiken im Unternehmen
  orientiert und softwaregestützt erfolgt.

5.2.5 Roll-out

▶
- Wie führt man das DSMS im Unternehmen ein?
- Welche Vorbereitungen sind dafür zu treffen?
- Wie kann die tatsächliche Bekanntmachung des DSMS ausgeführt werden?
- Welche flankierenden Maßnahmen eignen sich zusätzlich zur eigentlichen
  Bekanntmachung?

Auf Basis der ermittelten Maßnahmen sowie der erstellten Dokumentation kann die Do-
Phase des DSMS-PDCA eingeleitet werden. Diese beginnt mit dem Roll-out des DSMS
im jeweiligen Anwendungsbereich als fünfter Schritt im Regelkreis zur Implementierung
(Abb. 5.18).

Nachdem die Vorbereitungen für diesen Punkt in der Plan-Phase abgeschlossen wurden, steht mit dem Roll-out ein Meilenstein in der Implementierung des DSMS an. Ziel
des Roll-out ist es, das DSMS dergestalt im Unternehmen zu verankern, dass die folgenden
Maßnahmen bestmöglich und unter Einbeziehung aller Adressaten umgesetzt werden. Dazu bedarf es neben der eigentlichen Bekanntmachung des DSMS auch einer koordinierten
Vor- und Nachbereitung ebendieser im Rahmen einer effektiven Kommunikation.

5.2.5.1 Vorbereitung

Der Roll-out des DSMS bedarf einer gut durchdachten Vorbereitung, um möglichst effektiv zu sein. Es muss vermieden werden, Teile des Scopes nicht oder nur unzureichend
miteinzubeziehen und so den Erfolg des DSMS zu gefährden. Die Vorbereitung sollte
gestuft angegangen und die DSMS-Akteure miteinbezogen werden, da sie nach dem Roll-
out ihre Tätigkeit aufnehmen. Weiterhin sollte die Kommunikationsabteilung einbezogen
werden.

Da der Roll-out sich als Meilenstein darstellt, sollte zunächst das oberste Gremium der
DSMS-Implementierung in einem Meeting zusammenkommen. Hier werden die Ergebnisse aus der Plan-Phase vorgestellt, bewertet und die Entscheidung zum Roll-out bestätigt.
Außerdem wird der Zeitplan für die folgenden Phasen des DSMS diskutiert und beschlossen. Ebenfalls wird die Geschäftsleitung in den bevorstehenden Roll-out einbezogen. Die

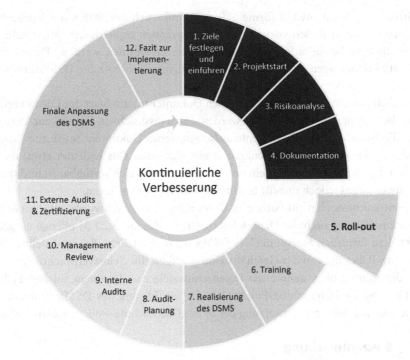

Abb. 5.18 DSMS-PDCA – Schritt 5

Geschäftsleitung muss den Start des DSMS durch eine entsprechende Anweisung zur Umsetzung des DSMS unterstützen. Dies muss folglich mit geeigneten Ansprechpartnern auf
dieser Ebene vorbereitet werden. Eine wichtige Rolle kommt in der Vorbereitung der Bekanntmachung der Unternehmenskommunikation zu. Gemeinsam mit dieser muss das
geeignete Instrument zur Bekanntmachung des DSMS ausgewählt sowie inhaltlich ausgestaltet werden. In diesem Zusammenhang sind außerdem die Informationsbedürfnisse der
Adressaten zu ermitteln, d.h. was genau den Beschäftigten mitgeteilt werden soll. Zur opti-
malen Verbreitung des DSMS sind die verfügbaren Kanäle im Unternehmen zu ermitteln
und auf ihre Eignung zur Bekanntmachung als auch für spätere Informationen zu prüfen.
Dabei muss beachtet werden, dass die Form der offiziellen Bekanntmachung alle relevanten Informationen enthält, aber auch revisionssicher erfolgen muss. Dafür kann bereits
eine besonders hervorgehobene E-Mail-Benachrichtigung ausreichen. Diese sollte jedoch
dann noch durch flankierende Maßnahmen unterstützt werden, etwa einen Artikel in der
Mitarbeiterzeitschrift oder im Intranet, in dem der Verantwortliche für den Datenschutz
die Ziele der Einführung des DSMS erläutert.

Daran anknüpfend ist dafür zu sorgen, dass die Mitarbeiter im Rahmen der Bekanntmachung nicht von der Einführung des DSMS überrascht werden. Hier ist das Management
der jeweiligen Fachbereiche gefragt bzw. die DSMS-Akteure (z.B. der Verantwortliche
für den Datenschutz oder die Datenschutzkoordinatoren). Bereits vor der eigentlichen

Bekanntmachung kann sowohl formell als auch informell der Status der Vorbereitung kommuniziert und in diesen vorbereitenden Gesprächen zugleich den Mitarbeitern die Unsicherheiten in Bezug auf zukünftige Aufgaben genommen werden. Diese vorgreifenden Tätigkeiten tragen zu einer möglichst positiven Resonanz zur DSMS-Einführung bei.

Schließlich müssen auch die erforderlichen Dokumente zum Start des DSMS verfügbar sein und dies entsprechend vorbereitet werden. Dazu lässt sich ein Prozess zur Verteilung bzw. zur Freischaltung der Dokumente aufsetzen. Jedes Dokument muss zum Start des DSMS dem erforderlichen Personenkreis zugänglich sein. Das bedeutet etwa, dass das DSMS-Handbuch für jeden Mitarbeiter im Anwendungsbereich verfügbar ist und spezielle Arbeitsanweisungen jedoch nur für bestimmte Mitarbeiter vorliegen.

Falls eine solche noch nicht vorher im Unternehmen etabliert wurde, wird im Rahmen der Bekanntmachung auch die Datenschutz-Policy (Abschn. 5.2.1.3) offiziell eingeführt. Dies gibt dem formellen Startpunkt des DSMS noch zusätzliche Brisanz, stellt doch die Datenschutz-Policy die von der Geschäftsleitung aufgestellte Selbstverpflichtung zur Umsetzung der in der Policy definierten Datenschutzziele dar. In einem solchen Fall steht die Einführung der Datenschutz-Policy über der Einführung des DSMS. Letzteres wird präsentiert als Methode zur Umsetzung der in der Datenschutz-Policy gesetzten Ziele.

5.2.5.2 Bekanntmachung

Die Bekanntmachung stellt den tatsächlichen (formellen) Starttermin des DSMS dar. Die Bekanntmachung betrifft dabei nicht nur die DSMS-Akteure, sondern richtet sich zudem an die Beschäftigten, welche von diesem Zeitpunkt an die Datenschutzziele in ihrer täglichen Arbeit zu berücksichtigen haben. Als formeller Starttermin ist die Bekanntmachung in Bezug auf die Auditierung und die damit einhergehende Bewertung der Verbesserungen im Unternehmen relevant. Auch können intern über die Planung des DSMS mit diesem Startpunkt verschiedene Bedingungen eintreten, etwa die Freigabe der Budgets zur Umsetzung der Maßnahmen. Die Bekanntmachung sollte jedoch nicht mit unrealistischen Erwartungen angegangen werden: Nur durch die Bekanntmachung des DSMS allein wird noch kein Verbesserungsprozess angestoßen. Sie stellt daher vielmehr lediglich einen (wenn auch zentralen) Punkt in der Einführung des DSMS dar, welcher mit flankierenden Maßnahmen in der Vor- und Nachbereitung das Ziel der Verankerung des DSMS bestmöglich erfüllen soll. Die Bekanntmachung enthält notwendigerweise folgende Informationen:

- Adressatenkreis (alle Mitarbeiter im Scope)
- Sinn und Zweck der DSMS-Implementierung als Unterstützung zur Erreichung der Datenschutzziele

▶   Die Bekanntmachung sollte positiv formuliert werden und die Einführung des DSMS nicht lediglich auf die gesetzlichen Erfordernisse reduzieren. Idealerweise stellt man das Bekenntnis der Geschäftsleitung zur gemeinsamen Verbesserung des Datenschutzes in den Vordergrund und appelliert an die Unterstützung *aller*

Mitarbeiter. Da das DSMS den Mitarbeitern bei der Vermeidung von Verstößen gegen das Datengeheimnis hilft, kann auch dieser Aspekt hervorgehoben
werden.

- Verantwortlicher der DSMS-Implementierung und die lokalen DSMS-Akteure
- Verweis auf die miteingeführte Dokumentation (insb. die Datenschutz-Policy und die
  DSMS-Handbücher)
- Hinweise auf die Trainings (siehe Abschn. 5.2.6)
- Wichtige Termine und Projekte im Rahmen des DSMS (z.B. zukünftige Audits)
- Autorisierung durch die Geschäftsleitung

▶ Gerade der Hinweis auf bevorstehende externe Audits und die angestrebte
   Zertifizierung setzt regelmäßig einen zusätzlichen Ansporn für die Mitarbeiter
   und vor allem für das Management. Daher sollten sowohl die Bekanntma-
   chung sowie auch die folgenden Updates solche Motivationselemente und
   Fortschrittsberichte enthalten, damit die Bemühungen aller Teilnehmer in der
   Folgezeit nicht ins Stocken geraten.

Mit der Bekanntmachung wird die einschlägige Dokumentation verfügbar gemacht und
die DSMS-Akteure beginnen mit der Wahrnehmung ihrer Aufgaben sowie der Umsetzung
der Maßnahmen (siehe Abschn. 5.2.7 – Realisierung des DSMS).

5.2.5.3 Nachbereitung
Alleine durch die Bekanntmachung ist noch keine Verbesserung im Unternehmen eingetreten. Außerdem werden nicht alle Mitarbeiter den konkreten Einfluss des DSMS auf ihre
tägliche Arbeit sehen und daher noch Erläuterungsbedarf bezüglich Einzelfragen und der
konkreten Umsetzung haben. Diese Aufgaben müssen über eine gute Nachbereitung der
Bekanntmachung bewältigt werden und obliegen vor allem den lokalen DSMS-Akteuren.
Sie müssen sich als erste Ansprechpartner für die Mitarbeiter in allen Fragen zum DSMS
etablieren.
   So ist nicht von der Hand zu weisen, dass etwa durch eine überstürzte Bekanntmachung,
fehlende Dokumentation oder eine allgemein unzureichende Kommunikation während
der Plan-Phase bei den Mitarbeitern zum Zeitpunkt der Bekanntmachung eine Unsicherheit darüber entstehen kann, wie sie in der Folgezeit allen Anforderungen aus dem DSMS
gerecht werden können und die Mitarbeiter so auch entsprechende Abwehrreaktionen
zeigen. Dies gilt umso mehr im Hinblick auf die anstehenden Audits, und dass sich in
vielen Fällen die Mitarbeiter aufgrund der noch nicht abgehaltenen Trainings als nicht
ausreichend befähigt fühlen. Dies ist ein weiteres Argument dafür, Trainings möglichst
früh nach der Bekanntmachung durchzuführen.
   Die lokalen DSMS-Akteure sollten diese Probleme der Mitarbeiter erkennen und an
diesen Punkten intervenieren. Das sog. „Management by walking around" (MBWA),
also der regelmäßige und direkte Kontakt mit der Basis, ist unverzichtbar, um die er-

forderliche Überzeugungsarbeit leisten zu können.[18] Alle Anfragen zum DSMS sollten ernst genommen und beantwortet werden. Vielfach hilft bereits der Hinweis auf die einschlägigen Trainings sowie die Dokumentation (Richtlinien, DSMS-Handbuch, Arbeitsanweisungen etc.). Des Weiteren sollten sie darauf hinweisen, dass zumindest in der Anfangsphase noch eine gewisse Fehlertoleranz zugestanden wird, da durch das DSMS (und die Datenschutz-Policy) ein mehr oder weniger stark ausgeprägter Kulturwandel im Unternehmen einhergehen soll, welcher nicht über eine bloße Bekanntmachung abgeschlossen ist. Vielmehr stellt das DSMS gerade die Methode dar, um solch einen Wandel voranzutreiben, indem es auf kontinuierliche Verbesserung ausgerichtet ist. Eine perfekte Umsetzung gleich nach der Bekanntmachung wird trotz intensiver Planungsphase nicht gelingen und deshalb auch nicht von den Mitarbeitern ad-hoc eingefordert. Stattdessen kann nur über eine gute Zusammenarbeit aller Beteiligten der Erfolg des DSMS gesichert werden. Folglich besteht für die Mitarbeiter wenig Grund zur Sorge, sofern sie in der Folgezeit die entsprechenden Trainingsmaßnahmen absolviert und die Dokumentation gesichtet haben sowie sich auf die Veränderungen im Rahmen des DSMS einlassen. Dies zeigt, wie wichtig die frühzeitige Einbindung der Mitarbeiter und Berücksichtigung ihrer Interessen ist.

Auch untereinander müssen die DSMS-Akteure ein System der Kommunikation aufbauen und sich in der folgenden Umsetzung der Maßnahmen untereinander abstimmen bzw. ihre Ergebnisse und eigenen „Best Practices" untereinander austauschen. Als Eskalationsstufe steht zudem der Verantwortliche für den Datenschutz zur Verfügung, der über einen geeigneten Feedback-Kanal über den Erfolg bzw. die Probleme im Rahmen der Bekanntmachung zu informieren ist und so entsprechende Korrekturen vornehmen kann. Letzteres ist in allen Phasen des DSMS von Bedeutung, weil die Praxis zeigt, dass keine Implementierung vollständig nach Plan läuft. Vielmehr müssen Änderungen und Abweichungen zu jeder Zeit erkannt und kommuniziert werden, um das DSMS entsprechend steuern zu können (vgl. dazu auch Abschn. 5.2.7.4).

Klein GmbH

Bei der Klein GmbH bereitet der Verantwortliche für den Datenschutz in Rücksprache mit dem Geschäftsführer die Einführung des DSMS vor. Mit den Verantwortlichen der einzelnen Abteilungen wird zudem ein gemeinsames Meeting veranstaltet, um diese über den aktuellen Status der DSMS-Planung und die folgenden Schritte zu informieren. Außerdem werden die Termine für die nach der Bekanntmachung erfolgenden Trainings der Mitarbeiter und damit deren Freistellung für die erforderliche Zeit beschlossen. Zum offiziellen Starttermin wird das DSMS mit einer Rund-Mail des Geschäftsführers angekündigt. In dieser wird insbesondere die neue Datenschutz-Policy angesprochen, die ab diesem Zeitpunkt in Kraft tritt. Detailregelungen zum DSMS werden zwar nicht explizit ausgeführt, da die wesentlichen Tätigkeiten davon alle von einer

---

[18] Change Management, Doppler, S. 186.

Person – dem Verantwortlichen für den Datenschutz – verantwortet werden. Nichtsdestotrotz kündigt der Geschäftsführer an, dass der Datenschutz zukünftig regelmäßig in den einzelnen Abteilungen vom Verantwortlichen für den Datenschutz auditiert wird. Er appelliert an alle Mitarbeiter – auch im Hinblick auf den kürzlich eingetretenen Vorfall –, den Verantwortlichen für den Datenschutz in seinen Aufgaben zu unterstützen und hebt seine eigene, persönliche Motivation hervor. Alle Mitarbeiter werden zudem ermuntert, Eigeninitiative an den Tag zu legen und sich mit Ideen für Verbesserungen an den Verantwortlichen für den Datenschutz zu wenden.

Zeitnah nach dieser Ankündigung besucht der Verantwortliche für den Datenschutz die einzelnen Abteilungen und stellt in einem kurzen Vortrag noch die Hintergründe der Einführung des DSMS und der Policy dar – insbesondere unter Verweis auf den kürzlich ergangenen Datenschutzvorfall. Er gibt einen Ausblick auf die bevorstehenden Maßnahmen und weist auf die in der nächsten Zeit folgenden Trainings hin, die in den einzelnen Abteilungen sukzessiv durchgeführt werden. Rückfragen der Mitarbeiter werden ebenfalls an dieser Stelle aufgenommen und beantwortet. So wird festgestellt, dass nicht alle Mitarbeiter die E-Mail des Geschäftsführers erhalten haben und sich deshalb verwundert über den Besuch des Verantwortlichen für den Datenschutz zeigen. Das Problem mit dem E-Mail-Verteiler lässt sich im Anschluss jedoch schnell lösen und auch diese Mitarbeiter erhalten die Nachricht noch zugesandt.

Medium AG

Gemeinsam mit dem Verantwortlichen der Kommunikationsabteilung erarbeitet der externe DSB ein Kommunikationskonzept zur Bekanntmachung des DSMS und stellt dieses dem für den Datenschutz verantwortlichen Finanzvorstand im Anschluss vor. Der Finanzvorstand spricht dieses sowie die offizielle Einführung des DSMS in der nächsten Vorstandssitzung an und holt an dieser Stelle die Zustimmung der anderen Vorstandsmitglieder zu dem Verfahren ein.

Die Bekanntmachung des DSMS per E-Mail an alle Mitarbeiter erfolgt anschließend direkt im Namen des Vorstandsvorsitzenden sowie des Finanzvorstandes. Damit wird zum einen die Unterstützung des gesamten Vorstands hinter dem DSMS angezeigt, zugleich aber auch die Federführung des Finanzvorstands hervorgehoben. Der jeweilige Bekanntmachungstext wird dabei an manchen Stellen zielgruppenspezifisch je Abteilung bzw. Geschäftsbereich unter Berücksichtigung der einschlägigen Besonderheiten angepasst, um den Mitarbeitern dort den Einfluss des Datenschutzes auf ihre tägliche Arbeit in Erinnerung zu rufen: So wird beispielsweise für den Vertrieb das DSMS u.a. als Unterstützung zu einem rechtssicheren CRM präsentiert, welches die Mitarbeiter vor Rechtsverstößen bei der Kundendatenpflege bewahren kann.

Ergänzend zur eigentlichen Bekanntmachung erscheint zeitnah in der aktuellen Ausgabe der Mitarbeiterzeitschrift ein Artikel des externen DSB zur Einführung des DSMS, der die Hintergründe beleuchtet, die wesentlichen neuen Änderungen aufgreift und alle

Mitarbeiter zur gemeinsamen Umsetzung des Datenschutzes aufruft. Ebenfalls werden die Datenschutzkoordinatoren vorgestellt, weshalb der Artikel mit einem Gruppenfoto von DSB und Koordinatoren unterlegt wird. Auf diese Weise etablieren sich die DSMS-Akteure von Anfang an als Ansprechpartner und „bekannte Gesichter" für die Mitarbeiter.

Gleichzeitig mit der Bekanntmachung wird im Intranet der neue gemeinsame Bereich von Informationssicherheit und Datenschutz mit den zugehörigen öffentlichen Dokumenten (Datenschutz-Policy, DSMS-Handbuch, Informationssicherheitsrichtlinie etc.) für alle Mitarbeiter freigegeben (näheres zum Dokumentenmanagement der Medium AG bei Abschn. 5.2.4.3.4). Der externe DSB trifft sich nach der Bekanntmachung mit den Datenschutzkoordinatoren, bespricht mit ihnen die Planung der weiteren Schritte und erinnert an die Maßnahmen, die die Koordinatoren in der Folgezeit auszuführen haben. Die Koordinatoren stehen nach der Bekanntmachung des DSMS als erste Ansprechpartner für die Mitarbeiter bereit, organisieren zum Follow-up der Bekanntmachung Team-Meetings und leiten alle Anfragen von Mitarbeitern, die nicht vor Ort geklärt werden können, an den externen DSB zur Klärung weiter.

SAP

Bei SAP werden aufgrund der bereits vorhandenen Trainings die Datenschutzkoordinatoren und -vertreter schon vor dem Roll-out geschult bzw. instruiert und Schritt für Schritt in die globale Datenschutz-Community eingebunden. In dieser können erfahrene DSMS-Akteure aus Geschäftsbereichen, in denen das DSMS schon länger etabliert ist, wertvolle Hinweise auch für die Phase des Roll-out weitergeben. So stehen zum Roll-out-Termin für die Mitarbeiter in den einzelnen Lokationen Ansprechpartner bereit. Bei SAP erfolgt dieser Roll-out aufgrund des großen Anwendungsbereiches und der hohen Anzahl an betroffenen Mitarbeitern gestuft. In einem ersten Schritt werden gemeinsam mit den lokalen Datenschutzkoordinatoren und der Kommunikationsabteilung der Zeitpunkt der Bekanntmachung sowie die entsprechenden Kanäle festgelegt. Regelmäßig wird dafür neben einer vom Vorstand ausgehenden E-Mail-Benachrichtigung dazu noch das SAP-eigene Intranet eingesetzt, indem dort die einschlägige Dokumentation sowie Verweise auf die Trainings und Ansprechpartner in übersichtlicher Art und Weise für alle Beteiligten positioniert werden. Da das DSMS nach (Prozessen in den einzelnen) Geschäftsbereichen eingeführt wird, wurde im Intranet beispielsweise für jeden Geschäftsbereich eine eigene Übersichtsseite eingerichtet, in der die Mitarbeiter auf einen Blick die zuständigen Ansprechpartner finden und auf die jeweils geltenden Policies, Handbücher und Arbeitsanweisungen zugreifen können.

Nach dem formellen Starttermin beginnen die Verantwortlichen mit der Realisierung des DSMS. Während die Datenschutzkoordinatoren primär die Ressourcen bereitstellen und zur Umsetzung bestimmter Maßnahmen die Unterstützung anderer Fachbereiche einholen, nehmen die Datenschutzvertreter lokale Aufgaben wie etwa die direkte Kommunikation mit den Beschäftigten und die Umsetzung und Kontrolle einzelner TOMs auf. Zudem stehen das Security & Data Protection Office sowie der Konzerndatenschutzbeauftragte für Rückfragen zur Verfügung und nehmen lenkende und beratende Funktionen in der Folgezeit wahr.

Nach der Einführung des DSMS kann im Folgenden mit dessen Realisierung und der Umsetzung der geplanten Maßnahmen begonnen werden. Dabei sollten die Maßnahmen idealerweise priorisiert sein und mit dem Wichtigsten begonnen werden. Regelmäßig stellt sich die Schaffung einer Datenschutz-Awareness im Unternehmen als eines der wichtigsten Ziele für die Do-Phase dar. Dies gilt insbesondere im Hinblick darauf, dass die Mitarbeiter den Anforderungen aus dem nun offiziell eingeführten DSMS überhaupt nachkommen können. Als Grundlage einer solchen Awareness bilden die Datenschutztrainings den Inhalt des nächsten Schrittes im DSMS-PDCA.

Fazit

- Der Roll-out des DSMS stellt einen Meilenstein in der Implementierung dar und orientiert sich an einem formellen Bekanntmachungstermin, welcher gut vor- und nachbereitet werden muss.
- In die Vorbereitung des Roll-out sind neben den DSMS-Akteuren auch die Geschäftsleitung, die Unternehmenskommunikation, die relevanten Business Stakeholder als auch in geeignetem Umfang die Beschäftigten mit einzubeziehen.
- In der Vorbereitung der Einführung des DSMS sind organisationspsychologische Aspekte zu beachten, um eine positive Resonanz für das DSMS zu erreichen und negative Auswirkungen auf das Betriebsklima zu vermeiden (Change Communication).
- Über die Bekanntmachung wird das DSMS formell gestartet und so ein Referenzpunkt für die zukünftige Bewertung des Fortschritts im Rahmen des DSMS gesetzt.
- Etwaige Unklarheiten in Bezug auf die Einführung des DSMS sind den Beschäftigten über die lokalen DSMS-Akteure zu erläutern.
- Spätestens nach der Bekanntmachung muss mit der Umsetzung der risikogerechten Maßnahmen begonnen werden, insbesondere sollten zeitnah die Trainings der Beschäftigten angesetzt werden.

5.2.6 Trainings

▶
- Warum sind Trainings ein essentieller Bestandteil eines DSMS?
- Wer ist Adressat der Trainings?
- Was ist bei der Aufstellung eines Trainingskonzeptes zu beachten?
- Was müssen Trainings vermitteln?

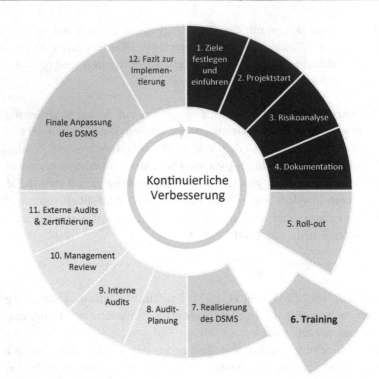

Abb. 5.19 DSMS-PDCA – Schritt 6

- Welche Besonderheiten sind für die Trainings der DSMS-Akteure zu beachten?
- Welche Methoden kommen in Frage?

Nach einem erfolgreichen Start des DSMS sind nun im sechsten Schritt des DSMS-PDCA (siehe Abb. 5.19) zeitnah die Mitarbeiter in Bezug auf die Anforderungen des Datenschutzes zu schulen und damit zur Umsetzung des DSMS zu befähigen. Dies stellt einen wichtigen Schritt in der Schaffung einer Datenschutz-Awareness im Unternehmen dar.

Als eine Form der Personalentwicklung werden die Datenschutztrainings hier in einem Sonderkapitel dargestellt: Zum einen, um die unmittelbare zeitliche Nähe zur Bekanntmachung (Abschn. 5.2.5.2) aufzuzeigen, die nicht per se auf alle anderen Maßnahmen zutrifft. Zum anderen aber auch deswegen, weil Trainings neben den DSMS-Akteuren auch alle Mitarbeiter betreffen, die mit der Verarbeitung personenbezogener Daten beschäftigt sind und diese Personen die Zielsetzungen hinter dem DSMS verstehen müssen. Folglich hat diese Maßnahme eine besondere Breitenwirkung und ist unerlässlich für den Erfolg des DSMS.

5.2.6.1 Notwendigkeit einer Datenschutz-Awareness

Die Berücksichtigung des Datenschutzes lässt sich nicht alleine über technische Maßnahmen herstellen. Aufgrund der vielen unbestimmten Rechtsbegriffe – insbesondere dem

Grundsatz der Verhältnismäßigkeit bei der Verarbeitung personenbezogener Daten –, dem nicht immer klar erkennbaren Personenbezug von Daten und der niemals einhundertprozentigen Sicherheit durch Technik nimmt der Mensch eine zentrale Rolle in der Umsetzung der Datenschutzanforderungen ein. Zudem wird die Bedeutung des Datenschutzes aufgrund der Zunahme an (personenbezogenen) Daten („Big Data") immer mehr Tätigkeitsbereiche betreffen und daher nicht mehr nur auf einen eng abgesteckten Mitarbeiterkreis eingrenzbar sein. Folglich können technische Sicherheitsmaßnahmen und einzelne Datenschutzexperten im Unternehmen alleine den Datenschutz nicht mehr ausreichend sicherstellen. Vielmehr bedarf es einer *allgemeinen* Datenschutz-Awareness [19] im Unternehmen. Denn nur mit dieser können die Hintergründe der im Rahmen des DSMS aufgestellten Handlungsanweisungen von den Beschäftigten befolgt werden. Außerdem bietet Awareness Schutz gegen Attacken, beispielsweise Social Engineering.

Die Notwendigkeit einer Datenschutz-Awareness hat auch der deutsche Gesetzgeber erkannt, steht doch der betriebliche Datenschutzbeauftragte nach § 4 g I Nr. 2 BDSG in der Pflicht, die mit der Datenverarbeitung beschäftigen Mitarbeiter mit den Regelungen des Datenschutzrechtes vertraut zu machen. Neben speziellen Schulungsangeboten nur für den Datenschutzbeauftragten hat sich als Folge für diese Form der Mitarbeitertrainings ein Markt aufgetan, auf dem private Anbieter wie auch die Aufsichtsbehörden tätig sind. Gleich ob das Unternehmen die Schulungen über eigenes oder fremdes Personal abhalten lässt, in beiden Fällen sind einige grundsätzliche Aspekte der Datenschutztrainings zu beachten, die im Folgenden dargestellt werden.

5.2.6.2 Grundlegende Aspekte von Datenschutztrainings

Einen wichtigen Aspekt bei der Gestaltung von Datenschutztrainings stellt die Auswahl der teilnehmenden Mitarbeiter dar. Eine solche Auswahl sollte gut durchdacht sein, weil Maßnahmen der Personalentwicklung generell verhältnismäßig aufwändig sind und die begrenzten Ressourcen für das DSMS sinnvoll allokiert werden müssen. Mindestens müssen diejenigen Mitarbeiter aus dem DSMS-Anwendungsbereich adressiert werden, die während ihrer Tätigkeit mit der automatisierten Verarbeitung personenbezogener Daten beschäftigt sind. Sinnvoll ist es zudem, Mitarbeiter miteinzubeziehen, die mit einer gewissen Wahrscheinlichkeit solche Tätigkeiten ausführen werden. Das sind beispielsweise Vertretungen oder absehbare Versetzungen. Ebenfalls dazu gehören Personen, die im Rahmen der Arbeitnehmerüberlassung im Unternehmen tätig sind. Personal von Dienstleistern ist grundsätzlich auch vom jeweiligen Dienstleister in nachgewiesener Form zu befähigen, was im Rahmen eines qualifizierten ADV-Managements vom Auftraggeber zu ermitteln (beispielsweise eine Selbstauskunft, siehe dazu Abschn. 5.2.7.5) und regelmäßig zu überprüfen ist.

---

[19] Awareness wird in diesem Praxisleitfaden als Oberbegriff für die Bewusstseins- und Aufmerksamkeitsbildung sowie Sensibilisierung eines Individuums zu einem bestimmten Themenfeld (hier: Datenschutz) verwendet. Awareness wird als internationaler Begriff in Bezug auf die Mitarbeiter v.a. in sicherheitsrelevanten Gebieten wie IT-Sicherheit, Informationssicherheit und eben auch dem Datenschutz verwendet.

Falls der Anwendungsbereich des DSMS nur bestimmte Geschäftsbereiche betrifft, ist zu überlegen, ob Schulungsmaßnahmen nicht auch darüber hinaus eingeführt werden sollen. So werden im Idealfall alle Beschäftigten durch die Trainings erreicht. Dies ist auch dann sinnvoll, wenn Ausweitungsbestrebungen für das DSMS geplant und auf diese Weise bereits geschulte Mitarbeiter dann schon vor Ort sind. Für eine solche Ausweitung der Datenschutztrainings eignen sich im Hinblick auf die begrenzten Ressourcen jedoch nur bestimmte Methoden wie etwa Angebote im Intranet. Außerdem besteht gerade in der Verfügbarkeit der Mitarbeiter ein wichtiger Engpassfaktor bei der Aufstellung von Datenschutztrainings, was bei der Konzeption zu berücksichtigen ist.

▶   Bei der Gestaltung der Trainings ist im Allgemeinen darauf zu achten, dass
     mit der Teilnahme am Training nicht eine gesamte Abteilung außer Betrieb
     gesetzt wird. Gelöst werden kann dies über Methoden mit der Möglichkeit zur
     freien Zeiteinteilung (E-Learning) oder auch durch die sukzessive Durchführung
     von Trainings mit Teilnehmern aus mehreren Abteilungen (insbesondere die
     Basisschulung).

In jedem Fall trainiert werden müssen die DSMS-Akteure (Datenschutzkoordinatoren etc.), da sich ihr reguläres Tätigkeitsprofil durch das DSMS erweitern wird. Jedoch unterscheiden sich die Trainingsinhalte hier vom Schwerpunkt her gegenüber den normalen Mitarbeitertrainings (siehe Abschn. 5.2.6.3.2 – Sonderfall Training der DSMS-Akteure).

Die Teilnahme an Datenschutztrainings sollte zumindest was die Mitarbeiter betrifft, die direkt mit der Verarbeitung personenbezogener Daten beschäftigt sind, verpflichtend eingeführt werden. Gleiches betrifft die Mitarbeiter mit potentiellem Kontakt zu personenbezogenen Daten. Vielfach ist ein Verweis auf die Pflicht jedoch nicht notwendig und die Mitarbeiter erkennen selbst die Vorteile einer Datenschutzschulung: So mindert diese ihr eigenes Risiko für arbeitsrechtlich relevantes Fehlverhalten in Bezug auf die Datenschutzgesetze. Außerdem werden auch sie als Betroffene durch eine umfassende Awareness im Unternehmen – insbesondere in der HR-Abteilung – besser geschützt.

Aufgrund der Verpflichtung zur Teilnahme ist des Weiteren die Unterstützung und Einbindung der Geschäftsleitung zum Einrichten der Trainingsmaßnahmen erforderlich. Die Geschäftsleitung muss deutlich machen, dass sie hinter den Schulungen steht und dass die Datenschutzziele nur unter gemeinsamer Anstrengung aller Beteiligten erreicht werden können, weshalb das Absolvieren der Trainings absolut erforderlich ist. Im besten Fall lässt sich sogar diese Unterstützung direkt in das Training einbauen, bei E-Learning-Lösungen etwa durch eine kurze Videobotschaft. Zudem bieten sich begleitende Maßnahmen an, etwa ein Artikel in der Mitarbeiterzeitschrift oder als Tagesordnungspunkt einer Betriebsversammlung. Begleitende Unterlagen zu einem Training – etwa die Ausgabe einer Zusammenfassung oder die Bereitstellung von Präsentationsunterlagen – sind wichtig, um Mitarbeitern das eigenständige Nacharbeiten zu ermöglichen und unterstützen die Klärung von später noch auftretenden Problemen.

Die Kosten der Schulungsmaßnahmen sind vom Arbeitgeber zu tragen, da dieser sie anordnet. Bei der Erstellung von Datenschutztrainings sind die Mitbestimmungsrechte des Betriebsrates zu berücksichtigen. Dessen Einbeziehung wird auch dann erforderlich, sobald die Trainings eine Form der technischen Verhaltens- und Leistungskontrolle darstellen, was etwa bei einer Schulung per Intranet und der anschließenden Auswertung von Testergebnissen der Fall ist. Die mit der betrieblichen Mitbestimmung einhergehenden, meist langwierigen Abstimmungsprozesse bedingen, dass mit der Konzeptionierung bereits frühzeitig und zum Einhalten des Zeitplanes meist zwangsläufig schon *vor* der Bekanntmachung des DSMS begonnen werden muss, damit die Trainings anschließend zur Verfügung stehen.

Anknüpfend an die Auswertung von Trainings ist zu beachten, dass jegliche Testergebnisse wiederum personenbezogene Daten darstellen und dem Datenschutz unterliegen, womit dieser Aspekt in der Konzeptionierung bereits berücksichtigt werden muss. Dies betrifft beispielsweise die Beauftragung externer Schulungsanbieter mit Durchführung und Auswertung der Tests, womit sich die Notwendigkeit einer ADV-Vereinbarung ergibt. Trotz dieser Hürden sollten Schulungen dennoch derart ausgestaltet werden, dass sie aussagekräftige Ergebnisse produzieren. Denn nur so erhält das Unternehmen ein aktuelles Bild über die Datenschutz-Awareness der Belegschaft und kann daraus Handlungsbedarf ableiten. Zudem lässt sich mit der Trainingsauswertung auch der Fortschritt messen, den das DSMS dem Unternehmen einbringt. Ohne belastbare Ergebnisse fehlt gegenüber der Geschäftsleitung eine wesentliche Rechtfertigungsgrundlage für den Weiterbetrieb des DSMS.

Mit einer einmaligen Datenschutzschulung ist jedoch noch keine Awareness sichergestellt. Zu dieser gehören auch weitergehende Awareness-Maßnahmen (s.u., Abschn. 5.2.6.5). Außerdem kann nur über regelmäßige Kontrollen in der Folgezeit der Datenschutz im Unternehmen präsent bleiben (siehe Abschn. 5.2.7.7 – Kontrolle der Umsetzung). Die Datenschutztrainings sind außerdem in regelmäßigen Abständen zu wiederholen. Entsprechend können sie als Kampagne aufgelegt und mit entsprechenden Eigenschaften (Zyklen, Mottos etc.) belegt werden. Über diese regelmäßigen Wiederholungen werden neue Mitarbeiter sowie Veränderungen der Rahmenbedingungen – etwa neue Gesetze oder vermehrte Datenschutzvorfälle – wirksam erfasst.

5.2.6.3 Inhalte
5.2.6.3.1 Mitarbeitertraining
Datenschutztrainings müssen Datenschutz vermitteln. Das klingt einfach, stellt sich in der Praxis jedoch als eine häufig unterschätzte Herausforderung dar. Es reicht für die Mitarbeiter nicht aus, bloß die gesetzlichen Vorschriften zu kennen. Vielmehr müssen sie deren Hintergrund und insbesondere die praktische Bedeutung des Datenschutzes für ihre Tätigkeit erkennen. Denn nur dann werden sich die Mitarbeiter mit den Zielsetzungen des DSMS auch identifizieren können. Ansonsten verbleibt der Datenschutz lediglich als regulatorische Anforderung im Gedächtnis, die zur Vermeidung von arbeitsrechtlichen Sanktionen beachtet werden muss. Folglich sollte der Schwerpunkt der Trainings

darauf liegen, den Mitarbeitern die konkrete Umsetzung des Datenschutzes in ihrem Tätigkeitsbereich zu erläutern. Da solch eine personalisierte Schulungsmaßnahme zum einen sehr aufwendig ist, zum anderen jedoch bei jedem Mitarbeiter ein gewisses Basiswissen zum Datenschutz vorhanden sein muss, besteht ein möglicher Kompromiss aus der Aufteilung der Schulungsmaßnahmen in allgemeine Basisinhalte auf der einen Seite und zielgruppenorientierten Spezialtrainings in den jeweiligen Fachbereichen auf der anderen Seite.

Notwendiges Basiswissen, das jedem Mitarbeiter vermittelt werden muss, ist:

- Das Recht auf informationelle Selbstbestimmung und Datenschutzgrundsätze (siehe Abschn. 2.2.1)
- Die relevanten Datenschutzgesetze und deren Anwendungsbereich
- Das personenbezogene Datum
- Grundlegende Rechtmäßigkeitsvoraussetzungen des Umgangs mit personenbezogenen Daten
- Grundlagen der TOMs
- Rechte der Betroffenen und der Umgang damit
- Verhalten bei Datenschutzvorfällen
- Konsequenzen bei Verstößen

In den Spezialtrainings können sodann zielgruppenorientiert die Bedürfnisse der Beteiligten angegangen werden, ein Zuviel an Informationen in der Basisschulung wird dadurch vermieden. Außerdem lassen sich auf diese Weise die Schulungszeiten abkürzen. Mögliche Zielgruppen können nach Fachbereichen (HR, Vertrieb, IT etc.), nach Prozessen, nach Standorten (insbesondere bei international tätigen Unternehmen) oder nach Hierarchiestufen (z.B. managementspezifisch) gebildet werden. Was genau Inhalt wird, sollte aus den Ergebnissen der Risikoanalyse abgeleitet werden, um so die höchsten Risiken über eine entsprechende Awareness mindern zu können. Potentielle Inhalte, die sich gut zielgruppenorientiert erstellen lassen, sind beispielsweise:

- Bereichsspezifische Prozesse mit Datenschutzbezug (sowie die einschlägigen Richtlinien und Arbeitsanweisungen, die das DSMS aufstellt)
- Umgang mit den Betroffenen (z.B. bei der Verbraucheransprache im Vertrieb oder im Recruiting-Prozess durch HR)
- Erläuterung der bereichsspezifischen TOMs
- Bereichsspezifische Trends mit Auswirkungen auf den betrieblichen Datenschutz (Social Media, BYOD, gesetzgeberische Aktivitäten, Direktmarketing etc.)

Es ist im Einzelfall abzuwägen, inwieweit spezielle Aspekte des DSMS (etwa das Governance Model oder die Auditierung) Inhalte von Datenschutztrainings für Mitarbeiter sein sollen. Denn das DSMS wird als Managementsystem von den speziell dafür ernannten DSMS-Akteuren ausgeführt. Statt also die Trainings der Mitarbeiter mit Details zu überfrachten, bietet es sich als Kompromiss an, lediglich die grundlegenden Informationen rund um das DSMS (iterativer Charakter, kontinuierliche Verbesserung, zuständiger Ansprechpartner, Auffindbarkeit der öffentlichen Dokumentation) kurz zu nennen. An der Funktionsweise des DSMS interessierte Mitarbeiter können sich zudem eigenständig im öffentlichen DSMS-Handbuch darüber informieren. Diese Abwägung belässt den Schulungsfokus auf den Aspekten, die für die Mitarbeiter in ihrer täglichen Arbeit relevant sind, gewährt den Mitarbeitern aber gleichzeitig einen Einblick in die Funktionsweise hinter den Vorgaben, die das DSMS in Form von Arbeitsanweisungen an sie stellt.

Aufgrund der thematischen Nähe und vielen Überschneidungen in der betrieblichen Praxis bieten sich zudem gemeinsame Trainingsmaßnahmen für die beiden Themenbereiche Datenschutz und Informationssicherheit an, insbesondere wenn ein ISMS (ISO 27001) implementiert ist. Daher sollte eine solche Möglichkeit der Verknüpfung bei der Erstellung der Trainingsinhalte beachtet werden, kann aber auch als potentielle Verbesserungsmaßnahme zur Integration beider Managementsysteme zurückgestellt werden.

▶ Mit einer kurzen, verpflichtenden Sicherheitsschulung für alle Mitarbeiter in den Themen physische Sicherheit, IT-Sicherheit, Informationssicherheit und Datenschutz kann die Grundlage für das allgemeine Sicherheitsbewusstsein der Beschäftigten geschaffen werden. Auf diesem kann dann mit den Datenschutztrainings (und weiterführenden Sicherheitstrainings) aufgebaut werden [41].[20]

Insgesamt sollten Datenschutztrainings vor allem darauf ausgerichtet sein, die Mitarbeiter auf den Datenschutz zu sensibilisieren und ihnen ihre Rolle in der gemeinsamen Erreichung der Datenschutzziele bewusst machen. Sie sollten die konkreten Umstände im Unternehmen aufgreifen und so den Mitarbeitern auch praktische Lösungen an die Hand geben. Trainings stellen zudem eine gute Möglichkeit dar, im Anschluss daran die förmliche Verpflichtung auf das Datengeheimnis (§ 5 BDSG) anzugehen. Denn damit wird unterstrichen, dass die Trainingsinhalte realen Einfluss auf das Beschäftigungsverhältnis haben. Schulungen sollten zudem nicht zu lang ausfallen, sondern lieber in mehrere kürzere Blöcke zerlegt werden sowie in der Folgezeit um regelmäßige Awareness-Maßnahmen ergänzt werden. Für die jährlichen Folgeschulungen bieten sich eine verkürzte Wiederholung des Inhalts aus den Basisschulungen sowie eine Schwerpunktsetzung auf die bereichsspezifischen Inhalte und geänderten Anforderungen (z.B. neue TOMs oder Gesetze) an.

5.2.6.3.2 Sonderfall: Training der DSMS-Akteure

Als einen Sonderfall der Datenschutztrainings stellen sich eben diese für die DSMS-Akteure dar. Das betrifft vor allem die lokal ernannten DSMS-Akteure (Datenschutzkoordinatoren

---

[20] SAP hat ein solches Training unter dem Leitmotiv „Human Firewall" global für alle Mitarbeiter eingeführt und wurde dafür mit dem Sicherheitspreis 2013 vom Sicherheitsforum 2013 Baden-Württemberg ausgezeichnet.

etc.), da diese – im Gegensatz zum Verantwortlichen für den Datenschutz – meist keine Expertise in Datenschutzangelegenheiten aufweisen können. Neben den Inhalten ist auch die zeitliche Durchführung dieser Trainings im Rahmen des DSMS-PDCA abweichend von den allgemeinen Mitarbeitertrainings anzusetzen. Im Idealfall sind die DSMS-Akteure nämlich bereits zum Zeitpunkt des Roll-out (Abschn. 5.2.5) entsprechend geschult, wobei sich ein Beginn nach ihrer Ernennung anbietet. Aus Gründen der thematischen Nähe soll jedoch an dieser Stelle im Praxisleitfaden darauf eingegangen werden.

Auch eine Schulung nach dem Roll-out ist möglich: Das DSMS startet dann etwas langsamer und entwickelt sich aus den wechselseitigen Interaktionen der Beteiligten heraus. Hierin liegt auch eine Chance, können sich auf diese Weise doch alle Beteiligten (Mitarbeiter und DSMS-Akteure) zunächst einmal in der neuen Umgebung orientieren. Dies bedeutet jedoch für den Verantwortlichen für den Datenschutz einen höheren Koordinierungsaufwand in dieser Anfangsphase. In einem solchen Fall sollte sich zwischen Roll-out und Schulung unabhängig von ihrer Reihenfolge ein möglichst geringer Zeitraum befinden.

Für die Inhalte der Trainings für die DSMS-Akteure gilt derselbe Grundsatz wie für die Mitarbeitertrainings: Wird einem Beschäftigten eine Aufgabe im Rahmen des DSMS zugewiesen, so ist dieser zur effektiven Umsetzung dieser Aufgabe entsprechend zu befähigen. Da sich die Aufgaben der DSMS-Akteure aber schwerpunktmäßig auf führende, koordinierende und kontrollierende Tätigkeiten konzentrieren, ist eine umfassende Schulung im Datenschutzrecht nicht zwingend erforderlich, zumal bei funktionierender Arbeitsteilung die rechtslastigen Tätigkeiten (ADV-Verträge, Vorabkontrolle etc.) auf die Fachabteilungen verteilt sind.

Es ist daher oftmals ausreichend, die grundlegenden Aspekte des Datenschutzes und der Datenschutzziele des Unternehmens zu vermitteln sowie schwerpunktmäßig auf die Aufgaben einzugehen, die im Rahmen des DSMS zu übernehmen sind. Die Wiederholungen der Tätigkeiten im Rahmen des PDCA-Zyklus führen dabei auch zu einem „Learning-on-the-job"-Effekt, sodass nicht unverhältnismäßig viel Aufwand dafür aufgewendet werden muss. Als Folge können diese „Trainings" auch lediglich in Form einer Instruktion durch beispielsweise den Verantwortlichen für den Datenschutz ausfallen, v.a. wenn die Tätigkeiten im DSMS lediglich eine Erweiterung der regulären Tätigkeiten bedeuten. Beispiel: Ein Mitglied des Managements bekommt zusätzlich zu seiner regulären Aufgabe der allgemeinen Budgetverwaltung noch die Aufgabe zugeteilt, das Budget des DSMS zu verwalten. Allein auf dieser Basis ist keine umfangreiche Schulung im Datenschutzrecht erforderlich.

Je nachdem könnte ohne eine detaillierte Ausdifferenzierung der Trainingsinhalte der einzelnen Rollen ein Trainingskonzept aus der oben erwähnten Basisschulung bestehen sowie einer Schwerpunktschulung zum DSMS, in welchem das Governance Model, die einzelnen Schritte des DSMS-PDCA sowie anhand der Dokumentation die einzelnen Aufgaben der DSMS-Akteure dargestellt werden. Diese Schwerpunktschulung muss nicht formalisiert werden und kann dann auch lediglich aus einer persönlichen Instruktion durch den Verantwortlichen für den Datenschutz bestehen, oder aber – bei weitgehend gleichen Aufgabenprofilen – auch rollenbezogen durchgeführt werden (wie beispielsweise bei SAP für die beiden Rollen des Datenschutzkoordinators und Datenschutzvertreters). Es gilt demnach Folgendes für die Trainings der DSMS-Akteure:

1. Zeitlich sollten sie bereits vor dem Roll-out erfolgen, ansonsten möglichst zeitnah danach.
2. Inhaltlich ist das Training je nach Rolle des Akteurs auszugestalten und reicht von einer bloßen Instruktion hin zu einer ausführlichen Schulung in den Aufgaben des DSMS.

5.2.6.4 Methoden

Nicht alle klassischen Methoden der beruflichen Weiterbildung greifen gleich gut bei der Vermittlung von Datenschutzkenntnissen. Dadurch, dass außerbetriebliches Schulungspersonal häufig einen weniger guten Einblick in die spezifischen Prozesse des Unternehmens hat, lässt sich auf diese Weise nur unzureichend der notwendige, praktische Bezug zu den Tätigkeiten der Beschäftigten herstellen. Viele Methoden sind außerdem zu zeit- oder kostenintensiv, sodass sich die Möglichkeiten der Unternehmen an dieser Stelle reduzieren. So kann nicht jedes Unternehmen auf ein eigenes Intranet zurückgreifen bzw. muss Abstriche bei den technischen Möglichkeiten machen. Zudem muss die Verfügbarkeit der Mitarbeiter beachtet werden: Hohe Fluktuationsraten oder lange Abwesenheitszeiten – etwa im Vertrieb – verringern die Effektivität mancher Methoden. Als Folge sehen sich die Verantwortlichen der Datenschutztrainings aufgrund der hohen Aufwände unter einem besonderen Rechtfertigungsdruck im Hinblick auf die Wirksamkeit der gewählten Maßnahme, sodass im Folgenden ein Weg zur Auswahl der geeigneten Trainingsmethode aufgezeigt werden soll.

Zunächst ist es von zentraler Bedeutung, dass sich das Unternehmen ein didaktisches Konzept zurechtlegt, wie es die Vermittlung der Datenschutzinhalte bewerkstelligen will. In die Erarbeitung eines solchen didaktischen Konzeptes sowie der Erstellung der Inhalte sollte neben dem Verantwortlichen für den Datenschutz und dem jeweiligen Management insbesondere die HR-Abteilung einbezogen werden, da diese primär für Weiterbildungsmaßnahmen zuständig ist, zudem – falls vorhanden – der Betriebsrat. Sind Verantwortlicher für den Datenschutz und betrieblicher DSB personenverschieden, ist auch der DSB miteinzubeziehen. Nicht zuletzt liefern auch die themenverwandten Fachbereiche wie etwa Security oder IT wichtige Inputs und lassen sich möglicherweise zu einer gemeinsamen Schulungskampagne motivieren.

Sodann ist die geeignete Trainingsmethode auszuwählen. Dazu können auch mehrere Methoden kombiniert werden, zumal der Übergang der Methoden untereinander durch den zunehmenden Einsatz der modernen Kommunikationstechnologie fließend ist. So lassen sich Frontalschulungen nicht mehr nur vor Ort, sondern auch als (Live-)Webcast ausführen. Zudem können interaktive Komponenten (Q&A, Test etc.) eingesetzt werden. Ein solcher Methodenmix ist aufgrund der unterschiedlichen Methodenpräferenz der Beschäftigten sogar anzustreben, um einen möglichst hohen individuellen Lernerfolg bei jedem Mitarbeiter zu erreichen. Zudem können unterschiedliche Methoden für die Basis-

und die Zielgruppenschulungen verwendet werden, etwa ersteres mittels E-Learning, letzteres über Workshops.

Methoden, die für ein Datenschutztraining in Frage kommen, sind:

- Vorträge
- E-Learning (Computer-based Training/Web-based Training/Webinar)
- Tests
- Fallstudien
- Workshops
- Planspiele, Rollenspiele
- Coaching
- Corporate University

Zudem sollte für die gewählte Methode oder den Methodenmix ein geeignetes Controlling eingerichtet werden. Es ist zu ermitteln:

- Wie zufrieden waren die Teilnehmer mit der Maßnahme?
- Wie effektiv war die Maßnahme objektiv?
- Wie erfolgreich war die Umsetzung des Trainingsinhalts im Rahmen der Tätigkeit?
- Wie hat die Maßnahme zur Erreichung der Datenschutzziele beigetragen?

Mit diesen Ergebnissen können die Folgetrainings effektiver konzipiert werden. Sie bieten zudem wichtige Eingaben für die Evaluierung des DSMS im Rahmen der Check-Phase.

5.2.6.5 Weitergehende Awareness-Maßnahmen

Nach der Durchführung der Trainings oder auch als Begleitmaßnahme dazu, ist die Datenschutz-Awareness durch regelmäßige Maßnahmen aufrechtzuerhalten. Dabei sind diese Maßnahmen in noch größerem Maße als die Datenschutztrainings individuell den Gegebenheiten anzupassen, keine Awareness-Kampagne gleicht der anderen. Eine größere Awareness-Kampagne ist nicht zwangsläufig erforderlich, vielfach reichen bereits kleine und schnell umsetzbare Maßnahmen in einer geeigneten Kombination aus, um den gewünschten Awareness-Effekt zu erhalten. Der Kreativität der DSMS-Akteure sind hier kaum Grenzen gesetzt. In erster Linie sollte bei der Erstellung einer Awareness-Kampagne auf Folgendes geachtet werden:

- Eine enge Einbeziehung der Mitarbeiter anstreben, d.h.: Interaktionsmöglichkeiten schaffen, das Einbringen eigener Ideen ermöglichen, den Mitarbeitern ein Feedback geben etc.
- Regelmäßigkeit, d.h.: nicht zu lange zeitliche Abstände zwischen den einzelnen Maßnahmen lassen. Stattdessen aufwendige Maßnahmen zielgruppen- und praxisbezogen ausrichten. So bringt man den Datenschutz ins Gespräch und ins Bewusstsein.

- Risikobasierte Vorgehensweise, d.h.: In den Bereichen vermehrt auf den Datenschutz aufmerksam machen, in denen die Ursachen für die größten Risiken liegen oder besonders viele Mitarbeiter in der Verarbeitung mit personenbezogenen Daten tätig sind.
- Aufmerksamkeit erregen, d.h.: Direkte Ansprache der Mitarbeiter, Praxisbezug herstellen, Unternehmenskultur berücksichtigen.

▶   Awareness-Kampagnen können unter einem prägnanten Slogan zusammengefasst werden, der idealerweise Bezug auf die Datenschutzziele des Unternehmens nimmt.

Für diese Art von ergänzenden Maßnahmen eignet sich neben dem direkten Austausch (beispielsweise im Rahmen einer „Datenschutzsprechstunde") zudem eine Vielzahl von Medien, insbesondere:

- Intranet
- Mitarbeiterzeitschriften
- Flyer/Rundschreiben/Newsletter
- Schwarzes Brett
- Tools
- Give-aways
- Poster
- Checklisten

Klein GmbH

Bei der Klein GmbH entwickelt der Verantwortliche für den Datenschutz gemeinsam mit einem Mitarbeiter der HR-Abteilung bereits vor dem Roll-out ein Konzept zum Training der Mitarbeiter. Nach dem Roll-out beginnt er mit der Ausführung des Konzeptes: Dazu werden zunächst in mehreren Durchgängen aus jeder Abteilung 1–2 Mitarbeiter für eine kurze Basisschulung abgestellt bzw. bei zeitlicher Eignung eine solche auch vor oder im Anschluss an ein Teammeeting durchgeführt. Nach 2 Monaten soll auf diese Weise im Idealfall jeder Mitarbeiter geschult sein. Daran anschließend wird der Verantwortliche für den Datenschutz abteilungsweise mehrere Mitarbeiter in kurzen Intensivschulungen über die wichtigsten Datenschutzanforderungen ihrer Tätigkeit informieren. Für die Vertriebsabteilung bedeutet dies etwa, dass im Hinblick auf die neu eingerichtete CRM-Datei eine kurze Vorführung der neuen Funktionen gemeinsam mit dem Leiter der IT-Abteilung stattfindet und die Datenschutzaspekte anhand eines Praxisbeispiels erläutert werden. Da die Vertriebsabteilung in einem großen Büroraum angesiedelt ist, wird außerdem ein großes Poster gut sichtbar an die Wand gehängt, auf dem das neue lokale CRM-System und seine wesentlichen Funktionen dargestellt werden. Jeder Mitarbeiter im Vertrieb bekommt eine aktuelle Prozessvisualisierung und eine Checkliste für die Verbraucheransprache ausgehändigt.

Medium AG

Bei der Medium AG erarbeiten der externe DSB, der Datenschutzkoordinator aus der HR-Abteilung sowie der ISMS-Verantwortliche vor dem Roll-out des DSMS ein gemeinsames Schulungskonzept zur Unterstützung der Zielsetzungen sowohl aus dem ISO 27001- ISMS als auch aus dem neu eingeführten DSMS, um Synergieeffekte zu nutzen: Dafür werden die bereits terminierten ISMS-Trainings um einen kurzen Baustein „Datenschutz" ergänzt. Im Gegenzug wird der ISMS-Verantwortliche bei der Konzeptionierung der speziellen DSMS-Trainings miteinbezogen und kann hierfür Trainingsunterlagen bereitstellen, die dann vom externen DSB abschließend optimiert werden. Auf diese Weise werden doppelte Trainingsmaßnahmen vermieden, zugleich aber beide Themenbereiche in den jeweiligen Schulungen behandelt. Auf diese Weise kann mit dem begrenzten Budget ein größerer Bereich abgedeckt werden.

Für die einzelnen DSMS-Trainings geht der externe DSB zielgruppenbezogen vor:

- Zunächst werden zeitnah alle Datenschutzkoordinatoren vom externen DSB in einem halbtätigen Workshop im Datenschutzrecht sowie den Anforderungen aus dem DSMS an sie geschult: Diese Anforderungen beinhalten etwa die Vorbereitung der Audits und die Durchführung regelmäßiger Datenschutzkontrollen im Verantwortungsbereich des Koordinators. Spezielle Problemfelder will der externe DSB nicht in dieser gemeinsamen Schulung, sondern je nach Bedarf den Koordinatoren in Einzelgesprächen erläutern.

- Ein kurzes, auf die Grundlagen des Datenschutzes und der Informationssicherheit bezogenes E-Learning steht zum Roll-out-Termin des DSMS für alle Mitarbeiter zur Verfügung und wird gemäß einer Aufforderung in einer E-Mail durch den Vorstand als verpflichtend für jeden Mitarbeiter eingestuft.

- Zusätzlich terminiert der externe DSB für die besonders risikobehafteten Bereiche Vertrieb (B2C und B2B), HR und IT jeweils eine Schwerpunktschulung, in welcher die Vorgaben des DSMS für den jeweiligen Bereich erläutert sowie tagesaktuelle Themen adressiert werden sollen. An dieser Stelle werden auch die zusätzlichen Inhalte vom ISMS-Verantwortlichen integriert. Für den Vertrieb bedeutet dies, dass das neue CRM-System sowohl unter Datenschutz- als auch Informationssicherheitsaspekten behandelt wird.

Neben diesen einzelnen Trainings soll auch auf begleitende Awareness-Maßnahmen gesetzt werden. Die „10 Goldenen Datenschutzziele" aus der Datenschutz-Policy werden dabei immer wieder als Thema aufgegriffen und sollen unter dem Motto "Die 10 goldenen..." die gemeinsame Informationssicherheits- und Datenschutz-Awareness-Kampagne kennzeichnen: So wurde als erstes an jedem PC-Arbeitsplatz eine Checkliste mit den „10 Goldenen Regeln zum Sicheren Arbeitsplatz" ausgelegt, dazu ein Hinweis auf weiterführende Informationen auf der eigens zur Kampagne eingerichteten Seite im Intranet. Diese Seite ist als zentrale Anlaufstelle für alle an die Mitarbeiter gerichteten Anliegen von ISMS und DSMS eingerichtet: So werden hier auch die Termine für die in Zukunft monatlich abgehaltene Datenschutzsprechstunde nachmittags in der Kantine aufgeführt: Dort stellen der externe DSB und einzelne Datenschutzkoordinatoren aktuelle Themen in kurzen Vorträgen und im direkten Gespräch mit interessierten Teilnehmern dar.

SAP

Bei SAP sind Datenschutztrainings Teil eines umfangreichen Schulungskonzeptes, zu dessen Umsetzung im Wesentlichen das SAP-eigene Intranet genutzt wird. Dies bietet u.a. den Vorteil, dass diese Form des E-Learnings jederzeit und von überall aus verfügbar ist, was sich gerade für ein international aufgestelltes Unternehmen wie SAP als besonders wichtig darstellt. Ziel der Trainings ist die sorgfältige Sensibilisierung der SAP-Mitarbeiter auf die Datenschutzziele von SAP, sodass diese Eingang in die tägliche Arbeit finden können. Bei den einzelnen Trainings wurde eine gestufte Vorgehensweise gewählt, wobei insbesondere auf eine Verbindung mit Aspekten der Security zur Erreichung einer allgemeinen Security Awareness geachtet wurde:

- In einem für alle Mitarbeiter verpflichtenden, interaktiven Sicherheitstraining werden neben Sicherheitsaspekten auch die grundlegenden Datenschutzthemen angesprochen. Das Sicherheitstraining schließt mit einer Kontrollprüfung über die vorher dargestellten Themen. Das Absolvieren dieses Trainings durch die Mitarbeiter muss von allen Managern in ihrem jeweiligen Verantwortungsbereich sichergestellt werden.
- Ein fakultatives Datenschutztraining in Form eines Webcast ist an alle Mitarbeiter gerichtet und erläutert die Datenschutzziele von SAP, das regulatorische Rahmenwerk, die Definition und Abgrenzung personenbezogener Daten sowie die Vorgehensweise von SAP zur Sicherstellung des Datenschutzes unter Erläuterung der (nicht nur auf das DSMS-bezogenen) einschlägigen Rollen und Verantwortlichkeiten. Insbesondere wird Wert darauf gelegt, das hohe europäische Datenschutzniveau, welches von SAP sichergestellt werden muss, darzustellen. So werden auch Mitarbeiter mit den Hintergründen der Datenschutzaktivitäten von SAP vertraut, die an außereuropäischen Standorten tätig sind. Ein weiterer Schwerpunkt wird darauf gelegt, die unterschiedlichen Formen von personenbezogenen Daten in den einzelnen Geschäftsbereichen aufzuzeigen und so die Mitarbeiter auf das Erkennen von datenschutzrelevanten Sachverhalten zu sensibilisieren. Die (erneute) Teilnahme an dieser Trainingsmaßnahme wird den Beschäftigten bei der Einführung des DSMS nahegelegt.

- Diverse prozess- und rollenbezogene Trainings werden primär unter dem Aspekt der Security – jedoch ergänzt um Datenschutzbausteine – angeboten. Verpflichtende Trainings sind dabei u.a. für Manager vorgesehen, um ihnen die Führungsaufgaben im Rahmen des Sicherheits- und Datenschutzmanagements aufzuzeigen. Auf dieser Basis kann ein Manager auch die Rolle des Datenschutzkoordinators oder -vertreters ausfüllen. Ein weiteres verpflichtendes Training in Form eines Webcast wird für die lokalen Datenschutzvertreter angeboten, um ihnen das Konzept des DSMS und ihre Aufgaben näher zu erläutern. Darin werden insbesondere die Dokumentation zum DSMS sowie die speziellen Aufgaben der Datenschutzvertreter (siehe dazu auch das Governance Model von SAP, Abschn. 5.2.1.2) wie etwa die lokale Vorbereitung der Audits im Detail erläutert.

Neben den genannten Trainings gibt es zahlreiche weitere, bereichsspezifische Trainings, die sich mit den diversen Richtlinien und Arbeitsanweisungen beschäftigen. Auch in diesen Fällen wird meist themenübergreifend – insbesondere unter Berücksichtigung der Security – geschult und der Datenschutz an den jeweiligen Stellen angesprochen. Die Formen variieren hier von der Bereitstellung von Präsentationsmaterial über Webcasts und E-Learning bis hin zum interaktiven Training, wobei die Ausgestaltung der einschlägigen Trainings durch die jeweiligen Fachbereiche erfolgt. Im Regelfall sind Mitarbeiter selbst angehalten, die erforderlichen Materialien einzusehen, wobei in Bezug auf den Datenschutz die lokalen Datenschutzvertreter auch regelmäßig darauf hinweisen und für Rückfragen bereitstehen. Zudem stehen als Ansprechpartner jederzeit der Konzern-DSB sowie zum DSMS das Security & Data Protection Office zur Verfügung. Die Teilnahme an den Trainings wird ausgewertet und liefert so Anhaltspunkte für Eingriffe durch das Management. Der Erfolg der Trainings und das so vermittelte Wissen werden auf vertraulicher Basis im Rahmen der Auditierung des DSMS in Interviews stichprobenartig überprüft.

Folglich kann durch dieses bereits seit langem implementierte Schulungskonzept das DSMS bei einer Neueinführung in einem bestimmten Geschäftsbereich regelmäßig dort auf einem ausgeprägten Sicherheits- und Datenschutzwissen bei den Beschäftigten aufbauen. Dies stellt für das DSMS eine wesentliche Säule seines Erfolges dar, denn es muss nicht immer wieder bei null angefangen werden. Das Vorhandensein der vielen einschlägigen Trainings begründet, dass die lokalen Datenschutzvertreter nach dem Roll-out des DSMS die Awareness neben der Aufforderung zur erneuten Absolvierung eines Trainings durch weitergehende Maßnahmen aufrechterhalten. Dabei können sie die besonderen, lokalen Gegebenheiten ausnutzen und sich an vergleichbare Security Kampagnen anhängen.

Die Datenschutztrainings bilden einen wichtigen Beitrag zum Erfolg des DSMS und stellen den ersten Schritt in der Schaffung einer Datenschutz-Awareness im Unternehmen dar. Zeitgleich dazu wird mit den im Rahmen der Risikoanalyse ermittelten Maßnahmen zur Anhebung des Datenschutzniveaus und der tatsächlichen Realisierung des DSMS im betrieblichen Alltag begonnen.

Fazit

- Eine Datenschutz-Awareness bei allen Mitarbeitern ist ein essentieller Bestandteil zur Sicherstellung des Datenschutzes im Unternehmen und die Basis für den Erfolg des DSMS.
- Den Grundstein für die Awareness legen die Datenschutztrainings, welche aber um zusätzliche Maßnahmen ergänzt werden sollten.
- Alle Mitarbeiter, die in der Verarbeitung von personenbezogenen Daten tätig sind, müssen Datenschutztrainings absolvieren. Da viele Beschäftigte personenbezogene Daten aber auch ohne diese Voraussetzung zur Kenntnis nehmen, sollte der Kreis der von den Trainings einbezogenen Mitarbeiter im Zweifel auf möglichst alle ausgeweitet werden.
- Bei der Konzipierung der Trainings sind im Besonderen die HR-Abteilung und der Betriebsrat mit einzubeziehen, aber auch die einschlägigen Fachexperten.
- Die unterschiedlichen Tätigkeitsbereiche der Beschäftigten bedingen, dass Trainings möglichst zielgruppenorientiert abgehalten werden sollten.
- Durch einen geeigneten Methodenmix werden die unterschiedlichen Anforderungen an die Ressourcen und die individuellen Bedürfnisse der Mitarbeiter berücksichtigt.
- Trainingsmaßnahmen müssen evaluiert werden, um die Fortschritte bei der Datenschutz-Awareness spätestens in den Audits sichtbar zu machen.
- Datenschutzschulungen sind um regelmäßige, weitergehende Awareness-Maßnahmen zu ergänzen, mit denen das Datenschutzbewusstsein der Mitarbeiter hochgehalten wird. Dabei sind kreative Lösungen gefragt, um den Datenschutz interessant zu gestalten.

5.2.7   Realisierung des DSMS

▶ - Warum ist die Do-Phase des DSMS mehr als bloß das Abarbeiten von Maßnahmen?
- Wie lässt sich das theoretische Modell des DSMS in die Praxis umsetzen?
- Was müssen die DSMS-Akteure in dieser Phase beachten?
- Wie ist mit Abweichungen von tatsächlichem und geplantem Ist-Zustand umzugehen?
- Wie lassen sich Veränderungen erfassen und umsetzen?
- Welche Anforderungen sind an die Überprüfung der Dienstleister zu stellen?
- Wie lässt sich bereits an dieser Stelle Verbesserungspotential ermitteln?

Als wesentlicher Aspekt in der Do-Phase des DSMS-PDCA steht die risikogerechte Umsetzung der im Rahmen der Risikoanalyse ermittelten Maßnahmen. Dies stellt einen höchst unternehmensspezifischen Vorgang dar, der nur unzureichend im Rahmen eines

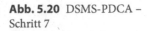

Abb. 5.20 DSMS-PDCA –
Schritt 7

unternehmensübergreifend gültigen Praxisleitfadens abgedeckt werden kann: So sind die individuellen Unterschiede der Unternehmen hierfür letztendlich zu groß, als das ein generelles Schema zur Vorgehensweise bei spezifischen Maßnahmen hier in praxistauglicher Art und Weise vorgestellt werden kann. Nichtsdestotrotz benötigt jede DSMS-Umsetzung in gewissem Umfang vergleichbare Strukturen, die zur Umsetzung des theoretischen Modells des DSMS hin zu dessen praktischer Realisierung erforderlich sind. Nur mit diesen Strukturen lässt sich in der Praxis die kontinuierliche Verbesserung auch tatsächlich umsetzen. Was dafür zu tun ist, wird in diesem siebten Schritt des DSMS-PDCA (Abb. 5.20) beschrieben.

5.2.7.1 Einordnung in den Kontext des DSMS-PDCA

Die Umsetzung der im Rahmen der Risikoanalyse ermittelten Maßnahmen stellt einen umfangreichen Prozess in der Do-Phase des DSMS dar. Konkret bedeutet dies etwa, dass die jeweiligen Fachexperten in der Folgezeit neue technische und organisatorische Maßnahmen einführen bzw. ergänzen, um das Datenschutzniveau zu erhöhen: So werden an dieser Stelle beispielsweise neue ADV-Vereinbarungen abgeschlossen, die IT-Infrastruktur umgestellt oder auch lediglich die Personalakten in einem abschließbaren Schrank deponiert – alles basierend auf den Ergebnissen der Risikoanalyse. Zwar müssen all diese Maßnahmen auch im Rahmen eines funktionierenden Datenschutzmanagements begleitet werden, dies ist jedoch gerade was technische Maßnahmen angeht meist projektbezogen und endet mit dem Projektabschluss. Viel wichtiger ist jedoch die Frage, wie darüber hinaus der kontinuierliche Verbesserungsprozess in Gang gesetzt und über geeignete Strukturen aufrechterhalten werden kann. Das DSMS befindet sich dabei an dieser Stelle erst in seinem Anfangsstadium: Zu diesem Zeitpunkt ist die notwendige Dokumentation erstellt und die Bekanntmachung bereits erfolgt. Idealerweise trifft die Umsetzung der Maßnahmen auch auf bereits geschulte Mitarbeiter. Nichtsdestotrotz fehlt es bei der Neueinführung noch an Routine, die Zusammenarbeit der Beteiligten muss sich erst einfinden. Insbesondere das Governance Model des DSMS (siehe Abschn. 5.2.1.2), also die Zusammenarbeit der DSMS-Akteure, muss an dieser Stelle seine Funktionsfähigkeit beweisen. Auch verändern sich die Rahmenbedingungen – auf denen letztendlich die Plan-Phase basiert – ständig, sodass auch an dieser Stelle auf diese Veränderungen angemessen reagiert werden muss. Welche Grundlagen dafür geschaffen werden müssen, wird in diesem Schritt sieben des DSMS-PDCA dargestellt.

5.2.7.2 Kommunikation

Da jedes Managementsystem auf dem Engagement *aller* Beteiligten aufbaut, ist Kommunikation ein entscheidender Schlüssel zum Erfolg des DSMS. Ohne regelmäßige Abstimmungen der Beteiligten und dem Austausch von Informationen kann ein Managementsystem nicht funktionieren, schließlich wird mit diesem Ansatz gerade ein arbeitsteiliges Vorgehen propagiert. Im Rahmen der Kommunikation sind dabei verschiedene Ebenen zu unterscheiden:

- Erstens die Kommunikation der DSMS-Akteure untereinander. Dies wird dann relevant, wenn – wie in jedem mittleren und großen Unternehmen erforderlich – mehrere Personen Verantwortlichkeiten im Datenschutzmanagement wahrnehmen, d.h. nicht alles primär über den Verantwortlichen für den Datenschutz läuft. Abhängig von der Ausgestaltung der Rollen im Governance Model und deren organisatorischer Eingliederung sind regelmäßige Meetings anzusetzen. Ist ein gestuftes Governance Model etabliert, müssen sich sowohl die Verantwortlichen einer Hierarchieebene untereinander als auch mit der angrenzenden Ebene austauschen.

▶ Auch eine eigene Plattform im Intranet zum Austausch von Best Practices untereinander stellt eine gute Möglichkeit zur Kommunikation der DSMS-Akteure dar. Gerade bei vergleichbaren Rahmenbedingungen lassen sich Best Practices gut von einer Abteilung in eine andere übertragen, wozu jedoch zunächst eine Austauschplattform sowie deren Moderation notwendig sind. Oftmals reicht bereits ein ausführlicheres FAQ aus.

- Das Management einer Abteilung muss von Beginn an mit den Akteuren im DSMS kooperieren. Dazu sollte das Management nicht nur in den formellen Management Reviews einbezogen werden, sondern regelmäßig in gemeinsamen Meetings über Status und Veränderungsbestrebungen des DSMS informiert werden. Auf diese Weise kann es über flankierende Maßnahmen unterstützend eingreifen. Aber auch umgekehrt informiert das Management in diesen Meetings die DSMS-Akteure über anderweitige Veränderungen, sodass diese präventiv intervenieren und Veränderungen im Sinne des DSMS begleiten können.

- Ebenso ist die Kommunikation von DSMS-Akteuren und den Mitarbeitern zu fördern. Zum einen müssen die Veränderungen, die das DSMS mit sich bringt, an die Mitarbeiter kommuniziert und sie regelmäßig an die Datenschutzziele erinnert werden. Zum anderen muss für die Mitarbeiter die Möglichkeit bestehen, ein qualifiziertes Feedback zum DSMS einzureichen. Neben den Audits geben diese Rückmeldungen der Mitarbeiter den wichtigsten Input über mögliche Ansätze zur Verbesserung des DSMS und sollten daher unbedingt ermöglicht bzw. aktiv eingefordert werden. Auch für das DSMS gilt der Grundsatz: Betroffene zu Beteiligten machen. Hier bieten sich neben regelmäßigen Meetings auch die Einrichtung eines Vorschlagswesens, eine Datenschutzsprechstunde, Workshops, (Datenschutz-)Management by walking around o.Ä. an.

- Neben den genannten Personengruppen bestehen weitere, die je nach Organisation (Geschäftsleitung oder Bereichsleitung) oder gesetzlichen Erfordernissen (Betriebsrat) an bestimmten Punkten einbezogen werden müssen. Mit Blick auf die verbindlichen TOMs kann eine regelmäßige Kommunikation mit den Bereichen Facility Management, IT/Infrastructure, Security und Prozessverantwortlichen erforderlich sein. Auch die Verantwortlichen parallel betriebener Managementsysteme (Quality Manager, ISMS-Verantwortlicher etc.) müssen zur Abstimmung der Aktivitäten und dem Ausnutzen entsprechender Synergien regelmäßig auf dem Laufenden gehalten werden. Entsprechend sind Kommunikationskanäle einzurichten.

Klein GmbH

Der Verantwortliche für den Datenschutz der Klein GmbH nimmt die Aufgaben des DSMS ohne weitere DSMS-Akteure wahr. Nichtsdestotrotz nimmt er bei datenschutzrelevanten Veränderungen an den monatlichen Meetings der einzelnen Abteilungen der Klein GmbH teil, um auf diese Weise die Mitarbeiter direkt darüber unterrichten zu können. Er erhält zudem die Protokolle aller Meetings und erkennt so Ansatzpunkte für Interventionsbedarf. Im Rahmen der Erstimplementierung möchte der Geschäftsführer regelmäßig Bericht über den Fortschritt des DSMS erhalten, sodass der Verantwortliche für den Datenschutz monatlich bei ihm vorstellig wird. Im Rahmen der Umsetzung der Maßnahmen steht der Verantwortliche für den Datenschutz in regelmäßigem Kontakt mit den Verantwortlichen der jeweiligen Abteilung. In Bezug auf die Etablierung der neuen CRM-Datei besteht ein anlassbezogener Austausch mit den Verantwortlichen aus Vertrieb und IT unter Heranziehung der wöchentlichen Fortschrittsberichte des Projektes.

Medium AG

Der für den Datenschutz verantwortliche Finanzvorstand der Medium AG steht in direktem Kontakt zum externen DSB und erhält monatlich einen kurzen Bericht über die Fortschritte der Implementierung des DSMS. Zeitlich davon versetzte Meetings aller Datenschutzkoordinatoren mit dem externen DSB stehen auch monatlich an. Dort berichten alle Beteiligten aus ihrer Sicht über die Fortschritte der DSMS-Implementierung und die Umsetzung der Maßnahmen und stimmen sich für die Zeit bis zum nächsten Meeting ab. Der externe DSB steht zudem direkt in Kontakt zu den Koordinatoren und unterstützt die Umsetzung der Maßnahmen. Die Koordinatoren untereinander treffen sich anlassbezogen zur Umsetzung fachbereichsübergreifender Maßnahmen. Zur Einführung des neuen CRM-Systems sind dies beispielsweise der Koordinator aus dem B2C-Bereich und der Koordinator aus der IT-Abteilung; beide werden unterstützt von einem Mitglied des Einkaufs zur Abwicklung des ADV-Wechsels. Dazu nutzen sie eine etablierte Projektmanagementmethode, die daraus resultierenden Berichte werden dem externen DSB zugeleitet.

SAP

Bei SAP erfolgt die Kommunikation der Beteiligten ausgerichtet am Governance Model und den damit verbundenen Rollen der in den einzelnen Geschäftsbereichen positionierten Datenschutzkoordinatoren und der lokalen Datenschutzvertreter sowie den auf globaler Ebene positionierten Stellen des Konzern-DSB und dem Security & Data Protection Office (SDPO). Die lokalen Datenschutzvertreter stehen in direktem Kontakt zu den Mitarbeitern und bringen nach eigenem Ermessen – meist nach dem Erkennen von Handlungsbedarf – entsprechende Tagesordnungspunkte in die Teammeetings ein. Der Datenschutzkoordinator als Mitglied des oberen Managements erhält in regelmäßigen Jour Fixes – meist monatlich – von seinen Datenschutzvertretern Bericht über die Entwicklung des DSMS in der täglichen Praxis und kann auf Basis dieser Informationen steuernd eingreifen – etwa indem er zusätzliche Ressourcen bereitstellt und die Durchsetzung aktueller Themenfelder forciert. Das SDPO wiederum als die das DSMS koordinierende Stelle steht sowohl mit den Koordinatoren als auch mit den Vertretern vor Ort in Kontakt und bietet – gerade im Hinblick auf anstehende Audits – Hilfen bei der Umsetzung des DSMS an. Über Audit-Berichte, Management Reviews und Jour Fixes berichtet das SDPO in regelmäßigen Abständen über den Status des DSMS an den Konzern-DSB. Der Vorstand wird mindestens jährlich über die Effektivität des DSMS im Gesamtunternehmen informiert. Die Einführung neuer technischer Maßnahmen wird je nach Reichweite von den lokalen Datenschutzkoordinatoren und -vertretern sowie den Experten der einschlägigen Fachabteilungen (IT, Security, Facility Management etc.) begleitet, SDPO und Konzern-DSB sind in angemessener Art und Weise beteiligt.

Das hier beschriebene System variiert in den einzelnen Bereichen und ist sehr von den lokalen Gegebenheiten abhängig. Insgesamt beruht ein wesentlicher Teil des Erfolges des DSMS auf dem regelmäßigen Austausch der zahlreichen Beteiligten und es werden auch in diesem Bereich immer wieder Verbesserungspotentiale erkannt und umgesetzt.

5.2.7.3 Risikoüberwachung

Das DSMS als risikobasierter Ansatz benötigt eine qualifizierte Überwachung der Risiken, um die Angemessenheit der ergriffenen Maßnahmen durchgehend bewerten zu können und die verbleibenden Restrisiken im Blick zu behalten. Zum einen verlangen gravierende Veränderungen der Risikosituation ein zeitnahes Eingreifen, zum anderen erleichtert das kontinuierliche Überwachen des Risikos die in jedem DSMS-Zyklus neu vorzunehmende Risikoanalyse und -behandlung (siehe Abschn. 5.3 – Überführung in den Regelbetrieb), da anders als bei der Erstimplementierung dann bereits auf Erfahrungswerte zurückgegriffen werden kann.

Die Risikoinhaber (siehe Abschn. 5.2.3.2.5) haben daher in regelmäßigen Abständen den Status des von ihnen verantworteten Risikos zu untersuchen. Dabei ist mindestens zu prüfen:

- Wie hat sich die Umsetzung der Maßnahmen auf das Risiko ausgewirkt? Ist die geplante Verringerung eingetreten oder gab es unvorhergesehene Abweichungen?
- Gibt es Änderungen in den Ursachen des Risikos, z.B. eine Änderung der Rechtslage, die zu einer Neubewertung führen müssen?
- Hat sich das Risiko realisiert?

Weitergehende Prüfungen, etwa eine genaue Neubewertung von Eintrittswahrscheinlichkeit und Schadensausmaß durch den Risikoinhaber, sind anzustreben, aber auch sehr aufwendig und verlangen eine Befähigung des Risikoinhabers in der unternehmenseigenen Methode zur Risikobewertung. Sofern ein unternehmensweites Risikomanagementsystem etabliert ist und einzelne Personen nur für einige wenige Risiken als Risikoinhaber auftreten, lässt sich dieser Aufwand vertreten. Ansonsten wird mit der Überführung des DSMS in den Regelbetrieb eine jährliche Neubewertung *aller* Risiken ohnehin notwendig werden.

Um eine funktionierende Risikoüberwachung zu gewährleisten, muss außerdem ein Berichtswesen etabliert werden. Die Risikoinhaber berichten an eine zentrale Stelle – etwa den Verantwortlichen für den Datenschutz oder die zentrale Abteilung für das Risikomanagement – und die Ergebnisse werden dort aggregiert und ausgewertet. Auch eine Ad-hoc-Berichterstattung sollte etabliert werden, wenn sich ein Risiko plötzlich und in gravierendem Ausmaß zu Ungunsten des Unternehmens entwickelt.

▶ Die lokalen Risikoinhaber erstellen monatlich (hohe Risiken) oder quartalsmäßig (mittlere und kleinere Risiken) einen Risikobericht, die Ergebnisse werden vom Verantwortlichen für den Datenschutz in das große, unternehmensweite Risikoregister überführt. Dieses steht der Geschäftsleitung zur Einsicht offen und vermittelt so ein aktuelles Bild über die Risikosituation im gesamten Unternehmen. Dafür bieten sich softwaregestützte Registertools an. Falls solche bereits etabliert sind, sollten sie auch für das DSMS genutzt werden, denn die Verantwortlichen haben sich an den Umgang damit bereits gewöhnt und eine größere Einarbeitungszeit entfällt.

Klein GmbH

Bei der Klein GmbH führt das Risikoregister der Verantwortliche für den Datenschutz. Dementsprechend hat er den Überblick über die Datenschutzrisiken und überprüft je nach Einordnung in einer der drei Risikoklassen (niedrig, mittel, hoch) die einzelnen Risiken auf ihren aktuellen Status. Eine erste umfassende Aktualisierung der Risikosituation ist auf Basis der Ergebnisse aus den internen Audits geplant. Über sein Engagement in einschlägigen Datenschutz-Communities informiert er sich zudem durchgehend über die neuesten Trends und Gesetzesänderungen im Bereich Datenschutz und erhält so aktuelle Informationen über Bedrohungslagen und neue Lösungen zum Umgang mit bekannten Datenschutzrisiken. Der Geschäftsführer als tatsächlicher Risikoinhaber erhält mit dem monatlichen Status-Update wiederkehrend Einblick in das aktuelle Risikoregister und wird über Veränderungen der Risikosituation informiert.

Medium AG

Da die Medium AG noch kein konzernweites Risikomanagement etabliert hat, obliegt die Aufgabe der Risikoüberwachung und das Führen des Risikoregisters zunächst primär dem externen DSB. Dieser berichtet monatlich dem für den Datenschutz verantwortlichen Finanzvorstand über Veränderungen der Risikosituation, in dem er diese in der vereinbarten Risikomatrix abbildet (siehe Abschn. 5.2.3.2.4). Die Aufgabe zur Überwachung einzelner konkreter Risiken überträgt der externe DSB gemäß seinem Weisungsrecht den einzelnen Datenschutzkoordinatoren. Dazu entwirft er Risikoberichtsbögen, die jeder Datenschutzkoordinator für die von ihm verwalteten Risiken ausfüllen und monatlich einreichen muss, sodass der externe DSB auf diese Weise über eine Neubewertung der Risiken das Risikoregister aktuell halten und Korrekturbedarf erkennen kann. In Bezug auf die Einführung des neuen CRM-Systems und die Umstellung auf das neue System kann der externe DSB in den Berichtsbögen des Datenschutzkoordinators aus dem Vertrieb erkennen, dass die Eintrittswahrscheinlichkeit eines Schadens durch die regelmäßigen Kontrollen des Koordinators und die Akzeptanz der neuen Regelungen durch die Mitarbeiter, auf ein akzeptables Niveau gesenkt worden ist. Mit den nun aus seiner Sicht angemessenen TOMs zum CRM ergibt eine Neubewertung des Schadensausmaßes ebenfalls eine Reduzierung im angepeilten Bereich, da mit angemessenen TOMs auch die Rechtswidrigkeit des datenverarbeitenden Verfahrens nicht aus diesem Grund gegeben ist und etwaige Bußgelder aus anderen Gründen deshalb voraussichtlich geringer ausfallen werden.

SAP

Bei SAP erfolgen die Vorgaben zur Risikoüberwachung durch das konzernweite Risikomanagementsystem. Dieses definiert auch die zuständigen Risikoinhaber und Berichtszeiträume, entsprechend ist ein Berichtswesen etabliert. Die Risikoinhaber überwachen das Risiko und berichten über mehrere Stufen an die zentrale Risikoabteilung – je höher das Risiko, desto detaillierter und öfter. Zudem sind in den lokalen Einheiten Risikomanager bestimmt, die auch neue Risiken identifizieren. Beispielsweise obliegt es diesen, regelmäßig über einschlägige Änderungen der rechtlichen Rahmenbedingungen zu berichten. Die aggregierten Ergebnisse dieses kontinuierlichen Risikomanagements werden neben dem Vorstand in Bezug auf den Datenschutz auch dem Konzern-DSB sowie dem Security & Data Protection Office zur Verfügung gestellt. Auf Basis dieser Informationen kann die Erforderlichkeit von Korrekturmaßnahmen erkannt sowie die Schwerpunkte der Audits geplant werden.

5.2.7.4 Veränderungen und Vorabkontrolle

Die Rahmenbedingungen, die in der Planungsphase zur Ableitung von Maßnahmen geführt haben, ändern sich kontinuierlich und damit auch die Risikosituation des Unternehmens. Dies betrifft nicht nur das DSMS als solches, sondern jegliches unternehmerische Handeln. Es liegt daher auf der Hand, dass diese Veränderungen begleitet und mit dem DSMS in Einklang gebracht werden müssen. Als Beispiele für solche Veränderungen seien hier genannt:

- Mitarbeiter scheiden aus bzw. treten bei
- Ein Unternehmen wird akquiriert
- Ein neuer Dienstleister wird beauftragt (ADV)
- Anderweitige Managementaktivitäten verlangen eine Anpassung der Strukturen, in denen sich das DSMS bewegt (z.B. Anpassung eines Geschäftsprozesses)
- Technologische Veränderungen (z.B. Einführung eines automatisierten Verfahrens)
- Veränderungen der Anforderungen an das DSMS (Gesetze, Kunden etc.)

Für manche dieser Veränderungen lässt sich ein Aufschub bis zum nächsten Durchlauf des DSMS und damit eine Berücksichtigung in der neuen Plan-Phase einrichten. Andere hingegen verlangen entweder ein unmittelbares Eingreifen (z.B. bei Einrichtung eines neuen automatisierten Verfahrens) oder lassen sich auch ohne viel Aufwand mit Ad-hoc-Maßnahmen unterlegen (z.B. die Einbeziehung neuer Mitarbeiter in das DSMS).

Wichtig für die DSMS-Akteure ist es, sich nicht starr an die jährliche Abfolge des DSMS zu halten: Beim DSMS-PDCA wird das Managementsystem als solches verbessert, um die Datenschutzanforderungen effektiver und vor allem effizienter umsetzen zu können. Die Möglichkeit, mit einzelnen Maßnahmen das Datenschutzniveau zu steigern, wird den Verantwortlichen dadurch aber nicht genommen und sollte deshalb zu jeder Zeit ergriffen werden.

Aus diesen Ad-hoc-Anpassungen erwachsen entsprechende Pflichten, die im Rahmen des DSMS beachtet werden müssen:

- Der Verantwortliche für den Datenschutz muss in geeigneter Art und Weise einbezogen werden, sei es lediglich über Benachrichtigung oder auch über ein ausdrückliches Zustimmungserfordernis.
- Die Dokumentation des DSMS muss durchgehend angepasst werden.
- Aufzeichnungen müssen über den gesamten Zeitraum des DSMS angelegt werden.
- Die Mitarbeiter müssen die Veränderungen mittragen und umsetzen, sie müssen dementsprechend eingebunden werden.
- Zudem sind die Mitarbeiter zu informieren, dies kann zusätzlichen Schulungsaufwand bedeuten.

Im Endeffekt bedeutet dies, dass die DSMS-Akteure Veränderungen auf ihre Datenschutzrelevanz hin untersuchen und mit ihrer fachlichen Expertise begleiten müssen.

Eine besondere Form der Veränderung im Unternehmen stellt die Einführung oder auch Anpassung eines automatisierten Verfahrens dar. Der deutsche Gesetzgeber hat auf Basis der derzeit gültigen EU-Datenschutzrichtlinie von seinem Recht Gebrauch gemacht, nach den Voraussetzungen des § 4d BDSG die Unternehmen zur Vorabkontrolle solcher Verfahren zu verpflichten. Zwar lässt sich die Abfolge der einzelnen Prüfschritte aus dem BDSG entnehmen, jedoch sind die Voraussetzungen einer Prüfpflicht aufgrund der unbestimmten Rechtsbegriffe vage. Deshalb ist es empfehlenswert, auch unabhängig von einem gesetzlichen Erfordernis im Rahmen des DSMS einen Prozess zu etablieren, sodass jedes neue automatisierte Verfahren nur unter Beteiligung eines Datenschutzexperten (das Gesetz sieht diese Aufgabe originär beim Datenschutzbeauftragten, § 4 g BDSG) eingeführt werden kann. Dieser kann auf diese Weise frühzeitig eingreifen und so auf die Rechtmäßigkeit des neuen Verfahrens hinwirken. In vielen Fällen ist die Rechtmäßigkeit schnell ersichtlich, sodass für diesen Schritt im Rahmen der übergeordneten Einführung des automatisierten Verfahrens wenig Verzögerungspotential besteht und zugleich Rechtssicherheit entsteht. So besteht die Möglichkeit, die Prüfung zu stufen: Zunächst wird jedes Verfahren dem Verantwortlichen für den Datenschutz zur Prüfung vorgelegt. Verneint dieser die Notwendigkeit einer Vorabkontrolle, gibt er das Verfahren frei. Ansonsten erfolgt die ausführliche Prüfung nach den gesetzlichen Maßstäben für die Vorabkontrolle. Das bedeutet, dass vor allem auf lokaler Ebene die DSMS-Akteure entsprechende Bestrebungen zur Neueinführung oder Anpassung solcher Verfahren erkennen und sich frühzeitig einbringen müssen.

Die Vorabkontrolle selbst stellt eine gesetzlich eingeforderte Sonderform eines Datenschutz-Audits dar, die sich nur auf das automatisierte Verfahren bezieht und ent-

sprechend den gesetzlichen Vorgaben durchgeführt und dokumentiert werden muss. Sie
ersetzt nicht die in diesem Praxisleitfaden beschriebenen DSMS-Audits, die eine Bewertung
des gesamten Managementsystems bezwecken (siehe dazu Abschn. 5.2.9 ff.).

5.2.7.5 Überprüfung der Dienstleister

Obwohl bestehende Lieferantenbeziehungen bereits im Rahmen der Risikoanalyse berücksichtigt und entsprechend behandelt werden, verändert sich je nach Unternehmensgröße
und Geschäftsfeld die Situation der Lieferantenbeziehungen ständig. Beispiel: Die Geschäftsleitung trifft die Entscheidung für das Outsourcen einer bestimmten Tätigkeit. Ein
Abwarten bis zur erneuten Vornahme der Risikoanalyse im Rahmen des jährlichen Zyklus
ist dabei im Hinblick auf die strengen gesetzlichen Vorschriften (§ 11 BDSG) nicht zu
rechtfertigen. Vielmehr ist das Unternehmen verpflichtet, einen geeigneten Prozess zur
vorherigen Überprüfung der Kandidaten für den Auftrag zu durchlaufen. Dazu kommt,
dass sich das Erfordernis einer Vornahme von Dienstleisterüberprüfungen in laufenden
Geschäftsbeziehungen nicht nach einem festen Jahreszyklus richtet, sondern nach den
individuellen Risiken aus der jeweiligen Geschäftsbeziehung und somit auch eine kontinuierliche Tätigkeit ist. Spätestens wenn sich die Geschäftsbeziehungen häufig ändern
oder eine große Zahl an Dienstleistern zu überprüfen ist, steht das Unternehmen aus Effizienzgründen in der Pflicht, eine systematische Vorgehensweise bei der Auswahl und
Überwachung seiner Dienstleister zu wählen. SAP hat aus diesem Grunde ein gestuftes
Konzept entwickelt, welches sich in der Praxis im Umgang mit Hunderten von Dienstleistern bewährt hat und daher an dieser Stelle vorgestellt wird. Dabei werden vier Stufen
befolgt, bevor ein Vertragsschluss erfolgen kann. Mit jeder Stufe verringert sich der
Kreis der potentiellen Dienstleister hin zu den aus Datenschutzperspektive geeigneten
Kandidaten (Abb. 5.21).

Dieses Konzept wurde bei SAP bereits 2010 eingeführt und wird neben dem Datenschutz
auch um andere Sicherheitsaspekte (Security SLAs) ergänzt. Auf diese Weise stellt es einen
wesentlichen Aspekt in der Due Diligence-Phase jedweder Outsourcing-Aktivität dar.

5.2.7.5.1 Stufe 1 – Einordnung als ADV

In einem ersten Schritt ist der Auftragsgegenstand darauf zu untersuchen, ob mit diesem
eine ADV einhergeht. Dies ist dann der Fall, wenn der Dienstleister mit der Erhebung,
Verarbeitung oder Nutzung von personenbezogenen Daten vom Unternehmen beauftragt
wird. Bei Bejahung einer ADV sind die Dienstleister zu erfassen, die sich um den Auftrag
bemühen. An dieser Stelle sollten sinnvollerweise auch die Voraussetzungen für das Vorliegen und die Abgrenzung zu einer Funktionsübertragung (FÜ) geprüft werden[21] [42]:
Bei dieser endet der Prozess hier mit einer Prüfung der Rechtmäßigkeitsvoraussetzungen
für eine Datenübermittlung (§ 28 BDSG).

---

[21] Diese liegt im Wesentlichen dann vor, wenn der Geschäftspartner weisungsfrei agieren kann,
wobei die Zuordnung zu einer ADV bzw. FÜ im Einzelfall Probleme bereiten kann. Genaueres zur
Abgrenzung: *Simitis*, BDSG, § 11 Rn. 22 ff.

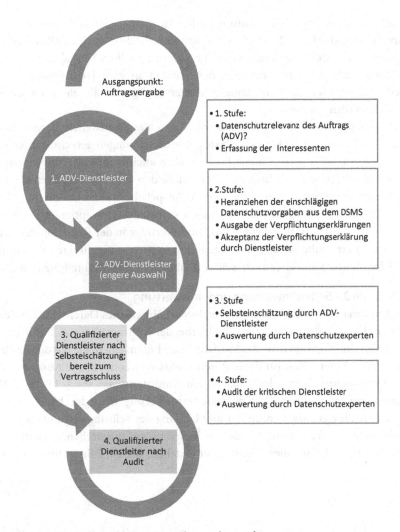

Abb. 5.21 Stufen eines Konzeptes zur Dienstleisterüberprüfung

Dieser erste Schritt bei der Auswahl der Dienstleister wird in erster Linie bei der Einkaufsabteilung anfallen. Die Mitarbeiter dort sollten entsprechend befähigt sein, eine ADV bzw. FÜ zu erkennen und für die Folgetätigkeiten dann die Datenschutzexperten hinzuziehen.

5.2.7.5.2 Stufe 2 – Verpflichtung auf die Datenschutzvorgaben

Im zweiten Schritt erhalten alle potentiellen ADV-Dienstleister einen Mustervertrag mit den Datenschutzvorgaben, die an sie gestellt werden. Dieser Mustervertrag sollte geeignet sein, später als Vertragsanhang zum endgültigen Vertrag zu fungieren. Er enthält mit Hinweis auf die geltenden gesetzlichen Vorschriften alle Vorgaben, die das Unternehmen als

Auftraggeber in diesem speziellen Auftrag an den Auftragnehmer stellt. Entsprechend den Ausführungen in Abschn. 2.2.3 sind dies nicht nur Vorschriften des BDSG, auch anderweitige Anforderungen haben Einfluss auf die hier aufgestellten Vorgaben (z.B. wenn das Unternehmen Anforderungen seiner eigenen Kunden an seine Dienstleister weitergibt). Eventuell bedeutet dies, dass vorhandene Musterverträge für diesen speziellen Auftrag abgewandelt werden müssen.

Diese Vorgehensweise ist deshalb sinnvoll, da so alle Dienstleister bereits zu diesem frühen Zeitpunkt abschätzen können, ob sie den Anforderungen gerecht werden können. Das Unternehmen sollte seine Datenschutzvorgaben auch nicht später in Verhandlungsgesprächen opfern, sondern vielmehr an dieser Stelle den interessierten Dienstleistern mit offenen Karten entgegentreten und die eigenen Ansprüche an den Datenschutz kommunizieren. Nur Dienstleister, die diese Vorgaben vorbehaltlos akzeptieren, bleiben in der Auswahl. Erstellt und verwaltet werden die Musterverträge in der Regel von der Rechtsabteilung unter enger Einbeziehung von Datenschutzexperten, die direkte Kommunikation mit den Dienstleister kann aber auch weiterhin über die Einkaufsabteilung erfolgen.

5.2.7.5.3 Stufe 3 – Selbstbewertung und -auswertung

Anschließend werden die Dienstleister aufgefordert, ihr eigenes Datenschutzniveau selbst zu bewerten. Die Bewertungskriterien gibt hierbei der Auftraggeber vor. Dafür lassen sich zumindest als Grundlage auch die Audit-Checklisten heranziehen, die das den Auftrag vergebende Unternehmen selbst für die internen Audits verwendet (siehe Abschn. 5.2.9.1.1). In erster Linie werden hier jedoch analog den Anforderungen aus § 11 die TOMs des Dienstleisters erfragt, die Angemessenheitsbewertung erfolgt dann durch die Datenschutzexperten des Auftraggebers. Je nach Art und Umfang der Selbstbewertung lassen sich die Ergebnisse nicht nur in „bestanden" oder „nicht bestanden" unterteilen, sondern auch darüber hinaus eine Rangliste aller Dienstleister erstellen, die ein Mindestniveau vorweisen können.

SAP

In Bezug auf SAP wird diese Tätigkeit vom Security & Data Protection Office vorgenommen, welches auf diese Weise Daten über die Eignung von Dienstleistern bei Bedarf den einzelnen Geschäftsbereichen und dem Einkauf zur Verfügung stellen kann. Technisch erfolgt dieser Schritt über ein mehrsprachiges Online-Tool, mit dem Eingabe und Auswertung effizient ausgestaltet sind. Zu den Fragen im Tool gibt es begriffliche Erläuterungen, auch um Missverständnissen im internationalen Sprachgebrauch vorzugreifen. Neben einfachen Ja/Nein-Antwortmöglichkeiten besteht für den Dienstleister zudem die Möglichkeit, über weitere zusätzliche Angaben seine Auswahl und die Angemessenheit seiner TOMs zu erläutern.

5.2.7.5.4 Stufe 4 – Audit

In Stufe 4 findet ein Audit besonders kritischer Dienstleister statt. Während alle Dienstleister grundsätzlich mit dem Abschluss der Stufe 3 qualifiziert sind, werden Lieferanten, welche mit besonders sensiblen Daten arbeiten oder auch Zugang zu Kundensystemen haben, zusätzlich vor Ort auditiert. Werden dabei im Vergleich zur Selbstbewertung durch den Dienstleister negative Abweichungen festgestellt, müssen entsprechende Maßnahmen eingeleitet werden. In letzter Konsequenz kann der Lieferant nicht weiter beauftragt werden und das Unternehmen muss sich um eine Alternative bemühen.

Für den Dienstleister-Audit gelten die allgemeinen Audit-Prinzipien (siehe Abschn. 5.2.8.1.2). Art und Umfang der Audits hängen an dieser Stelle zum einen von den Verhandlungspositionen der Parteien ab, zum anderen gilt nach den gesetzlichen Vorgaben (§ 11) das Verhältnismäßigkeitsprinzip. Es muss also nicht zwingend ein Vor-Ort-Audit durchgeführt werden. Zudem werden vor allem KMU nicht in allen Fällen die erforderliche Marktmacht besitzen, um den Verhandlungspartner von der Notwendigkeit eines Vor-Ort-Audits zu überzeugen. Eine Verhandlungsblockade kann über einen Kompromiss mit Hilfe einer Abstufung des Dienstleister-Audits vermieden werden:

1. Zunächst wird ein Dokumenten-Audit (vgl. dazu Stage-1-Audit, Abschn. 5.2.11.2) vorgenommen. Im Gegensatz zum Fragebogen wird hier in Ausschnitten in die Dokumentation eingesehen, die der Dienstleister selbst für seine interne Organisation verwendet. Dies vermittelt meist einen guten Eindruck darüber, ob die Angaben des Dienstleisters in der Selbstbewertung zutreffend sind. Gleichzeitig können die zur Verfügung gestellten Dokumente für die Dauer der Geschäftsbeziehung aufbewahrt und als Beweismittel bei späteren Problemen herangezogen werden. Mit dieser Zwischenstufe können Blockaden in vielen Fällen aufgelöst werden und der Auftraggeber kommt auf diese Weise trotzdem seinen gesetzlichen Pflichten nach.
2. Bestehen jedoch auch nach den Dokumenten-Audits noch Restzweifel, ist als ultima ratio ein Vor-Ort-Audit durchzuführen. Dieser bietet zwar den besten Einblick in das Datenschutzniveau des Dienstleisters, ist aber für beide Seiten mit hohen Aufwänden verbunden und kann wieder in einer Blockadesituation enden. Hier müssen beide Vertragsparteien Prioritäten setzen und ihre Eskalationsprozesse ausführen (siehe sogleich). Für die Durchführung von Vor-Ort-Audits besteht zudem die Option, einen (lokalen) externen Auditor zu beauftragen.

5.2.7.5.5 Anwendung auf bestehende Lieferantenbeziehungen und Eskalation

Für bestehende Geschäftsbeziehungen kann der Prozess analog angewandt werden, wobei eine Disqualifikation des Dienstleisters in Stufe 2–4 dann eine Reaktion des Unternehmens erfordert. Eine solche könnte sein:

- Neuverhandeln des Vertrages
- Kündigung des Vertrages
- Auslaufenlassen des Vertrages
- Akzeptanz des Risikos, das sich aus einer nicht nachweisbaren Datenschutzkonformität des Dienstleisters ergibt

Ebenfalls stößt dieses Konzept an Grenzen, wenn Datenschutzbelange in Konflikt mit anderen Interessen (etwa einem günstigeren Angebot eines nicht nachweislich qualifizierten Dienstleisters) stehen. Zur Abweichung von dem dargestellten Konzept ist daher ein Eskalationsprozess einzuführen und zu ermitteln:

- Welcher Verantwortliche kann trotz fehlendem Datenschutznachweis die Beauftragung des Dienstleisters freigeben? Dies kann ermittelt werden über die Risikoinhaberschaft bezüglich des betrieblichen ADV-Wesens.
- Gibt es Abstufungen in den Kriterien? Gibt es K.O.-Kriterien?
- Exzeptionelle Bewertung kritischer Kriterien, wenn diese für eine spezielle Beauftragung nicht relevant sind.
- Wie ist der Eskalationspfad? Wie viele Stufen gibt es?
- Wie sind die einzelnen Eskalationsschritte auszugestalten? (z.B. 1. Stufe: Anstreben eines Kompromisses, 2. Stufe: Risiko ohne Kompromiss akzeptierbar?, 3. Stufe: Entscheidung durch die Geschäftsleitung bei eigentlich nicht akzeptablem Risiko).

Die Eskalation bis in diese hohe Ebene ist notwendig, da die Datenschutzkonformität bis zu diesem Punkt nicht nachgewiesen werden konnte und somit eine Abweichung von der Datenschutz-Policy (Abschn. 5.2.1.3) notwendig wird. Dies verlangt entsprechende Befugnisse, die nur bei der Geschäftsleitung vorhanden sind.

5.2.7.6 Datenschutzvorfälle und Anfragen von außerhalb

Zwar dient das DSMS in erster Linie zur Vermeidung von Datenschutzvorfällen, nichtsdestotrotz können diese nicht zu 100 % verhindert werden. Gerade in der Anfangsphase der Implementierung des DSMS wird vielen Mitarbeitern überhaupt erst bewusst, dass bestimmte Vorgänge einen Datenschutzvorfall darstellen. Der Umgang mit Vorfällen ist zur Eingrenzung seiner Auswirkungen schon im Voraus zu planen und es müssen Mechanismen etabliert werden, wie Folgemaßnahmen angegangen werden:

- Die Ursachen des Vorfalls müssen ermittelt und beseitigt werden.
- Die negativen Folgen des Vorfalls müssen eingedämmt werden.
- Risiken müssen neu bewertet werden.
- Evtl. müssen Betroffene informiert werden (§ 42a BDSG)
- Evtl. wird die Aufsichtsbehörde aufmerksam und verlangt Auskunft

Dies stellt nur einen Ausschnitt aus den möglichen Folgemaßnahmen eines Datenschutzvorfalls dar. Generell gilt hier wie in der Informationssicherheit auch, dass ein Vorfallsmanagement eingerichtet werden muss, welches proaktiv ausgerichtet und damit bereits vor einem Datenschutzvorfall etabliert ist. Bestehende Strukturen zum Umgang mit Sicherheitsvorfällen (vgl. ISO 27001 oder ITIL) lassen sich um das Management von Datenschutzvorfällen unter Hinzuziehung von Datenschutzexperten an den entsprechenden Stellen erweitern.

Anfragen von Betroffenen (§ 6 I BDSG) oder der Aufsichtsbehörde (§ 38) treten ebenfalls ohne Vorankündigung auf und müssen in einer angemessenen Zeit bearbeitet werden.

Hier muss ähnlich dem Vorfallsmanagement ein Prozess zur Bearbeitung einer Anfrage eingerichtet werden.

Generell richten sich solche Anfragen meist nach den aktuellen „Trends" im Datenschutz. So legen die Aufsichtsbehörden ihren regelmäßigen Tätigkeitsberichten meist Schwerpunktthemen zugrunde, wobei sie im Vorfeld entsprechende Anfragen und Kontrollen bei den Unternehmen durchführen. Auch aktuell in den Medien besprochene Datenschutzvorfälle haben starken Einfluss auf das Auskunftsverlangen. So veröffentlicht das von der PR-COM ins Leben gerufene „Projekt Datenschutz" [25, 36] eine Übersicht von bekannt gewordenen Vorfällen. Auch die überregionalen Medien sind spätestens seit den Enthüllungen um die Geheimdienste im Jahr 2013 vermehrt dazu übergegangen, mit Datenschutzthemen breite Leserkreise anzusprechen und berichten entsprechend über Datenschutzvorfälle. Die Verantwortlichen im Unternehmen sollten sich daher neben der Frage, ob ein vergleichbarer Vorfall auch in ihrem Unternehmen passieren kann, damit beschäftigen, wie sie entsprechende Anfragen der Betroffenen zu diesem Thema bearbeiten wollen. Zudem muss eine einheitliche Außendarstellung gewahrt werden. Während vereinzelte Anfragen noch über den Verantwortlichen für den Datenschutz beantwortet werden können, bedarf es bei vermehrten Anfragen und einem Anschwellen des Themas in der öffentlichen Wahrnehmung auch der Einbindung der Presseabteilung. Darüber hinaus kann das offensive Bewerben des eigenen Datenschutzkonzeptes in diesen Situationen Kunden anziehen.

Klein GmbH

Der Verantwortliche für den Datenschutz ist direkter Adressat für jedweden Datenschutzvorfall und jede Anfrage eines Betroffenen oder der Aufsichtsbehörde. Mitarbeiter können ihn jederzeit in der Betriebsstätte aufsuchen und persönlich ansprechen oder anderweitig kontaktieren. Er nimmt alle Folgemaßnahmen selbst vor.

Medium AG

Die Medium AG nutzt ihr bestehendes ISO 27001 und das damit einhergehende Incident Management und erweitert dieses um die Meldung von Datenschutzvorfällen. Die Mitarbeiter in Bereichen mit Außenkontakt (Vertrieb, Sekretariate etc.) wurden in den Schulungen sensibilisiert und leiten Anfragen von Betroffenen an den externen DSB weiter, der zudem für Betroffene eine direkte Kontaktmöglichkeit auf der Webseite der Medium AG veröffentlicht. Der externe DSB stößt alle Folgemaßnahmen an.

SAP

SAP hat im Rahmen seiner ausgeprägten Sicherheitsarchitektur ein umfassendes internes Incident-Tool eingerichtet. Alle Mitarbeiter sind angehalten, das Incident-Tool zu nutzen und Datenschutzvorfälle zu erfassen. Die Bearbeiter der Incidents erkennen datenschutzbezogene Vorfälle und leiten diese an den Konzerndatenschutzbeauftragten weiter, der die entsprechenden Folgemaßnahmen veranlasst. Gleiches gilt für Anfragen von Betroffenen auf externem Wege, bei denen die Mitarbeiter aus dem Support die Weiterleitung an den DSB veranlassen.

5.2.7.7 Kontrolle der Umsetzung

Während nur ausgewählte Mitarbeiter die Umsetzung der meisten (v.a. technischen) Maßnahmen betreuen, obliegt es den lokalen DSMS-Akteuren, die dokumentierten Anforderungen des DSMS in die tägliche Praxis aller Mitarbeiter zu überführen und permanent sicherzustellen. Je nach Eigeninitiative der Mitarbeiter bedarf dies vor allem in der Anfangsphase einer regelmäßigen Erinnerung und einem hohen Durchsetzungsvermögen, um alte Routinen aufzubrechen sowie Schwachstellen zu entdecken und bereits an dieser Stelle zu schließen. Dies verringert die Gefahr von Fehlentwicklungen und damit einem möglichen Fehlschlag des DSMS. Auch Verständnisprobleme und Wissenslücken bei den Mitarbeitern werden auf diese Weise aufgedeckt und können anschließend behoben werden. Die an dieser Stelle durchzuführenden Kontrollen beschränken sich daher in erster Linie darauf, ob die Inhalte der Arbeitsanweisungen oder Richtlinien umgesetzt werden. Damit grenzen sie sich zu den Audits und Reviews ab, die die Funktionsfähigkeit des DSMS als Ganzes bewerten.

Den DSMS-Akteuren stehen dazu eine Reihe von Möglichkeiten zur Verfügung wie etwa Test-Audits (die eine informelle Form der internen Audits darstellen) oder auch die Möglichkeit von Selbsttests durch die Mitarbeiter. Vielfach erweist sich jedoch das bekannte „Management by walking around" und damit die Prüfung der Arbeitsabläufe in der gelebten Praxis als effektivste Variante. Damit gehen Überprüfungen der Arbeitsumgebung und Büroräume sowie der Arbeitsmittel einher. Denn auch beim Datenschutz sind es oft Details, die den Ausschlag geben und nur über diese direkte Herangehensweise ersichtlich werden. Beispiele sind hier: Nicht gesperrte Computer, frei herumliegende Zutrittskarten, Post-its mit Passwörtern am Monitor etc. Diese Liste ließe sich hier beliebig fortführen, in der Summe bilden diese Sachverhalte aber ein gewaltiges Risikopotential und sind nicht zu unterschätzen. Zum Teil können unterlassene Überprüfungen auch direkte Nachteile für das Unternehmen nach sich ziehen, wie etwa die fehlende Kontrolle der Privatnutzung der betrieblichen IT-Systeme: Hier besteht die Gefahr der betrieblichen Übung, welche nur schwer außer Kraft gesetzt werden und damit die bisherige Planung durcheinander bringen kann.

Bei den Kontrollen ist jedoch in höchstem Maße Fingerspitzengefühl zu wahren: So kann das Verhältnis zu den Mitarbeitern rasch abkühlen, wenn die lokalen DSMS-Akteure lediglich als Überwacher wahrgenommen werden. Kontrolle darf aber nur das Mittel zum Zweck sein und dieser bemisst sich darin, Unterstützung für die Mitarbeiter bei der Umsetzung der DSMS-Vorgaben zu bieten.

▶   Generelle Spielregeln, die zu einem verbesserten Miteinander an dieser Stelle
     beitragen, sind:
     • Hinweis auf die Unterstützungsfunktion: Die Kontrolltätigkeiten dienen
        im Ergebnis auch dazu, Mitarbeiter von arbeitsrechtlich relevantem Fehl-
        verhalten abzuhalten, denn die Vorgaben des DSMS sind verpflichtend
        umzusetzen. Dieser Nutzen sollte dem Mitarbeiter gegenüber kommuniziert
        werden.
     • Schwerpunkt auf die Hilfestellungen legen: Statt lange auf alte Fehler
        hinzuweisen ist es für den betroffenen Mitarbeiter besser, eine konkrete
        Handlungsempfehlung für die Zukunft zu erhalten.
     • Anonymität wahren: Niemand wird gerne an den Pranger gestellt. Statt
        also Fehler öffentlich einzelnen Mitarbeitern anzulasten sollten besser nur
        allgemeine Hinweise ausgesprochen werden. Die Gelegenheit zu einem per-
        sönlichen Gespräch mit Mitarbeitern bleibt daneben bestehen und ist bei der
        Feststellung schwerwiegender Verstöße zwingend wahrzunehmen.
     • Lob verteilen: Der wichtigste Faktor für die Aufrechterhaltung der Moti-
        vation ist es, gute Ansätze von Mitarbeitern auch positiv hervorzuheben.
        Auch einfache Formen von (nichtvermögenswirksamen) Bonussystemen
        sind möglich („Smiley for Compliance").

Weiterhin spielt die praktische Umsetzung der Prozesse eine zentrale Rolle: Gerade in
größeren Organisationen und solchen mit vielen Lokationen weichen nicht selten die tatsächliche Ausführung eines Prozesses in den einzelnen Lokationen und dessen Soll-Ablauf
voneinander ab. Diese lokalen Unterschiede sind nicht zwingend von Nachteil: So lassen
sich auf diese Weise die lokalen Rahmenbedingungen besser berücksichtigen. Da jedoch
für die vorherige Risikoanalyse (Abschn. 5.2.3) häufig aus Effizienzgründen nur die dokumentierten Soll-Vorgaben herangezogen wurden, orientiert sich in einem solchen Fall
das DSMS und dessen Vorgaben an einem Zustand, der in manchen Lokationen nicht
der gelebten Praxis entspricht. Für die DSMS-Akteure bedeutet dies, dass sie die dokumentierten Vorgaben des DSMS (etwa Arbeitsanweisungen oder Richtlinien, Abschn.
5.2.4.3.3.5) im Hinblick auf die lokale Ausführung eines Prozesses regelmäßig auf ihre
Sinnhaftigkeit überprüfen müssen. Diese Gefahr besteht besonders bei unternehmensweit
eingeführten Richtlinien, die nicht immer alle Anforderungen vor Ort ausreichend berücksichtigen (können). Regelmäßige Prozesschecks und Anpassungen – entweder des
Prozesses oder der Vorgaben des DSMS – sind daher erforderlich, um ein DSMS auch
unter Berücksichtigung dieser lokalen Besonderheiten betreiben zu können.

  Über ein geeignetes Kontrollwesen wird zudem eine psychologische Vorbereitung auf
die formelle Auditierung (Abschn. 5.2.9) erreicht. Idealerweise stößt dann der Auditor
zum Zeitpunkt des Audits auf eine positive Audit-Kultur, d.h. dass die Mitarbeiter den
Beitrag des Audits zur Verbesserung des DSMS erkennen und dem Audit positiv gegenüber stehen. Dafür bedarf es frühzeitig einer Erläuterung des Audits als wichtige Chance

zur Erkennung von Verbesserungen und dem Hinweis darauf, dass die Audit-Ergebnisse vertraulich behandelt und nicht als Sanktionsgrundlage herangezogen werden. Auditiert wird nicht der Mitarbeiter, auditiert wird die Organisation. Hilfreich ist dafür insbesondere ein bereits etabliertes Audit-Wesen, auf dem die DSMS-Audits idealerweise aufbauen und mit dem die Mitarbeiter bereits Erfahrung gesammelt haben. Audits alleine reichen jedoch nicht aus, weshalb die an dieser Stelle beschriebene Eigeninitiative der DSMS-Akteure so wichtig ist.

Klein GmbH

Bei der Klein GmbH übt der Verantwortliche für den Datenschutz zunächst seine Kontrollen über eine enge Begleitung der Umsetzung der Maßnahmen aus, da dies viel Zeit in Anspruch nimmt und zusätzliche Kontrollen an dieser Stelle kaum möglich erscheinen. Bereits vor Implementierung des DSMS hatte er in regelmäßigen Abständen die einzelnen Abteilungen aufgesucht und stichprobenhaft die TOMs kontrolliert, konnte dies aber aufgrund von Unterbrechungen aufgrund der Verpflichtungen aus seiner Haupttätigkeit nicht strukturiert angehen. Im Rahmen des DSMS nutzt der Verantwortliche für den Datenschutz den Umstand aus, dass es nur eine Betriebsstätte gibt und er nahezu alle Mitarbeiter persönlich kennt. Er kann also ein hochpersönliches Feedback geben und für jeden Mitarbeiter die richtige Ansprache finden. Auch Rückfragen lassen sich in kurzen Gesprächen „zwischen Tür und Angel" beantworten. Diese Methode stellt sich als sehr effektiv heraus, weshalb der Verantwortliche für den Datenschutz Abstriche bei den späteren Audits machen möchte und diese deshalb an die Auditierung des Qualitätsmanagementsystems anhängt.

Medium AG

Bei der Medium AG teilen sich der externe DSB sowie die lokalen Datenschutzkoordinatoren die Kontrolltätigkeiten. Die Koordinatoren sind angehalten, nach eigenem Ermessen den Erfolg der Maßnahmenumsetzung zu prüfen und an entsprechenden Stellen Ad-hoc-Kontrollen einzuführen. Sie sollen Augen und Ohren offen halten. In den Meetings gibt der externe DSB auch monatlich neue Schwerpunktthemen vor, die vor Ort geprüft werden sollen. Diese richten sich an dem Zeitplan der Einführung und Anpassung der TOMs aus, etwa der Einführung des neuen CRM-Systems. So wird festgelegt, dass der lokale Koordinator aus dem B2C-Vertrieb eine stichprobenhafte Kontrolle der Klienten im System durchführen soll, um eine Aussage über die Datenqualität im Hinblick auf den Datenschutz treffen zu können.

Der externe DSB kontrolliert ebenfalls stichprobenhaft die Umsetzung der einzelnen Maßnahmen, dabei kommt ihm seine Rolle als Unternehmensexterner in vielen Fällen durch seine unvoreingenommene Betrachtungsweise zu Gute. Da er jedoch aufgrund seiner nicht dauerhaften Anwesenheit nur sporadische Kontrollen machen kann, legt er seinen Schwerpunkt auf die später folgenden Audits des DSMS.

SAP

Bei SAP muss zwischen dem umfangreichen Audit-Wesen und den lokalen Vorbereitungsmaßnahmen auf die Audits unterschieden werden. Audits sind generell für die meisten Mitarbeiter kein Neuland, jedoch rücken im Rahmen des DSMS teilweise auch Mitarbeiter in die Betrachtung, die zuvor noch keine Erfahrungen mit Audits gemacht haben, sei es, weil vorher kein Managementsystem etabliert war oder auch weil die Audits auf anderen Ebenen angesetzt haben. Die Vorbereitung auf die Audits obliegt aufgrund der prozessbezogenen Ausrichtung des DSMS primär den lokalen Datenschutzvertretern. Informationen und Tipps rund um Ablauf und Terminierung der Audits werden vom Security & Data Protection Office bereitgestellt, welches auch die Audit-Bereitschaft eines bestimmten Bereiches feststellt. Regelmäßig stellt es daher einen Schwerpunkt in der Tätigkeit eines lokalen Datenschutzvertreters dar, den von ihm verantworteten Bereich für die Audits vorzubereiten. Die Auswahl der Methoden liegt dabei in seinem Ermessen. Bewährt hat sich neben der Durchführung von Probe-Audits auch die Vornahme von Tests. Die Datenschutztests für die Mitarbeiter bestehen aus einer Sammlung von Fragen rund um den Datenschutz und um das DSMS. Die Eingaben dafür liefern die Ergebnisse vergangener Audits. Ebenfalls werden diese Ergebnisse beispielsweise als „Flip Book", E-Book oder auch als einfaches Excel-Spreadsheet aufbereitet und den Mitarbeitern zur Durchführung von Selbsttests zur Verfügung gestellt.

5.2.7.8 Beginn mit der kontinuierlichen Verbesserung

Der Kontinuierliche Verbesserungsprozess (KVP) als stetige Verbesserung – auch in kleinen Schritten – stellt den Kerngedanken des DSMS dar. Verbesserungspotentiale sind folglich zu jeder Zeit des DSMS zu erfassen und umzusetzen. Häufig offenbaren sich einige davon bereits in dieser Phase und damit vor der eigentlichen Check-Phase, insbesondere wenn man an Schwierigkeiten bei der praktischen Umsetzung des geplanten Soll-Zustands stößt oder auch bereits vor den formellen Audits stichprobenhafte Kontrollen einführt (siehe oben, Kap. Abschn. 5.2.7.7). Deshalb sollte bereits zu diesem Zeitpunkt mit der Erstellung und Pflege einer Liste der Korrektur- und Vorbeugemaßnahmen (CAPA – Corrective and Preventive Actions) begonnen werden, die über die gesamte Zeit des DSMS durchgehend aktualisiert wird. Diese Liste wird im Folgenden als CAPA-Liste bezeichnet.

Dabei wird zwischen folgenden Action Items für diese Liste unterschieden:

- Korrekturmaßnahmen („Corrective Actions") dienen nach der ISO 9001 zur „Beseitigung der Ursachen von Fehlern (…), um deren erneutes Auftreten zu verhindern." Zu ihrer Herleitung greift man über eine Analyse der Fehlerursachen auf Vergangenheitswerte zurück, etwa Informationen rund um einen Datenschutzvorfall.
- Vorbeugemaßnahmen (Preventive Actions) dienen nach der ISO 9001 zur „Beseitigung der Ursachen von möglichen Fehlern (…), um deren Auftreten zu verhindern."

Diese Maßnahmen über eine Analyse *potentieller* Fehlerursachen zu ermitteln ist deutlich aufwendiger, aber umso lohnender, wenn man sich das große Risikopotential des Datenschutzes (siehe Abschn. 2.3) vor Augen führt: Jeder präventiv verhinderte Datenschutzvorfall wiegt die Aufwände zur Ermittlung und Umsetzung dieser Vorbeugemaßnahmen meist deutlich auf.

In die CAPA-Liste werden zu einer effektiven Verwaltung dieser Maßnahmen demnach eingetragen:

- Beschreibung der Maßnahme
- Verantwortlicher für deren Umsetzung
- Herleitung der Maßnahme (z.B. als Audit-Ergebnis, im Rahmen einer informellen Kontrolle oder durch Vorschlag eines Mitarbeiters)
- Zeitpunkt der Identifizierung der Maßnahme
- Fälligkeit der Umsetzung
- Status der Umsetzung
- Letztmalige Aktualisierung

Mit der CAPA-Liste kann in den Audits die kontinuierliche Verbesserung im Rahmen des DSMS nachgewiesen werden. Sie wird zudem später um die Ergebnisse aus Audits und Management Review ergänzt. An diesen Stellen wird sich dann zeigen, wie wichtig eine bereits frühzeitige Etablierung eines Verbesserungswesens vor den Audits ist: Einerseits werden Audit-Ergebnisse bereits im Vorfeld verbessert, andererseits kann im Anschluss an die Audits direkt auf diesen Strukturen aufgebaut werden. Deshalb gilt: Mit der Verbesserung nicht bis nach den Audits warten, sondern durchgehend entsprechendes Potential erkennen, dokumentieren und umsetzen. Damit kann gar nicht früh genug angefangen werden.

Die Verwaltung der CAPA-Liste sollte von einer zentralen Stelle – etwa dem Verantwortlichen für den Datenschutz – übernommen werden, um auf diese Weise den Fortschritt im Blick zu haben und auch fachbereichsübergreifende Maßnahmen koordinieren zu können. Die CAPA-Liste stellt jedoch nur die Dokumentation der Verbesserung des DSMS dar, die Methoden müssen vom Unternehmen selbst ermittelt werden. Dazu lassen sich die Methoden des Qualitätsmanagements vielfach analog auf die Verbesserung des DSMS anwenden[22] [44].

Klein GmbH

Der Verantwortliche für den Datenschutz führt die CAPA-Liste selbst und richtet zudem im lokalen Netzwerk im Datenschutzbereich einen Verweis auf das Vorschlagswesen des QMS ein, indem jeder Mitarbeiter Verbesserungsvorschläge einreichen kann.

---

[22] Vgl. zu diesen Methoden: *Wagner/Käfer*, Prozessorientiertes Qualitätsmanagement, S. 234 ff.

Dabei spricht er sich mit dem Quality Manager des etablierten ISO 9001-QMS und dem Geschäftsführer ab, sodass auch das Bonussystem auf die Datenschutzvorschläge ausgeweitet wird. Der Quality Manager und der Verantwortliche für den Datenschutz wollen sich dann bei den Datenschutz betreffenden Vorschlägen abstimmen und über die Eignung der Vorschläge beraten.

Im Rahmen der Etablierung der neuen CRM-Datei im Vertrieb hat der Verantwortliche für den Datenschutz über den Kontakt zu den Mitarbeitern viele neue Aspekte für die Verbesserung des Datenschutzes in Erfahrung bringen können. Um das positive Engagement der Mitarbeiter zu kanalisieren, vereinbart er ebenfalls eine Zusammenarbeit mit dem abteilungsübergreifend arbeitenden Qualitätszirkel, der sich alle zwei Wochen unter Leitung des Quality Managers trifft. Der Verantwortliche für den Datenschutz möchte in diesen Treffen Anregungen an die dort teilnehmenden Mitarbeiter geben und so deren Arbeit dahingehend kanalisieren, dass die neuen Lösungsansätze sowohl den Datenschutz berücksichtigen aber auch auf die Anforderungen in den einzelnen Abteilungen eingehen. Mittelfristig soll der Datenschutz als Qualitätsfaktor im QMS verstärkt berücksichtigt werden, was sich auch über die Rückmeldungen der Kunden begründen lässt.

Medium AG

Der externe DSB führt bei der Medium AG die CAPA-Liste, Eingaben dafür erhält er zunächst durch seine regelmäßigen Kontrollen sowie durch die lokalen Datenschutzkoordinatoren. Die CAPA-Liste stellt eine wichtige Quelle für den Abschlussbericht des externen DSB dar, den der Vorstand jährlich vorgelegt bekommt.

Auch im Intranet-Bereich von DSMS und ISMS werden die Mitarbeiter zu Verbesserungsvorschlägen angeregt. So vereinbaren der externe DSB und der ISMS-Verantwortliche die Einrichtung eines (nicht personalisierten) Bewertungssystems, indem die Mitarbeiter durch entsprechende Klicks besonders hilfreiche Artikel in diesem Intranet-Bereich positiv hervorheben können. Diese Artikel werden auf der Startseite später dann für alle anderen Mitarbeiter bereitgestellt. Auch können die Verantwortlichen so erkennen, welche Aspekte besonders relevant für die Tätigkeiten der Mitarbeiter sind und so ihren Fokus darauf legen.

In Bezug auf die Implementierung des neuen CRM-Systems und die allgemein noch unausgereiften Prozesse im neu eingerichteten B2C-Bereich richtet der externe DSB deshalb eine Arbeitsgruppe ein, in welcher der Datenschutzkoordinator aus dem B2C-Geschäftsbereich, ein Mitglied der Rechtsabteilung sowie ausgewählte Prozessverantwortliche unter Supervision des externen DSB einzelne Prozesse aus dem B2C-Geschäftsbereich detailliert auf Verbesserungspotential – insbesondere im Bereich Datenschutz – untersuchen. Die Ergebnisse der Arbeitsgruppe werden dem Bereichsleiter zur Entscheidung vorgelegt. So besteht u.a. durch Anpassung des Prozesses der Verbraucheransprache die Möglichkeit, Rechtsrisiken resultierend aus den einschlägigen Wettbewerbsregelungen signifikant zu senken.

SAP

Die Aufrechterhaltung des Verbesserungsprozesses und Auswahl der Methoden abseits der Audits obliegt primär den lokalen Datenschutzvertretern, wobei sie die ermittelten Verbesserungspotentiale an das Security & Data Protection Office weiterleiten. Dieses führt die jeweiligen CAPA-Listen und forciert anhand dieser die kontinuierliche Verbesserung an den entsprechenden Stellen. Neben lokalem Handlungsbedarf gibt es häufig auch Optionen, die auf globaler Ebene adressiert werden müssen. Dies ist dann eine Aufgabe des SDPO in Kooperation mit weiteren Abteilungen und dem Konzern-DSB.

Als zentrale Anlaufstelle für die Datenschutzvertreter hat sich auch die eigens eingerichtete Datenschutz-Community im Intranet etabliert. Hier tauschen diese untereinander ihre Best Practices aus. Dabei werden häufig Verbesserungspotentiale ersichtlich, die auch in vielen anderen Lokationen bestehen. So wurde beispielsweise als schnell umzusetzende Maßnahme zur Awareness das Konzept einer Hinweiskarte vorgestellt, über die alle Mitarbeiter auf einen Blick die Standorte zur datenschutzgerechten Dokumentenentsorgung in der jeweiligen Lokation ermitteln können.

Im Allgemeinen besteht bei SAP bereits durch das in vielen Bereichen schon vorhandene QMS eine ausgeprägte Verbesserungskultur, die sich sehr positiv auf das DSMS auswirkt. Auch die Außenwirkung des DSMS wird regelmäßig über Kundenumfragen und -bewertungen gemessen und daraus Verbesserungspotential abgeleitet, denn das DSMS wurde auch als Möglichkeit zum qualifizierten Nachweis der Datenschutzkonformität von SAP eingeführt.

Die Realisierung des DSMS, d.h. die Überführung des theoretischen Modells in die Praxis, stellt einen kontinuierlichen Prozess dar, der nicht mit dem Beginn der Audit- und Review-Phase endet, sondern durchgängig erfolgt. Niemals sollte der große Aufwand unberücksichtigt bleiben, der sich über die Umsetzung der im Rahmen der Risikoanalyse definierten Maßnahmen ergibt, aber hier aufgrund der zu großen Unterschiede in der Realität nicht praxisgerecht wiedergegeben werden kann. Die Ausführungen an dieser Stelle sollen dem Leser eine Vorstellung davon verleihen, welche Grundstrukturen neben den Maßnahmen an diesem Punkt der Implementierung für ein funktionierendes DSMS geschaffen werden müssen. Sind diese Strukturen geschaffen, lässt sich auch im Anschluss über Audits und Reviews eine qualifizierte Rückmeldung über die Datenschutzmanagementfähigkeit des Unternehmens erhalten.

Fazit

- Die Umsetzung der geplanten Maßnahmen stellt den Kern der Do-Phase dar und beansprucht viele Ressourcen.
- Neben der Umsetzung der Maßnahmen sind Strukturen zu etablieren, mit denen die kontinuierliche Verbesserung des DSMS und damit dessen Überführung in den Regelbetrieb ermöglicht wird.

- Kommunikation ist der Schlüssel zum Erfolg des DSMS. Alle Beteiligten tauschen sich regelmäßig über den aktuellen Status des DSMS sowie zukünftige Veränderungen aus.
- Datenschutzrisiken müssen kontinuierlich überwacht werden, um bei Veränderungen der Risikosituation oder Realisierung des Risikos effektive Korrekturmaßnahmen vornehmen zu können.
- Art und Umfang der Risikoüberwachung richten sich in erster Linie nach der Bewertung des Risikos – je höher, desto ausführlicher.
- Veränderungen mit Auswirkungen auf das DSMS müssen durchgehend identifiziert und begleitet werden, insbesondere um zusätzlichen Risiken angemessen begegnen zu können.
- Eine Überprüfung der Dienstleister ist vor Vertragsschluss unter Berücksichtigung der gesetzlichen Vorgaben und ökonomischer Engpässe zu organisieren.
- Für Datenschutzvorfälle und externe Anfragen in Datenschutzangelegenheiten ist ein Prozess zu etablieren, der die erforderlichen Stellen im Unternehmen einbezieht und dabei im Idealfall auf bestehende Strukturen (Incident Management) zurückgreift.
- Die Umsetzung der Maßnahmen und der Vorgaben des DSMS muss in Vorbereitung auf die Audits regelmäßig kontrolliert werden.
- Widersprüche in den Vorgaben des DSMS und den lokalen Ausführungen müssen ermittelt und aufgelöst werden.
- Strukturen zur kontinuierlichen Verbesserung müssen bereits an dieser Stelle geschaffen werden.
- Die ermittelten Verbesserungspotentiale sind in einer CAPA-Liste zu dokumentieren und zu verfolgen.

5.2.8 Audit-Planung

▶ • Warum ist die Check-Phase nach der Do-Phase gesondert zu planen?
- Wie werden interne und externe Audits sowie die Management Reviews zeitlich angeordnet?
- Wie lässt sich die Planung auf eine Zertifizierung hin ausrichten?
- Welche Aspekte sind für einen Audit-Plan zu berücksichtigen?
- Wer ist an der Erstellung eines Audit-Plans zu beteiligen?

Nachdem die Maßnahmen des DSMS in der Do-Phase umgesetzt oder zumindest mit deren Umsetzung begonnen worden ist, ist die Überprüfung des DSMS in Schritt 8 (Abb. 5.22) des DSMS-PDCA zu planen.

Im Rahmen der Planung der Audits werden die verschiedenen Methoden zur Überprüfung des DSMS aufeinander abgestimmt und in eine geeignete zeitliche Reihenfolge

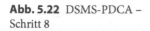

Abb. 5.22 DSMS-PDCA –
Schritt 8

gebracht. Eine solche Planung lässt sich auch nur unzureichend bereits während der Plan-Phase durchführen, da sie auf den Ergebnissen der Do-Phase aufbauen muss, die gerade bei der Erstimplementierung oft einigen (unvorhergesehenen) zeitlichen Verzögerungen unterliegt. Die Audit-Planung ist damit von anderen Planungsaktivitäten abgekoppelt und läuft zeitlich gesehen bereits während der Do-Phase an. Diese Abkopplung ist zudem charakteristisch für Aktivitäten der Check-Phase: Um keinen Stillstand oder Leerlaufzeiten im DSMS zu schaffen, werden im Idealfall zunächst die in der Plan-Phase festgelegten Maßnahmen des DSMS in der Do-Phase umgesetzt, sodann in mehreren Etappen geprüft („Check"), um schließlich auf diese Weise immer neue Eingaben für Verbesserungsmaßnahmen in der Act-Phase zu erhalten. Die Audit-Planung sorgt letztendlich für einen reibungslosen Übergang dieser einzelnen Schritte des DSMS-PDCA.

Bei der Audit-Planung muss man grundsätzlich unterscheiden zwischen dem Gesamtaudit-Plan eines Unternehmens – häufig auch als Audit-Programm bezeichnet und Schwerpunkt dieses Schrittes des DSMS-PDCA – und der Audit-Agenda (auch als Audit-Tagesplan bezeichnet, zu dieser siehe Abschn. 5.2.9.1.2) für einen einzelnen Unternehmensbereich oder eine spezielle Lokation.

5.2.8.1 Über DSMS-Audits
Als Vorgriff auf die folgenden Unterkapitel und zur Erläuterung der wichtigsten Begriffe rund um die Auditierung des DSMS folgen an dieser Stelle zunächst allgemeine Beschreibungen der DSMS-Audits, die auch bereits bei der Planung von Audits zu berücksichtigen sind.

5.2.8.1.1 Abgrenzung interne und externe Audits

Interne Audits sind zunächst zu unterscheiden von externen Audits [27]:

- An internen Audits ist nur eine Partei – das Unternehmen selbst – beteiligt, deshalb werden sie auch als **1st-Party-Audit** bezeichnet. Sie werden im Auftrag des Managements von Mitarbeitern des Unternehmens durchgeführt, wobei auch der Einsatz von Beratern unter diese Form des Audits fällt. Damit sind auch Audits durch einen externen DSB grundsätzlich als interne Audits zu qualifizieren, denn dieser wird im Rahmen des zugrunde liegenden Geschäftsbesorgungsvertrages für und im Sinne des Unternehmens tätig.
- Bei externen Audits ist neben dem Unternehmen noch mindestens eine weitere Partei beteiligt. Sie lassen sich in folgende Untergruppen unterteilen:
    - Bei Lieferanten-Audits auditiert das Unternehmen seine Lieferanten, es ist also noch eine zweite Partei an den Audits beteiligt (**2nd-Party-Audit**). Dies hat im Datenschutz aufgrund der Prüfpflichten des Auftraggebers (§ 11 BDSG) in der ADV eine praktische Relevanz. Dabei gibt es zwei Ausprägungen, die zu unterschiedlichen Begrifflichkeiten führen:
    - Das Unternehmen als Auftraggeber auditiert seine Lieferanten (Auftragnehmer, siehe dazu Abschn. 5.2.7.5). Dies stellt den klassischen Lieferanten-Audit dar.
    - Das Unternehmen selbst wird als Auftragnehmer von seinen Kunden (Auftraggeber) auditiert. Damit stellt dies aufgrund der umgekehrten Perspektive einen Kunden-Audit dar.
    - Schließlich kann das DSMS durch einen unabhängigen Dritten auditiert werden (**3rd-Party-Audit**). Als Dritter tritt eine akkreditierte Zertifizierungsstelle auf, die an Stelle eines Kunden auf Basis bestimmter Anforderungskataloge (siehe Abschn. 3.2) das DSMS auditiert und bei Erfolg dem Unternehmen ein entsprechendes Zertifikat bzw. Gütesiegel erteilt.
    - Um einen Datenschutz-Audit eigener Art handelt es sich bei **Auditierungen durch die Aufsichtsbehörde**, v.a. deshalb, weil die Aufsichtsbehörde die Audit-Parameter auf Basis ihrer gesetzlichen Ermächtigungen weitgehend selbst festlegen kann. Diese Form des Audits ist eine Besonderheit zu anderen Managementsystemen und resultiert primär aus dem gesetzlichen Ursprung des Datenschutzmanagements (siehe Abschn. 2.2).

5.2.8.1.2 Anforderungen an DSMS-Audits

Ein Audit dient zur Ermittlung von Abweichungen des Ist-Zustandes mit dem geplanten Soll-Zustand und ist damit aufgrund der Offenbarung ebendieser Abweichungen ein essentieller Bestandteil in der Verbesserung des DSMS. Audits können mit verschiedenen Zielsetzungen (Audit-Ziele) angegangen werden. Die Zielsetzung der hier in diesem Praxisleitfaden beschriebenen DSMS-Audits (intern wie extern) ist die Überprüfung der Wirksamkeit des DSMS, also der Datenschutzmanagementfähigkeit des Unternehmens.

Folglich handelt es sich um System-Audits, die sich durch folgende Ziele charakterisieren lassen [28]:[23]

- Ermittlung von Verbesserungspotenzialen, d.h.
  - Ermittlung von Schwachstellen und deren Beseitigung
  - Ermittlung von Fehlerursachen und deren Beseitigung
- Sensibilisieren der Mitarbeiter für die Philosophie und Politik der Organisation bezüglich des befragten Themas Datenschutz,
- Bewertung des installierten Managementsystems,
- Informationsbereitstellung für die Zertifikatserteilung (nur externe Audits),
- Bereitstellung von Informationen für das Managementreview
- Selbstverständlich steht es dem Unternehmen auch frei, zusätzliche Audit-Typen (Prozess-Audits, Verfahrens-Audits, Produkt-Audits etc.) einzusetzen, um bestimmte Bereiche detaillierter zu untersuchen, gerade wenn das DSMS schon in den Regelbetrieb überführt worden ist.

Eine detailliertere Definition des Audits gibt die ISO 19001 – eine internationale Norm zur Auditierung von Managementsystemen, die sich aufgrund der Ähnlichkeiten des DSMS zu internationalen Standards (siehe Abschn. 3.2.2) auch auf das DSMS anwenden lässt: Sie bezeichnet einen Audit als einen „systematischen, unabhängigen und dokumentierten Prozess zur Erlangung von Audit-Nachweisen und zu deren objektiver Auswertung, um zu ermitteln, inwieweit Audit-Kriterien erfüllt sind" (ISO 19011). Bereits über diese Definition lassen sich die wichtigsten Anforderungen an die DSMS-Audits herleiten:

- **Systematisch** sind DSMS-Audits, wenn sie zielgerichtet sind sowie geplant und vorbereitet werden. Aus diesem Grund startet die Check-Phase mit der Audit-Planung.
- Eine größtmögliche **Unabhängigkeit** des Auditors zum auditierenden Bereich ist anzustreben, wobei eine vollständige Unabhängigkeit aufgrund der jeweiligen Geschäftsbeziehungen – sei es bei internen Audits durch die Verflechtungen innerhalb eines Unternehmen, bei externen Audits durch die Beauftragung – nicht zu gewährleisten ist. Während größere Unternehmen für die internen Audits eigene Audit-Abteilungen eingerichtet haben, bietet es sich für kleinere Unternehmen an, die Audit-Verantwortung direkt beim Verantwortlichen für den Datenschutz anzusiedeln. Ist dieser personenidentisch mit dem betrieblichen Datenschutzbeauftragten, so ist seine Unabhängigkeit bereits gesetzliches Erfordernis. Falls nicht, dann kann beispielsweise ein DSMS-Akteur aus Organisationseinheit A die Organisationseinheit B auditieren und umgekehrt. Auch ein externer Berater kann hinzugezogen werden. Es muss jedoch beachtet werden, dass die Auditierung durch einen Dritten (sei es jemand aus einer anderen Abteilung oder ein Externer) vor Ort grundsätzlich auf Widerstand

---

[23] *Gietl/Lobinger*, Qualitätsaudit, S. 605.

stoßen wird. Dieses Dilemma aus Unabhängigkeit des Auditors auf der einen Seite und Widerstand der Auditees gegen die eigene Bewertung auf der anderen Seite kann nicht gelöst, aber abgemildert werden: Indem nämlich darauf hingearbeitet wird, die Audits nicht als Überwachungsmaßnahmen, sondern als Notwendigkeit zur Verbesserung vorzustellen und dies auch in der Praxis zu demonstrieren (etwa indem man die Anonymität der Audit-Ergebnisse sicherstellt).

- Der Audit-Prozess ist ferner zu **dokumentieren**. Dies beinhaltet Audit-Programm, Audit-Plan, Audit-Checkliste, Audit-Agenda, Audit-Notizen, Audit-Bericht etc.
- **Audit-Kriterien** sind "Verfahren, Vorgehensweisen oder Anforderungen, die als Bezugsgrundlage (Referenz) verwendet werden, anhand derer ein Vergleich mit dem Audit-Nachweis erfolgt" (ISO 19011). Für die DSMS-Audits ist dies primär das DSMS-Handbuch, welches zudem die Anforderungen der Datenschutz-Policy enthält und die dem DSMS zu Grunde liegenden gesetzlichen Anforderungen beinhaltet. Bei angestrebter Zertifizierung ist der einschlägige Anforderungskatalog zusätzlich zu beachten.
- **Audit-Nachweise** sind „Aufzeichnungen, Tatsachenfeststellungen oder andere Informationen, die für die Audit-Kriterien zutreffen und verifizierbar sind." Dazu zählen Dokumente und Aufzeichnungen, die im Rahmen des DSMS erstellt wurden, aber auch Aussagen der auditierten Personen sowie die Beobachtungen des Auditors.
- **Audit-Feststellungen** sind „Ergebnisse aus der Bewertung der gesammelten Audit-Nachweise im Hinblick auf Audit-Kriterien". Es wird entweder eine Konformität (bzw. Übereinstimmung) oder eine Nichtkonformität (Abweichung) zum Audit-Kriterium festgestellt.
- **Audit-Schlussfolgerungen** leiten sich aus dem Verhältnis aus Audit-Feststellungen und den Audit-Kriterien ab. Sie stellen eine zusammenfassende Bewertung dar und begründen die Erforderlichkeit von Folgemaßnahmen.

Wie die erwähnten Audit-Begriffe zusammenhängen und in welcher Phase sie von Bedeutung sind, sei an einem Beispiel demonstriert (Abb. 5.23):

Die obigen Ausführungen zeigen, dass sich DSMS-Audits nur unwesentlich von der Auditierung anderer Managementsysteme unterscheiden, etablierte Begriffe und Definitionen (etwa aus der ISO 19011 oder der ISO 9000) lassen sich übertragen. Auch in der gemeinsamen Ausführung der DSMS-Audits mit bspw. Qualitäts-Audits besteht Synergiepotential [29]. Dem Unternehmen steht es frei, seine Erfahrungen im Audit-Wesen nach eigenem Ermessen auf die Auditierung des DSMS zu übertragen, sofern die erwähnten Audit-Grundsätze dadurch nicht verletzt werden. Wegen der thematischen Nähe bieten sich auch gemeinsame Audits von Security, IT-Sicherheit, Informationssicherheit und Datenschutz an (Joint Audits). Hierbei besteht dann aber die Herausforderung, die unterschiedlichen Audit-Kriterien in gemeinsame Audit-Checklisten zu überführen und aus den Audit-Nachweisen für jeden Themenbereich geeignete Audit-Schlussfolgerungen zu ziehen.

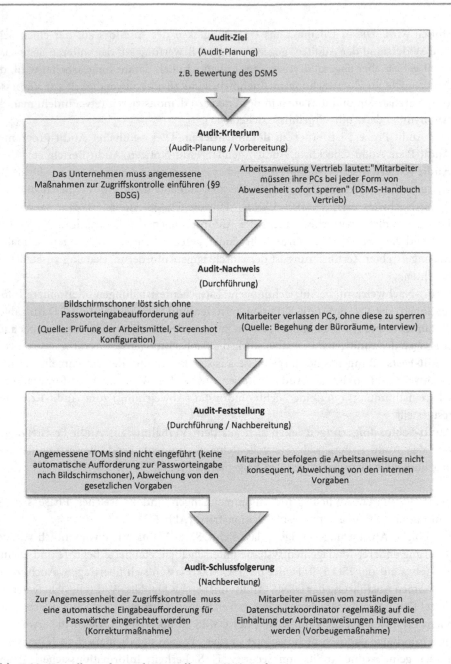

Abb. 5.23 Kausalkette der Audit-Begriffe im DSMS-Audit

5.2.8.1.3 Anforderungen an DSMS-Auditoren

DSMS-Audits werden von speziell dazu befähigten Auditoren ausgeführt. Bei der Auswahl von diesen gelten die allgemeinen Anforderungen an Auditoren[24] [27]:

- teamfähig
- analytisch
- realistisch
- aufgeschlossen
- erfahren
- objektiv
- unabhängig
- methodisch

▶ Erfahrungen in der Auditierung anderer Managementsysteme – v.a. nach ISO 9001 und ISO 27001– sind von Vorteil. Vorhandene Qualifikationen im Unternehmen sollten erfragt werden, die ermittelten Personen können dann mindestens als Co-Auditoren auftreten.

Da die Audit-Kriterien der DSMS-Audits auch die Prüfung des Ist-Zustands gegen gesetzliche Anforderungen bedeuten, muss eine fachliche Qualifikation des DSMS-Auditors die nachgewiesene Kenntnis der einschlägigen Datenschutzgesetze beinhalten. Damit kommt als (interner) Auditor insbesondere der Verantwortliche für den Datenschutz (falls personenverschieden auch der betriebliche DSB) oder ein Syndikus in Frage. Auch andere DSMS-Akteure (z.B. Datenschutzkoordinatoren) lassen sich als Auditoren einsetzen, müssen aber dazu in den einschlägigen Trainings (Abschn. 5.2.6.3.2) befähigt werden.

Für Auditoren-Teams lassen sich zudem verschiedene Rollen beschreiben:

- Der Lead-Auditor trägt die Gesamtverantwortung für alle Phasen der Audits und leitet das Audit-Team. Der Lead-Auditor muss die Auditoren-Anforderungen in besonderem Maße erfüllen. Er unterzeichnet den finalen Audit-Bericht, der an die Geschäftsleitung geht und dient in Auditoren-Teams v.a. als Moderator.
- Co-Auditoren unterstützen den Lead-Auditor bei den einzelnen Audits, für sie gelten die Auditoren-Anforderungen im Vergleich zum Lead-Auditor in abgeschwächter Form. So können lokale DSMS-Akteure u.U. unterstützend bei der Auditierung ihres eigenen Verantwortungsbereiches mitwirken, sofern die Unabhängigkeit des Lead-Auditors gesichert ist.
- Fachexperten treten nicht als Auditoren auf, sondern unterstützen die Auditoren lediglich mit ihrem Fachwissen. Besonders bei integrierten Audits – also der Auditierung themenverschiedener Audit-Kriterien gleichzeitig – wird der Einsatz von Sachkundigen zur Begrenzung der Audit-Teammitglieder auf ein vertretbares Maß erforderlich sein.

---

[24] *Lobinger/Gietl*, Leitfaden Qualitätsauditoren, S. 69.

Führen mehrere Personen einen DSMS-Audit durch, ist auf eine funktionierende Zusammenarbeit besonderen Wert zulegen. Die Effektivität der Audits selbst wird dadurch stark verbessert.

5.2.8.2 Audit-Cycle als systematische Abfolge der Prüfaktivitäten

Neben den individuellen Möglichkeiten und Präferenzen zur Koordinierung der „Check"- und „Act"-Aktivitäten im DSMS bietet sich eine dreistufige Vorgehensweise an:

1. Zunächst werden **interne Audits** abgehalten, in denen das Unternehmen selbst (1st-Party-Audit) die Ergebnisse der Do-Phase mit den Soll-Vorgaben aus der Plan-Phase vergleicht und daraus Verbesserungspotential ableitet.
2. Im nächsten Schritt werden die **Management Reviews** durchgeführt, um das im Rahmen der internen Audits ermittelte Verbesserungspotential mit den Verantwortlichen zu besprechen und auch auf dieser Ebene Verbesserungsmaßnahmen zu beschließen. Daraus folgt auch, dass die Planung der Management Reviews nicht losgelöst von den Audits durchgeführt werden kann und somit auch unter den Oberbegriff der Audit-Planung fällt.
3. Schließlich werden im dritten Schritt nach (dem Beginn) der Umsetzung der Verbesserungspotentiale die **externen Audits** durch einen Dritten (3rd-Party-Audit; evtl. 2nd-Party-Audit) ausgeführt, für welche auf diese Weise das im Rahmen der Erstimplementierung bestmögliche DSMS herangezogen werden kann.

Diese Vorgehensweise hat sich nicht nur für das DSMS bewährt, sondern wird aufgrund der beschriebenen Zusammenhänge regelmäßig auch für andere Managementsysteme vorgenommen. Generell baut das DSMS auf der gleichen Vorgehensweise wie die bekannten ISO-Managementsysteme auf, entsprechend lassen sich bestehende Strukturen und Best Practices dieser Managementsysteme für Audits und Review auch auf das DSMS übertragen. Nicht zuletzt verlangen die meisten Anforderungskataloge an ein Managementsystem die Durchführung von internen Audits und Management Reviews, sodass diese zwingend vor einer Zertifizierung des Managementsystems durchgeführt werden müssen. Folgt man dieser Vorgehensweise und beachtet den iterativen Charakter des DSMS, so lässt sich auf diese Weise ein Kreislauf an Tätigkeiten erstellen, der sich bei jedem Durchlauf des DSMS wiederholen lässt: Dies ist der sogenannte „Audit-Cycle" (Abb. 5.24).

Für diesen Praxisleitfaden wurden sieben Schritte für den Audit-Cycle ausgewählt, die wie folgt zu verstehen sind:

1. Zunächst ist unternehmensintern eine erste Entwurfsfassung des Audit-Programms zu erstellen, welche zunächst eine grobe Zeitplanung der Audits und Reviews aufstellt. Dabei ist das oben vorgestellte dreistufige Schema zu berücksichtigen.
2. Werden externe Audits angestrebt, handelt es sich dabei mit dem Ergebnis der Zertifikatsausgabe um den letzten Meilenstein der DSMS-Implementierung, auf den sich jede planerische Tätigkeit auszurichten hat. Da diese externen Audits jedoch zu großen

Abb. 5.24 Audit-Cycle

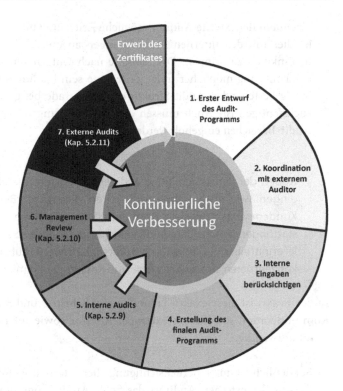

Teilen von der Zertifizierungsstelle abhängig sind – Engpass ist hierbei vor allem die
Verfügbarkeit des Auditors –, ist eine frühzeitige Koordination mit der Zertifizierungsstelle anzustreben. Die an dieser Stelle mit dem externen Auditor vereinbarten Termine
für die externen Audits stellen die Weichen für die Durchführung der internen Audits
und der Management Reviews.

▶   Externe Auditoren einer Zertifizierungsstelle sind im Hinblick auf die externen
     Audits gewissen Beschränkungen aufgrund ihrer Akkreditierung unterworfen.
     So stellt die ISO 17021 Anforderungen an die Prozesse der akkreditierten Zertifi-
     zierungsstelle auf und gibt damit auch Vorgaben für den Zertifizierungsprozess.
     Regelmäßig besteht dieser aus vier Phasen (genauer: Abschn. 5.2.11.2), die ent-
     sprechend an dieser Stelle der Planung berücksichtigt werden müssen. Zudem
     gibt die ISO 17021 i.V.m. der allgemein gültigen ISO 19011 Vorgaben an die Aus-
     wahl des zu auditierenden Bereiches. Aus diesem Grund ist die Einbeziehung
     des externen Auditors *vor* der internen Abstimmung notwendig, um die für die
     Zertifizierung geeigneten Bereiche zu ermitteln. Folglich sollten gemeinsam
     mit dem Auditor mehrere Vorschläge für den Audit-Bereich erarbeitet werden,
     die dann im Anschluss intern auf ihre Realisierbarkeit geprüft werden.

3. Nachdem der externe Auditor mögliche Zeiträume und Audit-Bereiche festgelegt hat, ist dies mit den internen Anforderungen an die Audits und Management Reviews in Einklang zu bringen. Dies kann je nach Unternehmen lediglich eine rudimentäre Ermittlung möglicher freier Zeiträume sein bis hin zur notwendigen Einbindung in die bestehenden Audit-Strukturen, was gerade bei größeren Unternehmen zu berücksichtigen ist. Auch müssen die Genehmigungen der Verantwortlichen aus den Audit-Bereichen eingeholt werden.

▶ Neben der Berücksichtigung anderer Aktivitäten, die eine Verschiebung bedingen (wie etwa Haupturlaubszeiten, Feiertage, Betriebsausflüge, lokale Kundenevents, parallele Reorganisationsmaßnahmen oder ein gleichzeitig stattfindender Qualitäts-Audit), sind auch mögliche Synergien an dieser Stelle ermittelbar: So lassen sich Audits idealerweise auf bestimmte Lokationen konzentrieren, um so Aufwände und Kosten zu minimieren.

In der Praxis ist diese exakte Trennung von Schritt 2 und 3 nicht gegeben, regelmäßige Kommunikation sowohl mit externem Auditor sowie internen Audit-Stakeholdern ist somit notwendig.

4. Schließlich ist unter Berücksichtigung aller internen Anforderungen und der Verfügbarkeit des externen Auditors das finale Audit-Programm zu erstellen, welches von allen Beteiligten bestätigt werden muss.
5. Anhand des finalen Audit-Programms und möglichst zeitnah werden sodann die internen Audits (Abschn. 5.2.9) durchgeführt. Hier werden bereits erste Verbesserungspotentiale ermittelt, die zum einen Eingaben für das Management Review bilden, zum anderen aber auch direkt umgesetzt werden können.
6. Im Anschluss an die Auswertung der internen Audits werden die Management Reviews (Abschn. 5.2.10) abgehalten, in denen neben einer Bewertung des bisherigen Fortschritts und einem Ausblick auf die geplanten Weiterentwicklungen des DSMS auch die Umsetzung weiterer Verbesserungsmaßnahmen beschlossen werden, mit denen dann im Anschluss an das Review begonnen werden kann.
7. Nach Durchführung der internen Audits und der Management Reviews sowie der Umsetzung des bis dahin ermittelten Verbesserungspotentials erfolgen die externen Audits (Abschn. 5.2.11), welche zum einen wiederum Verbesserungspotential offenbaren, zum anderen bei positiver Bewertung durch den Auditor schließlich zum Erhalt des gewünschten Zertifikates bzw. Gütesiegels führen.

Unternehmen, die keine externen Audits vornehmen lassen wollen, planen nur ihre internen Audits und Management Reviews an dieser Stelle; die Schritte 1, 2 und 7 fallen entsprechend weg. Die oben unter Abschn. 5.2.8.1.1 erwähnten Kunden-Audits finden idealerweise auch erst nach den externen Audits statt, lassen sich aber meist aufgrund ihrer Ad-hoc-Natur wegen kurzfristigen Kundenanfragen nur begrenzt planerisch berücksichtigen.

5.2.8.3 Aspekte des Audit-Programms

Gleich, ob man der oben vorgeschlagenen Methode des Audit-Cycle folgt oder davon abweicht: In jedem Fall wird ein Audit-Programm (Alternativbezeichnung: Audit-Jahresplan) zu erstellen sein, in welchem die Termine und Ressourcen der Check-Aktivitäten in Verbindung mit den zur Verfügung stehenden Budgets aufeinander abgestimmt werden. Im Rahmen des Audit-Cycle (Abschn. 5.2.8.2) wurden bereits die Abhängigkeiten zwischen den internen Anforderungen und der Verfügbarkeit des Auditors beschrieben, sodass zu einem finalen Audit-Programm unter Berücksichtigung aller Eingaben mehrere Entwurfsfassungen notwendig sein werden. Das Audit-Programm enthält dabei zwingend folgende Elemente:

- Zum einen legt es die Terminierung der (internen wie externen) Audits sowie der Management Reviews den wichtigsten Aspekt des Audit-Plans fest. Dazu gehören auch die Einplanung entsprechender Phasen der Vor- und Nachbereitung sowie ausreichende Pufferzeiten. Für die zu terminierenden Aspekte innerhalb der einzelnen Schritte für Audits und Review sei an dieser Stelle auf die entsprechenden, noch folgenden Schritte des DSMS-PDCA verwiesen.

▶ Das hier beschriebene Audit-Programm sollte als Audit-Jahresplan nur die wesentlichen Aspekte aufgreifen. Die detaillierte Agenda von Audits und Review wird anschließend zeitnah zum jeweiligen Termin erstellt und kommuniziert. Damit werden planerische Unwägbarkeiten besser berücksichtigt, zudem lassen sich aktuelle Schwerpunkte zu den Audit-Kriterien in den Audit-Checklisten setzen.

- Weiterhin sollte vor der Durchführung von Audits und Management Reviews noch ein Status-Update für die Geschäftsleitung eingeplant und durchgeführt werden. So muss die Geschäftsleitung letztendlich die Audits freigeben und tritt folglich als Auftraggeber auf. Die wesentliche Grundlage für das Abhalten der Audits sollte zwar bereits über die Datenschutz-Policy (Abschn. 5.2.1.3) vorliegen, nichtsdestotrotz ist eine Erinnerung sinnvoll.
- Ein weiterer essentieller Punkt in den Audit-Planungen ist die Festlegung des untersuchten Bereiches. Regelmäßig werden sich externe Audits aus Effizienzgründen nur auf ausgewählte Bereiche des DSMS-Anwendungsbereiches erstrecken, etwa bestimmte Lokationen oder Prozesse, wobei die oben (Abschn. 5.2.8.2) erwähnten Vorgaben durch den externen Auditor berücksichtigt werden müssen. Auch die betroffenen Mitarbeiterkreise sind abzustecken. Für interne Audits gilt, dass *jeder* Bereich im Scope des DSMS auditiert wird. Denn die Überprüfung des DSMS darf sich in diesem Fall nicht

nur auf bestimmte Bereiche beziehen, sondern muss Aussagen über die allgemeine Wirksamkeit des DSMS treffen können.

• Die Audit-Ziele sind festzulegen, etwa: Gesetzliche Anforderungen, Anforderungen aus internen Vorgaben (Datenschutz-Policy und insbesondere DSMS-Handbuch) oder Zertifizierungskriterien aus den einschlägigen Standards.

• Weiterhin enthält das Audit-Programm die entsprechenden Auditoren bzw. Audit-Teams und Teilnehmer der Management Reviews. Als Auditoren kommen auch die DSMS-Akteure in Frage, sofern sie in den einschlägigen Trainings (Abschn. 5.2.6.3.2) dazu befähigt wurden und sie unabhängig agieren können.

▶   Als gute Basis für ein Audit-Programm eignet sich beispielsweise ein Gantt-Diagramm, in welchem die Abfolge der einzelnen Schritte gut sichtbar wird.

Das Audit-Programm ist nicht nur in der Erstimplementierung des DSMS ein wichtiges Instrument, sondern muss auch in den folgenden Zyklen erstellt bzw. überarbeitet werden. In manchen Fällen wird es sogar so sein, dass sich die DSMS-Aktivitäten dann primär am Audit-Programm orientieren werden, gerade wenn die jährliche Erneuerung des Zertifikates vorbereitet und damit der DSMS-PDCA auf einen Ein-Jahres-Rhythmus angepasst werden muss.

Die Audit-Planung ist im Regelfall beim Verantwortlichen für den Datenschutz angesiedelt. Die Einbeziehung des Verantwortlichen für den Datenschutz muss generell bei jedweder Audit-Planung berücksichtigt werden, da die Ergebnisse der Datenschutz-Audits personenbezogene Daten beinhalten und über geeignete TOMs gesichert werden müssen. Zudem sind die Eingaben der anderen DSMS-Akteure zu berücksichtigen. So werden diese idealerweise die Audits lokal vorbereiten, an den Audits teilnehmen oder auch deren Durchführung eigenständig vornehmen. Weiterhin müssen die Geschäftsleitung bzw. die Verantwortlichen der Geschäftsbereiche die Audits genehmigen und für die Management Reviews zur Verfügung stehen. Entsprechend ist ihnen das Audit-Programm zur Freigabe vorzulegen. Nicht zuletzt sind die betroffenen Mitarbeiter mit geeigneter Vorlaufzeit über die Audits zu informieren.

In größeren Unternehmen und in einem ausgereiften DSMS sollten die Audits systematisch verbessert werden. Über einen eigenen Audit-PDCA (Abb. 5.25) wird über ein Audit-Programmmanagement der Audit-Prozess im Unternehmen kontinuierlich verbessert. Dies erhöht die Wirksamkeit der Audits im Unternehmen[25] [27].

Klein GmbH

Nachdem die wichtigsten Maßnahmen in der Do-Phase des DSMS bereits umgesetzt wurden bzw. deren Ende absehbar ist, beginnt der Verantwortliche für den Datenschutz mit der Planung der Audits. Dazu stimmt er sich eng mit dem Quality Manager

---

[25] *Gietl/Lobinger*, Leitfaden für Qualitätsauditoren, S. 165 f.

Abb. 5.25 Audit-PDCA

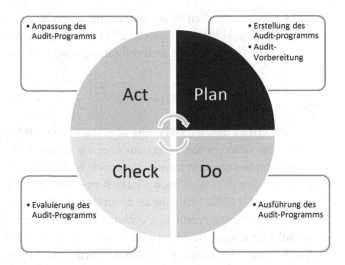

und dessen Auditierung des QMS ab. Um deshalb nicht zwei Audit-Phasen hintereinander abzuhalten, vereinbaren beide, dass die Auditierung des DSMS im Rahmen der QMS-Audits erfolgt. Dazu erhält der auditierende Quality Manager entsprechende Checklisten in der Vorbereitung seiner Audits. Beide kommen überein, dass der Umfang der QMS-Audits um circa 20 % steigen wird. Dies wird entsprechend in der Planung berücksichtigt und ein ambitionierter Zeitraum von 1 Woche zur Durchführung der Audits angegeben.

Ausnahmen soll es nur für wenige Bereiche geben: In Bezug auf den Einsatz der neuen CRM-Datei möchte der Verantwortliche für den Datenschutz sicher gehen und hier einen eigenen, datenschutzspezifischen Audit durchführen. Dieser soll jedoch bewusst schlank gehalten werden und wird ebenfalls in die „Hochphase" der QMS-Audits gelegt.

Medium AG

Bei der Medium AG setzen sich der externe DSB und der ISMS-Verantwortliche zusammen, um die Möglichkeiten für gemeinsame Audits auszuloten. Dabei kommen sie überein, die Audits grundsätzlich gemeinsam durchzuführen. Dafür sprechen sowohl die verwandten Themengebiete als auch die dadurch ermöglichte Zeitersparnis. Als federführend und Lead-Auditor für diese Joint Audits soll der ISMS-Verantwortliche auftreten, die lokalen DSMS-Koordinatoren treten als Co-Auditoren auf. Der externe DSB hingegen übernimmt die Verantwortung für den anschließenden Follow-up der Audits in Bezug auf den Datenschutz.

Da keine externen Audits durchgeführt werden, planen die Beteiligten auf Basis der Erfahrungen der ISMS-Audits aus dem vergangenen Jahr einen Zeitraum von 2 Wochen zur Durchführung der internen Joint Audits ein. Durch diese Zusammenlegung kann die Auditierung des DSMS sowohl auf die langjährige Erfahrung des

ISMS-Verantwortlichen bauen als auch im ersten Jahr zumindest in dieser Phase noch im Hintergrund bleiben, bevor das DSMS im Rahmen des 2-Jahres-Plans im nächsten Jahr in allen Geschäftsbereichen vollständig ausgerollt worden ist.

SAP

Bei SAP erfolgt die Audit-Planung über das für das DSMS zuständige Security & Data Protection Office, wobei insgesamt über ein an der ISO 19001 ausgerichtetes Audit-Programmmanagement zahlreiche weitere Stellen eingebunden werden: So finden in den Bereichen des DSMS auch Auditierungen anderer Managementsysteme (etwa ISO 9001 oder ISO 27001) statt, die an dieser Stelle berücksichtigt werden. Auch der Audit-Prozess selbst wird regelmäßig evaluiert und verbessert. Für die Audit-Planung wird wie folgt verfahren: Nachdem gemeinsam mit der Zertifizierungsstelle je nach Art von Audit (Rezertifizierung oder Neuzertifizierung) die Prozesse und Lokationen ausge-wählt wurden, wird der Zeitplan für die internen Audits und Management Reviews festgelegt. Dabei werden interne Audits an allen Lokationen, in denen das DSMS eta-bliert ist, durchgeführt. Mit den internen Audits wird nach Möglichkeit auch zeitnah nach Erstellung des Audit Plans begonnen, um einen möglichst großen Zeitraum zur Bearbeitung der Audit-Findings zur Verfügung zu haben. Aufgrund der vielen Pro-zesse im Anwendungsbereich und den zahlreichen Lokationen (der SAP-Support ist an 60 verschiedenen Standorten weltweit tätig) werden die externen Audits wiederum schwerpunktmäßig in Lokationen mit mehr als 20 Mitarbeitern durchgeführt. Auch die Möglichkeit zur Durchführung von Remote-Audits spielt eine Rolle bei der Aus-wahl von Lokationen. Der Audit-Plan wird den Bereichsverantwortlichen vorgelegt und bedarf deren Genehmigung, da mit den Audits interne Aufwände und auch Zerti-fizierungsgebühren einhergehen. Auch die lokalen Datenschutzvertreter, die die Audits vorbereiten und an der Durchführung mitwirken, werden frühzeitig eingebunden und über ihre Aufgaben unterrichtet.

Mit dem Audit-Programm liegt eine solide Grundlage für die nun folgenden Aktivitäten der Check-Phase vor, die mit den internen Audits beginnt.

Fazit

- Die Überprüfung der Wirksamkeit des DSMS erfolgt analog den Best Practices für etablierte Managementsysteme.
- Die Auditierung des DSMS kann aus verschiedenen Perspektiven erfolgen (1st-, 2nd-, 3rd-Party bzw. durch die Aufsichtsbehörde).
- Die Auditierung des DSMS erfolgt grundsätzlich über System-Audits, ergänzend können andere Audit-Typen herangezogen werden.
- Die Aktivitäten der Check-Phase des DSMS müssen in ein Audit-Programm überführt werden.

- Die Aktivitäten der Check-Phase sollten in einer Reihenfolge aus internen Audits, Management Review und schließlich externen Audits ausgeführt und entsprechend geplant werden.
- Ausgehend von der Audit-Planung und endend mit der Zertifikatserteilung ergibt sich ein Audit-Cycle, der mit jedem Durchlauf des DSMS-PDCA erneut durchgeführt wird.
- Die Anforderungen des externen Auditors sind mit den internen Anforderungen an Audits und Management Reviews in Einklang zu bringen.
- Ein Audit-Programm enthält alle relevanten Angaben zu Audits und Management Reviews und ist in seinem Detailgrad abhängig vom Planungshorizont.
- Bei der Erstellung eines Audit-Programms sind abhängig von der Unternehmensstruktur auch weitere Organisationseinheiten und Verantwortliche miteinzubeziehen.
- Ein ausgereiftes DSMS verbessert seinen Audit- und Review-Prozess über ein Audit-Programmmanagement mittels des PDCA-Zyklus.

5.2.9 Interne Audits

▶ - Was sind interne Audits?
- Wie grenzen sie sich zu externen Audits ab?
- Warum werden interne Audits des DSMS durchgeführt?
- Welche Anforderungen sind an interne Audits zu stellen?
- Welche Anforderungen sind an den Auditor des DSMS zu stellen?
- Wie werden interne Audits vorbereitet, durchgeführt und nachbereitet?

Nach der Realisierung des DSMS und der Umsetzung der Maßnahmen muss in einem nächsten Schritt überprüft werden, inwieweit der Ist-Zustand mit dem aus den Datenschutzzielen des Unternehmens abgeleiteten Soll-Zustand übereinstimmt. Die Wirksamkeit des DSMS ist an dieser Stelle zu ermitteln. Dafür werden als Schritt 9 des DSMS PDCA zunächst interne Audits durchgeführt (siehe Abb. 5.26).

5.2.9.1 Vorbereitung
Im Rahmen der Vorbereitung (sowohl interner als auch externer Audits) sind drei wesentliche Aspekte zu beachten:

1. Erstellung der Audit-Checkliste
2. Erstellung der Audit-Agenda
3. Einführungsgespräche

Abb. 5.26 DSMS-PDCA –
Schritt 9

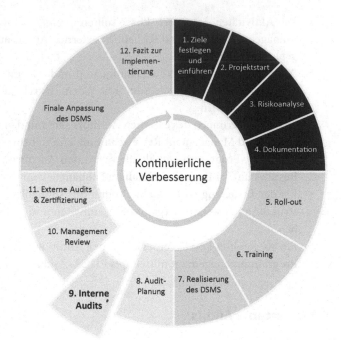

5.2.9.1.1 Audit-Checkliste

Zentrales Dokument in der Vorbereitung von Audits ist die **Audit-Checkliste**. In Absprache mit den Co-Auditoren wird diese vom Lead-Auditor erstellt. Die Audit-Checkliste
enthält Fragen, über deren Beantwortung die Audit-Ziele unter Heranziehung der Audit-
Kriterien erreicht werden. Je nach Audit-Zielen und dem geplantem Aufwand für die
Audits lassen sich aber nicht alle Audit-Kriterien im Detail abprüfen und Prioritäten müssen gesetzt werden. Deshalb sollte generell vom Allgemeinen hin zu Details befragt werden.
Schwerpunkte für die Details der Audit-Checkliste lassen sich ableiten aus:

- Der Risikosituation (Blick ins Risikoregister), d.h.:
  - Welche Risiken hängen eng mit dem auditierten Bereich zusammen?
  - Hohe (Brutto-)Risiken müssen primär abgeprüft werden, um die Wirksamkeit der
    risikomindernden Maßnahmen ermitteln zu können
- Der Auswahl der Auditees, d.h.:
  - Wer wird mit welchen Fragen der Checkliste konfrontiert?
  - Welche Aufgaben im DSMS hat der Auditee?
- Vorgaben der internen Auftraggeber
  - Welche Audit-Ziele werden vorgegeben und welche Arten von Audit-Feststellungen
    und -schlussfolgerungen dafür benötigt? (z.B. Wirksamkeit des DSMS insgesamt
    oder schwerpunktmäßig Informationen über den Stand der Mitarbeiterqualifikati-
    on)

- – Welche Audit-Nachweise werden dafür benötigt? (Berichte und zusätzliche Screenshots, Fotos etc.)
- Der Auswahl der Lokationen, d.h.:
  - – Einschränkungen durch Remote-Audits müssen beachtet werden (Ortsbegehung nicht möglich)
  - – Lokale Besonderheiten einbeziehen (lokal geltende Gesetze, technische Normen, Gebäude im Betriebseigentum oder angemietet etc.)
- Den möglichen Methoden der Erhebung von Audit-Nachweisen, d.h.:
  - – Interviews lassen sich z.B. über die Fragetechnik gezielt lenken.
  - – Auch können schlecht ausgeführte Interviews bei fehlender Kooperationsbereitschaft der Auditees scheitern.
- Den Ergebnissen vorangegangener Audits und Kontrollen.

Daraus folgt, dass statt einer allgemeinen Checkliste im Idealfall spezifische Checklisten für jeden einzelnen Audit-Bereich (und darüber hinaus rollenspezifisch für einzelne Auditees) unter Berücksichtigung der genannten Aspekte erstellt werden. Dieser hohe Aufwand zahlt sich aus: Die Ergebnisse sind aussagekräftiger und Audit-Schlussfolgerungen leichter daraus abzuleiten. Eine generelle Audit-Checkliste, die die spezielle Situation einzelner Audit-Bereiche und Auditees nicht berücksichtigt, kann dies nicht leisten. Folglich sollte für die Erstellung der Audit-Checkliste genügend Zeit eingeplant werden.

Ist die Checkliste erstellt, ist zu prüfen, inwieweit die Auditees über ihren Inhalt informiert werden sollten. Die Autoren empfehlen – gerade weil beim Datenschutz ein so hohes Risikopotential besteht und das DSMS bei der Erstimplementierung noch Neuland für alle Beteiligten ist – zugunsten einer realitätsnahen Erfassung des Ist-Zustandes die detaillierte Checkliste nicht für die Auditees zu veröffentlichen, sondern stattdessen im Rahmen von Einführungsgesprächen (s.u. Abschn. 5.2.9.1.3) Musterchecklisten auszuteilen. So wissen alle Beteiligten, was auf sie zukommt. Zugleich wird eine starre Fixierung der Auditees auf die Schwerpunkte und Lücken der detaillierten Checkliste vermieden. Da die Audit-Checkliste mit jedem Durchlauf des DSMS-PDCA in ihren Schwerpunkten angepasst wird, bleibt die Wirksamkeit dieses Vorgehens gewährleistet. Eine Veröffentlichung der Audit-Checkliste im Nachhinein ist auch nicht erforderlich, denn Transparenz wird bereits über den Audit-Bericht (s.u., Abschn. 5.2.9.3.3) sichergestellt.

5.2.9.1.2 Audit-Agenda

Einige Wochen vor den Terminen der internen Audits ist vom Lead-Auditor – bspw. vom Verantwortlichen für den Datenschutz – die detaillierte Audit-Agenda (auch: Audit-Tagesplan) aufzustellen und zu kommunizieren. Sie muss mindestens enthalten:

- Tagesordnungspunkte (orientieren sich an der Audit-Checkliste und den Auditees)
- Terminierung (z.B. in festen Zeitblöcken je Tagesordnungspunkt)
- Auditoren (Lead-Auditor, Co-Auditor)
- Auditees
- Räume (bzw. Kommunikationsmittel bei Remote-Audit)

Anhand der Vorgaben dieser Audit-Agenda muss in den auditierten Bereichen eine entsprechende logistische Vorbereitung stattfinden. Diese sollte analog des Governance Models an diejenigen DSMS-Akteure delegiert werden, welche direkt in den Audit-Lokationen tätig sind. Für einen reibungslosen Audit müssen dabei geeignete Räumlichkeiten reserviert werden. Dabei ist auf hinreichende Ausstattung bezüglich Größe sowie Kommunikations- und Präsentationsmedien zu achten. Die Auditees müssen eingeladen werden: Dies muss in revisionssicherer Art und Weise geschehen und es muss daraus hervorgehen, dass der Audit-Termin hohe Priorität hat.

▶   Eine vorausschauende Planung empfiehlt sich insbesondere im Hinblick auf teilnehmende Manager, da deren Zeit erfahrungsgemäß besonders knapp ist.

Das Audit-Vorhaben als solches muss zudem im gesamten Audit-Bereich verkündet werden, damit bei der Vor-Ort-Begehung keine Überraschungen auftreten. Werden auch speziell geschützte Räume auditiert (z.B. Serverräume oder Rechenzentren), muss sichergestellt sein, dass autorisiertes Personal bereitsteht um den Zutritt zu ermöglichen. Es ist auch zu empfehlen, den Empfangsbereich und das Sicherheitspersonal vorab zu informieren, da diese Bereiche durchaus Gegenstand eines Audits sein können.

5.2.9.1.3 Einführungsgespräche
Zur Vorbereitung der Auditees empfehlen sich zeitnahe Einführungsgespräche mit den lokalen DSMS-Akteuren und dem Management, um den Ablauf des Audits zu erläutern. Dazu sollten aus der Audit-Checkliste einige Beispielfragen für eine Musterchecklist entnommen und diese dann vorgestellt werden, um so den Auditees ein Bild über den Audit-Verlauf zu vermitteln. An dieser Stelle sollte auch die Teilnahme der Auditees (auch der Mitarbeiter) an den einschlägigen Trainings geprüft werden: Es macht nämlich keinen Sinn, untrainierte Auditees zu befragen und so beide Seiten mit einem unbefriedigenden Ergebnis zurückzulassen. Die Auditees sollten ferner noch auf die wichtigsten Dokumente mit den Audit-Kriterien (Datenschutz-Policy, DSMS-Handbuch, bereichsspezifische Richtlinien und Arbeitsanweisungen, Rollenkonzepte etc.) hingewiesen werden, um anschließend beim Audit direkt in die Materie einsteigen zu können. Ob die Auditees sich auf die Audits vorbereiten sollten, ist unterschiedlich zu beantworten:

- DSMS-Akteure, die als Auditees auftreten, sollten sich detailliert vorbereiten, indem sie über ihre Tätigkeit eine Zusammenfassung erstellen, welche sie im Audit präsentieren können. Inhaltlich sollte diese Zusammenfassung die DSMS-Tätigkeiten beschreiben, die Meetingstruktur erläutern und auch einen Ausblick auf geplante Aktivitäten der nächsten Monate geben. Ebenfalls sollten (bei wiederholten Audits) die vorgenommenen Verbesserungsmaßnahmen zwischen den einzelnen Audits beschrieben werden.
- Bei Mitarbeitern ist es dagegen meist sinnvoller, wenn diese sich nicht umfassend vorbereiten: Hier steht nämlich das Erfragen der betrieblichen Routine im Vordergrund.

Entsprechend ist hier jedoch dann während des Audits auch der Hinweis des Auditors an den Mitarbeiter nötig, dass dessen Vorbereitung gerade nicht vorausgesetzt worden ist.

Eine weitere Tätigkeit während der Audits ist die Prüfung der Unterlagen. Hier sind aufgrund der häufigen Positionierung des Datenschutzes in einer Stabstelle Unterschiede zum Qualitäts-Audit zu beachten: Da die Dokumentation des DSMS in einem solchen Fall größtenteils zentral verwaltet wird – etwa beim Verantwortlichen für den Datenschutz – und bei internen Audits diese zentrale Stelle die Audits meist selbst ausführen wird, beschränkt sich dann die Prüfung der Unterlagen auf Aufzeichnungen, die im auditierten Bereich selbst erstellt und verwaltet werden. Dies ist entsprechend den Aufgabenverteilungen im DSMS und dem Dokumentenmanagement des Unternehmens verschieden ausgeprägt, beispielhaft kommt hier in Frage:

- Nachweise zu Trainings- und Awareness-Maßnahmen
- Verpflichtung der Mitarbeiter auf das Datengeheimnis (lokale Personalakten)
- Dienstleisterverträge
- Risikoberichtsblätter
- Dokumentation der automatisierten Datenverarbeitungsverfahren (z.B. Systemdokumentation)
- Dokumentation der TOMs (z.B. Gebäudespezifika)
- Komplett eigene Datenschutzdokumentation (z.B. eine weitgehend unabhängig agierende Tochtergesellschaft)
- CAPA-Liste – Bearbeitungsfortschritt und Maßnahmen

Klein GmbH

In der Klein GmbH erstellt der Verantwortliche für den Datenschutz in Absprache mit dem Quality Manager die Audit-Checkliste. An den entsprechenden Stellen ergänzt er dabei die Fragen aus dem QMS um Fragen zum DSMS. Das bedeutet beispielsweise: Die im Rahmen des QMS erforderliche Auditierung des Beschaffungsprozesses soll erfragen, ob bei der Zulassung eines Lieferanten die obligatorische Datenschutzprüfung den Verantwortlichen bekannt und auch tatsächlich vor Abschluss eines Vertrages durchgeführt worden ist.

Die Audit-Agenda wird dagegen vom Quality Manager erstellt, da er die Audits durchführen wird. Entsprechend koordiniert er auch die Vorbereitung mit den Verantwortlichen der Abteilungen. Sie werden über die Ergänzung der QMS-Audits mit den DSMS-Aspekten informiert und begrüßen diese Zusammenlegung und die damit einhergehende Zeitersparnis.

Audit-Checkliste Interview Mitarbeiter					
Auditierter Bereich	Vertrieb B2C				
Lead-Auditor	Herr Müller (Verantwortlicher ISMS)				
Co-Auditor	Herr Meier (Datenschutzkoordinator Vertrieb B2C)				
Datum	08.10.2013				
Audit-Art	System-Audit Joint-Audit von ISMS und DSMS				
Auditee	Mitarbeiter -Vertrieb - B2C; Ident.-Nr: xxxxx	Teilnahme des Auditees an Datenschutz-training am:	15.06.2013	Teilnahme des Auditees am ISMS-Training: 30.05.2012	
Frage	Audit-Kriterium	Audit-Nachweis	Audit-Feststellung	Audit-Schlussfolgerung	
Allgemeiner Teil					
Wo finden Sie Hinweise über die Vorgaben zum Datenschutz?	DSMS-Handbuch, Kapitel 3; Rollenkonzept: "Die Koordinatoren informieren die Mitarbeiter in ihrem Verantwortungsbereich über das DSMS und alle relevanten Änderungen"				
…					
Spezieller Teil - CRM					
Erläutern Sie bitte das Vorgehen für die Eingabe personenbezogener Kundendaten in das CRM-System?	Datenverarbeitung für eigene Geschäftszwecke (§28 BDSG); Arbeitsanweisung "Vertrieb B2C - Dateneingabe in das CRM-System",				
…					

Abb. 5.27 Auszug aus einer Audit-Checkliste der Medium AG

Medium AG

Bei der Medium AG erstellt der externe DSB gemeinsam mit dem ISMS-Verantwortlichen die Audit-Checkliste. Einen Ausschnitt davon für die Mitarbeiterinterviews zeigt Abb. 5.27.[26]

Die Agenda dagegen wird hauptsächlich vom ISMS-Verantwortlichen erstellt, da dieser als Lead-Auditor auftritt. Er spricht sich dabei mit den einzelnen Koordinatoren ab, die als Co-Auditoren auftreten und die Audits in ihrem Verantwortungsbereich ankündigen. Die einzelnen Agendapunkte berücksichtigen dabei die jeweiligen Erfordernisse von DSMS und ISMS und enthalten neben Mitarbeiter- und Managementinterviews auch Ortsbegehungen und den kurzen Einsatz eines Forensiktools an einem Administrator-PC.

SAP

Interne Datenschutz-Audits werden global in weiten Teilen des Konzerns durchgeführt. Audit-Kriterien sind hier über die konzernweit gültige Datenschutz-Policy die

---

[26] Diese Form der Checkliste könnte im Übrigen auch für die Klein GmbH eingesetzt werden, da sie sehr generisch aufgebaut ist.

einschlägigen Datenschutzgesetze (v.a. das BDSG) und die praktische Umsetzung des Governance Models, dazu kommen die datenschutzrelevanten Vorgaben aus den jeweils gültigen Sicherheitsrichtlinien, dem einschlägigen DSMS-Handbuch und den Zertifizierungsstandards.

Als unabhängige Stelle auf globaler Ebene im SAP-Konzern verantwortet das Security & Data Protection Office (SDPO) die internen Audits in den ausgewählten Lokationen und Prozessen des DSMS. Die Mitglieder besitzen viele Erfahrungen in der Auditierung von Managementsystemen und sind ausgewiesene Datenschutzexperten, sie treten deshalb als Lead-Auditoren auf. Die lokalen Datenschutzvertreter wirken als Co-Auditoren in allen Phasen der internen Audits – insbesondere der Vorbereitung – mit. Dabei ist jedoch an einer Stelle ein Kompromiss zu treffen: Zum einen kann nur über eine intensive Vorbereitung und Unterstützung durch die lokalen Datenschutzvertreter die große Anzahl der internen Audits bewältigt werden, weshalb sie auch an den Audits als Co-Auditoren teilnehmen. Zum anderen müssen die Datenschutzvertreter wegen ihrer zentralen Rolle in der lokalen Umsetzung gleichzeitig als Auditees auftreten. Deshalb wechseln sie an einer Stelle des Audits von der Rolle des Co-Auditors in die Rolle des Auditees. Dies funktioniert auch deshalb, weil die Rolle des Co-Auditors in der Audit-Durchführung eher passiv ausgestaltet und hauptsächlich der Unterstützung der anderen Auditees dient. Der Vorteil dieses Vorgehens ist, dass sich die lokalen Datenschutzvertreter so ein Stück weit in die übergeordnete Position der DSMS-Verantwortung begeben und sich somit diesen neutraleren Blickwinkel zu Eigen machen.

Eine beispielhafte Agenda für eine einzelne Lokation sieht dabei – unter Auslassung der Raumplanung – wie in Tab. 5.5 beschrieben aus.

Dabei ist darauf hinzuweisen, dass bei SAP das SDPO als die auditierende Abteilung gleichzeitig die Dokumentation des DSMS verwaltet, eine inhaltliche Vorprüfung der Dokumentation findet daher bei internen DSMS-Audits nicht statt. Stattdessen werden hauptsächlich lokale Aufzeichnungen – wie etwa die datenschutzrelevanten Geheimhaltungsvereinbarungen nach globalen SAP-internen Vorgaben und den Vorgaben der jeweiligen nationalen Gesetze – direkt in den Audits geprüft.

Es gibt mehrere Musterchecklisten, die im Laufe der Zeit erarbeitet worden sind und regelmäßig überprüft werden. Den Auditoren steht es jedoch während des Audits frei, zusätzliche Schwerpunkte zu setzen. Für die internen Audits werden für die jeweiligen Auditees verschiedene Checklisten verwandt:

- Eine richtet sich an die zuständigen Datenschutzvertreter. Entsprechend ihrem Aufgabenprofil aus dem DSMS (siehe Abschn. 5.2.1.2 zum Governance Model) liegen die Schwerpunkte beispielsweise auf dem Awareness-Management, der Planung und Umsetzung der lokalen Maßnahmen im Rahmen des KVP sowie dem Nachweis über vergangene Aktivitäten.
- Ebenfalls liegt ein eigener Fragenkatalog an das lokale Management vor. Darüber wird schwerpunktmäßig die Zusammenarbeit mit den Datenschutzvertretern ge-

Tab. 5.5 Beispielhafte Audit-Agenda für SAP

Terminblock (jeweils ½ Stunde)	Auditee	Tagesordnungspunkt	Lead-Auditor	Co-Auditor
1	Alle Eingeladenen	Einstieg, Vorstellung der Beteiligten	Mitglied des SDPO	Lokaler Datenschutz-vertreter
2	Lokales Management	Interview des lokalen Managements	„	„
3	Datenschutzvertreter	Mitarbeiterinterview 1	„	Entfällt
4		Ortsbegehung	„	„
5	Mitarbeiter	Mitarbeiterinterview 2	„	„
6	Lokaler HR-Mitarbeiter	Prüfung der Arbeitsverträge	„	„
7	Mitarbeiter	Mitarbeiterinterview 3	„	„
8	Lokaler Sicherheits-beauftragter	Mitarbeiterinterview 4	„	„
9	Alle Eingeladenen	Schlussrunde	„	„

prüft sowie die managerspezifischen Aufgaben aus der lokalen Organisation der TOMs (etwa Vergabe von Zugriffsrechten).

- Eine andere Checkliste wird gegenüber Mitarbeitern in den Interviews verwendet. Dabei wird geprüft, inwieweit das DSMS und die damit einhergehenden Vorgaben bekannt sind. Ebenso werden die Inhalte der Datenschutztrainings abgefragt und auch, wie die Mitarbeiter diese Kenntnisse in der praktischen Arbeit berücksichtigen. Schwerpunktmäßig werden insbesondere die einschlägigen Arbeitsanweisungen abgefragt, aber auch spezielle Fragen betreffend den Tätigkeitsbereich des Mitarbeiters: So werden Mitarbeiter aus den lokalen HR-Departments beispielsweise um die Vorgänge rund um die Geheimhaltungsverpflichtungen befragt. Die Auswahl der Mitarbeiter erfolgt im Vorfeld nach Rücksprache mit den Co-Auditoren (Datenschutzvertreter) und dem zuständigen Datenschutzkoordinator. Bedingung ist die Tätigkeit des Mitarbeiters in einem Prozess, der auch im Anwendungsbereich des DSMS liegt.

5.2.9.2 Durchführung

Die Durchführung der internen Audits folgt der Audit-Agenda, die sich wiederum nach den Vorgaben der Audit-Checkliste richtet. Im Rahmen der Durchführung der Audits werden zudem die Audit-Nachweise gesammelt. Ein Audit beginnt mit einem Einstiegsgespräch von Auditoren, anschließend werden die verschiedenen Prüfmethoden unter Berücksichtigung der lokalen Besonderheiten (etwa Einschränkungen durch Remote-Audits) angewandt und schließlich der Audit formell beendet.

5.2.9.2.1 Eröffnungsgespräch

Im Regelfall beginnt der Audit mit einem kurzen Kennenlernen von Auditoren und Auditees. Die Beteiligten stellen sich untereinander vor, die Auditoren erläutern noch einmal die Vorgehensweise und das Ziel der Audits – die Überprüfung der Wirksamkeit des DSMS im auditierten Bereich. An dieser Stelle sollte auch noch einmal darauf hingewiesen werden, dass nicht Personen auditiert werden, sondern die Organisation, sowie dass die Ergebnisse der Audits nur in anonymisierter Form in den Audit-Bericht einfließen. Dies schafft die für eine effektive Auditierung so wichtige vertrauensvolle Atmosphäre zwischen Auditor und Auditee. Auch der frühe Hinweis auf das „Notizenmachen" oder das notwendige Einsammeln von Audit-Nachweisen während des Audits beugt späteren Missverständnissen vor.

5.2.9.2.2 Prüfmethoden

Über geeignete Prüfmethoden werden in den DSMS-Audits die Audit-Nachweise gesammelt, die zur Ableitung der Audit-Ergebnisse erforderlich sind. Wichtig ist bei der Sammlung von Audit-Nachweisen, nicht nur negative Abweichungen zu erfassen, sondern unter Berücksichtigung der Adressaten des Audit-Berichtes auch positive Übereinstimmungen mit Audit-Kriterien zu erfassen: Damit lassen sich auch Best Practices für andere Abteilungen ableiten. Die einzelnen Prüfungsschritte wurden idealerweise bereits in der Audit-Vorbereitung (Audit-Agenda) in einzelne Tagesordnungspunkte sowie in eine entsprechend strukturierte Audit-Checkliste gebracht. Die Checkliste sollte dabei nur als Richtschnur betrachtet werden und der Auditor sollte auch spontan Fragen stellen, je nachdem, was er für erforderlich hält.

- Die wichtigste Prüfmethode stellen die **Interviews** der Auditees dar. Bei diesen Interviews ist die psychologische Komponente von großer Bedeutung, es handelt sich bei einem Audit schließlich immer um eine Testsituation. Es hat sich als vorteilhaft erwiesen, dass die lokalen DSMS-Akteure bei den Interviews mit den unabhängigen und deshalb auch notwendigerweise abteilungsfremden Auditoren quasi als „Verbündeter" der Auditees stets im Raume sind. Bei den Interviews ist besonders die Rolle des Auditees im DSMS zu berücksichtigen. Ist der Auditee ein Mitarbeiter, so kann der Auditor ihn etwa darum bitten, anhand eines praxisbezogenen Beispiels konkret seine Tätigkeiten in einem bestimmten Prozess zu schildern. Als Audit-Nachweis der Interviews dienen die Gesprächsnotizen, die vom Auditor während des Interviews angefertigt werden.
- Weiterhin werden stichprobenhaft **Dokumente und Aufzeichnungen eingesehen**. Dies betrifft neben inhaltlichen Aspekten (Angemessenheit der ADV-Regelungen) auch formelle Aspekte, besonders wichtig ist die Überprüfung einer angemessenen Dokumentenverwaltung (Abschn. 5.2.4.3.4). Dabei ist nicht nur zu prüfen, ob Unterlagen entsprechend den Vorgaben der Organisation verwaltet werden, sondern auch, ob diese Vorgaben den Audit-Kriterien entsprechen. Als Audit-Nachweis sind neben Notizen Kopien der einschlägigen Unterlagen möglich, meist reicht jedoch ein entsprechender Verweis aus.

- Zudem besteht die Möglichkeit der **Begehung der Räumlichkeiten**. Für den Daten-schutz insbesondere relevant sind hier die Betrachtung der Arbeitsplätze (u.a. Clean Desk), der PCs (Passwortschutz), der Kopierer und Drucker (Vertrauliche Dokumente im Ausgabefach), der Papierkörbe (Vertrauliche Dokumente nicht adäquat vernichtet), Serverräume und Rechenzentren (Zutrittsschutz), des Empfangsbereich (Videoüberwa-chung) etc. Der Auditor muss anhand der Audit-Checkliste jeden geprüften Sachverhalt notieren. Als Audit-Nachweis kommen hier neben Notizen auch Fotos, Screenshots, Auszüge aus Protokolldateien etc. in Frage.

5.2.9.2.3 Beendigung des Audits

Zum Ende des Audits kommen Auditoren und Auditees zu einer gemeinsamen Schluss-runde zusammen, in welcher der Audit formell für beendet erklärt wird. Der Auditor bedankt sich für die Teilnahme der Auditees und stellt die weitere Vorgehensweise und den Zeitrahmen vor. Eventuelle Unklarheiten und Missverständnisse zwischen den Parteien werden spätestens zu diesem Zeitpunkt ausgeräumt. Die Parteien gehen zur Nachbereitung der Audits auseinander, wobei sich das ausführlichere Abschlussgespräch häufig direkt anschließt.

Klein GmbH

Bei der Klein GmbH startet der Quality Manager mit den um DSMS-Belange ergänzten Aspekten nach den Vorgaben seiner Planung. Er stellt die vorher formulierten Fragen zum DSMS und notiert die Antworten der Auditees direkt im Gespräch, um sie dann im Anschluss mit dem Verantwortlichen für den Datenschutz zu besprechen.

Parallel dazu nimmt der Verantwortliche für den Datenschutz noch eine spezielle, detailliertere Auditierung der neuen CRM-Datei vor. Dazu lässt er sich von einem Mitarbeiter deren Benutzung zeigen. Dabei fällt ihm auch eine bestehende Verbindung mit dem privaten Tablet-PC des Mitarbeiters auf. Auf Nachfrage räumt der Mitarbeiter ein, dass er – wie die meisten anderen Mitarbeiter auch – sich für Außeneinsätze Kopien der CRM-Datei zieht, da er die Informationen in der Vorbereitung auf Kundentermine benötigt.

Medium AG

Bei der Medium AG führen der ISMS-Verantwortliche als Lead-Auditor und die je-weiligen Datenschutzkoordinatoren als Co-Auditoren die Audits in den einzelnen Bereichen durch. Dabei wird die Audit-Checkliste zu den Interviews herangezogen, ebenso werden die einzelnen auditierten Bereiche mit einer Ortsbegehung untersucht.

Für den B2C-Bereich wird im Vertrieb im Gespräch mit einem Mitarbeiter festge-stellt, dass dieser die einschlägigen Informationsangebote sowohl zum ISMS als auch zum DSMS kennt, wobei er bemängelt, dass er daraus kaum Nützliches für seine eigene

Tätigkeit herausziehen kann. Ebenfalls wird im Gespräch festgestellt, dass der Mitarbeiter entgegen den Vorgaben der einschlägigen Arbeitsanweisungen hochsensible Kundendaten in den entsprechenden Notizfeldern des neuen CRM-Systems vermerkt. Beim anschließenden Rundgang durch das Büro wird festgestellt, dass auch andere Mitarbeiter diese Möglichkeit nutzen. Die Datenschutzkoordinatoren dokumentieren die Ergebnisse in den Checklisten sowie über Screenshots.

SAP

Bei SAP werden die Audits vom Security & Data Protection Office ausgeführt. Der Ablauf eines Audits orientiert sich dabei an der bereits oben unter Abschn. 5.2.9.1.3 dargestellten Audit-Agenda unter Heranziehung der ebenfalls beschriebenen Audit-Checklisten. Die Checklisten werden dabei je nach auditierter Lokation abgewandelt. Gleiches gilt, wenn für eine Lokation ein Remote-Audit durchgeführt wird, für den die Checkliste um Fragen ergänzt werden muss, die sonst über die Ortsbegehung durch den Auditor geklärt würden.

5.2.9.3 Nachbereitung
5.2.9.3.1 Audit-Feststellung und Ableiten der Audit-Schlussfolgerungen
Auf Basis der Audit-Nachweise kann der Auditor meist sehr schnell feststellen, inwieweit ein Audit-Kriterium erfüllt worden ist oder nicht. Zu unterscheiden ist zwischen vier verschiedenen Feststellungsarten:

- Eine **kritische Abweichung** liegt dann vor, wenn ein Audit-Kriterium (und damit eine Anforderung an das DSMS) nicht ausreichend umgesetzt worden ist und damit kein funktionierendes DSMS vorliegt oder das DSMS in entscheidenden Teilen nicht funktioniert. Als Schlussfolgerung sind hier zwingend und umgehend Anpassungen vorzunehmen. Beispiel: Die installierten Maßnahmen zur Zugriffskontrolle greifen nicht und müssen korrigiert werden. In der Regel sind bei kritischen Abweichungen Nach-Audits von Nöten, in welchen die Verantwortlichen innerhalb von wenigen Tagen die Abschaffung des Mangels oder zumindest einen entsprechenden Aktionsplan nachweisen müssen.
- Eine **Nebenabweichung** liegt dann vor, wenn die Abweichung von einer Anforderung als nicht so schwer eingestuft wird. Auch hier müssen Anpassungen angenommen werden. Beispiel für eine Nebenabweichung: Die Zugriffskontrolle ist wirksam, jedoch nicht dokumentiert. Die Unterscheidung zwischen kritischer Abweichung und Nebenabweichung ist dabei fließend und verlangt einen erfahrenen Auditor.
- Eine **Beobachtung** spricht der Auditor dann aus, wenn er keinen Nachweis für eine Abweichung finden konnte, eine solche aber für wahrscheinlich hält bzw. er noch Verbesserungspotential in der entsprechenden Umsetzung erkannt hat. Beispiel: Die

Mitarbeiter sind zum Zeitpunkt des Audits ausreichend geschult, der Auditor hält jedoch die zeitlichen Lücken im ebenfalls untersuchten Schulungskonzept für zu groß.

- **Best Practices** sollten vom Auditor ebenfalls aufgeführt werden. Zum einen werden Audits je nach Lokation, Prozess, Abteilung etc. ausgeführt und eine Übertragung in einen anderen Audit-Bereich ist oft möglich. Zum anderen gibt die Feststellung der Best Practices durch den Auditor den Beteiligten ein wichtiges Feedback, sie werden in ihrer guten Vorgehensweise bestätigt. Nicht zuletzt lassen sich Best Practices im abschließenden Audit-Bericht der Geschäftsleitung vorlegen. Diese erkennt dann, dass sie mit der Entscheidung hin zum DSMS die richtige Entscheidung getroffen hat und die Verbesserung des Datenschutzniveaus Früchte trägt.

Insgesamt ist vom Auditor zudem zu ermitteln, ob die Audit-Ergebnisse unter Berücksichtigung aller Audit-Kriterien eine Wirksamkeit des DSMS bedeuten können („Gesamtbewertung" des DSMS). Für interne Audits gibt diese finale Bewertung den Anstoß, ob Zertifizierungsbestrebungen vernünftigerweise aufrechterhalten werden können.

5.2.9.3.2 Abschlussgespräch

Das Abschlussgespräch schließt je nach Audit-Struktur mehr oder weniger direkt an die formelle Beendigung des Audits an, jedoch sind an dieser Stelle neben den Auditoren meist nur die Verantwortlichen des auditierten Bereichs zugegen. Zunächst präsentiert der Auditor – unter dem Vorbehalt des finalen Audit-Berichts – seine Einschätzungen aus dem vorangegangen Audit. Dies beinhaltet neben den Feststellungen auch die Schlussfolgerungen. Die Bereichsverantwortlichen nehmen zu den Ausführungen des Auditors Stellung und fragen bei Unklarheiten nach. Bereits an dieser Stelle ist es möglich, dass der Auditor und die Verantwortlichen Folgemaßnahmen beschließen und so den Follow-up einleiten.

5.2.9.3.3 Audit-Bericht

Möglichst zeitnah nach dem Audit beginnen die Auditoren mit der Erstellung des Audit-Berichtes. Da der Audit-Bericht in erster Linie an die Auftraggeber gerichtet ist (Geschäftsleitung), legen deren Informationsbedürfnisse die Anforderungen an den Audit-Bericht fest. Der Audit-Bericht für die internen Audits stellt zudem eine wesentliche Grundlage für die externen Audits im Rahmen der Dokumentenprüfung (Stage-1-Audit, Abschn. 5.2.11.2.2) dar, da sich auch zu einem späteren Zeitpunkt wichtige Schlüsse über die Funktionsfähigkeit des DSMS ziehen lassen.

Der Audit-Bericht beinhaltet alle relevanten Informationen über den Audit. Er berücksichtigt dabei insbesondere die bereits unter Abschn. 5.2.8.1.2 dargestellte Kausalkette der Audit-Begriffe, stellt also über entsprechende Feststellungen dar, inwieweit die Audit-Ziele erfüllt worden sind oder nicht. Außerdem beschreibt hier der Auditor detailliert die Schlussfolgerungen, die er aus dem Audit zieht.

▶   Besonderer Fokus sollte auf eine aussagekräftige Zusammenfassung gelegt werden, die den Adressaten des Audit-Berichtes die wesentlichen Ergebnisse kurz und prägnant präsentiert. Zusätzliche Grafiken, Diagramme, Dashboards etc. leisten hier gute Dienste.

Wurden mehrere Audits durchgeführt, ist neben einzelnen Audit-Berichten noch ein Gesamtaudit-Bericht zu erstellen, welcher eine abschließende Bewertung aller auditierten Bereiche hinsichtlich der Wirksamkeit des DSMS enthält. Art und Umfang der Audit-Berichterstattung sind dabei von den Anforderungen der Auftraggeber abhängig[27] [28]. Generell gilt (insbesondere für interne Audits), dass der Schwerpunkt auf die Audit-Schlussfolgerung und damit das Aufzeigen von Verbesserungspotential gelegt werden sollte.

5.2.9.3.4 Follow-up

Nach der Auswertung der Audits und dem Ziehen der entsprechenden Schlussfolgerungen müssen diese in der Praxis über geeignete Maßnahmen umgesetzt werden. Hierbei handelt es sich um Korrektur- und Vorbeugemaßnahmen, die in die CAPA-Liste übertragen und entsprechend verwaltet werden müssen. Ein bereits etabliertes Verbesserungswesen (siehe dazu Abschn. 5.2.7.8 – Beginn mit der kontinuierlichen Verbesserung) ist dabei sehr hilfreich und muss spätestens an dieser Stelle aufgebaut werden. Der Nachweis, welche Verbesserung genau den Audits zuzurechnen ist und damit eine Bewertung der Effektivität des Audits selbst ermöglicht, lässt sich über eine entsprechende Klassifizierung des Verbesserungspotentials erreichen. Ferner ist bei der folgenden Umsetzung dieses Potentials zwischen der Art der Maßnahme zu unterscheiden:

- Maßnahmen, die geringe Auswirkungen haben und wenige Ressourcen benötigen, können direkt umgesetzt werden.
- Freigabebedürftige Maßnahmen (hohe Auswirkungen oder viele Ressourcen) müssen von den zuständigen Verantwortlichen freigegeben werden. Dies geschieht sinnvollerweise im anschließenden Management Review (Abschn. 5.2.10).
- Auch die Nichtdurchführung von Maßnahmen und die damit einhergehende Risikoakzeptanz sind auf dieser Ebene spätestens in den Reviews zu beschließen.
- Lokale und globale Maßnahmen müssen ebenfalls unterschieden werden.

Die Erstellung eines neuen Maßnahmenplans auf Basis der Audit-Ergebnisse ist somit spätestens nach den Management Reviews erforderlich, wobei zwischen internen Audits und Management Review mindestens ein Entwurf des Maßnahmenplans entstehen sollte, der dann in das Review eingebracht werden kann.

Ein Dilemma ergibt sich bei der internen Auditierung aus der Rolle des Auditors und dessen Vorschlagsrecht für Folgemaßnahmen. Da der Auditor möglicherweise auch im Folgejahr wieder eingesetzt wird, besteht die Gefahr, dass er aufgrund seiner eigenen Verbesserungsvorschläge und deren anschließender Umsetzung in den Folge-Audits seine Unabhängigkeit verliert, denn bei festgestellten Abweichungen würde er meist die

---

[27] Vgl. zu den möglichen Formen der Audit-Berichterstattung: *Gietl/Lobinger*, Qualitätsaudit, S. 629 ff. [12].

Unzulänglichkeit seiner eigenen Vorschläge anerkennen müssen. Im Idealfall werden also die Folgemaßnahmen von den Verantwortlichen selbst vorgeschlagen. Hier besteht jedoch das Problem, dass es diesen meist an der notwendigen Expertise fehlt. Ein möglicher Kompromiss könnte entweder aus Alternativvorschlägen des Auditors bestehen, die dann den Verantwortlichen zur Auswahl stehen, oder daraus, dass ein zusätzlicher Datenschutzexperte die Folgemaßnahmen auf Basis der Audit-Ergebnisse ableitet.

Klein GmbH

Vor dem Abschlussgespräch kommen der Quality Manager und der Verantwortliche für den Datenschutz zusammen und besprechen die Audit-Ergebnisse. Sie einigen sich auf die Schlussfolgerung, dass das DSMS trotz der Abweichung mit den Privatkopien im Vertrieb dennoch im Wesentlichen funktioniert. So zeigen die Ergebnisse des Quality Managers bei den Fragen, die das DSMS betreffen, dass die neuen Vorgaben des DSMS von allen auditierten Bereichen bis auf wenige Nebenabweichungen korrekt umgesetzt worden sind. Diese positive Bewertung trägt der Verantwortliche für den Datenschutz anschließend auch im Abschlussgespräch mit den Verantwortlichen der einzelnen Abteilungen vor. Unter Ausklammerung der in diesem Abschlussgespräch ebenfalls besprochenen Ergebnisse der QMS-Auditierung teilen die Abteilungsverantwortlichen die Schlussfolgerungen des Verantwortlichen für den Datenschutz, lassen sich jedoch aufgrund des nicht immer klar erkennbaren Bezuges die Herleitung mancher Schlussfolgerungen aus dem Fragenkatalog erläutern. Ebenfalls wird an dieser Stelle vereinbart, in Zukunft ein verschlüsseltes VPN und eine BYOD-Richtlinie einzuführen, um den Mitarbeitern aus dem Vertrieb unter Berücksichtigung des Datenschutzes den Zugriff auf die CRM-Datei auch unterwegs zu ermöglichen.

Die Ergebnisse des Audits werden im Audit-Bericht dokumentiert und dem Geschäftsführer vorgelegt. Dieser bespricht den Bericht im Anschluss noch einmal ausführlich mit dem Verantwortlichen für den Datenschutz und lässt sich einzelne Aspekte erläutern.

Medium AG

Im Abschlussgespräch mit den Bereichsverantwortlichen und Koordinatoren stellen der externe DSB und der ISMS-Verantwortliche die Ergebnisse aus den Joint Audits vor. Grundsätzlich besteht Zufriedenheit sowohl mit dem Fortschritt des ISMS als auch mit dem Status des neu eingeführten DSMS. Nichtsdestotrotz wird das Ergebnis durch die die kritische Abweichung in Bezug auf das neue CRM-System und die unrechtmäßige Verarbeitung der Kundendaten in diesem Punkt getrübt. Die Beteiligten vereinbaren bereits an dieser Stelle eine engere Zusammenarbeit und einen Fokus auf die Awareness im Vertrieb zu legen. Positiv wird hervorgehoben, dass das neue CRM-System von technischer Seite nach den Kriterien des ISMS und des DSMS einwandfrei funktioniert und so an die Projektverantwortlichen ein Sonderlob verteilt wird.

Kurz nach den Audits und vor Erstellung des Abschlussberichtes führt der externe DSB noch gemeinsam mit dem Datenschutzkoordinator aus dem B2C-Bereich einen kurzen Folge-Audit und damit eine genauere Überprüfung des Datenbestandes der CRM-Datei durch. Der Datenschutzkoordinator kann sich die Abweichung mit den privaten Notizeinträgen nicht erklären, schließlich hat er selbst in der Phase der Migration der Daten auf das neue System stichprobenhaft Prüfungen ausgeführt und keine Abweichung gefunden. Bei der genaueren Analyse stellt sich heraus, dass es sich bei dem unrechtmäßigen Verwenden des Notizfeldes lediglich um ein Fehlverhalten zweier Mitarbeiter handelt und die betroffenen Datensätze sich leicht bereinigen lassen. Die anderen Mitarbeiter dagegen haben die Arbeitsanweisung korrekt umgesetzt. Aus dieser Erkenntnis heraus revidiert der externe DSB seine finale Einschätzung aus den Audits und bewertet das DSMS auch aufgrund der guten Ergebnisse aus den anderen Audit-Bereichen als funktionsfähig.

Dies schreibt er auch in den finalen Audit-Bericht. Der Bericht des externen DSB an den für den Datenschutz verantwortlichen Finanzvorstand enthält dabei neben den ausgefüllten Audit-Checklisten (siehe Abb. 5.28) auch ein Executive Summary, in dem mit Hilfe eines Diagramms die Erfolge und Abweichungen im DSMS auf einen Blick ersichtlich werden.

SAP

Die Auswertung der Audit-Ergebnisse erfolgt bei SAP durch das Security & Data Protection Office und wird über ein eigenes Auswertungstool generiert und grafisch aufbereitet. Sowohl insgesamt als auch für jeden Prüfblock einzeln lassen sich der Grad an Übereinstimmung der Audit-Feststellungen mit den Audit-Kriterien in drei Kategorien (erfüllt – teilweise erfüllt – nicht erfüllt) grafisch darstellen. Die Darstellung erfolgt dabei in anonymisierter Art und Weise. Die Grafiken bieten so eine gute Gesprächsbasis für das Abschlussgespräch: An diesem sind neben dem Auditor aus dem SDPO auch aus dem auditierten Bereich ein Vertreter des Managements, der Datenschutzkoordinator und der Datenschutzvertreter anwesend. Der Auditor aus dem SDPO erstellt zudem den Audit-Bericht, der später an den Datenschutzkoordinator und die Datenschutzvertreter aus dem auditierten Bereich verteilt wird. Diese Berichte bilden eine wichtige Grundlage für die später stattfindenden Management Reviews. Das SDPO koordiniert im Anschluss in Absprache mit den lokalen Datenschutzvertretern die Umsetzung der Korrektur- und Vorbeugemaßnahmen.

...

Frage	Audit-Kriterium	Audit-Nachweis	Audit-Feststellung	Audit-Schlussfolgerung
Allgemeiner Teil				
Wo finden Sie Hinweise über die Vorgaben zum Datenschutz?	DSMS-Handbuch, Kapitel 3; Rollenkonzept: "Die Koordinatoren informieren die Mitarbeiter in ihrem Verantwortungsbereich über das DSMS und alle relevanten Änderungen"	Interview; Rundmail des Datenschutzkoordinators vom 10.06.13 (Roll-out); Screenshot Intranetbereich "Informationssicherheit und Datenschutz"	Kriterium erfüllt; Der lokale Koordinator hat die Mitarbeiter informiert. Der Auditee kennt den einschlägigen Bereich im Intranet und die angebotenen Inhalte; er merkt zudem eine relativ lange Phase ohne Neuankündigungen an, die seinen Tätigkeitsbereich betreffen.	Beobachtung/Empfehlung: Der Bereich im Intranet sollte regelmäßig über interessante Neuigkeiten für alle Zielgruppen aktuell gehalten werden, etwa ein abteilungseigener Blog.
... **Spezieller Teil - CRM**				
Erläutern Sie bitte das Vorgehen für die Eingabe personenbezogener Kundendaten in das CRM-System?	Datenverarbeitung für eigene Geschäftszwecke (§28 BDSG); Arbeitsanweisung "Vertrieb B2C - Dateneingabe in das CRM-System",	Interview; lokale Dokumentation: Arbeitsanweisung, enthalten u.a. in der für die CRM-Abteilung einsehbaren Prozessbeschreibung in vertriebseigenem Intranetbereich; Nach-Audit mit detaillierter Überprüfung des Datenbestandes	Kriterium nicht erfüllt; Der Auditee trägt höchstpersönliche und nicht zur Erfüllung des Vertragszwecks erforderliche personenbezogene Daten zu Bestandskunden in ein Notizfeld ein. Auf Nachfrage bestätigt er, dass er diese Informationen bei späteren Kontaktaufnahmen nutzt (unrechtmäßige Verarbeitung). Dies sei im Vertrieb so üblich. Ergänzung Nach-Audit: Nur ein kleiner Teil der Mitarbeiter verhält sich abweichend der Arbeitsanweisung.	Nebenabweichung, da nur ein kleiner Teil der Mitarbeiter das Notizfeld unrechtmäßig nutzt; Verbesserungsmaßnahmen: Die Mitarbeiter des Bereiches müssen nachgeschult werden und dabei insbesondere Sinn und Zweck der Rechtmäßigkeitsvoraussetzungen hervorgehoben werden; Bestehende Datensätze müssen zunächst stichprobenartig auf Einhaltung der Rechtmäßigkeitsvoraussetzungen untersucht werden, bei mehreren Verstößen ist der gesamte Datenbestand zu überprüfen und entsprechend zu korrigieren; Als vorbeugende Maßnahme müssen Mitarbeiter regelmäßig auf die richtige Eingabe hingewiesen werden und die Umsetzung vom zuständigen Koordinator überprüft werden.

Abb. 5.28 Ausgefüllte Audit-Checkliste der Medium AG

Nach Durchführung der internen Audits und vor Abhaltung der externen Audits ist gemeinsam mit dem Management ein Resümee zum DSMS zu ziehen, das Management Review.

Fazit

- Interne Audits sind umfassend vorzubereiten, um ihre Effektivität zu steigern.
- Mit der Audit-Checkliste wird der Ablauf des Audits gelenkt.
- Entsprechend den Audit-Zielen und -Kriterien sind die Schwerpunkte der Audit-Checkliste auszuwählen.
- Die zeitliche Abfolge der einzelnen Prüfhandlungen im Audit ist unter Berücksichtigung der Audit-Checkliste in eine Audit-Agenda zu fassen.
- In Einführungsgesprächen mit den Verantwortlichen der Audit-Bereiche ist das Vorliegen der grundlegenden Voraussetzungen für einen erfolgreichen Audit zu prüfen.
- In einem Eröffnungsgespräch wird eine konstruktive Atmosphäre für den weiteren Audit-Verlauf gelegt.
- Verschiedene Prüfmethoden sind anzuwenden, um einen umfassenden Einblick in die Umsetzung des DSMS zu bekommen und geeignete Audit-Nachweise zu erhalten.

- Die Nachbereitung der Audits und Einleitung des Follow-up erfolgt über ein Abschlussgespräch, indem der Auditor den Verantwortlichen seine Ergebnisse präsentiert und die Verantwortlichen dazu Stellung nehmen.
- Ein Audit-Bericht dokumentiert für die Auftraggeber alle wesentlichen Aspekte des Audits und bewertet insbesondere das DSMS im Hinblick auf die gesetzten Audit-Ziele.

5.2.10 Management Review

▷   • Warum muss das Management das DSMS bewerten?
   • Wie ist ein solches Management Review vorzubereiten?
   • Welche Aspekte des DSMS sind im Management Review zu besprechen?
   • Wie wird mit den Ergebnissen umgegangen?

Das Management Review (synonym: Managementbewertung) ist eine im Rahmen des DSMS regelmäßig stattfindende Bewertung des DSMS durch das zuständige Management und wird nach den internen Audits als zehnter Schritt des DSMS PDCA (Abb. 5.29) an dieser Stelle durchgeführt.

5.2.10.1 Einordnung in den Kontext
Das Management Review ähnelt sowohl inhaltlich als auch hinsichtlich der Beteiligten dem in diesem Praxisleitfaden unter Schritt zwölf des DSMS-PDCA positionierten Fazit (siehe Abschn. 5.2.13). Diese Trennung wurde dennoch bewusst gewählt, da nur auf diese Weise die Rolle der externen Audits im Regelkreis hinreichend berücksichtigt werden kann: Zum einen verlangen die Audit-Kriterien der externen Audits die vorherige Durchführung von Management Reviews, zum anderen müssen auch zusätzlich die Ergebnisse der internen Audits mit dem Management erörtert werden. Sollte das Unternehmen daher von der Möglichkeit zur externen Auditierung keinen Gebrauch machen, so sind bereits an dieser Stelle im Management Review auch die Ausführungen bezüglich des zwölften Schrittes zu berücksichtigen. Zudem besteht im Regelbetrieb (Abschn. 5.3) die Möglichkeit, je nach Präferenz und Praktikabilität einzelne Agendapunkte zwischen Management Review und Fazit zu tauschen.

Das hier beschriebene Review orientiert sich an den Anforderungen der vergleichbaren Managementsysteme der ISO 9001 und ISO 27001, die an diesem Punkt auch auf das DSMS angewendet werden können. Idealerweise wurde bereits zuvor das Management in regelmäßigen Abständen hinzugezogen (Statusberichte etc.) und hat Bewertungen zum DSMS geliefert. An dieser Stelle ist jedoch eine Gesamtbetrachtung der bis hierher durchgeführten Aktivitäten durchzuführen, entsprechend handelt es sich um ein zentrales Element der Check-Phase. Daraus folgt auch, dass das Management Review umfassend zu dokumentieren ist.

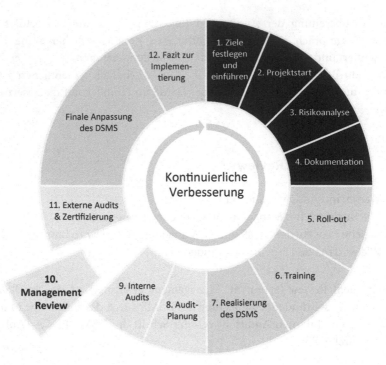

Abb. 5.29 DSMS-PDCA – Schritt 10

5.2.10.2 Beteiligte

Wer am Management Review beteiligt ist, richtet sich nach dem Anwendungsbereich des DSMS, dem Governance Model sowie der allgemeinen Managementstruktur im Unternehmen. Gibt es mehrere größere Anwendungsbereiche (etwa bestimmte Geschäftsbereiche oder Prozesse), wird zur Wahrung einer adäquaten Bewertung ein Review je Bereich abgehalten. Folglich müssen mindestens anwesend sein:

- Die Hauptverantwortlichen des DSMS sowie die wichtigsten DSMS-Akteure im jeweiligen Bereich (Verantwortlicher für den Datenschutz, zuständiger Koordinator etc.).
- Ein Mitglied der Leitung. Dies kann ein Vorstandsmitglied (bzw. ein Geschäftsführer) sein oder auch ein Bereichsleiter, ein Abteilungsleiter etc. Bestenfalls wird diejenige Person aus der Leitungsebene beteiligt, die für den Anwendungsbereich des DSMS die höchste disziplinarische Durchsatzkraft besitzt sowie zur Ressourcenfreigabe berechtigt ist.

Wichtig ist, dass die Teilnehmerstruktur dem Ziel des Management Reviews dienlich ist und eine Diskussion aus den verschiedenen Perspektiven von Beteiligten des DSMS und leitenden Mitgliedern des Unternehmens ermöglicht.

Klein GmbH

Da die Klein GmbH vorerst keine externen Audits des DSMS durchführen lassen wird, ist das Management Review gleichzeitig die letzte finale Schlussbewertung im Rahmen der Erstimplementierung. Am Management Review der Klein GmbH nehmen neben dem Verantwortlichen für den Datenschutz auch der Geschäftsführer, der Quality Manager sowie der IT-Leiter teil.

Medium AG

Bei der Medium AG werden zunächst vier kürzere Reviews in den Bereichen B2B und B2C sowie in den Abteilungen IT und HR der Shared Services Gesellschaft durchgeführt. Anwesend sind neben dem externen DSB immer der lokale Koordinator sowie der höchste Verantwortliche (Bereichsleiter bzw. Abteilungsleiter). Die Ergebnisse dieser Reviews werden danach in einem abschließenden Fazit (dazu Abschn. 5.2.13) mit dem für den Datenschutz verantwortlichen Finanzvorstand angesprochen.

SAP

Die jährlichen Management Reviews werden in jedem Bereich durchgeführt, in dem das DSMS implementiert ist. Teilnehmer sind hier der zuständige Datenschutzkoordinator als Mitglied der Leitung des Bereichs. Dazu kommen ein Mitglied des Security & Data Protection Office, der Konzerndatenschutzbeauftragte sowie eventuell zusätzlich ein Datenschutzvertreter.

5.2.10.3 Eingaben und Ergebnisse

Zur Vorbereitung ist eine Agenda für das Review zu erstellen und mit den Beteiligten ein Termin zu vereinbaren. Gerade die Teilnahme eines Mitglieds der Leitungsebene bedingt, dass möglichst frühzeitig ein gemeinsamer Termin festgelegt wird, die detaillierte Agenda kann dann immer noch zeitnah zu diesem zugesandt werden.

Anschließend wird analog der im Governance Model festgelegten Aufgabenverteilung die Agenda vorbereitet. Die folgenden Ausführungen sind dabei in die Agenda mitaufzunehmen. Der Zeitrahmen des gesamten Meetings ist neben den geplanten Tagesordnungspunkten auf der Agenda auch vom Engagement der Beteiligten abhängig.

▶   Die DSMS-Akteure (Verantwortlicher für den Datenschutz, Lead-Auditor etc.) sollten zur Vorbereitung auf das Management Review einen kurzen Tätigkeitsbericht erstellen, sodass sie das Management auf dieser Basis im Meeting in strukturierter Art und Weise informieren können. Der Lead-Auditor nutzt dazu den Audit-Bericht.

Zu den Eingaben, die in das Management Review einfließen sollten, gehören:

- Die Ergebnisse der internen Audits (Audit-Bericht) sowie sonstiger Kontrollen
- Die aktuelle Risikosituation (abzulesen im Risikoregister)
- Veränderungen der gesetzlichen Rahmenbedingungen
- Status der kontinuierlichen Verbesserung, Umsetzung der Verbesserungsmaßnahmen (CAPA-Liste)
- Feedback der Mitarbeiter
- Feedback Dritter (z.B. Kunden, Partner, Lieferanten, Berater)
- Eigene Beurteilung der Wirksamkeit des DSMS durch die DSMS-Akteure
- Bisherige Aufwände und Kosten
- Ausblick in die nahe Zukunft

Weitere Punkte sind je nach aktuellen DSMS-relevanten Ereignissen ebenfalls zu besprechen, das wären z.B.:

- Anstehende externe Audits (Zeitrahmen, Audit-Bereiche, Erfolgsaussichten, Kosten)
- Datenschutzvorfälle (Ursachen, Auswirkungen auf die Bewertung des DSMS)
- Aktuelle Umstrukturierungsmaßnahmen und deren Auswirkungen auf das DSMS
- Personalwechsel im Management

Auf Basis dieser Eingaben bewerten die Beteiligten gemeinsam die Wirksamkeit des DSMS. Hierbei sind die verschiedenen Perspektiven zu beachten: Regelmäßig betrachtet das Management das DSMS primär aus einer betriebswirtschaftlichen Perspektive unter Kosten-/Nutzenbetrachtung. Die DSMS-Akteure sollten als Gegenargument zu den messbaren Kosten die tatsächlich eingetretenen Vorzüge des DSMS explizit hervorheben. Dazu zählen an dieser Stelle v.a. positives Feedback von Kunden oder Mitarbeitern sowie das über die verbesserte Risikosituation abgemilderte Haftungsrisiko der Leitung. Für letzteres eignet sich beispielsweise aufgrund der Visualisierungsmöglichkeiten für die Unsicherheitskosten eine Balanced Scorecard [33] oder eine Risk Scorecard [32]. Weichen der bewertete Ist-Zustand und der angestrebte Soll-Zustand voneinander ab, sind entsprechende Anpassungsstrategien an dieser Stelle zu erörtern. Die Gesprächsführung im Management Review ist darauf ausgerichtet, Ergebnisse zu folgenden Themen zu produzieren, welche dann in einem anschließenden Follow-up im DSMS etabliert werden:

- Der wichtigste Punkt neben der Bewertung des Ist-Zustands ist, dass das Management aus seiner Perspektive Eingaben für Verbesserungsmaßnahmen macht. Dies betrifft auch die Zustimmung zu den noch nicht umgesetzten Vorschlägen der anwesenden DSMS-Akteure. Wichtig ist, dass beide Seiten aktiv werden und sich aus ihrer jeweiligen Perspektive mit Vorschlägen einbringen.
- Die benötigten Ressourcen dafür müssen freigegeben werden. Bei einer Beibehaltung des bisherigen Anwendungsbereiches fallen dabei im Vergleich zur Erstimplementie-

rung zwar Aufwände weg (z.B. zur einmaligen Umstrukturierung der IT-Infrastruktur nach Datenschutzgesichtspunkten), ein wesentlicher Teil bleibt jedoch aufgrund des Regelkreischarakters bestehen (Risikoanalyse, Audits, Zertifizierungsgebühren, Arbeitsaufwand der DSMS-Akteure etc.).

▶ Häufig richtet sich die Budgetfreigabe für das DSMS nach den allgemeinen Budgetrunden im Unternehmen. Es sollten daher möglichst frühzeitig – also bereits hier im Management Review und vor den externen Audits – für Erweiterungen des Anwendungsbereiches (neue Prozesse, neue Lokationen) im Rahmen der Fortführung des DSMS die benötigten Ressourcen sichergestellt werden. Je früher diese verbindliche Zusage vom Management eingeholt werden kann, desto besser lässt sich die Zukunft des DSMS planen. Zudem ist bei dieser Vorgehensweise auch keine weitere Abstimmungsrunde für das Folgejahr notwendig.

Das Management Review wird in einem Besprechungsprotokoll dokumentiert. Zum nächsten Review wird es als zusätzlicher Input dienen, um den Fortschritt bis dahin zu bewerten. Nach Abschluss des Reviews wird zeitnah allen Teilnehmern das Besprechungsprotokoll zur Verfügung gestellt. Die beschlossenen Maßnahmen sind im Follow-up zeitnah umzusetzen und dies zu dokumentieren (siehe Abschn. 5.2.7.8).

Klein GmbH

Der Verantwortliche für den Datenschutz zieht auf Basis seiner Eindrücke in den Gesprächen mit den Mitarbeitern sowie den Ergebnissen aus den gemeinsamen Audits mit dem QMS eine positive Resonanz zur Einführung des DSMS. Dem schließen sich die Beteiligten an. Der Geschäftsführer hebt hervor, dass ein wesentliches Ziel des DSMS – nämlich die Vermeidung weiterer Datenschutzvorfälle – erreicht worden ist. Der Quality Manager zeigt auf, dass aus der Evaluierung der Kundenrückmeldungen die Notwendigkeit eines dokumentierten Datenschutzkonzeptes eindeutig hervorgeht und die Klein GmbH durch das DSMS in die Lage versetzt wird, diese Anforderung zu erfüllen. Daran anschließend beschließen die Beteiligten einstimmig die Fortführung des DSMS. Zudem soll im Rahmen des der Erweiterungen im kommenden Jahr die Zertifizierung des DSMS als Ganzes oder zumindest in Teilbereichen über ein Gütesiegel angegangen werden. Dies erscheint auch deswegen notwendig, weil das Datenvolumen bei der Klein GmbH aufgrund des angestrebten Ausbaus des E-Commerce-Geschäftes mittelfristig ansteigen wird und mehr Kundendaten verwaltet werden müssen. Der Geschäftsführer weist den Verantwortlichen für den Datenschutz an, ihm zeitnah eine Entscheidungsvorlage mit den Ergebnissen des Management Reviews vorzulegen.

Medium AG

Das Management Review für den B2C-Bereich verläuft wie folgt: Der externe DSB spricht die im Rahmen der Audits identifizierte und noch in Teilen unzureichende Awareness der Mitarbeiter im Vertrieb an. Er spricht auch das Problem der Notizen zu einzelnen Kunden im CRM-System an, was aus Datenschutzsicht abgestellt werden muss. Aus den vorherigen Gesprächen mit den Teamleitern im Vertrieb wurde dem externen DSB dabei ersichtlich, dass die Teamleiter nicht gewillt sind, ihren Mitarbeitern die Verwendung der Notizen explizit zu untersagen. Dementsprechend spricht der externe DSB im Rahmen einer Eskalation an dieser Stelle im Management Review das Problem mit dem Bereichsleiter an und verlangt von ihm eine Entscheidung in der Sache. Unter Hinweis auf die vom Vorstand abgesegnete Datenschutz-Policy – die klar die Einhaltung der Rechtmäßigkeitsvoraussetzungen bei der Datenerhebung und -verarbeitung verlangt – sowie die auf dieser Basis basierende und bereits im Vertrieb bekannt gemachte Arbeitsanweisung gelingt es, den Bereichsleiter zu überzeugen und dessen Unterstützung für die Durchsetzung der Vorgaben des DSMS zu sichern. Abgesehen von diesem Problem bewerten alle Beteiligten jedoch das DSMS grundsätzlich positiv. Der externe DSB sieht durch die Beauftragung des neuen CRM-Anbieters einen deutlich verbesserten Datenschutz, der Bereichsleiter lobt die mit dem neuen System einhergehende verbesserte Funktionalität. Und der lokale Datenschutzkoordinator hebt die positive Resonanz der Mitarbeiter aus dem Vertrieb zum Datenschutztraining hervor, sieht dessen Effektivität aber aufgrund der Audit-Ergebnisse noch nicht auf optimalem Niveau. Für die Zukunft beschließen die Parteien, in regelmäßigen Abständen kurze und auf aktuellen Themen basierende Awareness-Maßnahmen durchzuführen. Da außerdem das Personal im Vertrieb aufgestockt werden soll und eine relativ hohe Fluktuation der Mitarbeiter besteht, soll in naher Zukunft in Zusammenarbeit mit der IT-Abteilung und dem CRM-Anbieter ein Tutorial erstellt werden, indem den Mitarbeitern die Nutzung des CRM-Systems auch unter Datenschutzgesichtspunkten erläutert wird. Nach Beendigung des Gespräches erstellt und verteilt der externe DSB zeitnah die Protokolle.

SAP

Die Agenda eines Management Reviews in einem Bereich mit implementiertem DSMS wird unter Einfluss aktueller Gegebenheiten jeweils neu erstellt. Dabei wird unterschieden zwischen Entwicklungen auf lokaler und auf globaler Ebene, deren Auswirkungen auf das DSMS an dieser Stelle zwischen den Beteiligten angesprochen und koordiniert werden. Ein Mitglied des Security & Data Protection Office (SDPO) stellt den jeweiligen Audit-Bericht vor, der jeweilige Datenschutzkoordinator als Mitglied der Leitung des Bereiches präsentiert einen Bericht über den Status des DSMS im entsprechenden Geschäftsbereich basierend auf den Eingaben der lokalen Datenschutzvertreter.

Der Konzerndatenschutzbeauftragte wiederum gibt eine Bewertung des DSMS und des Datenschutzniveaus auf Basis der ihm zugänglichen Informationen (Berichte zur internen DSMS-Auditierung, eigene Audits des DSB, Vorfallsberichte etc.) und seiner globalen Perspektive ab. Zudem werden die strategischen Vorgaben des DSB mit den Maßnahmenplänen für das DSMS abgeglichen. Einen Schwerpunkt in den Beschlüssen im Management Review stellt die Ausweitung des DSMS im jeweiligen Bereich auf neue Prozesse oder Lokationen dar, welche bisher noch nicht im Scope des DSMS waren und in der Folgezeit integriert werden sollen, da die Entscheidung zur Erweiterung des DSMS in einem Bereich grundsätzlich bei der Bereichsleitung und damit beim Datenschutzkoordinator angesiedelt ist. Ebenfalls werden bereits an dieser Stelle frühzeitig die Budgets für die zukünftigen Aktivitäten des DSMS beschlossen, sodass diese in der Budgetplanung der Geschäftsbereiche berücksichtigt werden können. Zum Management Review erstellt im Anschluss das SDPO das finale Protokoll, welches an alle Teilnehmer zur Kenntnisnahme verschickt wird.

Nach dem Management Review und zu Beginn des Follow-up sind die wesentlichen Aktivitäten im DSMS einmal durchgeführt worden und es kann mit den externen Audits begonnen werden.

Fazit

- Analog den vergleichbaren Anforderungen aus der ISO 9001 bzw. ISO 27001 ist zur Bewertung des DSMS durch das Management ein Management Review durchzuführen.
- An diesem nehmen neben den lokalen DSMS-Akteuren auch die zuständigen Verantwortlichen aus dem Management teil.
- Im Management Review werden neben einer Bewertung des DSMS auf Basis der im Verlauf der Erstimplementierung gemachten Erfahrungen auch Verbesserungsmaßnahmen für die Zukunft von den Beteiligten beschlossen.

5.2.11 Externe Audits und Zertifizierung

▶ • Worin unterscheiden sich externe Audits von internen Audits?
- Welche Arten von externen Audits gibt es?
- Was ist bei einem Zertifizierungs-Audit zu beachten?
- Was ist bei einem Kunden-Audit zu beachten?

Die letzte und höchste Hürde in der Check-Phase des DSMS stellen mit Schritt 11 des DSMS-PDCA (Abb. 5.30) die externen Audits dar.

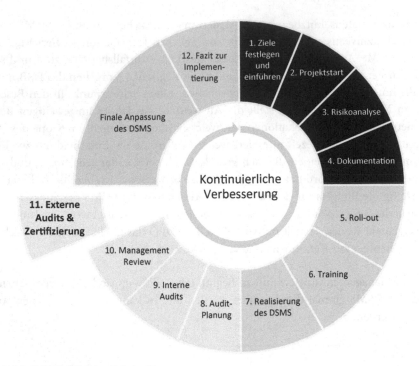

Abb. 5.30 DSMS-PDCA – Schritt 11

Dabei wird in Abgrenzung zu den internen Audits (Abschn. 5.2.9) die Auditierung durch Personen außerhalb des Unternehmens vorgenommen. Hier ist zwischen Kunden-Audits (2nd-Party-Audits) und Zertifizierungs-Audits (3rd-Party-Audits) zu differenzieren.

5.2.11.1 Kunden-Audit (2nd-Party-Audit)

Kunden-Audits haben in der betrieblichen Realität des Datenschutzmanagements eine große Bedeutung: Sobald das Unternehmen als Auftragnehmer einer Auftragsdatenverarbeitung auftritt, wird der Kunde als Auftraggeber im Rahmen seiner gesetzlichen Pflichten (§ 11 BDSG) einen Nachweis der Datenschutzkonformität vom Unternehmen verlangen. An dieser Stelle kommt die Zertifizierung des DSMS ins Spiel (siehe in folgendem Unterkapitel, Abschn. 5.2.11.2). Die Zertifizierung des Managementsystems – bei bekannten Standards wie ISO 9001 und ISO 27001 gängige Praxis – hilft beim Nachweis der Datenschutzkonformität dem Kunden gegenüber, denn für das DSMS fehlt noch ein international anwendbarer Standard und unternehmensinterne Audit-Berichte allein können diesen Nutzen eines Zertifikates nicht ersetzen. Falls eine Zertifizierung des DSMS vorhanden ist, kann dann bereits über das Zertifikat dem Kunden ein geeigneter Nachweis präsentiert werden. Denn durch dieses Zertifikat wird nachgewiesen, dass ein Dritter das DSMS bereits auditiert und als funktionsfähig eingestuft hat. Ein ausführlicher Audit seitens des Kunden ist dann oft nicht mehr nötig, da in dieser Situation beide Seiten ihren gesetzlichen Pflichten nachgekommen sind. Deshalb sollte eine Zertifizierung des DSMS durchaus angestrebt werden.

Ohne eine solche Zertifizierung jedoch werden datenschutzbewusste Kunden die Durchführung eines Audits verlangen, wobei je nach Verhandlungsposition eine Seite mehr oder weniger Vorgaben zu Art und Umfang eines Audits machen kann. Da sich folglich in der Praxis kaum generelle Vorgaben dafür machen lassen, soll an dieser Stelle lediglich erwähnt werden, dass über das DSMS regelmäßig eine sehr gute Grundlage für solche Audits besteht (siehe dazu auch Abschn. 3.1.2 – Vorteile des DSMS):

- Das DSMS ist umfangreich dokumentiert, der Kunde kann somit einsehen, welche Anstrengungen das Unternehmen unternimmt.
- Der risikobasierte Ansatz zeigt dem Kunden, dass das Unternehmen seine größten Risiken erkannt hat und entsprechend behandelt.
- Mit dem ganzheitlichen Ansatz unter Einbeziehung aller Mitarbeiter erkennt der Kunde, dass auch Risiken auf Mitarbeiterebene konsequent angegangen werden und sich das Unternehmen um die Qualifikation seiner Mitarbeiter bemüht.
- Die Anstrengungen zur kontinuierlichen Verbesserung zeigen dem Kunden, dass das Unternehmen sich nicht auf dem Status quo ausruht, sondern weiterhin Verbesserungspotential identifiziert und umsetzt.
- Das DSMS kann auch strengere Vorgaben als die einschlägigen Gesetze umsetzen, sofern dies in der Planungsphase berücksichtigt wurde (siehe Abschn. 4.2.1.2.3 – Scoping). Kunden mit besonders hohen Anforderungen bietet das DSMS deshalb auch mehr Sicherheit als ein bloßer Nachweis gesetzlicher Mindestvorgaben.

All dies führt dazu, dass Unternehmen mit einem DSMS gut gerüstet sind für Anfragen ihrer Kunden in diese Richtung. Eine Positionierung im Wettbewerb im Hinblick auf die nachweisliche Erfüllung der Datenschutzvorgaben ist somit möglich.

5.2.11.2 Zertifizierungs-Audit (3rd-Party-Audit)
5.2.11.2.1 Nutzen des DSMS-Zertifikats
Die beste Grundlage für eine Überzeugung des Kunden bleibt ein zertifiziertes DSMS. Dazu werden 3rd-Party-Audits durch einen externen Auditor einer akkreditierten Zertifizierungsstelle durchgeführt. Dieser überprüft die Wirksamkeit des DSMS anhand der Zertifizierungskriterien, es wird dabei das DSMS als System auditiert. Liegt diese Wirksamkeit nach Ansicht des Auditors vor, erhält das Unternehmen ein gleichlautendes Zertifikat. Folglich testiert das Zertifikat, dass das Unternehmen die Fähigkeit besitzt, den Datenschutz nach den zugrunde gelegten Anforderungen systematisch zu managen. Mittelbar wird damit gleichzeitig ausgedrückt, dass das Unternehmen die Datenschutzanforderungen zudem umgesetzt hat, denn nur auf diese Weise lässt sich die Wirksamkeit des gesamten DSMS feststellen. Ein Zertifikat zum DSMS drückt damit Folgendes für den Kunden aus: Das Unternehmen hat nicht nur zum Stichtag der Zertifizierung die Datenschutzanforderungen umgesetzt, sondern hat auch Strukturen geschaffen, das bisher

erreichte Niveau kontinuierlich zu verbessern. Damit ist ein DSMS-Zertifikat aussagekräftiger als die meisten Datenschutzgütesiegel, die lediglich stichtagsbezogen die Konformität mit den gesetzlichen Regelungen feststellen. Durch die festgelegten Zeiträume zur Überprüfung und Rezertifizierung kann ein Kunde zudem davon ausgehen, dass mit Gültigkeit des Zertifikates weiterhin ein angemessenes Datenschutzniveau gewährleistet wird. Mit dem Vorlegen des Zertifikates und des zugehörigen Audit-Berichtes wird der Prozess des Nachweises eines angemessenen Datenschutzniveaus beim Kunden-Audit signifikant verkürzt. Auch die Wettbewerbsposition des Unternehmens verbessert sich durch den Erhalt eines aussagekräftigen Werbeinstrumentes in Form des Zertifikates. So kann das Zertifikat beispielsweise bei Bewerbungen auf Ausschreibungen angefügt werden.

Zudem bieten sich für das Unternehmen intern erhebliche Vorteile durch die Zertifizierung:

- Eine anstehende externe Auditierung treibt die Verantwortlichen an und unterstreicht die Bedeutung, die dem DSMS zugemessen wird. Dies schließt nicht nur die DSMS-Akteure ein, sondern alle Beteiligten bis hin zur Geschäftsleitung.
- Die objektive Sichtweise des Auditors als Externer offenbart oftmals noch erhebliche Verbesserungspotentiale, die zuvor bei internen Audits noch nicht aufgefallen sind.
- Das ausgestellte Zertifikat stellt in verkürzter Form die bisherigen Erfolge des DSMS dar. Es kann daher zum Aufrechterhalten der Motivation in den Zwischenphasen der Auditierung dienen.

5.2.11.2.2 Vorgehen bei der Zertifizierung

Inhaltlich folgen die 3rd-Party-Audits im Wesentlichen den Vorgaben für die internen Audits (Abschn. 5.2.9). Auf einige Besonderheiten soll an dieser Stelle kurz eingegangen werden[28] [27]. Das Vorgehen für die Zertifizierung ist dabei zunächst für die akkreditierten Zertifizierungsstellen durch die einschlägige ISO 17021 vorgegeben. Dabei wird die in Abb. 5.31 dargestellte Abfolge vorgeschrieben:

Nachdem mit potentiellen Zertifizierungsstellen Einführungsgespräche durchgeführt worden sind, eine Zertifizierungsstelle ausgewählt worden ist und eine entsprechende vertragliche Vereinbarung geschlossen wurde, beginnt das Schema:

- Beim **Stage-1-Audit** werden zunächst vom externen Auditor die Unterlagen zum DSMS geprüft. Der Auditor prüft daran die Erfolgsaussichten eines detaillierten Vor-Ort-Audits. Hier lassen sich bereits viele Ungenauigkeiten identifizieren, die in der rein internen Betrachtung noch nicht aufgefallen sind. Außerdem werden bereits an dieser Stelle die Weichen für den nächsten Schritt gestellt, insbesondere im Hinblick auf Audit-Lokationen.

---

[28] Ausführliche Hinweise zum Zertifizierungsprozess finden sich bei *Gietl/Lobinger,* Leitfaden für Qualitätsauditoren, Kap. 10.

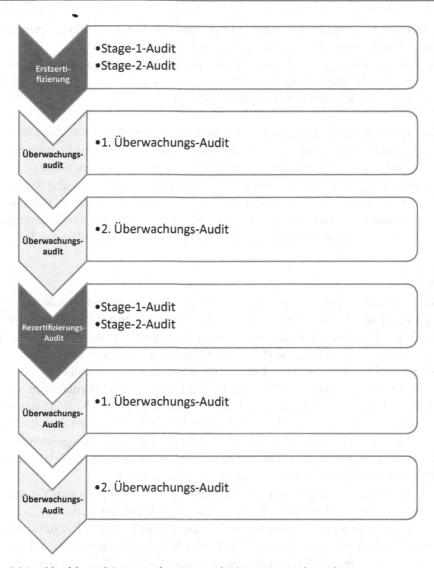

Abb. 5.31 Ablauf der 3rd-Party-Auditierung nach ISO 17021 in Jahresschritten

- Beim **Stage-2-Audit** führt der externe Auditor eine detaillierte Vor-Ort-Prüfung des DSMS durch – die Vorgehensweise gleicht hier im Wesentlichen der für die internen Audits (Abschn. 5.2.9). Ist der Stage-2-Audit erfolgreich, erhält das Unternehmen ein Zertifikat.
- Im nächsten und übernächsten Jahr wird jeweils ein Überwachungs-Audit durchgeführt. Dabei handelt es sich um eine Prüfung des externen Auditors primär darauf ausgerichtet, ob sich das DSMS verbessert hat. Dieser Audit hat demnach einen geringeren Umfang als der vorherige Zertifizierungs-Audit.

- Spätestens vor Ablauf des dritten Jahres ist ein **Rezertifizierungs-Audit** durchzuführen. Dieser besteht wieder aus einem Stage-1- und Stage-2-Audit.
- Es folgt in den nächsten zwei Jahren wieder je ein **Überwachungs-Audit** mit der anschließenden Möglichkeit, im dritten Jahr wieder eine Rezertifizierung vorzunehmen. Der Drei-Jahres-Rhythmus wiederholt sich ab hier.

Da dieser Prozess für alle gängigen ISO-Managementsysteme (ISO 9001, ISO 27001 etc.) gleich ist, bietet sich hier Optimierungspotential, in dem man Termine koordiniert. Das senkt die Aufwände und damit auch die mit der Zertifizierung anfallenden Kosten. Für die Akzeptanz der Kosten gilt das oben gesagte: Mit dem Zertifikat kann gegenüber Kunden die eigene Datenschutzkonformität nachgewiesen werden, des Weiteren lässt es sich sogar als Werbeinstrument einsetzen. Damit lassen sich spätere Aufwände, die durch die Anfragen von Kunden nach Datenschutznachweisen auftreten, bereits im Vorfeld vermeiden.

SAP

Seit seiner Einführung im Jahr 2010 im globalen Support-Prozess wurde das DSMS regelmäßig vom Zertifizierungspartner British Standards Institution auditiert. Dabei wurde die Zertifizierung immer erfolgreich aufrechterhalten. Der Nachweis der Datenschutzkonformität über das DSMS-Zertifikat hat sich dabei als effiziente Methode herausgestellt und wird von den Kunden akzeptiert. Diese erhalten über den SAP Service Marketplace (Kundenportal für Service und Support) auch Informationen aus dem Audit-Bericht des British Standards Institution, in welchem das Konzept des DSMS beschrieben wird sowie aufgrund der Relevanz für ADV-Tätigkeiten auch die Audit-Ergebnisse bezüglich der TOMs von SAP enthalten sind. Diese Erfolgsgeschichte des DSMS stellt einen wichtigen Faktor in dessen Akzeptanz dar und führt dazu, dass das DSMS im globalen SAP-Konzern stetig weiterentwickelt wird.

In Bezug auf die Ausführung der externen Audits bei SAP gibt es im Vergleich zu den beschriebenen internen Audits Abweichungen in folgenden Punkten:
- Als Lead-Auditor tritt der externe Auditor des British Standards Institution auf.
- Als Co-Auditor tritt ein Mitglied des Security & Data Protection Office auf.
- Da sie nicht mehr als Co-Auditoren auftreten, sind die Datenschutzvertreter bei externen Audits selbst nur Auditees, jedoch mit der besonderen Aufgabe, einen Rechenschaftsbericht über ihre Tätigkeit zu geben und den Status des DSMS in ihrem Verantwortungsbereich darzulegen.
- Der Audit-Bericht wird durch den externen Zertifizierer erstellt.
- Die externen Audits beschränken sich auf einige Stichproben, die Anzahl der Stichproben legt die Zertifizierungsstelle fest.
- Nach Abschluss aller Audits erstellt die Zertifizierungsstelle in aller Regel einen Gesamtaudit-Bericht.

Fazit

- Auftraggeber einer ADV (hier: Kunden) sind nach den gesetzlichen Anforderungen (§ 11 BDSG) verpflichtet, ihre Auftragnehmer (hier: Unternehmen) nach Einhaltung eines angemessenen Datenschutzniveaus auszuwählen.
- Das DSMS stellt eine sehr gute Möglichkeit dar, diesen Nachweis zu erbringen und hilft zur Absenkung der mit den gesetzlichen Anforderungen einhergehenden Aufwände zur Bewältigung der zahlreichen Audit-Anfragen von Kunden.
- Ohne Zertifikat bietet es aufgrund seiner Charakteristika – insbesondere der Dokumentation – bereits eine sehr gute Grundlage zur Überzeugung eines Kunden.
- Mit Zertifikat lässt sich sehr effizient gegenüber dem Kunden die eigene Datenschutzkonformität nachweisen, da ein unabhängiger externer Auditor nach strengen und transparenten Vorgaben die Konformität des DSMS mit den Zertifizierungskriterien bestätigt.
- Durch einen Gesamtaudit-Bericht der externen Zertifizierungsstelle schafft das Unternehmen Dritten gegenüber eine hohe Transparenz über das aktuelle Datenschutzniveau.

5.2.12 Finale Anpassungen

Bevor über die Zukunft des DSMS in einem finalen Fazit zur Implementierung entschieden wird, sind zunächst die letzten Anpassungen auf Basis der Ergebnisse der Audits vorzunehmen. Bis hierhin wurde in diesem Praxisleitfaden beschrieben, wie diese Verbesserungsmaßnahmen organisiert werden können (Abschn. 5.2.7.8). So stellen die finalen Anpassungen auch keinen eigenen Schritt im DSMS-PDCA dar. Vielmehr sind sie kontinuierlich auszuführen, müssen aber spätestens bis zur anschließenden finalen Entscheidung im Wesentlichen umgesetzt sein. Statt mit der Umsetzung also zu warten, sollten die Anpassungen idealerweise möglichst zeitnah nach Ermittlung des jeweiligen Verbesserungspotentials angestoßen werden. Inputs für diese möglichen Verbesserungen liefern:

- Ad-hoc-Kontrollen (Abschn. 5.2.7.7)
- Interne Audits (Abschn. 5.2.9)
- Management Reviews (Abschn. 5.2.10)
- Externe Audits (Abschn. 5.2.11)

Jeweils im Anschluss an diese Aktivitäten sollte mit den nötigen Anpassungen des DSMS begonnen werden. Damit werden einige dieser Act-Aktivitäten zeitlich gesehen bereits in der Check-Phase angegangen, werden jedoch zur Veranschaulichung des PDCA-Modells separat abgebildet. Ziel muss sein, das bestmögliche DSMS in das Treffen zur finalen Bewertung der DSMS-Implementierung einbringen zu können.

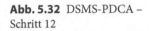

Abb. 5.32 DSMS-PDCA –
Schritt 12

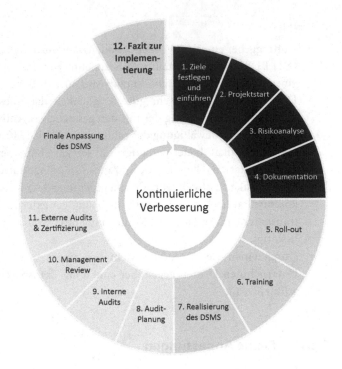

5.2.13   Fazit zur Implementierung

▶   • Was ist am Ende der Erstimplementierung zu entscheiden?
     • Wie ist der Übergang in den Regelbetrieb zu organisieren?

Die externen Audits sind abgeschlossen und das Unternehmen nun (hoffentlich) im Besitz eines Zertifikates. Auch ist die finale Anpassung des DSMS auf Basis der Ergebnisse der externen Audits im Rahmen der Vorgehensweise zur kontinuierlichen Verbesserung (Abschn. 5.2.7.8) angestoßen und die Erstimplementierung neigt sich dem Ende zu. Als letzter Schritt ist von den obersten Verantwortlichen ein abschließendes Fazit zum DSMS zu ziehen und die Weichen für die weitere Vorgehensweise endgültig festzulegen (Abb. 5.32).

Wie bereits unter Abschn. 5.2.10.1 dargestellt, besteht ein enger thematischer Zusammenhang zwischen Management Review und dem hier dargestellten Fazit zum gesamten DSMS. Nichtsdestotrotz besteht keine vollständige Kongruenz zum Management Review: Das Fazit dient dazu, die Weichen für die Zukunft des gesamten DSMS – auch bereichsübergreifend – zu stellen. Die wichtigsten Unterschiede und weitergehenden Aspekte werden an dieser Stelle dargestellt.

5.2.13.1   Beteiligte

Spätestens an dieser Stelle ist zwingend – und damit anders als beim Management Review – die Geschäftsleitung direkt einzubeziehen, da die Entscheidungen an dieser Stelle das gesamte DSMS in allen Bereichen des Unternehmens betreffen. Für Konzerne bedeutet dies zudem, die Muttergesellschaft miteinzubeziehen und dort den richtigen Ansprechpartner mit ins Boot zu holen bzw. dass auf Ebene der Muttergesellschaft Entscheidungen auch im Hinblick auf die verschiedenen Tochtergesellschaften getroffen werden.

5.2.13.2 Agenda

Anders als beim Management Review stehen nicht nur die Ergebnisse der internen Audits als wesentliche Grundlage des Gespräches zur Verfügung, sondern auch die der externen Audits sowie ein bereits bis zu diesem Zeitpunkt in vielen Punkten verbessertes DSMS. Die Eingaben für diesen Punkt entsprechen ansonsten – in verkürzter Form – denen des Management Review. Wichtigstes Ziel an dieser Stelle muss sein, die Unterstützung der Geschäftsleitung für das DSMS auch für die Zukunft zu sichern. Ist diese Unterstützung nicht erreichbar, kann auch das DSMS nicht weiter funktionieren und verliert aufgrund des fehlenden Rückhalts im Unternehmen an Effektivität. Gleichzeitig dürfen Schwierigkeiten und Akzeptanzprobleme während der Erstimplementierung der Geschäftsleitung gegenüber nicht verschwiegen werden. Entsprechend ist das Gespräch darauf auszurichten, einen realitätsgetreuen Bericht über den Zustand des DSMS vorzutragen und gemeinsam mit der Geschäftsleitung ergebnisoffen die Zukunft des DSMS zu diskutieren.

Im Fazit zur Erstimplementierung des DSMS sollten demnach folgende Punkte angesprochen und entsprechende Beschlüsse dazu gefasst werden:

- Wo sehen die Beteiligten das DSMS in den nächsten Jahren? Wie lässt sich das DSMS mit der langfristigen, strategischen Ausrichtung des Unternehmens vereinbaren?
- Die Geschäftsleitung muss ihre Zusicherung der Unterstützung sowie ihr Bekenntnis zum Datenschutz und dem DSMS erneuern. Steht sie noch hinter der Datenschutz-Policy, wo besteht Änderungsbedarf?
- Wie ist der bisherige Umfang des DSMS zu bewerten? Hat sich das DSMS als „Pilot" in einem Bereich bewährt und kann ausgeweitet werden? Dabei ist es keine Seltenheit, dass die Geschäftsleitung an dieser Stelle abweichend von den Ergebnissen des Management Review eigene Schwerpunkte für Bereiche festsetzt, in denen ein DSMS eingeführt werden soll.
- Damit einher geht die Sicherstellung der wesentlichen Budgetposten, falls dies noch nicht im Management Review beschlossen wurde.

▶ Ob die Budgetentscheidungen zur Zukunft des DSMS im Management Review oder während des Fazits zu beschließen sind, hängt von den Entscheidungsstrukturen im Unternehmen und damit den Beteiligten an diesen beiden Schritten ab. Im Idealfall jedoch wird der entsprechende Termin bereits <u>vor</u> den allgemeinen Budgetrunden im Unternehmen abgehalten, sodass in diese bereits mit einer konkreten und v.a. von den Entscheidungsträgern abgesegneten Budgetforderung eingetreten werden kann.

Als Besonderheit der externen Beratung ist an dieser Stelle auch der zukünftige Umfang von Beratungsleistungen abzustecken. Da das DSMS durch seinen ganzheitlichen Ansatz Datenschutzaufgaben verteilt und das Unternehmen in die Lage versetzt wird, grundlegende Aufgaben im Vergleich zur vorherigen Situation nun selbst zu erledigen, wird sich der Umfang zukünftiger Beratungsleistungen möglicherweise auf Expertentätigkeiten reduzieren oder sich auf neue Projekte konzentrieren (etwa die Ausweitung des DSMS in andere Bereiche).

Mit diesem letzten Schritt schließt sich der Regelkreis des DSMS-PDCA und die Erstimplementierung ist formell beendet. Die Erfahrungen mit dieser neuartigen Vorgehensweise an den Datenschutz haben bis zu diesem Punkt bei den Verantwortlichen hoffentlich zur Entscheidung geführt, das DSMS in einen jahresbezogenen Regelbetrieb zu überführen oder sogar noch auszuweiten, denn nur dann kann das DSMS seine Stärken voll ausspielen. Für diese beiden Alternativen geben die Ausführungen in den nächsten Kapiteln wichtige Anhaltspunkte.

Medium AG

Auf Basis der Ergebnisse der Management Reviews mit den Bereichs- bzw. Abteilungsleitern, den Ergebnissen aus den internen Audits sowie der positiven Rückmeldung eines Kunden im Rahmen eines 2nd-Party-Audits stellt der externe DSB dem Vorstand seine positive Bewertung des DSMS in einer Präsentation vor. Ebenfalls anwesend ist der ISMS-Verantwortliche, der diese Einschätzungen teilt und die gute Zusammenarbeit lobt. Der ISMS-Verantwortliche merkt auch an, dass sich langsam eine übergreifende Datenschutz- und Informationssicherheits-Awareness bei den Mitarbeitern erkennen lässt und damit ein wesentliches Ziel der DSMS-Einführung erfüllt worden ist. Der externe DSB verweist auf den angesetzten 2-Jahres-Plan, mit dem das DSMS gestartet wurde und gibt einen Ausblick auf zukünftige Aktivitäten zum einen bezüglich die Verbesserung des Datenschutzniveaus in den Risikobereichen wie Vertrieb und HR, zum anderen zur Einbeziehung der internationalen Lokationen. Der Vorstand ist von den Ergebnissen des DSMS im ersten Jahr sehr angetan und hebt die ihm zugetragene positive Resonanz der Mitarbeiter heraus. Der Vorstand schließt sich nach einer Diskussion den Vorschlägen des externen DSB an, beschließt eine Verlängerung des Geschäftsbesorgungsvertrages mit dem externen DSB und fordert zusätzlich die Zertifizierung des DSMS im Rahmen des nächsten Jahres ein.

SAP

Mindestens einmal jährlich bekommt der Vorstand einen abschließenden Bericht zur Entwicklung des DSMS vorgelegt und beschließt auf Basis einer Entscheidungsvorlage die weitere Vorgehensweise. Der Zertifikatsverantwortliche vom Security & Data Protection Office legt an dieser Stelle Rechenschaft über die bisherigen Ergebnisse des DSMS ab und präsentiert die im Management Review beschlossenen Zukunftspläne für die einzelnen Bereiche, in denen das DSMS implementiert wurde. Dabei hat der Erfolg des DSMS bei SAP dazu geführt, dass dieses nicht nur nach dem erfolgreichen Pilotprojekt im Support fortgesetzt, sondern bis heute kontinuierlich auf andere Bereiche übertragen wird.

Fazit

- Zum Abschluss der Erstimplementierung sind mit der Geschäftsleitung die Weichen für die Zukunft des DSMS zu stellen.
- Als Basis für diese Entscheidung dient ein abschließender Bericht, der die über die gesamte Zeit der Erstimplementierung mit dem DSMS gemachten Erfahrungen und Bewertungen enthält und idealerweise als Entscheidungsvorlage herangezogen werden kann.
- Nur mit der an dieser Stelle dokumentierten Unterstützung der Geschäftsleitung über das nächste Jahr macht die Fortführung des DSMS Sinn.

5.3 Überführung in den Regelbetrieb

▶ - Worin unterscheiden sich Erstimplementierung und Regelbetrieb des DSMS?
- Wie kann der Regelbetrieb in einem jährlichen Zyklus organisiert werden?

Nach der erfolgreichen erstmaligen Implementierung des DSMS besteht die nächste Herausforderung darin, dessen immer wiederkehrende Abläufe in einen funktionierenden Regelbetrieb zu überführen. Da bei einem zertifizierten DSMS jährliche Überwachungs- bzw. Rezertifizierungs-Audits erforderlich sind, ist ein Durchlauf im Jahresrhythmus anzustreben. Auch die sinnvolle Kopplung des DSMS an bestehende Managementsysteme sowie generell die an die Dauer eines Geschäftsjahres angepassten Aktivitäten des Unternehmens werden dies erforderlich machen. In Bezug auf die Erstimplementierung gelten dabei neben der ansonsten gleichen Vorgehensweise folgende Besonderheiten nach dem hier in Abb. 5.33 aufgezeigten DSMS-PDCA für den Regelbetrieb.

Zentraler Hintergrund aller Aktivitäten im Regelbetrieb muss sein, auf Vorhandenem aufzubauen und so zur kontinuierlichen Verbesserung beizutragen. Das Unternehmen muss damit nicht immer wieder bei null anfangen. Auf diese Weise sorgt der Regelbetrieb in seiner konsequenten Anwendung für die Erhöhung des Reifegrades des DSMS und steigert damit dessen Effektivität. Unabhängig von diesen einzelnen Schritten sind selbstverständlich die lokalen Aktivitäten im etablierten DSMS (dazu Abschn. 5.2.7) durchgehend fortzuführen und nach Bedarf anzupassen.

Abb. 5.33 DSMS-PDCA im
Regelbetrieb

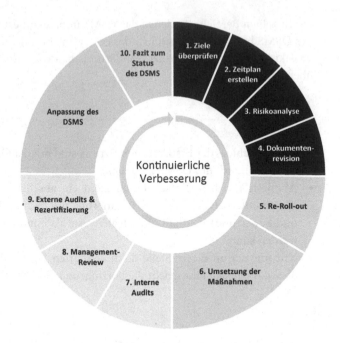

5.3.1 Ziele überprüfen

Zunächst sind auf dem Level der Datenschutz-Policy die Datenschutzziele zu überprüfen, ggf. anzupassen und das Governance Model entsprechend umzugestalten. Bedarf für Änderungen auf dieser Ebene sollten im letzten Zyklus im Rahmen von Audits, Review und Fazit zum DSMS ermittelt worden sein und werden spätestens an dieser Stelle angegangen: Dazu zählen bspw. anstehende Umstrukturierungsmaßnahmen, die zwingend eine Anpassung des Governance Models nach sich ziehen. Das Ergebnis wird über eine Revision der Datenschutz-Policy festgehalten und diese im Anschluss ausgerollt.

▶   Da auf dieser Ebene zwingend wieder die Geschäftsleitung hinzugezogen
    werden muss (wie auch beim jährlichen Fazit zum DSMS), sollte eine enge
    Verbindung beider Schritte angestrebt werden. Bei guter Vorbereitung lässt
    sich in einem Termin neben einer Bewertung des DSMS durch die Geschäftslei-
    tung (Fazit) auch bereits Änderungsbedarf für die Datenschutz-Policy ermitteln
    und deren notwendige Anpassung beschließen (Ziele überprüfen).

5.3.2 Jahresplan aufstellen

Im Hinblick auf die anzustrebende jährliche Wiederholung der DSMS-Aktivitäten ist mit der Erstellung eines Jahresplans zu beginnen. Dieser Schritt ersetzt den Kick-off-Termin bei der Erstimplementierung (siehe Abschn. 5.2.2). Auf Basis der bereits vorhandenen Erfahrungen lassen sich die meisten der in Folge anstehenden Tätigkeiten (Risikoanalyse, Audits, Review etc.) bereits angemessen planen, wobei dieser Plan freilich unter dem Vorbehalt der Änderung bei unvorhergesehenen Entwicklungen steht. Beinhalten sollte dieser Jahresplan die Zeiträume für die in diesem Unterkapitel beschriebenen Folgeschritte, insbesondere ist die Planung auf das jährliche Überwachungs-/Rezertifizierungs-Audit auszurichten. An dieser Stelle sind weiterhin die Verantwortlichen parallel laufender Managementsysteme einzubeziehen und die Zeitplanung abzustimmen (z.B. ISMS- und DSMS-Audits gemeinsam vornehmen, siehe Abschn. 5.2.8.1.2). Ausreichende Pufferzeiten sind ebenfalls zu berücksichtigen. Der Jahresplan muss von den Verantwortlichen genehmigt und den DSMS-Akteuren bekannt gemacht werden.

5.3.3 Risikoanalyse und Erstellung des Maßnahmenplans

Erneut ist eine umfangreiche Analyse und Neubewertung *aller* Risiken vorzunehmen. Dabei wird es zwangsläufig zu Neubewertungen kommen, die ein aktuelleres Bild der Risikosituation vermitteln, als es das bis dahin bestehende Risikoregister vermag. An dieser Stelle der Neubewertung sind insbesondere die Erfahrungswerte aus der Erstimplementierung wichtig: Da viele Beteiligte Datenschutzrisiken am Anfang meist noch als abstrakt wahrnehmen und daher in manchen Fällen pauschal mit (zu) niedriger Eintrittswahrscheinlichkeit klassifizieren, lässt sich über das bis hierhin erworbene Know-how ein zunehmend realistischeres Bild der Risikosituation des Unternehmens beschreiben. Dieser Lerneffekt im Laufe der Zeit ist sehr wichtig und zeigt, dass sich der risikoorientierte Ansatz des DSMS und der kontinuierliche Verbesserungsprozess ergänzen. Auch Prozesse, die während der Erstimplementierung noch außen vor gelassen wurden, lassen sich jetzt aufgrund freigewordener Ressourcen an dieser Stelle genauer analysieren.

Die neue Risikosituation wird wiederum im Risikoregister vermerkt und anschließend wie bei der Erstimplementierung verfahren: Risikoakzeptanzkriterien müssen beschlossen und nicht akzeptierbare Risiken auf ein vertretbares Niveau über entsprechende Maßnahmen gesenkt werden. Dazu sind die Risiken den Risikoinhabern zuzuordnen sowie ein Maßnahmenplan zu erstellen, der die Verantwortlichkeit zur Umsetzung der jeweiligen Maßnahme gleich mitbestimmt. Häufig besteht an dieser Stelle dann auch die Möglichkeit, die Akzeptanzkriterien abzusenken und solche Risiken in den Behandlungsplan zu integrieren, welche während der Erstimplementierung aufgrund der begrenzten Ressourcen noch außen vor gelassen wurden. Damit setzt das DSMS konsequent die Risikoorientierung fort und führt über die Zeit zur Risikooptimierung im Bereich Datenschutz.

5.3.4 Dokumentenrevision

Auf Basis der Ergebnisse der Risikobehandlung werden schließlich gegen Ende der Plan-Phase die Dokumente zum DSMS einer Revision unterzogen. Da Anpassungen der fachbereichsspezifischen Dokumentation (Verfahrensverzeichnis, ADV-Verträge etc.) sehr viele Ressourcen binden und deshalb häufig als eigene Maßnahmen in die Do-Phase hineinwirken, ist an dieser Stelle primär die umfassende Überprüfung und Anpassung des DSMS-Handbuches wichtig. Die weitergehende Dokumentation außerhalb des Handbuches sollte primär daraufhin untersucht werden, ob sie entsprechend den zugeordneten Zyklen tatsächlich überprüft worden ist und inwieweit Änderungen auf das DSMS-Handbuch durchschlagen. Wenn also beispielsweise die Rechtsabteilung die Mustervorlage für die Beauftragung von ADV-Dienstleistern aufgrund von neuen rechtlichen Anforderungen ändert, ist an dieser Stelle zu prüfen, ob eben diese Änderungen kenntlich gemacht und die zugehörigen Beschreibungen im DSMS-Handbuch nach wie vor aktuell sind. Die Dokumentation des DSMS und deren Revision sollte – wie bereits im zugehörigen Abschn. (Abschn. 5.2.4) erwähnt – nicht als einmalige Tätigkeit verstanden werden, sondern kontinuierlich geschehen. So wird an dieser Stelle in erster Linie das Dokumentenmanagement des DSMS einer Prüfung unterzogen. Zusätzlich wird die bestehende Dokumentation erweitert, sofern der Risikobehandlungsplan dies erfordert.

5.3.5 „Re-Roll-out"

Werden wichtige Dokumente inhaltlich geändert oder treten neue (dokumentierte) Anforderungen an die Mitarbeiter in Kraft, so ist über einen „Re-Roll-out" für die Bekanntmachung dieser Veränderungen zu sorgen. In erster Linie betrifft dies Änderungen der Datenschutz-Policy und des DSMS-Handbuches. Auch an dieser Stelle gilt es, für eine angemessene Vor- und Nachbereitung zu sorgen (siehe Abschn. 5.2.5.1). Eventuell sind auch zusätzliche Trainingsmaßnahmen (Abschn. 5.2.6) abzuhalten. Oft ist hierfür weniger Aufwand anzusetzen: Eine einfache E-Mail an alle Beteiligten reicht bei marginalen Änderungen schon aus. Die lokalen DSMS-Akteure können Änderungen anschließend noch in Team-Meetings erläutern und Fragen der Mitarbeiter beantworten.

5.3.6 Umsetzung der Maßnahmen

Auf Basis des Maßnahmenplans folgt nun wieder eine umfangreiche Phase zur Umsetzung dieser Maßnahmen. Daraus resultiert eine weitere signifikante Anhebung des Datenschutzniveaus durch neue und entsprechend der Risikosituation angemessenere TOMs. An dieser Stelle sei anzumerken, dass die Maßnahmen nicht notwendigerweise bis zum Beginn der Auditierung des DSMS umgesetzt worden sind. Denn über die bereits bestehende Grundstruktur besteht bereits eine Grundlage für die Audits. Umfangreichere Maßnahmen – etwa die Umgestaltung der IT-Infrastruktur – sollten also nicht deshalb aufgeschoben werden, weil sie bis zu den Audits nicht voll umgesetzt werden können. Stattdessen sollten solche Maßnahmen dann auf Projektbasis eingeführt und in die parallel dazu laufenden Daueraktivitäten im etablierten DSMS (Abschn. 5.2.7) eingebunden werden.

5.3.7 Interne Audits

Ebenfalls im Jahresrhythmus sind interne Audits in allen Bereichen und Lokationen durchzuführen, in denen das DSMS etabliert ist. Besonderer Fokus ist hier auf die Audit-Checkliste zu legen: Diese sollte jedes Jahr überarbeitet werden, um die Wirksamkeit der Verbesserungsmaßnahmen aus dem letzten Jahr sowie die neu umgesetzten Maßnahmen überprüfen zu können. Auch sind die Stellen, an denen beim letzten Mal Abweichungen vorlagen, schwerpunktmäßig zu überprüfen. Damit einhergehend lassen sich auch die Prüfmethoden anpassen. Zur Senkung der Aufwände sollte die Möglichkeit von Remote-Audits derjenigen Lokationen in Betracht kommen, die im letzten Jahr bei Vor-Ort-Audits gute Ergebnisse erreichen konnten und nicht besonders kritisch sind. Die im Audit-Bericht dokumentierten Ergebnisse aus den Audits sind dann wieder in einem Follow-up umzusetzen.

5.3.8 Management Review

Im Management Review sind die bis zu dem jeweiligen Termin realisierten Fortschritte zum Thema der Bewertung des DSMS zu diskutieren. Gemeinsam mit den Verantwortlichen lassen sich die zukünftigen Aktivitäten planen. Es empfiehlt sich, in den Reviews einen möglichst langen Planungshorizont zu betrachten und nicht nur auf das nächste Jahr zu schauen, sondern auch darüber hinaus. Auch Personalwechsel im Management sind über die Jahre zu beachten.

5.3.9 Externe Audits

Entsprechend der Vorgabe der Zertifizierungsstelle muss zur Aufrechterhaltung des Zertifikates jährlich ein Überprüfungs- bzw. Rezertifizierungs-Audit durchgeführt werden. Wieder sind die Vorgaben und Empfehlungen des externen Auditors in einem Follow-up umzusetzen.

5.3.10 Fazit zum Status des DSMS

Eine finale Bewertung des DSMS durch die Geschäftsleitung auf Basis der Entwicklungen des letzten Jahres sowie die Entscheidung über die Fortführung und Erweiterung stehen an dieser Stelle an. Im Anschluss wird der Regelkreis erneut mit der Überprüfung der Zielsetzungen begonnen.

SAP

SAP hat das DSMS in Abstimmung mit anderen zyklischen Aktivitäten auf einen 1-
Jahres-Zyklus ausgerichtet. Im Laufe der Zeit hat SAP dabei durch die kontinuierlichen
Bestrebungen zur Verbesserung das DSMS immer weiterentwickelt. Diese „Lessons
Learned" wurden bereits im Laufe dieses Praxisleitfadens an den entsprechenden Stellen
erwähnt. Als Beispiel für eine solche Weiterentwicklung sei noch einmal auf die Rolle
der lokalen Datenschutzvertreter eingegangen: So wurde schnell ersichtlich, dass diesen
als Bindeglied zu den Mitarbeitern eine überaus wichtige Funktion zukommt. Häufig
bestimmt die Dynamik dieses Datenschutzvertreters im Umgang mit seinen Aufgaben
die Effektivität des DSMS in den jeweiligen Lokationen. Um die Datenschutzvertreter
enger einzubinden, wurden verschiedene Verbesserungsmaßnahmen umgesetzt:

• Es wurde ein eigenes Training erstellt und für alle (potentiellen) Datenschutzvertreter
  verfügbar gemacht.
• Die Mitarbeiter wurden zunächst verstärkt darauf hingewiesen, dass überhaupt
  Datenschutzvertreter für sie als Ansprechpartner zur Verfügung stehen. Daran anknüpfend wurden die Datenschutzvertreter angewiesen, regelmäßige Teammeetings
  abzuhalten und so lokal den Datenschutz im Bewusstsein zu halten.
• Zur Abstimmung der Datenschutzvertreter untereinander wurde eine eigene Community geschaffen, die vom Security & Data Protection Office (SDPO) betreut wird.
  Insgesamt stellt die Unterstützung der Datenschutzvertreter durch das SDPO einen
  wichtigen Baustein dar: Dadurch lassen sich europäische Datenschutzstandards auch
  in außereuropäischen Lokationen umsetzen. Zudem lassen sich mit Unterstützung
  der Datenschutzvertreter die lokalen Projekte besser zum Erfolg führen und über die
  Community auch bekannt machen.
• Zur Koordination von globaler und lokaler Ebene wurde ein umfassendes Berichts-
  system zwischen den Datenschutzvertretern, dem SDPO und dem Konzern-DSB
  eingerichtet. So lässt sich Korrekturbedarf frühzeitig erkennen und kann behoben
  werden.

Die Entwicklung des DSMS wird von SAP fortgeführt. Die Wirksamkeit des DSMS
steigt damit immer weiter an. Dies wird auch in den Berichten des externen Auditors
hervorgehoben.

Fazit

• Das DSMS als eine auf kontinuierliche Verbesserung ausgerichtete Methode muss
  in seinen Aktivitäten auf einen Regelkreis ausgerichtet werden.
• Dieser Regelkreis ist nicht zuletzt aufgrund der Notwendigkeit von Überwachungs-
  und Rezertifizierungs-Audits auf eine jährliche Basis zu stellen.
• Die Tätigkeiten innerhalb des Regelkreises orientieren sich im Wesentlichen an
  denen der Erstimplementierung.

- Schwerpunkte in der Fortführung des DSMS im Regelbetrieb sind die Orientierung an einer aktuellen Risikosituation sowie das Suchen und Umsetzen von Verbesserungspotentialen.
- Die Unterstützung der Geschäftsleitung ist mit jedem Jahr erneut einzuholen.

Literatur

1. Artikel-29-Datenschutzgruppe (Hrsg) (2008) Arbeitsdokument mit einer Übersicht über die Bestandteile und Grundsätze verbindlicher unternehmensinterner Datenschutzregelungen (BCR). http://ec.europa.eu/justice/policies/privacy/docs/wpdocs/2008/wp153_de.pdf. Zugegriffen: 28. Okt. 2013
2. Artikel-29-Datenschutzgruppe (Hrsg) (2008) Arbeitsdokument „Rahmen für verbindliche unternehmensinterne Datenschutzregelungen (BCR)". http://ec.europa.eu/justice/policies/privacy/docs/wpdocs/2008/wp154_de.pdf. Zugegriffen: 28. Okt. 2013
3. BITKOM (Hrsg) (2007) Aktualisierter Praxisleitfaden Verfahrensverzeichnis und Verarbeitungsübersicht nach BDSG. http://www.bitkom.org/de/publikationen/38336_43488.aspx. Zugegriffen: 28. Okt. 2013
4. Brüggemann H, Breimer P (2012) Grundlagen Qualitätsmanagement – Von den Werkzeugen über Methoden zum TQM. Springer Vieweg, Wiesbaden
5. BSI (Hrsg) (2013) IT-Grundschutz-Kataloge Baustein B. 1.5. Datenschutz – 13. EL Stand 2013. https://www.bsi.bund.de/DE/Themen/ITGrundschutz/ITGrundschutzKataloge/Inhalt/_content/baust/b01/b01005.html. Zugegriffen: 28. Okt. 2013
6. Bundesbeauftragter für den Datenschutz und die Informationsfreiheit (Hrsg) (2010) Verpflichtungserklärungen zum Datengeheimnis. http://www.bfdi.bund.de/nn_530434/DE/Themen/GrundsaetzlichesZumDatenschutz/Einzelfragen/Artikel/Datengeheimnis.html. Zugegriffen: 28. Okt. 2013
7. Deming WE (1982) Out of the crisis. Massachusetts Institute of Technology, Cambridge, S 88
8. Europäische Kommission (Hrsg) (2012) Vorschlag für Verordnung des Europäischen Parlaments und des Rates zum Schutz natürlicher Personen bei der Verarbeitung personenbezogener Daten und zum freien Datenverkehr (Datenschutz-Grundverordnung). KOM (2012) 11
9. Pfeifer T, Schmitt R (2007) Handbuch Qualitätmanagement. Carl Hanser, München
10. GDD (Hrsg) Muster zur Auftragsdatenverarbeitung gemäß § 11 BDSG. https://www.gdd.de/nachrichten/arbeitshilfen/Mustervereinbarung%20a7%2011%20BDSG_final1.doc. Zugegriffen: 28. Okt. 2013
11. Gietl G, Lobinger W (2009) Leitfaden für Qualitätsauditoren – Planung und Durchführung von Audits nach ISO 9001:2008, 3. Aufl. Hanser, München
12. Gietl G, Lobinger W (2013) Qualitätsaudit. In: Kamiske GF (Hrsg) Handbuch QM-Methoden. Hanser, München, S 603–634
13. Kirsch M (2013). Datenschutzmanagement versus Qualitätsmanagement – Ansatz für ein integriertes Managementsystem. Bachelorthesis. Fachhochschule Mainz
14. Loomans D (2006) Business Impact Assessment im Unternehmenseinsatz. Information Security Management. Bd. 17
15. Loomans D (2010) Cloud-Computing im Lichte einer Bundesbehörde – BSI-Grundschutz in der Wolke. IT-Sicherheit. Bd. 5/2010. S 45–47
16. Loomans D (2004) Information Risk Scorecard macht Unsicherheitskosten transparent. Praxis der Wirtschaftsinformatik. Bd HMD 236

17. Loomans D, Matz, M (2003) „Unsicherheitskosten" transparent machen – Erfahrungen mit dem Einsatz einer Balanced Scorecard. NetSikom-Konferenzband
18. Loomans D, Müller M-K (2011) Informationssicherheitsrisiken unter Kontrolle: In drei Schritten zum erfolgreichen Security Management. IT-Sicherheit. Bd. 6/2011. S 46–47
19. Ponemon Institute, Symantec (Hrsg) (2013) Cost of Data Breach Study 2013. http://www.symantec.com/content/en/us/about/media/pdfs/b-cost-of-a-data-breach-global-report-2013.en-us.pdf?om_ext_cid=biz_socmed_twitter_facebook_marketwire_linkedin_2013Jun_worldwide_CostofaDataBreach. Zugegriffen: 28. Okt. 2013
20. PR-COM Gesellschaft für strategische Kommunikation mbH (Hrsg) (2013) Projekt Datenschutz. http://www.projekt-datenschutz.de/. Zugegriffen: 28. Okt. 2013
21. Reiss M, Reiss G (2009) Praxishandbuch IT-Dokumentation. Addison-Wesley, München
22. Riggert W (2009) ECM – Enterprise Content Management. Vieweg + Teubner, Wiesbaden
23. Rohrscheider U (2006) Risikomanagement in Projekten. Haufe, München
24. Seidel UM (2011) Grundlagen und Aufbau eines Risikomanagementsystems. In: Klein A (Hrsg) Risikomanagement und Risikocontrolling. Haufe, München, S 21–50
25. Sicherheitsforum Baden-Württemberg (Hrsg) (2013) Sicherheitspreis Baden-Württemberg. http://www.sicherheitsforum-bw.de/pb/,Lde/Startseite/Das+Sicherheitsforum+Baden_Wuerttemberg/Sicherheitspreis. Zugegriffen: 28. Okt. 2013
26. Simitis S (Hrsg) (2011) Bundesdatenschutzgesetz, 7. Aufl. Nomos. Baden-Baden
27. Stork F (2013) Step-by-Step: Die Einführung von Richtlinien im Unternehmen. Compliance Berater 03/2013. S 89–93
28. Wagner K W, Käfer R (2013) PQM-Prozessorientiertes Qualitätsmanagement – Ein Leitfaden zur Umsetzung der ISO 9001. Hanser, München

Ausweitung des DSMS

6

Zusammenfassung

Die Ausweitung eines Datenschutzmanagementsystems (DSMS) auf zusätzliche Geschäftsbereiche, Abteilungen, Prozesse, Lokationen etc. stellt eine Herausforderung für die Verantwortlichen dar, weil parallel zu einem etablierten DSMS in einem Bereich das DSMS neu eingeführt wird. Anhand des beschriebenen Modells des DSMS-PDCA ist folglich eine Abstimmung zwischen den Aktivitäten aus „Neuimplementierung" und „Regelbetrieb" erforderlich, um Synergien zwischen den einzelnen Schritten optimal auszunutzen. Hierbei bedarf es neben einer adäquaten zeitlichen Planung auch dem persönlichen Austausch aller Beteiligten, um im Ergebnis ein vergrößertes, aber weiterhin funktionierendes DSMS im Unternehmen vorzuhalten.

▶
- Wie kann auf Basis eines bereits etablierten DSMS dessen Ausweitung auf weitere Geschäftsbereiche erfolgen?
- Wie sind die jeweiligen Regelkreise aufeinander abzustimmen?
- Welche Besonderheiten treten dabei auf?

Da ein Managementsystem nicht immer in allen Bereichen eines Unternehmens eingeführt wird und gerade bei der erstmaligen Implementierung in größeren Unternehmen die Wirksamkeit des Systems mittels eines Pilotprojekts geprüft wird, besteht im Anschluss daran die Möglichkeit der Ausweitung auf andere Bereiche. Gerade beim DSMS kann man von einer Notwendigkeit zu dieser Ausweitung sprechen, da sich das DSMS nach den Datenströmen im Unternehmen richtet und diese sich in vielen Fällen bereichsübergreifend darstellen. In diesem Kapitel wird aufgezeigt, wie ein bestehendes DSMS genutzt werden kann, um in anderen Bereichen die Erstimplementierung effizienter zu bewerkstelligen.

D. Loomans et al., *Praxisleitfaden zur Implementierung eines Datenschutzmanagementsystems*, 235
DOI 10.1007/978-3-658-02806-0_6, © Springer Fachmedien Wiesbaden 2014

6.1   Anpassung der Regelkreise

Bis hierhin wurden in diesem Praxisleitfaden sowohl die Vorgehensweise für die Erstimplementierung des DSMS (Abschn. 5.2) als auch der dazu leicht abgewandelte PDCA-
Zyklus für den Regelbetrieb (Abschn. 5.3) beschrieben. Steht nun die Ausweitung des
DSMS an, befinden sich die Verantwortlichen in der Situation, die Aktivitäten des sich
im Regelbetrieb befindlichen Systems sinnvoll mit denen der Neuimplementierung zu
koordinieren.

Medium AG

Das DSMS wurde erfolgreich in Vertrieb (B2B und B2C), HR und IT implementiert und
soll dort nun in den Regelbetrieb überführt werden. Gleichzeitig wird festgelegt, dass
für die Zukunft auch das über die ausländischen Tochtergesellschaften abgewickelte
Auslandsgeschäft in das DSMS einbezogen werden soll, d.h.: Dort muss analog zu der
Erstimplementierung in den genannten Bereichen verfahren und auf diese Weise erst
die benötigten Strukturen geschaffen werden. Folglich entstehen zwei parallel laufende
PDCA-Zyklen, die in der Summe das gesamte DSMS des Unternehmens bilden:

1. Regelbetrieb des (Sub-)DSMS in Vertrieb (B2B, B2C), HR und IT
2. Implementierung des (Sub-)DSMS in den Auslandsgesellschaften

---

Daraus folgt auch, dass die entsprechenden Regelkreise unter dem Gesichtspunkt der
Wirtschaftlichkeit für diese parallelen Aktivitäten aufeinander abgestimmt werden müssen.
Abbildung 6.1 zeigt das Ergebnis einer solchen Abstimmung mit den Aktivitäten des
Regelbetriebes im äußeren Ring und denen der Neuimplementierung im inneren Ring.
Bereits auf den ersten Blick fallen hier viele Übereinstimmungen und damit potentielle
Synergieeffekte auf, die in der Folge näher erläutert werden.

6.2   Besonderheiten der parallelen Aktivitäten

6.2.1   Plan-Phase

Auf der **Zielebene** ist zu beachten, dass grundsätzlich die Datenschutzziele in allen Bereichen gleich ausgestaltet sein sollten und Ausnahmen gut begründet werden müssen. Eng
verbunden mit den Datenschutzzielen ist das Governance Model für den neuen Bereich,
welches unter Berücksichtigung der organisatorischen Besonderheiten zu definieren ist.
Entsprechend muss die Datenschutz-Policy geändert und neu ausgerollt werden.

Abb. 6.1 Synchronisierte Regelkreise aus Regelbetrieb und Neuimplementierung

---

SAP

Die Datenschutz-Policy von SAP gilt im gesamten Konzern, ebenfalls wird dort die Bestellung von Datenschutzkoordinatoren eingefordert. Wird nun in einem Bereich ein DSMS neu implementiert, wird unter Berücksichtigung der organisatorischen Ausrichtung, die z.T. stark divergiert, ein eigenes Governance Model entworfen. Dies hat z.B. dazu geführt, dass in manchen Bereichen das grundsätzliche Aufgabenprofil des Datenschutzkoordinators aufgeteilt worden ist in einen Managerial Koordinator und einen ausführenden Datenschutzkoordinator.

Im Rahmen der **Planung der Aktivitäten** lässt sich an dieser Stelle eine Gesamtplanung für das Jahr vornehmen, d.h. eine zusätzliche Audit-Planung für den neuen Bereich entfällt. Stattdessen wird für beide Bereiche ein Gesamtplan aufgestellt, welcher vor allem jedoch

Unwägbarkeiten im neuen Bereich berücksichtigt. Auf Basis dieses Plans erfolgt dann auch der Projektstart im neuen Bereich.

Im Anschluss erfolgt die **Risikoanalyse** mit der Erstellung eines Maßnahmenplans in beiden Bereichen, wobei der Aufwand im neuen Bereich höher ausfällt: Hier muss nämlich ganz von vorne angefangen werden, während für das bestehende Subsystem bereits ein Risikoregister besteht. Jedoch lassen sich – je nach Erweiterungsbereich des DSMS – auch bestehende Risikoeinschätzungen auf den neuen Bereich übertragen. An dieser Stelle hilft ein etabliertes Risikomanagementsystem im Unternehmen sehr viel. Um die Aktivitäten dennoch möglichst parallel zu halten, sind dafür entsprechende Ressourcen zu bündeln. Auch sollte darauf geachtet werden, ob und inwieweit bereichsübergreifende Maßnahmen zur Risikominderung möglich sind und inwieweit Akzeptanzkriterien übertragen werden können. Auch sollten die Erfahrungen aus dem bestehenden DSMS für den neuen Bereich berücksichtigt werden.

Danach beginnt man für den neuen Bereich mit der Erstellung der **Dokumentation**. Hierbei können jedoch viele Strukturen aus dem bestehenden Subsystem übernommen werden: So kann das vorhandene DSMS-Handbuch auf den neuen Bereich erweitert werden. Auch Arbeitsanweisungen lassen sich in Teilen übertragen. Da die fachspezifischen Dokumente (ADV-Verträge etc.) bereits vorliegen, existiert auch auf diese Weise schon eine gute Grundlage. Zudem lässt sich das Dokumentenmanagement des bestehenden Subsystems übertragen, welches praktischerweise zur gleichen Zeit einer Revision unterzogen wird.

SAP

SAP erstellt für jeden neuen Bereich ein eigenes, spezielles DSMS-Handbuch, welches durch ein übergreifendes, für alle Bereiche geltendes DSMS-Handbuch ergänzt wird. Ebenfalls gibt es für jeden Bereich eine eigene Seite im Intranet mit Hinweisen und den wichtigsten Dokumenten. Viele Arbeitsanweisungen lassen sich zudem auf andere Bereiche übertragen. Für das Dokumentenmanagement gelten die regulären, unternehmensweiten Vorgaben.

6.2.2   Do-Phase

Nicht notwendigerweise, aber in den meisten Fällen fällt die Do-Phase bei der Implementierung des DSMS im neuen Bereich deutlich umfangreicher aus. Dies betrifft nicht unbedingt den **Roll-out**, dafür aber das Abhalten von **Trainings**, wobei hier auch auf bereits bestehende Inhalte zurückgegriffen werden kann. Vor allem aber ist die Schaffung von Strukturen für die Aktivitäten zur **Realisierung des DSMS** (siehe Abschn. 5.2.7) sehr aufwändig, während man im Regelbetrieb dort schon auf ein Jahr Erfahrung zurückgreifen kann. Hier helfen Querverbindungen der DSMS-Akteure, um Best Practices untereinander auszutauschen. SAP hat hierfür eine Community für alle Datenschutzvertreter eingerichtet, zudem erfolgt die Risikoüberwachung im Rahmen der Strukturen des konzernweiten Risikomanagements.

6.2.3   Check-Phase

Die Check-Phase lässt sich wiederum sehr gut aufeinander abstimmen, sofern die zeitliche Abfolge es bis dahin zulässt und keine unvorhergesehenen Verzögerungen in der Do-Phase eingetreten sind. Interne Audits können in beiden Bereichen zeitlich nah beieinander anlaufen, sodass auch die Ergebnisse untereinander vergleichbar sind. Dies ermöglicht eine vergleichende Bewertung über die Wirksamkeit des DSMS und bedingt, dass der Follow-up koordiniert angegangen werden kann. Häufig finden sich nämlich Abweichungen in beiden Bereichen, da die Lehren aus dem bestehenden Subsystem idealerweise bereits bei der Planung für den neuen Bereich berücksichtigt worden sind.

Gleiches gilt auch für die Management Reviews, die ebenfalls möglichst zeitnah abgehalten werden. Hier lässt sich ermitteln, ob die jeweiligen Verantwortlichen ähnliche Zukunftsvorstellungen zum DSMS haben oder ob das DSMS in einem Bereich nicht weitergeführt werden soll.

Besonders offensichtlich wird das Erfordernis der Abstimmung beider Bereiche bei den externen Audits. Dies ermöglicht die Beauftragung *eines* externen Auditors bzw. eine Gesamtbeauftragung eines Auditoren-Teams, sodass alle Bereiche gleichzeitig auditiert werden können. Auch der Follow-up lässt sich wieder bereichsübergreifend abstimmen. Risiko dieser parallelen Audits ist jedoch, dass der Auditor in beiden Bereichen aufgrund vergleichbarer Abweichungen die Zertifizierung (vorerst) verweigert.

6.2.4   Act-Phase

Die Act-Phase lässt sich für beide Bereiche kaum synchronisieren, da sich die jeweiligen Verbesserungsmaßnahmen nach dem Zustand des DSMS im jeweiligen Bereich richten und daher sehr speziell ausfallen werden. Falls jedoch bereichsübergreifende Verbesserungen möglich sind (etwa eine Awareness-Kampagne), sollte entsprechend zusammengearbeitet werden. In jedem Fall lässt sich aber das **Fazit** für beide Bereiche in einem einzigen Termin mit der Geschäftsführung abhalten. Danach gehen beide Bereiche in den Regelbetrieb über. Da sich hier die einzelnen Schritte gleichen, ist die Synchronisierung – unter Vorbehalt eines vergleichbaren Handlungsbedarfes – noch leichter herzustellen. Möglicherweise werden später auch wieder neue Bereiche hinzugefügt, womit die in diesem Kapitel beschriebene Vorgehensweise von vorne beginnt.

Fazit

- Die Angleichung der Aktivitäten von Regelbetrieb und Neuimplementierung in zwei unterschiedlichen Bereichen ist möglich, bedarf jedoch einer Anpassung der Regelkreise und einer umfassenden, aufeinander abgestimmten Planung.
- Für die Neuimplementierung sollte auf Erfahrungen mit dem sich bereits im Regelbetrieb befindlichen Bereich zurückgegriffen werden.
- Manche Schritte bei der Neuimplementierung benötigten mehr Ressourcen; dementsprechend sind hier zur Abstimmung die Ressourcen zu bündeln, um im Zeitplan zu bleiben.
- Nach erfolgreicher Implementierung laufen beide Subsysteme parallel im Regelbetrieb und ermöglichen somit ein noch größeres Synergiepotential.

Abschließende Bewertung

7

Zusammenfassung

Der Praxisleitfaden baut auf den langjährigen Erfahrungen der drei Autoren im Bereich des Datenschutzmanagements auf. Dabei können sie jeweils vor einem ganz eigenen Hintergrund auf die letzten Jahre und die Themen „Datenschutz und Datenschutzmanagement" zurückblicken.

Zum Abschluss des Praxisleitfadens beschreiben daher die Autoren aus ihrer Perspektive die Motivation zur Erstellung dieses Leitfadens und lassen den Leser Teil haben an einem Ausblick auf die mögliche Zukunft des in diesem Praxisleitfaden beschriebenen Konzepts „Datenschutzmanagementsystem".

Mit dem Datenschutzmanagementsystem stellt dieser Praxisleitfaden ein neuartiges Konzept vor, dass sich erst in jüngerer Zeit aus den rasanten Entwicklungen des Datenschutzes heraus entwickelt hat. Als ganzheitlicher Lösungsansatz kann es auf eine kurze, aber dennoch bereits überaus erfolgreiche Geschichte zurückgreifen. Über diese Veröffentlichung soll das DSMS einem breiten Publikum vorgestellt und damit Unternehmen aller Größenordnungen als Orientierungshilfe hin zu einem gesetzeskonformen, systematischen Handeln im Bereich Datenschutz an die Hand gereicht werden.

Ihre ganz eigenen Erfahrungen mit dem DSMS aus den jeweils unterschiedlichen Perspektiven möchten die Autoren an dieser Stelle an den Leser weitergeben, um zum einen die Motivation für die Erstellung dieses Praxisleitfadens darzulegen als auch die Erfahrungen aus erster Hand im Umgang mit dem DSMS zu schildern und daraus einen Blick in die Zukunft dieses neuen Ansatzes zu werfen.

D. Loomans et al., *Praxisleitfaden zur Implementierung eines Datenschutzmanagementsystems*, 241
DOI 10.1007/978-3-658-02806-0_7, © Springer Fachmedien Wiesbaden 2014

7.1 Das SAP-Datenschutzmanagementsystem im dritten Jahr – ein Fazit

Von Michael Wiedemann – SAP AG:

Als das DSMS im Jahr 2010 erstmalig im Support-Bereich der SAP eingeführt wurde, geschah dies in erster Linie aufgrund des erhöhten Drucks durch die gesetzlichen Änderungen und der daraus resultierenden Forderungen der Kunden, einen prüffähigen Nachweis der Umsetzung der gesetzlichen Anforderungen zum Datenschutz vorzulegen. Obwohl Datenschutz und Sicherheit bei SAP stets starke Beachtung fanden, wurden die zusätzlichen Reglementierungen durch das DSMS anfänglich von den Betroffenen eher als unvermeidlicher Zusatzaufwand betrachtet, denn als Chance oder gar als Wettbewerbsvorteil. Es waren daher nicht unerhebliche Widerstände im Vorfeld der Einführung zu überwinden.

Dennoch hat die SAP-Leitung am beschlossenen Kurs festgehalten und in den Folgejahren die Ausweitung des DSMS auf weitere Bereiche des Unternehmens konsequent umgesetzt. So ist das Datenschutzmanagementsystem heute als Standardverfahren in nahezu allen relevanten Bereichen der SAP eingeführt. Bedeutender jedoch ist die Tatsache, dass die Bereichsverantwortlichen die Vorteile des Managementsystems erkannt haben und das DSMS heute als eine strukturierte Methode zur Absicherung datenschutzrechtlicher Risiken wahrnehmen. Dieser Umstand wirkt sich so positiv auf die Akzeptanz des Systems aus, dass viele Bereiche heute die Einführung aktiv nachfragen.

Ein DSMS ist sicherlich keine Wunderwaffe und stößt in Details häufig an seine Grenzen. Es kann keinen Rundumschutz bieten und – wie jede andere Methode auch – die Gesetzeskonformität nicht abschließend garantieren. Die Einführung hat sich v.a. in Bereichen ohne existierendes Managementsystem als schwierig erwiesen, es entstanden zusätzliche Aufwände in der Organisation und auch der Kontrollmechanismus via Audits musste sich erst etablieren.

Es überwiegen jedoch bei Weitem die Vorteile:

- Durch ein DSMS ist Datenschutz kein bereichsspezifisches Zufallsprodukt mehr, den gesetzlichen Anforderungen wird mit einem strukturierten Ansatz begegnet.
- Risiken werden durch eine regelmäßige Risikoanalyse erkannt und konsequent verfolgt, der KVP trägt zu organisatorischen Verbesserungen bei.
- Management Reviews, die regelmäßigen Audits und die zugehörigen Audit-Berichte sowie regelmäßige Abstimmungen mit den Bereichsverantwortlichen schaffen eine hohe Transparenz.
- Langfristig steigt das Datenschutzverständnis, es etabliert sich eine Datenschutzkultur.

Dies sind nur die wesentlichen Vorteile, welche für die Einführung eines DSMS sprechen. Die Aufwände sind vergleichsweise gering, vor allem wenn berücksichtigt wird, dass die Einhaltung gesetzlicher Vorschriften und damit verbundene Zusatzaufwände ohnehin durch die Unternehmen getragen werden müssen. In diesem Sinne kann das DSMS letztendlich dazu beitragen, die notwendigen Aufwände durch den strukturierten Ansatz und die dadurch erhöhte Effizienz zu reduzieren.

Besonders hervorzuheben ist die interne und externe Transparenz, welches ein DSMS schafft. Zum einen werden durch die zahlreichen Kontrollen, den internen Berichten und der unterliegenden Aufbauorganisation Schwachstellen in den internen Abläufen erkannt und methodisch abgearbeitet. Die Einführung des DSMS und dessen ordnungsgemäßer Betrieb bietet dem Management eine verlässliche Stütze bei der Einhaltung datenschutz-rechtlicher Bestimmungen. Mehr noch: Die Erfahrung bei SAP hat gezeigt, dass die Mitarbeiter aufgrund der erhöhten Sensibilisierung die Verfahren und Prozesse kritisch auf deren datenschutzrechtliche Eignung prüfen und gegebenenfalls notwendige Anpassungen vorschlagen.

Bei SAP hat man mit der Einführung des DSMS immer höchste Priorität auf Transpa-renz nach außen gelegt. So wurde frühzeitig beschlossen, den Audit-Bericht des externen Zertifizierers den Kunden zugänglich zu machen. Durch Einblick in die sehr detaillierten Audit-Unterlagen kann sich jeder Kunde leicht selbst ein Bild vom Datenschutzniveau der SAP machen und somit die Effektivität des Systems beurteilen.

Abschließend muss man den Einsatz eines DSMS generell befürworten, da die Vorteile klar überwiegen. Bei SAP hat es sich innerhalb kurzer Zeit als Standard etabliert und wird von Mitarbeitern, Kunden und auch Behörden positiv beurteilt.

7.2   Das Konzept des DSMS – eine zukunftsweisende Lösung auch für KMU

Von Dirk Loomans und Manuela Matz – Loomans & Matz AG

Datenschutz ist angesichts der aktuellen Entwicklungen wichtiger denn je. Mit fort-schreitender Technik und zunehmender Globalisierung müssen Unternehmen aller Größe, um wettbewerbsfähig zu bleiben, diese Herausforderung sehen und auch aktiv anneh-men. Hierzu soll dieser Praxisleitfaden eine Hilfestellung geben. Er ist entstanden aus der Anregung vieler Leser der „Anforderungen an ein Datenschutzmanagementsystem", die sich wünschten, dass die theoretischen Grundlagen mit Hinweisen für eine praktische Umsetzung versehen werden.

Der Praxisleitfaden fußt auf deutschem/europäischem Datenschutzrecht, ist aber so gestaltet, dass er ohne Schwierigkeiten auch international in den Organisationsstrukturen angewendet werden kann. Dieses ist eine Grundvoraussetzung für die nachhaltige Eta-blierung des Datenschutzes in Unternehmen, aber auch in den Köpfen der Mitarbeiter, denn nur wer versteht was und warum er es tut, kann in Grenzsituationen die richtigen Entscheidungen treffen. Durch die mit dem DSMS erforderliche Schaffung der Awareness für Datenschutz wird jeder einzelne Handelnde befähigt, den Grundgedanken der infor-mationellen Selbstbestimmung in sein Handeln einfließen zu lassen. Damit ist auch unsere Gesellschaft in der Wahrnehmung des Schutzes dieses Grundrechtes ein Stück weitergekommen. Denn es ist ein sehr großer Unterschied, ob man seine persönlichen Daten in sozialen Netzwerken selbstbestimmt preisgibt, oder ob man einem Wirtschaftsunternehmen seine Daten für einen ganz bestimmten Zweck anvertraut und dieses nicht in der Lage ist, diese zu schützen oder schlimmer noch: Die Daten zu anderen Zwecken verarbeitet, mit denen der Betroffene gar nicht rechnet.

Dieser Praxisleitfaden ermöglicht die Umsetzung eines Datenschutzmanagementsystems in allen Unternehmen mit einem überschaubaren und für jeden Anspruch angemessenen Aufwand. Wir Autoren sind der Meinung, dass nicht die starre Umsetzung von Maßnahmen, die vielfach übertriebenen Aufwand zur Folge haben, zielführend sind, sondern neigen der risikoorientierten Betrachtungsweise zu, die die Maßnahmen, die erforderlich sind, auch für angemessen erachtet. Das führt auch zu einer höheren Akzeptanz der Maßnahmen in der Unternehmensleitung – und vor allem des Budgets dafür –, weil hier ein großes Einsparpotential gegenüber der bisher üblichen Vorgehensweise zu erkennen ist.

Und es kommt eine weitere Anforderung ins Spiel. Oft ist es so, dass in Unternehmen bereits andere Managementsysteme im Einsatz sind. Das hier im Praxisleitfaden vorgestellte DSMS ist so ausgestaltet, dass es auch ohne Probleme und mit dem Einsparpotential der Synergienutzung an jedes im Unternehmen vorhandene Managementsystem „angedockt" werden kann. Es wurde also auch auf die Optimierung der vorhandenen Ressourcen geachtet. Die wiederkehrenden Prüfungs- und Verbesserungsphasen führen dazu, dass Datenschutz schlank und ohne größere Störung der Organisation in stetiger Verbesserung verankert werden kann, sodass irgendwann ein sehr hohes, aber angemessenes Datenschutzniveau erreicht wird und auch die Anpassung an sich verändernde Compliance-Anforderungen sichergestellt ist. Letzteres ist wiederum eine Grundvoraussetzung dafür, dass das DSMS nachhaltig und in der Zukunft wirkend, verankert werden kann.

Das führt dazu, dass selbst große Veränderungen im Datenschutz, wie z.B. bei der Einführung einer EU-Datenschutzverordnung, die unmittelbar geltendes Recht in Deutschland würde, das DSMS selbst nicht tangieren würde. Alle sich ändernden gesetzlichen Anforderungen würden unproblematisch in den PDCA-Zyklus mit einfließen, und so einfach und ohne weitere organisatorische Umstellungen, es sei denn sie wären unmittelbar auf der gesetzlichen Änderung fußend, in der Organisation umzusetzen. Somit sind die Unternehmen, bei denen das DSMS erfolgreich betrieben wird, auch bestens gerüstet für die zukünftigen Herausforderungen, die die Themen Datenschutz und Datensicherheit noch mit sich bringen können.

In diesem Sinne wünschen wir dem geneigten Leser oder der geneigten Leserin viel Erfolg bei „seiner/ihrer" Umsetzung des DSMS.

Glossar

ADV Auftragdatenverarbeitung, d.h. es werden personenbezogene Daten im Auftrag durch ein beuftragtes Unternehmen verarbeitet

Audit Soll-/Ist-Abgleich zur Feststellung der Wirksamkeit des DSMS und dem Ableiten von Verbesserungsmaßnahmen

Auditee Teilnehmender eines Audits. Wird vom Auditor befragt

Auftragsdatenverarbeitung Erhebung, Verarbeitung oder Nutzung von personenbezogenen Daten durch einen Dritten (Auftragnehmer) im Auftrag der verantwortlichen Stelle (Auftraggeber). Aufgrund der Privilegierung durch das fehlende Erfordernis einer gesetzlichen Übermittlungserlaubnis zieht die ADV zahlreiche Pflichten für beide Parteien nach sich (§ 11 BDSG), u.a. die Pflicht des Auftraggebers, sich vor der Beauftragung von der Eignung der TOMs des Auftragnehmers zu überzeugen. Abzugrenzen von der Funktionsübertragung

Awareness Bewusstseinsbildung und Sensibilisierung bezüglich eines bestimmten Themenfeldes. Der Praxisleitfaden liefert Maßnahmen zur Erreichung dieser Effekte bei den Mitarbeitern im Hinblick auf den Datenschutz

Betroffener Natürliche Person, welcher ein personenbezogenes Datum zugeordnet werden kann

Binding corporate rules Vertragliche Regelung zur Gewährleistung eines angemessenen Datenschutzniveaus zwischen mehreren Unternehmen

CAPA-Liste Dokumentationsform für die Verbesserungsmaßnahmen (Corrective and Preventive Actions) im DSMS

Datenschutzbeauftragter/DSB Unter bestimmten Bedingungen vom BDSG vorgeschriebene Person, die auf die Einhaltung des Datenschutzes beim Unternehmen hinwirken soll. Nicht zwingend erforderlich für ein funktionierendes DSMS, muss aber – falls er bestellt ist – am DSMS entsprechend seinen gesetzlichen Rechten und Pflichten beteiligt werden. Personenidentität mit dem Verantwortlichen für den Datenschutz möglich

Datenschutzerklärung nach § 13 TMG Von Gesetzes wegen verpflichtende Erklärung des Diensteanbieters an den Nutzer des Telemediendienstes über Art, Umfang und Zweck der Erhebung und Verwendung der personenbezogenen Daten des Nutzers. Zu unterscheiden von der Datenschutz-Policy

D. Loomans et al., *Praxisleitfaden zur Implementierung eines Datenschutzmanagementsystems*, 245
DOI 10.1007/978-3-658-02806-0, © Springer Fachmedien Wiesbaden 2014

Datenschutzkoordinator Mögliche Rolle im Governance Model zum DSMS. Bei SAP häufig ein Mitglied im oberen Management eines Bereiches, welches die Aktivitäten der lokalen Datenschutzvertreter koordiniert und unterstützt

Datenschutzmanagementsystem (DSMS) Ein auf ständige Leistungsverbesserung ausgerichtetes, zur systematischen und klaren Lenkung und Leitung erforderliches Konzept, um eine Organisation in Bezug auf den Datenschutz erfolgreich führen und betreiben zu können

Datenschutz-Policy Selbstverpflichtung des Unternehmens, in welcher dieses sich selbstgewählte Datenschutzziele auferlegt. Enthält das Governance Model zur Zuweisung der Verantwortlichkeiten. Wird verabschiedet von der Geschäftsleitung

Datenschutzvertreter Mögliche Rolle im Governance Model zum DSMS. Im Governance Model von SAP für die lokalen DSMS-Aktivitäten zuständig

Datenschutzziele Aus dem Sinngehalt der Datenschutzgesetze abgeleitete Zielsetzungen zur Wahrung des Rechts auf informationelle Selbstbestimmung zum Schutz des Betroffenen. Datenschutzziele dienen der Steuerung des DSMS und müssen durch die Geschäftsleitung als Unternehmensziele bestimmt werden. Essentieller Teil der Datenschutz-Policy

DSMS-Akteur Angehöriger des Unternehmens, welchem eine Rolle (z.B. Verantwortlicher für den Datenschutz oder Datenschutzkoordinator) im DSMS zugewiesen worden ist

DSMS-Anwendungsbereich Der eindeutig abgegrenzte Bereich, in dem das DSMS Anwendung findet. Beispielsweise ein Geschäftsbereich, ein Prozess, eine Abteilung etc. Synonym zum englischen Begriff „Scope"

DSMS-Handbuch Zentrales Dokument des DSMS. Dient als Beschreibung des DSMS im Unternehmen und damit als Nachschlagewerk für die Verantwortlichen sowie als Audit-Kriterium für den Auditor. Zentrale Bewertungsgrundlage im Stage-1-Audit

EU-Datenschutzgrundverordnung Geplante Maßnahme der EU zur Novellierung des europäischen Datenschutzes, welche (Stand 2013) in einigen Punkten strengere Anforderungen an die Unternehmen stellen und eine europaweite Vereinheitlichung nach sich ziehen würde

Funktionsübertragung Erhebung, Verarbeitung oder Nutzung von personenbezogenen Daten durch einen beauftragten Dritten in dessen eigenem Namen, jedoch im Interesse des beauftragenden Unternehmens. Für die Tätigkeit des Dritten muss ein gesetzlicher Erlaubnistatbestand vorliegen, gleiches gilt für die anschließende Datenübermittlung an das Unternehmen. Häufigster Fall der FÜ ist das Outsourcing kompletter Geschäftsprozesse, z.B. in Form der Auslagerung der HR-Abteilung. Abzugrenzen von der Auftragsdatenverarbeitung, die zwar geringere Rechtmäßigkeitsvoraussetzungen hat, dafür andere Pflichten für die Parteien begründet

Governance Model Steuerungsmodell für das DSMS, welches Rollen und Verantwortlichkeiten definiert. Abhängig von den organisatorischen Rahmenbedingungen. Frühzeitig im Rahmen der Zielfindung zu beschließen

Korrekturmaßnahme Reaktive Maßnahme zur Behebung vergangener Abweichungen

Management by walking around (MBWA) Managementmethode, bei der das Management abseits allgemein bekannter Kontrollen und nach eigenem Ermessen den direkten Kontakt mit den Mitarbeitern an ihrem Arbeitsplatz sucht. Für das DSMS besonders wichtig, da zum einen Datenschutzaspekte häufig direkt in der Ausführung einer Tätigkeit durch den Mitarbeiter beachtet werden müssen, zum anderen um den dadurch erforderlichen direkten Kontakt zu den Mitarbeitern zu etablieren

Management review Treffen zwischen Management und DSMS-Akteur(en) zur gemeinsamen Bewertung und Zukunftsplanung des DSMS

Maßnahmenverantwortlicher Verantwortlicher zur Umsetzung einer Maßnahme

PDCA-Zyklus Regelkreis bestehend aus den vier Phasen Plan, Do, Check und Act. Grundlage des in diesem Praxisleitfaden vorgestellten Modells für ein DSMS

Personenbezogenes Datum Einzelangaben über persönliche oder sachliche Verhältnisse einer bestimmten oder bestimmbaren natürlichen Person (§ 3 I BDSG). Anknüpfungspunkt der Datenschutzgesetze. Besondere personenbezogene Daten (§ 3 IX BDSG) genießen zusätzlichen Schutz

On premise Organisationsbereich der SAP zur Betreuung der Kunden, welche ihre System eigenständig hosten

Risikoinhaber Verantwortlicher zur Verwaltung und Beobachtung eines Risikos

SAP Bei Verwendung des Begriffs „SAP" ist allgemein die SAP AG und/oder einer der Töchterunternehmen des SAP Konzerns gemeint.

Scope Siehe DSMS-Anwendungsbereich

SQ&S Scale, Quality & Support: Organisatorischer Bereich der SAP, in dem u.a. die SAP Support-Organisationen angesiedelt sind

TOM Technische und organisatorische Maßnahme zur Sicherstellung eines angemessenen Datenschutzniveaus (§ 9 BDSG). Wesentlicher Faktor zur Minderung der Datenschutzrisiken. Angemessenheit richtet sich nach Abwägung aus Schutzzweck und Aufwand.
Konkretisiert werden TOMs in der Anlage zu § 9 BDSG und beinhalten Maßnahmen zur:
Zutrittskontrolle
Zugangskontrolle
Zugriffskontrolle
Weitergabekontrolle
Eingabekontrolle
Auftragskontrolle
Verfügbarkeitskontrolle
Sicherstellung des Trennungsgebots

Verantwortliche Stelle Jede Person oder Stelle, die personenbezogene Daten für sich selbst erhebt, verarbeitet oder nutzt oder dies durch andere im Auftrag vornehmen lässt (§ 3 VII BDSG)

Verantwortlicher für den Datenschutz Oberster Verantwortlicher des Unternehmens zum Datenschutz. Idealerweise ein Mitglied der Geschäftsleitung. In anderen Fällen Personenidentität mit dem betrieblichen Datenschutzbeauftragten möglich

Vorbeugemaßnahme Präventive Maßnahme zur Verhinderung zukünftiger Abweichungen

Sachverzeichnis

D. Loomans et al., *Praxisleitfaden zur Implementierung eines Datenschutzmanagementsystems*, 249
DOI 10.1007/978-3-658-02806-0, © Springer Fachmedien Wiesbaden 2014